高等学校应用型经济学核心课程教材

本教材出版获"三峡大学教材建设基金"资助

宏观经济学

● 何伟军　曾宇平　主编

武汉大学出版社

高等学校应用型经济学核心课程教材编写委员会

主任委员

何伟军

副主任委员

曾宇平

委员

周银珍　赵建华　林　青　彭卫民
吴　拯　龚太寿　关雄英

《宏观经济学》编写人员

主　编　何伟军　曾宇平
副主编　赵建华　林　青
参　编　吴　拯　周银珍　彭卫民
　　　　龚太寿　关雄英

前　言

"经济学"是我国高校经济管理类专业最重要的一门专业基础课，它分宏观经济学和微观经济学两部分。

三峡大学经济与管理学院从事"经济学"教学的教师是一支具有丰富经验的队伍，他们大多由具有博士、硕士学历的教授或副教授组成，在长期的经济学教学实践过程中，积累了大量的教学经验。他们在三峡大学教务处及经济与管理学院的大力支持下，得到了"三峡大学教材建设基金"的资助，经过两年的精心编写，编写了《宏观经济学》、《微观经济学》以及《经济学习题集》，并在三峡大学经济管理类专业中进行了试用，收到了较好的教学效果。在广泛征求学生或其他院校从事经济学教学工作的教师的意见基础上，他们又进行了进一步修改，最终完成本书的编写。

本套教材可作为高校经济管理类专业本科学生的教材或教学参考书。

《宏观经济学》主要侧重于从宏观分析的角度来介绍经济学的基本概念、范畴、原理与分析方法，力图使经济管理类专业学生较好地了解经济学的基本知识，构建一个全面而精练的经济学知识结构，为以后深入学习其他专业课打下良好的基础。

本书非常注重理论知识和案例分析的结合，从最新发行的报刊或网站上选用了大量的案例来阐述相关的理论，使学生能较直观地理解经济学的原理，将趣味性和知识性有机地结合起来。

本书共分10章，具体编写分工如下：

第一章，宏观经济学导论，由何伟军、关雄英编写

第二章，宏观经济的绩效衡量与景气，由林青编写

第三章，经济增长，由赵建华编写

第四章，失业，由赵建华编写

第五章，货币与通货膨胀，由吴拯编写

第六章，总需求与总供给，由吴拯编写

第七章，消费理论，由吴拯编写

第八章，汇率与汇率危机，由林青编写

第九章，开放经济中的均衡与经济周期传导，由林青编写

第十章，经济学的主要流派，由何伟军、关雄英编写

全书由何伟军、曾宇平任主编，赵建华、林青任副主编，何伟军负责全书的统稿工作，曾宇平负责编写的协调工作，周银珍、彭卫民、龚太寿协助参考资料的收集工作。

本书在编写过程中，参考了一些专家学者的研究成果和文献资料，在此，对这些作者表示诚挚的谢意。由于编者水平有限，出现差错及不足之处在所难免，恳请读者批评指正。

目 录

第一章 宏观经济学导论 ······················ 1
第一节 宏观经济学基本概念 ···················· 2
一、国内生产总值与国民生产总值 ················· 2
二、名义价值与实际价值 ···················· 3
三、GDP 核算方法 ······················ 3
四、国民产出的四个主要指标 ··················· 4
五、总需求与总供给 ····················· 5
第二节 宏观经济学研究的内容 ···················· 6
一、国民收入的决定 ····················· 6
二、通货膨胀与失业 ····················· 6
三、经济增长与经济周期 ···················· 7
四、开放经济条件下的宏观经济 ·················· 7
五、宏观经济政策 ······················ 7
第三节 宏观经济学研究方法 ····················· 7
一、实证分析方法与规范分析方法 ················· 7
二、流量与存量分析 ····················· 8
三、均衡分析方法 ······················ 8
四、静态、比较静态和动态分析方法 ················ 9
五、即期分析和跨时期分析的方法 ················· 9
六、总量分析 ························ 9
七、宏观经济模型分析 ····················· 10
第四节 宏观经济学基本框架 ····················· 10
一、简单经济的情况 ····················· 10
二、两部门经济流程——考虑漏出与注入 ·············· 11
三、包括政府部门的情况 ···················· 12
四、包括国外部门的情况 ···················· 13

第二章　宏观经济的绩效衡量与景气 … 15
第一节　国内生产总值的衡量 … 16
　一、经济活动的价值循环与核算体系 … 16
　二、国内生产总值的衡量方法 … 31
　三、实际 GDP 与名义 GDP … 41
第二节　储蓄与财富的衡量 … 43
　一、国民储蓄的衡量 … 43
　二、私人储蓄的用途 … 44
　三、财富的衡量 … 45
　四、储蓄与财富的相关性 … 46
第三节　生活费用的衡量 … 47
　一、消费价格指数 … 47
　二、CPI 与 GDP 平减指数 … 48
　三、CPI 的构成 … 48
第四节　就业的衡量 … 50
　一、美国的就业统计 … 50
　二、中国的就业统计 … 51
　三、就业趋势指数 … 54
第五节　宏观经济运行景气的衡量 … 56
　一、景气动向指数 … 56
　二、分类指数 … 66
本章小结 … 71
本章思考题 … 72

第三章　经济增长 … 75
第一节　经济增长理论概述 … 77
　一、经济增长理论源流 … 77
　二、经济增长的源泉 … 82
第二节　索洛经济增长模型 … 83
　一、产品的供求 … 84
　二、产品的需求与消费函数 … 85
　三、资本存量的增长与稳定状态 … 85
　四、储蓄与经济增长 … 86
　五、资本积累的黄金律 … 87

六、索洛模型中的技术进步 ⋯⋯⋯⋯⋯⋯⋯⋯⋯⋯⋯⋯⋯⋯⋯⋯⋯ 93
第三节　内生增长模型 ⋯⋯⋯⋯⋯⋯⋯⋯⋯⋯⋯⋯⋯⋯⋯⋯⋯⋯⋯⋯ 95
　　一、内生经济增长理论简述 ⋯⋯⋯⋯⋯⋯⋯⋯⋯⋯⋯⋯⋯⋯⋯⋯ 97
　　二、内生增长理论的现代发展 ⋯⋯⋯⋯⋯⋯⋯⋯⋯⋯⋯⋯⋯⋯⋯ 102
第四节　零增长理论 ⋯⋯⋯⋯⋯⋯⋯⋯⋯⋯⋯⋯⋯⋯⋯⋯⋯⋯⋯⋯⋯ 103
　　一、零增长概述 ⋯⋯⋯⋯⋯⋯⋯⋯⋯⋯⋯⋯⋯⋯⋯⋯⋯⋯⋯⋯⋯ 103
　　二、中国零增长台阶 ⋯⋯⋯⋯⋯⋯⋯⋯⋯⋯⋯⋯⋯⋯⋯⋯⋯⋯⋯ 105
第五节　系统资源约束理论 ⋯⋯⋯⋯⋯⋯⋯⋯⋯⋯⋯⋯⋯⋯⋯⋯⋯⋯ 106
　　一、系统资源约束理论的核心内容 ⋯⋯⋯⋯⋯⋯⋯⋯⋯⋯⋯⋯⋯ 107
　　二、"逻辑蒂克曲线"的经济学内涵 ⋯⋯⋯⋯⋯⋯⋯⋯⋯⋯⋯⋯⋯ 107
本章小结 ⋯⋯⋯⋯⋯⋯⋯⋯⋯⋯⋯⋯⋯⋯⋯⋯⋯⋯⋯⋯⋯⋯⋯⋯⋯⋯ 112

第四章　失业 ⋯⋯⋯⋯⋯⋯⋯⋯⋯⋯⋯⋯⋯⋯⋯⋯⋯⋯⋯⋯⋯⋯⋯⋯ 115
第一节　失业概述 ⋯⋯⋯⋯⋯⋯⋯⋯⋯⋯⋯⋯⋯⋯⋯⋯⋯⋯⋯⋯⋯⋯ 119
第二节　失业原因 ⋯⋯⋯⋯⋯⋯⋯⋯⋯⋯⋯⋯⋯⋯⋯⋯⋯⋯⋯⋯⋯⋯ 126
　　一、摩擦性失业原因 ⋯⋯⋯⋯⋯⋯⋯⋯⋯⋯⋯⋯⋯⋯⋯⋯⋯⋯⋯ 126
　　二、结构性失业原因 ⋯⋯⋯⋯⋯⋯⋯⋯⋯⋯⋯⋯⋯⋯⋯⋯⋯⋯⋯ 127
　　三、周期性失业原因 ⋯⋯⋯⋯⋯⋯⋯⋯⋯⋯⋯⋯⋯⋯⋯⋯⋯⋯⋯ 133
　　四、季节性失业原因 ⋯⋯⋯⋯⋯⋯⋯⋯⋯⋯⋯⋯⋯⋯⋯⋯⋯⋯⋯ 133
　　五、失业原因的工资刚性解释 ⋯⋯⋯⋯⋯⋯⋯⋯⋯⋯⋯⋯⋯⋯⋯ 134
第三节　失业的影响 ⋯⋯⋯⋯⋯⋯⋯⋯⋯⋯⋯⋯⋯⋯⋯⋯⋯⋯⋯⋯⋯ 136
　　一、失业的社会影响 ⋯⋯⋯⋯⋯⋯⋯⋯⋯⋯⋯⋯⋯⋯⋯⋯⋯⋯⋯ 137
　　二、失业的经济影响 ⋯⋯⋯⋯⋯⋯⋯⋯⋯⋯⋯⋯⋯⋯⋯⋯⋯⋯⋯ 140
　　三、失业对政治的影响 ⋯⋯⋯⋯⋯⋯⋯⋯⋯⋯⋯⋯⋯⋯⋯⋯⋯⋯ 142
第四节　失业治理 ⋯⋯⋯⋯⋯⋯⋯⋯⋯⋯⋯⋯⋯⋯⋯⋯⋯⋯⋯⋯⋯⋯ 149
　　一、对摩擦性失业的治理 ⋯⋯⋯⋯⋯⋯⋯⋯⋯⋯⋯⋯⋯⋯⋯⋯⋯ 149
　　二、对结构性失业的治理 ⋯⋯⋯⋯⋯⋯⋯⋯⋯⋯⋯⋯⋯⋯⋯⋯⋯ 151
　　三、季节性失业的治理 ⋯⋯⋯⋯⋯⋯⋯⋯⋯⋯⋯⋯⋯⋯⋯⋯⋯⋯ 151
　　四、周期性失业的治理 ⋯⋯⋯⋯⋯⋯⋯⋯⋯⋯⋯⋯⋯⋯⋯⋯⋯⋯ 151
本章小结 ⋯⋯⋯⋯⋯⋯⋯⋯⋯⋯⋯⋯⋯⋯⋯⋯⋯⋯⋯⋯⋯⋯⋯⋯⋯⋯ 158

第五章　货币与通货膨胀 ⋯⋯⋯⋯⋯⋯⋯⋯⋯⋯⋯⋯⋯⋯⋯⋯⋯⋯ 160
第一节　货币的概念 ⋯⋯⋯⋯⋯⋯⋯⋯⋯⋯⋯⋯⋯⋯⋯⋯⋯⋯⋯⋯⋯ 160
　　一、货币的职能 ⋯⋯⋯⋯⋯⋯⋯⋯⋯⋯⋯⋯⋯⋯⋯⋯⋯⋯⋯⋯⋯ 160

二、货币的类型 …………………………………………… 161
　　三、货币数量 ……………………………………………… 162
第二节　货币数量论 …………………………………………… 163
　　一、数量方程式 …………………………………………… 163
　　二、货币供给与通货膨胀 ………………………………… 165
　　三、铸币税 ………………………………………………… 166
第三节　通货膨胀与利率 ……………………………………… 166
　　一、实际和名义利率 ……………………………………… 166
　　二、事前和事后利率 ……………………………………… 167
　　三、名义利率与货币需求 ………………………………… 168
第四节　通货膨胀的社会成本 ………………………………… 169
　　一、预期到的通货膨胀 …………………………………… 169
　　二、未预期到的通货膨胀 ………………………………… 170
第五节　超级通货膨胀 ………………………………………… 171
　　一、超级通货膨胀的成因 ………………………………… 171
　　二、超级通货膨胀的成本 ………………………………… 172
本章小结 ………………………………………………………… 177

第六章　总需求与总供给 …………………………………… 179
第一节　概述 …………………………………………………… 179
　　一、总需求曲线 …………………………………………… 179
　　二、总供给曲线 …………………………………………… 181
　　三、总需求冲击 …………………………………………… 184
　　四、总供给冲击 …………………………………………… 184
第二节　IS—LM 模型 ………………………………………… 185
　　一、国民收入的决定 ……………………………………… 185
　　二、利率的决定 …………………………………………… 187
　　三、IS—LM 模型 ………………………………………… 190
　　四、宏观经济政策 ………………………………………… 193
第三节　总供给理论 …………………………………………… 198
　　一、总供给模型 …………………………………………… 198
　　二、菲利普斯曲线 ………………………………………… 208
本章小结 ………………………………………………………… 214

第七章 消费理论 ····· 215
第一节 凯恩斯消费理论 ····· 215
第二节 跨期选择理论 ····· 220
　一、跨期选择约束 ····· 221
　二、消费者偏好 ····· 223
　三、跨期消费均衡 ····· 224
　四、收入和利率变动的影响 ····· 224
　五、流动性约束 ····· 226
本章小结 ····· 228

第八章 汇率与汇率危机 ····· 229
第一节 汇率定义及作用 ····· 229
　一、名义汇率 ····· 229
　二、实际汇率 ····· 232
　三、汇率的购买力评价 ····· 233
　四、汇率的种类 ····· 235
　五、汇率的作用 ····· 238
第二节 汇率的决定 ····· 241
　一、弹性汇率体制下的汇率决定 ····· 241
　二、固定汇率体制下汇率的决定 ····· 245
　三、汇率的调整 ····· 248
第三节 汇率制度 ····· 251
　一、固定汇率制度 ····· 251
　二、浮动汇率制度 ····· 256
　三、货币同盟——欧元 ····· 258
第四节 汇率危机 ····· 258
　一、汇率历史及强势货币的演变 ····· 259
　二、汇率危机的实质 ····· 262
　三、汇率危机的主要原因 ····· 264
　四、汇率危机风险的防范 ····· 268
　五、汇率危机爆发后的应对 ····· 271
　六、汇率危机理论解释 ····· 274
　七、美元危机 ····· 278
　八、欧洲货币体系危机 ····· 286

九、东南亚货币金融危机 ………………………………………… 288
　本章小结 ……………………………………………………………… 289
　本章思考题 …………………………………………………………… 290

第九章　开放经济中的均衡与经济周期传导 …………………… 291
　第一节　开放经济的均衡 …………………………………………… 292
　　一、产品市场的均衡 ……………………………………………… 292
　　二、金融市场的均衡 ……………………………………………… 293
　第二节　开放经济的 IS—LM 模型 ………………………………… 296
　　一、开放经济中的 IS 曲线和 LM 曲线 …………………………… 296
　　二、IS 曲线移动的影响因素 ……………………………………… 298
　　三、开放经济的短期政策效应 …………………………………… 302
　第三节　经济周期的传导 …………………………………………… 304
　　一、固定汇率体制下的政策影响传导 …………………………… 304
　　二、浮动汇率体制下的政策影响及传导 ………………………… 312
　本章小结 ……………………………………………………………… 323
　本章思考题 …………………………………………………………… 324

第十章　经济学的主要流派 ………………………………………… 326
　第一节　古典经济学的诞生与发展 ………………………………… 326
　　一、重商主义 ……………………………………………………… 326
　　二、重农主义 ……………………………………………………… 328
　　三、古典主义 ……………………………………………………… 330
　　四、边际效用学派与边际革命 …………………………………… 331
　　五、经济学的第一次综合 ………………………………………… 334
　第二节　凯恩斯经济学与宏观经济学的产生 ……………………… 334
　　一、凯恩斯的经济理论 …………………………………………… 335
　　二、凯恩斯的政策主张 …………………………………………… 338
　第三节　现代经济学的发展 ………………………………………… 340
　　一、新古典主义 …………………………………………………… 340
　　二、新凯恩斯经济学 ……………………………………………… 340
　　三、新古典综合派 ………………………………………………… 343
　　四、新剑桥学派 …………………………………………………… 345
　　五、货币主义 ……………………………………………………… 347

六、供给学派 ………………………………………………… 349
七、理性预期学派 …………………………………………… 352
八、发展经济学 ……………………………………………… 354
第四节 近三十年诺贝尔经济学奖获得者的理论成果简介……… 355
　一、1979年诺贝尔经济学奖获得者
　　　——威廉·阿瑟·刘易斯和西奥多·舒尔茨………… 355
　二、1980年诺贝尔经济学奖获得者
　　　——劳伦斯·罗·克莱因…………………………… 356
　三、1981年诺贝尔经济学奖获得者
　　　——詹姆斯·托宾……………………………………… 356
　四、1982年诺贝尔经济学奖获得者
　　　——乔治·斯蒂格勒…………………………………… 356
　五、1983年诺贝尔经济学奖获得者
　　　——罗拉尔·德布鲁…………………………………… 357
　六、1984年诺贝尔经济学奖获得者
　　　——理查德·约翰·斯通……………………………… 357
　七、1985年诺贝尔经济学奖获得者
　　　——弗兰科·莫迪利安尼……………………………… 357
　八、1986年诺贝尔经济学奖获得者
　　　——詹姆斯·麦吉尔·布坎南………………………… 358
　九、1987年诺贝尔经济学奖获得者
　　　——罗伯特·索洛……………………………………… 358
　十、1988年诺贝尔经济学奖获得者
　　　——莫里斯·阿莱斯…………………………………… 358
　十一、1989年诺贝尔经济学奖获得者
　　　　——特里夫·哈维默………………………………… 359
　十二、1990年诺贝尔经济学奖获得者
　　　　——威廉·夏普、默顿·米勒、哈里·马科维茨… 359
　十三、1991年诺贝尔经济学奖获得者
　　　　——罗纳德·哈里·科斯…………………………… 360
　十四、1992年诺贝尔经济学奖获得者
　　　　——加里·S.贝克尔………………………………… 360
　十五、1993年诺贝尔经济学奖获得者
　　　　——道格拉斯·诺斯、罗伯特·福格尔…………… 360

十六、1994 年诺贝尔经济学奖获得者
——约翰·福布斯·纳什、约翰·海萨尼、莱因哈德·泽尔腾 …… 361

十七、1995 年诺贝尔经济学奖获得者
——罗伯特·卢卡斯…………………………………… 361

十八、1996 年诺贝尔经济学奖获得者
——詹姆斯·莫里斯、威廉·维克瑞……………………… 362

十九、1997 年诺贝尔经济学奖获得者
——迈伦·斯科尔斯、罗伯特·默顿……………………… 362

二十、1998 年诺贝尔经济学奖获得者
——阿马蒂亚·森…………………………………… 362

二十一、1999 年诺贝尔经济学奖获得者
——罗伯特·蒙代尔………………………………… 363

二十二、2000 年诺贝尔经济学奖获得者
——詹姆斯·赫克曼、丹尼尔·麦克法登………………… 363

二十三、2001 年诺贝尔经济学奖获得者
——乔治·阿克洛夫、迈克尔·斯彭塞、约瑟夫·斯蒂格利茨
……………………………………………………… 363

二十四、2002 年诺贝尔经济学奖获得者
——丹尼尔·卡尼曼、弗农·史密斯……………………… 364

二十五、2003 年诺贝尔经济学奖获得者
——罗伯特·恩格尔、克莱夫·格兰杰…………………… 365

二十六、2004 年诺贝尔经济学奖获得者
——芬恩·基德兰德、爱德华·普雷斯科特………………… 365

二十七、2005 年诺贝尔经济学奖获得者
——罗伯特·奥曼、托马斯·谢林………………………… 366

二十八、2006 年诺贝尔经济学奖获得者
——埃德蒙·费尔普斯……………………………… 366

二十九、2007 年诺贝尔经济学奖获得者
——莱昂尼德·赫维奇、埃里克·马斯金、罗杰·迈尔森 … 366

三十、2008 年诺贝尔经济学奖获得者
——保罗·克鲁格曼………………………………… 367

三十一、2009 年诺贝尔经济学奖获得者
——埃莉诺·奥斯特罗姆、奥利弗·威廉姆森…………… 367

第一章　宏观经济学导论

当局者难，当大局更难。2008年南方雪灾是一剂催化剂，把各种矛盾和问题暴露出来，气煤电油运危机是中国一系列宏观经济政策积累下来问题的总爆发。

人民币汇率：**人民币升值不行，不升值也不行**。升值意味着中央银行持有的美元储备缩水，同时也对依赖出口的相关产业产生打击；不升值会加剧贸易顺差，中央银行要被动吸纳更多美元，投放更多人民币，这样又会造成更严重的通胀。

利率：**加息不行，不加息也不行**。加息会使人民币和美元息差加大，造成人民币面临更大升值压力；不加息又无法有效遏制通胀。

能源价格：**油电气煤价格加不行，不加也不行**。加价会加剧通胀，能源价格上涨会很快传导到所有行业，造成全面通胀；不加价又会使能源生产企业无法消化上升的成本，无法理顺供需矛盾。

燃油税：**开征不行，不开征也不行**。开征面临很多现实困难，现有的利益格局将会被打破；不开征不符合节能减排的目标。

股市：**升也不行，不升也不行**。股市上涨会造成资产价格泡沫，形成经济大起大落的隐患；股市不上涨，股市融资和配置资源的功能不能很好发挥，国企改革和整个国民经济的发展又会难以为继。

房地产：**房价涨不行，不涨也不行**。房价涨老百姓难以承受，高房价最终会拉高人力成本，并最终拉高各行业投资成本；房价不涨又会影响房地产相关行业的发展。

正所谓外行看热闹，内行看门道。种种表象背后的所蕴含的经济规律只有一个：**理性人在约束条件下追求效用最大**

化。经济学就是研究理性人两难选择的问题。

学习经济学，了解经济学运行一般的规律，有利于决策者做出更好的选择，只是决策者所处位置不同，选择的结果影响的范围不同而已。作为一国领导者，其决策失误可能导致国家经济的增长放慢，甚至衰退。黎民百姓所做选择，虽然影响面比较小，但直接决定其成败，正所谓一失足成千古恨，投资失误，倾家荡产。顺水行舟，不费吹灰之力。顺经济大势而行，往往易于成功。逆宏观经济大势而行，难以成功。

作为大学生，学习宏观经济学知识，掌握一些分析宏观经济的手段，探寻令人眼花缭乱的经济现象背后的规律，对我们将终生受用。

宏观经济学采用总量分析方法，以整个国民经济活动作为研究对象，研究国民生产总值和国民收入的变动及其与就业、通货膨胀、经济周期被动、经济增长等的相互关系问题。它通过研究经济运行中的总量，如国民生产总值、总消费、总储蓄、总投资、总价格水平、经济增长率、利息、货币供给量、货币需求量、汇率、国际收支等的决定、变动及其相互关系，研究由众多经济主体组成的整个国民经济运行的方式与规律。萨缪尔森说，宏观经济学是根据产量、收入、价格水平和失业来分析整体经济行为。

第一节 宏观经济学基本概念

宏观经济学关心的主要问题是一国经济的总产出、价格水平、就业水平和利率等宏观经济变量是如何决定的。为了全面了解这些变量的决定，就需要对这些变量进行测算；并且只有在宏观经济各种变量进行准确衡量的基础上，宏观经济的理论分析才能得以展开。

一、国内生产总值与国民生产总值

国内生产总值(Gross Domestic Products，简称 GDP)：一定时期内，一国境内所产出的全部最终产品和服务的价值总和。包括以下几个方面的内涵：

1. GDP 衡量的是在市场上进行交易的最终产品和劳务的市场价值。然而，人们的很多活动并不是都在市场上进行的，例如：家庭主妇的洗衣、做饭、扫地等多种家务劳动的价值没有包括在 GDP 内；但是如果这些家务活动由雇佣的家庭保姆来完成，则这些活动的价值可由保姆的收入来衡量，可计入 GDP。

2. GDP 衡量的是最终产品和劳务的总价值。最终产品和劳务是指以消费或投资为目的而生产或出售的产品。GDP 不包括中间产品，即用于生产其他产品的产品,因为中间产品的价值已经包括在最终产品的价值中了,如果再计入则导致重复计算。

3. GDP 衡量的是现期生产的产品和劳务,并不包括涉及过去生产的产品交易。当某一电脑公司生产并销售一台新电脑时,这台电脑的价值包括在 GDP 中,当这家电脑公司销售二手电脑时,电脑的价值就不包括在 GDP 中。但是,这家销售公司因出售二手电脑所提供的劳务应计算在 GDP 中。

4. GDP 衡量的生产价值是在一个国家的领土范围内,遵循的是国土原则。按照这一原则,外国人在中国工作的收入就应计入中国 GDP,而中国人在外国工作的收入就不能计入中国 GDP 内。

另一种相关的统计指标是 GNP,即国民生产总值(Gross National Products,简称 GNP),它的统计遵循的是国民原则。按照这一原则,中国人在国外工作的收入应计入 GNP,而外国人在中国工作的收入就不能计入中国的 GNP。

GDP 和 GNP 的统计方法和内容基本上是一致的,它们之间的差额称为国外要素支付净额。国外要素支付净额(Net of Foreign Element Payment,简称 NEP)可定义为本国生产要素在国外获得的收入减去本国付给外国生产要素在本国获得的收入,也即:

$$GNP-GDP=NEP(国外要素支付净额)$$

在封闭经济中,两者相等;在开放经济中,两者往往不一致。

二、名义价值与实际价值

按照计算时采用的是现行价格还是不变价格,国民(内)生产总值又分为名义国民(内)生产总值和实际国民(内)生产总值。用基期价格计算的国民(内)生产总值称为实际国民(内)生产总值。反映产量和价格两者的变动;用现期市场价格计算的国民(内)生产总值称为名义国民(内)生产总值。两者之间的关系如下:

$$实际国内生产总值 = \frac{名义国内生产总值}{国内生产总值价格指数} \times 100\%$$

国民(内)生产总值又有现实国民(内)生产总值与潜在国民(内)生产总值之别。潜在国民(内)生产总值是指各种资源在其正常使用强度下得到充分利用,劳动力充分就业下的国民(内)生产总值。所以也叫做充分就业国民(内)生产总值。

三、GDP 核算方法

国民生产总值有三种核算方法。

支出法（Expenditure Approach）：又称最终产品法（Final Product Approach），就是通过核算在一定时期内整个社会购买最终产品的总支出即最终产品的总卖价来计量 GDP。它是根据购买最终产品的支出来计算国民生产总值的方法。一国经济在购买最终产品上的支出总额叫总支出。它包括消费支出、投资支出、政府的购买支出和净出口。即：

$$GDP=消费+投资+政府购买+净出口$$

增值法（Value Added Approach）：是厂商销售产品所得收益减去从其他厂商购买的商品和劳务的总价值和，这个概念表明，一个厂商从其他厂商那里买到一些用于生产的投入物进行加工制成成品出售。如果售价高于支付给投入物的金额，两者的差额就是厂商增值到成品中的价值。如果将一国经济中的所有厂商的增值汇总，则其总和必然等于最终产品和劳务的总价值。因此，GDP 可以用所有厂商的增值总额来衡量。即：

$$GDP=厂商_1增加值+厂商_2增加值+\cdots\cdots+厂商_n增加值$$

收入法（Income Approach）：收入法就是从生产过程中产生收入流向的角度计算 GDP 的一种方法。在物品和劳务的生产过程中人们得到的收入有：工资、租金、利息、利润和业主收入。企业出售产品的收益扣除中间产品的支付即为企业的收入。企业收入的流向可分为六个方面：劳动者的工资和薪金；付给银行的利息；因租用土地、房屋等所付的租金；资本折旧；交给政府的产品间接税；最后剩下的部分就是企业的利润。此外，还应考虑经济中个体工商户业主的收入。将一国所有企业收入流向与业主收入汇总，总和即为 GDP。即：

$$GDP=工资+利息+租金+间接税+折旧+利润+业主收入$$

四、国民产出的四个主要指标

国民产出的四个主要指标：国民生产总值、国民生产净值、个人收入、个人可支配收入。

国民生产总值（Gross National Products，简称 GNP）是指一国居民在一定时期（通常为一年）内，所生产的产品和劳务的价值总和。

国民生产净值（Net National Products，简称 NNP）是一个国家或地区在一定时期（一般为一年）内以货币表现的最终产品和劳务价值当中新创造的价值总和，它不包括固定资产耗费（即折旧）。

个人收入（Personal Income，简称 PI）是个人所有生产要素的报酬总和。

个人可支配收入（Personal Disposable Income，简称 PDI）指个人收入扣除各种税收后的所得。

五、总需求与总供给

1. 总需求

总需求是指一个国家支付在商品和劳务上的总量,反映的是经济中不同经济实体的总支出,包括消费、投资、政府购买和对外出口。

消费支出指一定时期内居民购买的用于消费的产品支出,它包括购买耐用品的支出、非耐用品的支出、劳务的支出。居民购买住宅的支出不包括在消费支出中,它是投资支出的一部分。

投资支出指一定时期内购买不用于本期消费的最终产品上的支出。

政府支出指政府购买物品和劳务的支出。它包括政府购买和政府转移支付,其中政府转移支付不包括在国民生产总值中。

净出口为出口总额与进口总额之间的差额。在一定时期内,本国购买的外国生产的物品的价值,加上本国支付给外国提供的劳务报酬和外国在本国投资的股息和利息等支出,得到的是进口总额;同样在一定时期内,本国生产并卖给外国的物品的价值,加上本国向外国提供的劳务的收入,再加上本国在国外投资和贷款到期的股息和利息等收入,得到的是出口总额。

2. 总供给

总供给是指一个国家在一定时期所生产的商品和劳务的总量,表明一个国家在一定时期总的生产能力,也可以是一个国家一定时期各种生产要素的总和。

总供给包括:消费、储蓄、税收和进口。

消费是指本国居民为了满足生活的需要而对最终产品和劳务的购买的行为,包括耐用消费品支出、非耐用消费品的支出。

储蓄是指人们将当前收入中不用于消费的部分存入银行、购买的有价证券、以货币形式保存在手中等的行为。储蓄是西方经济学中宏观分析理论的一个重要概念,也是凯恩斯收入与就业理论的前提条件之一。储蓄包括政府机构储蓄、企业储蓄和个人及家庭储蓄三种。

税收是国家为实现其职能,凭借政治权力,按照法律规定,通过税收工具强制地、无偿地参与国民收入和社会产品的分配和再分配取得财政收入的一种形式。取得财政收入的手段有多种,如税收、发行货币、发行国债、收费、罚没等,而税收则是大部分国家取得财政收入的最主要形式。税收具有无偿性、强制性和固定性的特征。税收三性是一个完整的统一体,它们相辅相成、缺一不可。

进口是指将外国商品在本国市场销售。一国进口商品所支出的全部金额为进口总额，或进口总值。

第二节　宏观经济学研究的内容

现代宏观经济理论包含的内容相当广泛，西方宏观经济学教科书通常包括下述主要内容：

一、国民收入的决定

宏观经济学的中心问题是国民收入的决定，在内容上可区分为四大部分；有关国民收入的度量，即国民收入核算理论；有关国民收入的决定，即静态宏观经济理论；有关国民收入的变动，即动态宏观经济理论；有关国民收入的管制，即宏观经济政策学。

国民收入的决定分析是宏观经济学核心理论。传统凯恩斯主义一般采用总支出（总需求）分析说明国民收入的决定。所谓总支出（总需求）分析是在假定总供给和价格水平不变前提下，分析总支出（主要指消费与投资）如何决定国民收入水平。它又分为仅说明产品市场中消费与投资变动对国民收入影响的简单凯恩斯模型，以及同时包括产品与货币两市场的国民收入决定模型，即IS—LM模型。这又被称为扩大的凯恩斯模型。IS—LM模型是凯恩斯主义最成熟的核心理论，围绕这一模型展开宏观经济分析有四个重要组成部分，即消费函数理论、投资理论、货币需求和货币供给理论。

当代西方学者采用总需求——总供给分析，即AD—AS模型来说明国民收入和物价水平的决定。在AD—AS模型中，通常先结合劳动市场说明总供给决定与变动，然后将总需求与总供给结合在一起，解释国民收入与总物价水平、总就业量之间的相互关系。

二、通货膨胀与失业

现代西方经济学的通货膨胀理论包括失业理论、通货膨胀理论、失业与通货膨胀相互关系三个部分。失业理论主要有失业的分类、失业的原因以及对付失业的政策。西方经济学各流派对失业原因的不同解释，形成不同的失业理论。通货膨胀是现今经济中最少人关注的问题之一。各种通货膨胀理论从不同角度分析通货膨胀形成的原因，并提出相应的政策主张。20世纪50年代末，西方学者提出了失业与通货膨胀间此消彼长交替关系的菲利普斯曲线。70年代后，西方经济出现了"滞胀"，即失业与通货膨胀并存。由此引起了西方经济学界对菲利普斯曲线的争议。

三、经济增长与经济周期

经济增长是各国政府关注的问题之一，研究影响长期总供给的各种因素以及相互关系作用的"增长经济学"是宏观经济理论的重要内容。经济周期理论探讨经济周期的类型、影响经济周期性波动的原因等现实经济提出的课题。

四、开放经济条件下的宏观经济

从一国与世界其他国家联系的角度，特别是从物品（商品和劳务）、资本流动的角度，研究开放条件下国民收入的决定与调节，是开放经济理论的主要内容。

五、宏观经济政策

宏观经济政策是从全局上对经济运行施加影响的方法和手段，包括财政政策和货币政策两种主要的宏观经济政策。

财政政策是通过各级政府的支付活动和税收对宏观经济的运行施加影响。

货币政策主要是指通过中央银行控制货币供给量影响经济运行。

第三节 宏观经济学研究方法

一、实证分析方法与规范分析方法

实证分析方法的精神实质就是揭示经济现象之间的因果联系。例如，就通货膨胀问题而言，实证分析首先要解决的问题是当前通货膨胀的程度如何，即通过某种规定对通货膨胀的程度加以测度。其次要解决的问题是通货膨胀是怎样产生的。这里已经出现宏观经济现象之间的因果联系了，果是通货膨胀，因是实证分析所要寻找的引起通货膨胀现象的经济现象。然后需要研究通货膨胀对经济有何影响。这里又出现了因果联系，通货膨胀是因，受到通货膨胀影响的其他经济现象是果。最后，实证分析还需要研究：采取哪些政策措施可以降低通货膨胀率。

具体地看，实证分析对客观经济现象因果联系的把握有两种不同的方法，一种称为经验实证，一种称为逻辑实证，经验实证就是把对个别经济现象因果联系的认识上升到理论的高度,即从中挖掘出一般性的规律性认识。经验实证方法就是归纳的方法、调查研究的方法、"解剖麻雀"的方法。其认识路线是从个别上升到一般。

作为理论经济学,宏观经济学主要采用逻辑实证的研究方法。逻辑实证的方法也被称为演绎的方法,或抽象分析的方法。与经验实证相反,逻辑实证的认识路线是从一般到个别,逻辑实证对因果联系的把握是从建立假设开始的,逻辑实证建立假设就好像自然科学建立实验室,借此排除一切无关和次要的因素,保留少数相关的重要因素,从而能够在一种"纯粹"的环境中观察现象之间的因果联系。当然,经济学的这一"实验室"是在思维中建立的。

宏观经济分析中,同样不可避免地要涉及规范分析,涉及人的价值判断问题。例如:对某项政策的评价,以及效率与公平的问题等。

二、流量与存量分析

宏观经济学中存量和流量的区别是非常重要的,所以,对于这两种分析方法应该加以区别。

所谓存量分析,主要是在分析中涉及特定时点上的经济总量。比如,在对经济活动进行历史性分析和比较中涉及的年度总量值,某一特定时点的货币总量等。

所谓流量分析,是指经济分析中所涉及的某一时期内的经济活动的变动总量,这往往表现为以单位时间内发生的经济变动(活动)量的总值的形式。比如,某月份、季度的总产量、工资总量等。在宏观经济学的分析中,有时会涉及流量分析,有时又会涉及存量分析,有时则会同时涉及两者。

此外,在分析过程中,我们有时也会遇到存量和流量相对应的情况,这也应该加以注意。比如,投资的流量会与资本的存量相对应,储蓄的流量会与财富的存量相对应。一般说来,存量是流量的基础,而流量是存量的条件,这就好比某一时刻水库中的实际库存量是存量,而一段时间内流入的水量或者流出的水量则是流量。存量分析和流量分析的主要区别就在于所涉及的时间特性。

三、均衡分析方法

现代西方经济学对经济现象的研究着重刻画经济现象的均衡状态。均衡概念是经济学从自然科学中借用来的。在物理学中,均衡可以指在大小相同、方向相反的若干对力的作用下,物体的位置保持不变。在经济中,均衡的这层意思基本上保留下来了。

在宏观经济学中,利益最大化的总体行为用一系列总体行为函数刻画,如消费函数、投资函数等。这些总体行为函数虽然没有冠以均衡的名称,但已隐含了均衡的意义。

四、静态、比较静态和动态分析方法

静态分析是指经济分析中并不特意涉及时间的差别和影响,或者说只关注于某一时刻的经济状态分析,而不涉及经济变动或者变动的过程分析。比较静态分析是只涉及两个或者多个时点上经济对象的性质、状态、特征等的比较分析。这种分析同样不涉及经济变动的过程。动态分析则与前两者不同,它重点是考察和分析经济因素连续的变动过程,说明变动的原因和机制。在宏观经济学的分析和研究中,上述三种方法都会遇到。比如,当我们分析当前宏观经济状况时,首先会涉及静态分析,由它说明当前经济的性质特征,发现存在的不协调或者失衡。但是,当我们把以前的经济状况与当前经济状况进行比较时,或者把我国经济状况与某一外国的经济状况进行比较时,就会涉及比较静态分析的方法。如果我们需要进一步分析当前的经济情况是怎样由以前的经济情况一步一步地发展和变化的时候,我们就会涉及动态分析方法。

五、即期分析和跨时期分析的方法

在宏观经济学中,有时我们分析的对象和因素会集中在同一个当前时期内,这种分析就叫做即期分析。在另外的时候,我们的分析对象和因素则分布在不同的时期内,因而我们的分析就会涉及两个或者更多的时期。这种分析就是跨时期分析。在现实经济生活中,即期分析和跨时期分析都会遇到,这两种方法都是不可缺少的。比如说,对于某些经济政策所产生的影响的分析、对投资效果的分析等,都不会仅限于一个时期之内,这就需要进行跨时期分析。但是,这种跨时期分析,又是以一个一个的即期分析为基础的,没有即期分析,就无法很好地进行跨时期分析。

六、总量分析

总量分析是宏观经济学特有的分析方法。总量分析就是研究一国总需求、总产出、价格总水平等经济总量水平的决定及其变化规律。显然,宏观经济学采用总量分析方法,是与宏观经济学对市场经济运行的认识的基本倾向分不开的。这些总结分析能够较好地解释经济萧条、通货膨胀等一类宏观经济现象。

七、宏观经济模型分析

凯恩斯主义产生之前在研究经济周期这一宏观经济问题时就运用差分方和微分方程的模型。现代宏观经济学的发展和应用很大程度上，借助于现代数学的发展，已经逐步建立了一套较完备的宏观经济模型体系，并以这种模型体系形成现代宏观经济学基本框架。运用数学工具来表述和论证宏观经济总量之间的复杂关系，使理论更加清晰。近几年来，由于越来越多地用数学公式表述经济理论、宏观经济学正沿着模型化和精密化的方向发展，例如，从宏观经济学体系角度看，有以下基本模型：国民收入决定模型、总供给与总需求模型、经济增长模型、货币数量模型、消费模型、投资模型、最优税收模型、资产定价模型等。

第四节 宏观经济学基本框架

一、简单经济的情况

主要是两部门经济，不考虑漏出与注入，其基本流程是：

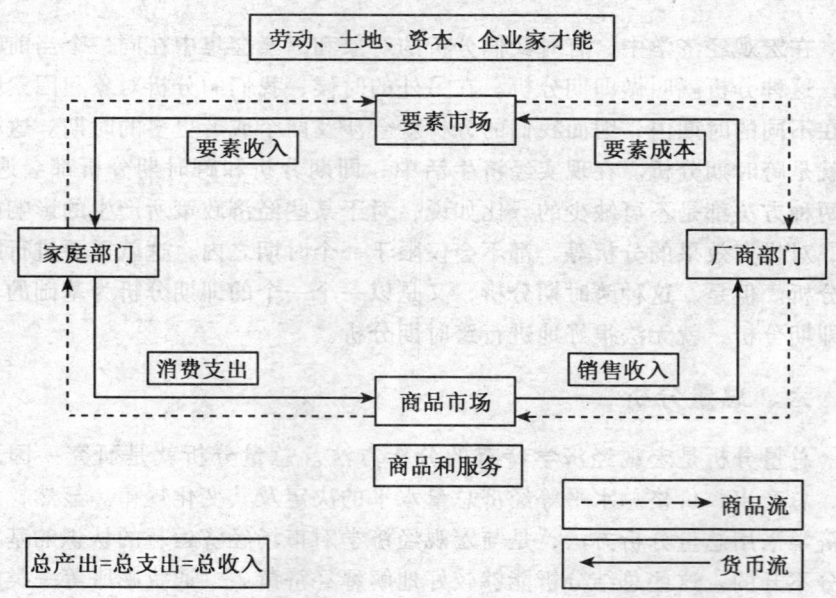

这个经济体系只有家庭和厂商两个部门,而且部门内部不发生交换活动的情况。其中:

家庭是要素的供给者,商品的需要者;

企业是要素的需要者,商品的供给者;

两者通过商品市场和要素市场联系起来。

$$总产出 = 总支出 = 总收入$$

家庭把全部收入用来购买商品,则家庭部门的总支出就可以衡量总产出。

家庭的支出又等于总收入,则总产出也等于总收入。

在上面一部分最终产品市场上,家庭支出货币购买产品和劳务。

在下面一部分生产要素市场上,企业以工资、地租等形式支付给家庭的生产要素报酬形成了家庭的收入。企业每年支付的货币数量形成了产品的成本流量。

二、两部门经济流程——考虑漏出与注入

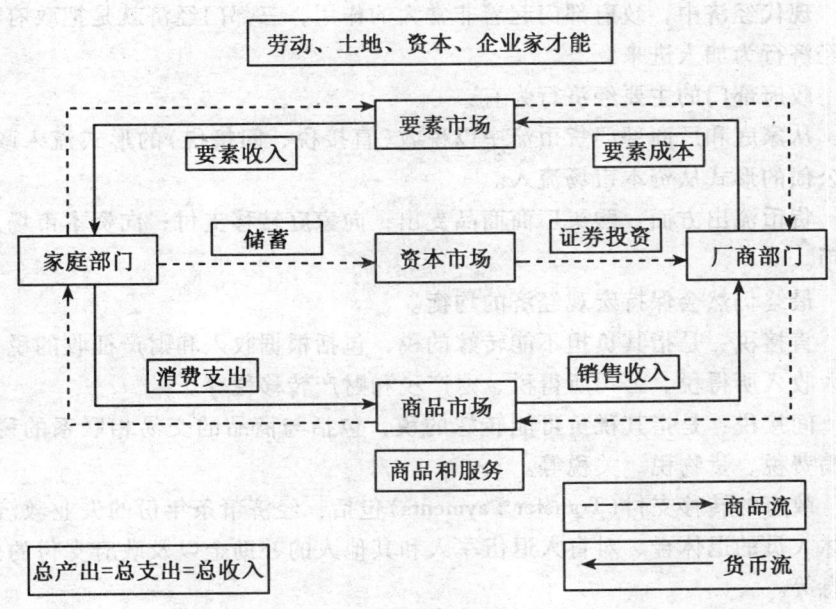

漏出:两部门经济中,实际上家庭不一定把全部要素收入用于消费支出,会多少有一部分用于储蓄,即漏出。从而使商品市场上一部分商品销售

不出去。

注入：在家庭有漏出的情况下，就需要建立资本市场，使储蓄转化为投资，注入相应的销售收入。

只要厂商的投资等于家庭的储蓄，注入等于漏出，整个国民经济仍然可以达到平衡。

三、包括政府部门的情况

三部门经济是指企业、家庭和政府三个经济主体所组成的经济。在三部门报酬中，政府经济职能是通过税收与政府支出来实现的。政府通过税收与支出和家庭与企业发生经济联系。

政府的总税收（T）是向家庭和企业征收的。由于税收是从国民收入中抽走的一部分，可以看做是国民收入的漏出量。而政府的支出（G）会将一部分资金注入国民收入循环中，可以把政府支出看做是国民收入的注入量。

政府的支出分为两部分：一部分是转移支出（GT），它是用于救济贫困家庭和支付社会保险费用的资金。这部分货币量最终要流回家庭。这样，政府的净税收（NT）就等于总税收（T）减去政府的转移支出（GT）。

现代经济中，政府部门起着非常大的作用，三部门经济就是把政府部门的经济行为加入进来。

政府部门的主要经济行为有：

从家庭和厂商部门货币流中以税收（直接税、间接税）的形式流入政府；以公债的形式从资本市场流入。

货币流出方面：购买厂商商品支出；向家庭转移支付；向资本市场发行货币。

最终仍然会保持宏观经济的均衡。

直接税：是指其负担不能转嫁的税，包括根据收入和财产征收的税，如个人收入所得税、公司所得税、财产税和财产转移税等。

间接税：是指其税负可能转嫁的税，包括与商品的交易相联系的税收，如消费税、货物税、关税等。

政府的转移支付（Transfer Payments）包括：经济萧条年份的失业救济金、退休人员的退休金、对盲人退伍军人和其他人的补助金以及政府支付的公债利息等。

三部门经济中的注入和漏出：

    注入：企业投资；漏出—居民储蓄
    注入：政府支出；漏出—政府税收

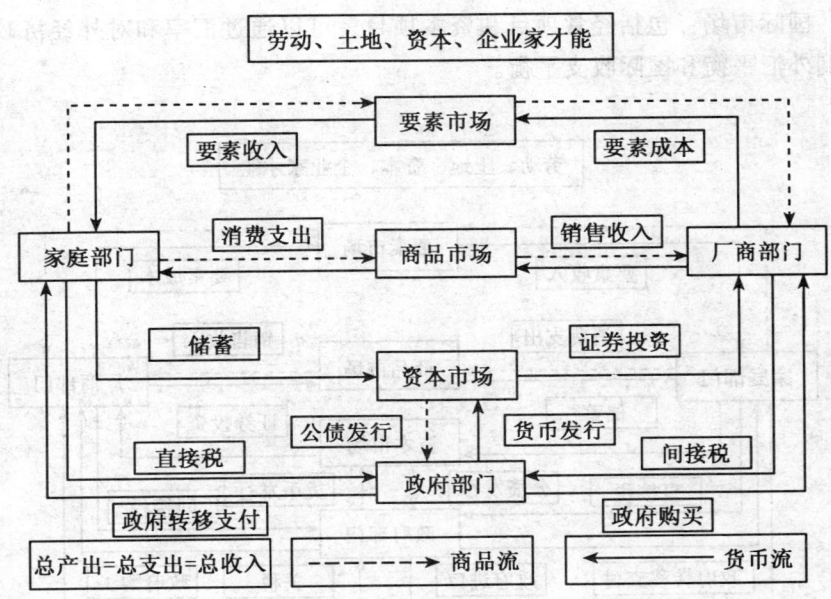

四、包括国外部门的情况

四部门经济中把国外对宏观经济的影响纳入进来，国外的经济影响主要有：家庭进口、厂商与国外的商品往来和资本往来、政府直接进口国外商品以及对进口征收关税。四部门经济中的注入和漏出：

注入—企业投资； 漏出—居民储蓄

注入—政府支出； 漏出—政府税收

注入—出口； 增加国内消费

漏出—进口； 退出国内消费

宏观经济分析的五大平衡及其综合均衡：

要素市场：主要是劳动力市场，通过工资率和劳动政策，调整劳动力的总供给和总需求，达到劳动均衡。

商品市场：主要是消费品市场，通过物价指数和物价政策，调整商品的总供给和总需求，达到商品均衡。

资本市场：指用于投资的资本市场，通过利率和货币政策，调整货币的总供给和总需求，达到货币均衡。

政府收支：指政府的税收和支出，通过税率和财政政策调整财政收入和支出，达到财政均衡。

国际市场：包括经常项目和资本项目，可以通过汇率和对外经济政策，达到外汇平衡和国际收支平衡。

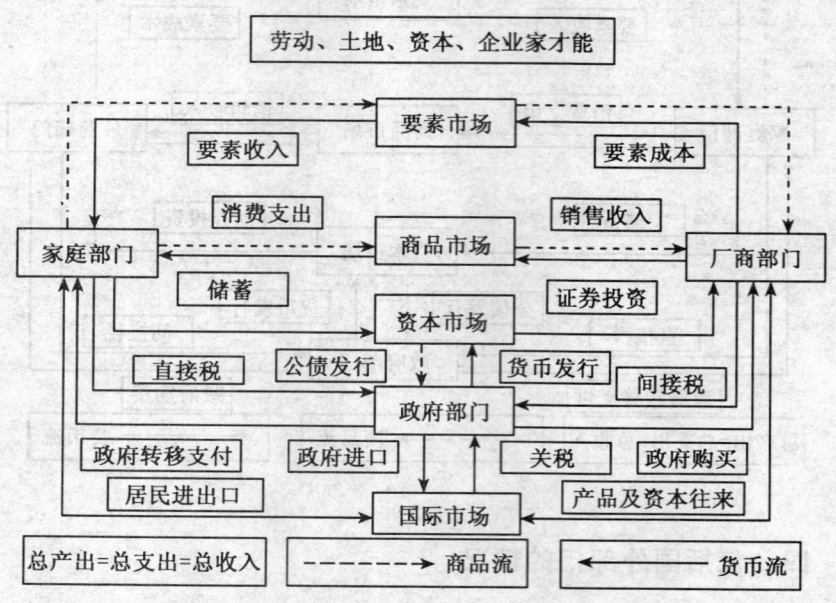

参考文献

[1] 萨缪尔森，诺德豪斯著. 经济学[M]. 第13版. 麦德劳-希尔图书公司，1989：976-977.

[2] 多恩布什，费希尔. 宏观经济学[M]. 麦克劳-希尔图书公司，1987：4-5.

[3] 夏皮罗. 宏观经济分析[M]. 北京：中国社会科学出版社，1985：9-11.

[4] 王秋石. 现代西方经济学原理[M]. 南昌：江西人民出版社，1994：336-342.

[5] 龙志和. 宏观经济学[M]. 西安：西安交通大学出版社，2006：1-7.

第二章 宏观经济的绩效衡量与景气

宏观经济的绩效通常是由总产出、价格水平、就业水平等宏观经济变量来刻画的。度量这些宏观经济变量以及由它们所决定的经济运行景气，是科学研究的一个关键部分。精准地衡量这些变量，对发现新问题、评估不同理论、总结经济规律和预测未来经济发展趋势而言，是极其重要的。

经济发展史上，首次对国民产出进行全面衡量的经济学家是诺贝尔经济学奖获得者、哈佛大学的西蒙·库兹涅茨（Simon Kuznets），他在20世纪上半期提出了有关国民收入核算的许多概念。此后，阿瑟·伯恩斯（Arthur Burns）与韦斯利·米切尔（Wesley Mitchell）研究小组对经济周期的不同阶段做出了详细衡量。在他们的工作和其他许多经济学家的努力下，经济学由一个学者们倚重于较随意的观察和广泛归纳的领域转变为数字和统计分析在其中起重要作用的领域。

1986年联合国经济和社会事务部统计处编印了《国民经济账户体系》。目前这一体系已被世界上大多数国家采用。在美国，国民收入核算体系称为"国民收入和产出账户"，由美国商业部经济分析局定期在网上进行公布。

我国在改革开放以后也开始采纳了联合国这一国际经济核算体系。目前我国的宏观经济的统计指标已经基本上与国际接轨。运用国民收入核算体系，我们可以得到一系列描述经济状况的统计数据，从而为理论分析和制定宏观政策提供依据。

本章重点涉及宏观经济衡量的一些概念性和实际性问题，揭示宏观经济的数据结构，学习国民收入账户中一些有用的经济数据，理解国民收入账户的结构，从而较好地把握宏观经济运行。本章共分为五个部分：一是国内生产总值的衡量，二是储蓄和财富，三是国民生活费用的度量，四是国民经济中就业统计，五是宏观经济运行的景气度。

第一节　国内生产总值的衡量

一国经济福利水平能否持续提高，是与该国经济总产出是否能持续增加密切相关的。若总产出能不断增加，则该国居民可供消费的产品和服务总量就会增加。这个总产出通常被称为国内生产总值。下面，将考察如何衡量这个总产出。

一、经济活动的价值循环与核算体系

国内生产总值（GDP）是一个国家在某一时期（通常为一年）内所生产的所有最终产品和服务的价值总和。可用三种方法度量这一统计量。第一种方法是把 GDP 作为经济中所有居民的收入（收入法）。第二种方法是把 GDP 视为经济中扣除中间生产阶段产品消耗后的产出总和（产品法）。第三种方法是把 GDP 视为经济中用于最终产品与服务的总支出，即产出的最终购买者所支出的总额（支出法）。

尽管每一种方法从不同视角反映了宏观经济的运行状态，但在国民收入核算过程中，除了数据的不完整或误报等问题外，三种方法事实上对现行经济活动总量都给出了相同的衡量。

下面用经济活动中的价值循环流程来说明三种方法的等价性，同时对国民收入核算体系作个简单的介绍。

1. 经济活动的价值循环与核算的恒等式

宏观经济的运行通常可用一个国民收入与支出的价值流量模型来加以描述，如图 2-1 所示。通过这一模型，可以从不同的角度来进一步讨论 GDP 的构成和测算问题。

图 2-1 是一个简单的有关收入和支出的价值循环流动图。这个模型假定整个国民经济有四个部门（企业、家庭、政府和外国经济）和三个市场（产品市场、要素市场和金融市场），并且企业创造的收入全部分配给要素所有者。图中的实线表示经济系统中实物的流动，虚线表示价值的流动。

家庭通过要素市场向企业提供生产要素（如劳动），然后在企业那里获得要素报酬。企业利用从要素市场得到的要素生产最终产品，并通过产品市场向政府、家庭和外国居民提供，同时获得收入。假定企业向产品市场提供产品的全部收入都分配给家庭。于是就有以全部最终产品核算的国民收入

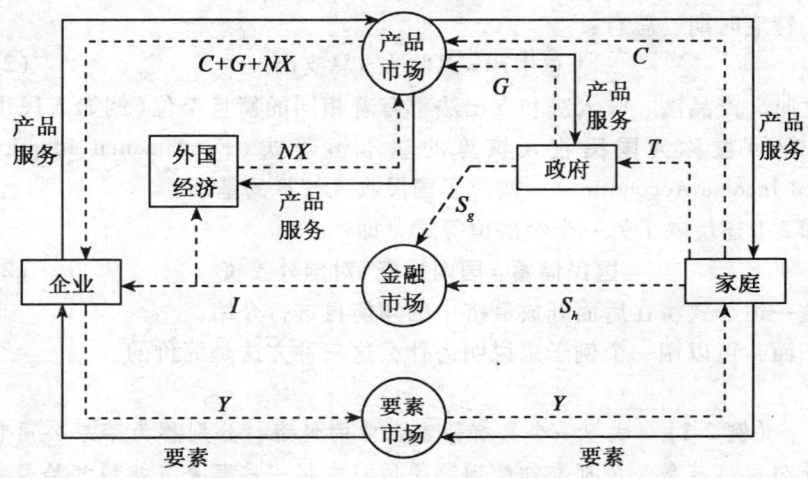

图 2-1 收入和支出的价值循环

(Y) 等于用要素衡量的国民收入 (Y)。

在产品市场上,假设企业生产的全部产品都能出清,即全部销售出去,并流入了家庭、政府和外国居民手里。与此同时,政府、家庭和外国居民在购买这些产品时,价值也以货币的形式流向了企业。家庭在产品市场上向企业购买产品和服务构成了家庭的消费支出 (C)。政府在市场上进行采购,形成政府支出 (G)。外国居民对本国产品和服务的净购买,即本国产品和服务的净出口,构成外国居民对本国产品和服务的支出 (NX)。于是就有以最终产品核算的国际收入 (Y) 等于政府、家庭和外国居民三者总的消费支出。

在金融市场上,家庭从要素市场上获得的全部收入,除一部分用于产品和服务消费支出外,另一部分则需向政府纳税,这部分税收形成政府的税收收入 (T),家庭剩下收入转为家庭储蓄 (S_h)。政府的税收收入扣除其在产品市场上购买的产品和服务支出外,政府余下的税收形成政府储蓄 (S_g)。政府储蓄与家庭储蓄共同构成了国民储蓄。这个储蓄通过金融市场向本国企业和外国投资,总投资为 I。于是就有国民储蓄与投资相等的结论。

这样,一个经济就分别完成了生产要素的流动、产品和服务的流动以及货币的流动的循环。这个循环过程会持续下去,支出(用实线表示)不断地由家庭流向企业,而收入(用虚线表示)不断地由企业流向家庭。国民经济正是在这种循环过程中年复一年地正常运行。

通过上面的分析，可以看出，对国民收入核算的三种方法是等价的。即在任一特定时期，总有：

$$总生产＝总收入＝总支出 \qquad (2.1)$$

这时，产品法、收入法和支出法都有着相同的衡量单位（例如人民币）。等式（2.1）被称为国民收入核算的基本恒等式（Fundamental Identity of National Income Accounting），构成了国民收入核算的基础。

图 2-1 还反映了另一个经济恒等式，即：

$$国民储蓄＝国内投资＋对国外投资 \qquad (2.2)$$

这一恒等式将在后面开放经济中的均衡再进行介绍。

下面，可以用一个例子来说明为什么这三种方法是等价的。

【例 2-1】 试想一个只有两家企业的经济，分别称为苹果公司和果汁公司。苹果公司拥有和管理苹果园。它将一些苹果直接销售给最终消费者，将剩余的苹果销售给制造和销售苹果汁的果汁公司。

苹果公司每年付给工人 15 000 元来采摘苹果，并以 35 000 元的价格销售这些苹果（其中销售给家庭 10 000 元，销售给果汁公司 25 000 元）。这样，苹果公司的税前利润是 20 000 元（35 000 元－15 000 元）。由于它纳税 5 000 元，它的税后利润为 15 000 元（见表 2-1）。

表 2-1 苹果公司与果汁公司在一年内的交易

苹果公司的交易	金额（元，人民币）
付给苹果公司雇员的工资	15 000
付给政府的税金	5 000
从苹果销售中得到的收入	35 000
销售给最终消费者	10 000
销售给果汁公司	25 000
果汁公司的交易	
付给果汁公司雇员的工资	10 000
付给政府的税金	2 000
向苹果公司购买的苹果	25 000
销售苹果汁得到的收入	40 000

果汁公司从苹果公司购买苹果花费了 25 000 元，付给工人 10 000 元的工资，将苹果加工成苹果汁。它销售苹果汁获得了 40 000 元的收入，于是它的税前利润是 5 000 元（40 000 元－25 000 元－10 000 元）。在支付了 2 000 元的税款之后，它的税后利润是 3 000 元。

这两家企业所进行的经济活动的总价值到底是多少？

从企业提供的最终产品来考察。其以最终产品和服务衡量的总价值应等于企业向市场提供的全部商品和服务的市场价值总和剔除在中间生产阶段用掉的商品和服务后的余额。苹果公司生产价值 35 000 元的产出，果汁公司生产价值 40 000 元的产出。然而，简单地将 35 000 元和 40 000 元相加来衡量总体经济活动会重复计算果汁公司向苹果公司购买并加工成苹果汁的那些 25 000 元苹果价值。为避免重复计算，应把苹果公司购买并加工成苹果汁的那些 25 000 元的苹果价值扣除掉。该经济的总价值是 50 000 元（35 000 元＋40 000 元－25 000 元＝50 000 元）。

从要素报酬考察，其以要素收入衡量的总价值应等于全部要素收入的总和。本例中，要素收入包括工人得到的工资和公司所有者获取的利润。苹果公司的（税前）利润等于其 35 000 元的收入减去 15 000 元的工资成本，即 20 000 元。果汁公司的利润等于其 40 000 元的收入减去它为买苹果而支付的 25 000 元和支付给其雇员的 10 000 元的工资，即 5 000 元。将苹果公司 20 000 元的利润、果汁公司 5 000 元的利润，以及两个公司雇员所得到的 25 000 元的工资相加，可得到的总数为 50 000 元，与根据产品法得到的总数相同。

在计算过程中，可以将工人和公司所有者的税前收入相加。同样的，也可以将生产厂商的税后收入和政府征收的税金相加。扣除税金后，苹果公司的税后利润是 15 000 元，果汁公司的税后利润是 3 000 元。将两个公司的税后总利润 18 000 元、工资总收入 25 000 元（假设工人不纳税），以及政府收到的 7 000 美元税金相加，再一次得到 50 000 元的经济活动总量。

从支出角度考察，其总价值应等于最终消费者的支出数额相加的总和。例中，家庭是苹果的最终消费者。果汁公司并不是苹果的最终消费者，因为它将苹果处理成液态的果汁销售给家庭。这样最终使用者从苹果公司购买 10 000 元的苹果，从果汁公司购买 40 000 元的苹果汁，总计 50 000 元，与根据产品法和收入法计算得到的总数相同。

2. 国民收入核算体系

国民收入核算体系,又称国民经济账户体系。它是将国民生产总值作为核算国民经济活动的核心指标,认为创造的物质产品和提供服务的劳务活动都是创造价值活动的。

(1)国民收入核算体系五大总量指标

①国民生产总值(简称 GNP),它是指一个国家或地区的国民在一定时期内运用生产要素所生产的全部最终产品和服务的市场价值的总和。

②国民生产净值(简称 NNP),它是指一国或地区的国民在一定时期内生产的最终产品和服务价值总和减去生产过程中资本损耗后的净额,即是一定时期内新创造的价值。

③国民收入(简称 NI),它是指一国生产要素在一定时期内提供服务所获得的报酬总和,即工资、利息、租金、业主收入和利润的总和。

④个人收入(简称 PI),它是指一国在一定时期内个人所得的收入的总和。

⑤个人可支配收入(简称 PDI),它是指一国在一定时期内个人可以支配的全部收入。

其中国民生产总值是国民收入核算体系五大总量指标中的核心指标。

核算范围:包括所有生产物质产品的活动和提供服务的活动。凡是从事生产活动的公私企业、机构和个人都列入生产部门,一切生产部门活动的成果都是社会产品,社会产品总量是物质产品价值和服务活动价值之和。

(2)部门分类

把整个国民经济部门按照社会经济活动的发展阶段分为三大类:

①第一类产业部门,又称第一产业或初级生产。它以农业为主,包括林业、渔业、狩猎业等。

②第二类产业部门,又称第二产业或次级生产。它以制造业为主,包括采矿业、建筑业等。

③第三类产业部门,又称第三产业或第三级生产。它以服务业为主,包括商业、交通运输、教育、卫生以及公共行政和国防等。

各国三次产业的分类基本一致,具体划分不尽相同。如有的把采矿业划入第二产业,有的则将其划入第一产业;有的把电力、自来水、煤气公用事业划入第二产业,有的则将其划入第三产业。

1968年联合国制定的《国际标准行业分类目录》则是直接按九个产业部门分类,即分为:

①农业、狩猎业、林业和渔业；
②采矿和采石业；
③制造业；
④电、煤气和水；
⑤建筑业；
⑥批发和零售商业及餐馆和旅馆；
⑦运输、仓储和通信；
⑧金融、保险、不动产和商业服务；
⑨政府、社会和个人服务等。

值得注意的是，该分类目录没有把九个部门分别归类为三次产业。

综合指标和核算模式：在国民收入核算体系中，反映国民经济的综合指标主要有国民生产总值（GNP）、国民生产净值（NNP）、国民收入（NI）、个人可支配收入（DPI）等。国民经济全部活动以账户和矩阵的形式列出。账户形式即会计账户的借贷格式，借贷双方平衡，最基本的是生产、消费、积累和国外（即国际经济往来）四大账户。矩阵形式就是把所有账户，包括基本账户和期初、期末资产负债账户与期末价值变动的估价调整账户等，都列在一个由横行与纵列交叉组成的矩阵表（即棋盘式平衡表）中，形成账户体系。

体系中包括：国民收入计算，投入产出表，资金循环表，国民资产负债表与国际收支表等内容。它系统地记录了一个国家在一定时期内生产（即产品和劳务）的流量和财富（即实物和金融资产）的存量，从而得以全面地反映国民经济的运行过程和结构的状况。它对制定经济政策、计划，进行宏观经济分析，预测经济发展都有重要作用。（有关账户请见附表）

附表 2-1 **2005 年投入产出基本流量表（中间使用部分）**

（按当年生产者价格计算，单位：100 亿元）

投入＼产出	农业	采掘业	食品制造业	纺织及皮革品制造业	金融保险业	…	其他服务业	中间使用合计
总投入合计	393.6	194.7	258.8	280.8	102.6	…	484.6	5 467.7
中间投入合计	162.8	104.0	185.1	216.3	39.5	…	257.1	3 605.1
农业	61.7	1.1	92.4	31.0		…	2.6	272.2

续表

投入＼产出	农业	采掘业	食品制造业	纺织及皮革品制造业	金融保险业	…	其他服务业	中间使用合计
采掘业	1.7	8.9	1.2	1.3	0.1	…	4.7	254.5
食品制造业	27.4	0.1	40.7	4.7	0.0	…	4.7	11.2
纺织、缝纫及皮革制造业	0.3	1.1	0.5	102.9	0.4	…	14.1	143.0
其他制造业	1.9	2.2	5.4	3.8	2.2	…	23.4	179.0
电力、热力及水的生产和供应业	4.3	20.0	2.9	5.1	1.3	…	11.0	170.6
炼焦、煤气及石油加工业	4.2	7.5	0.8	1.1	0.5	…	6.2	140.1
化学工业	26.0	7.8	8.0	27.1	0.5	…	44.9	410.4
建筑材料及其他非金属矿物制品业	1.2	2.5	1.5	0.6	0.1	…	2.5	131.0
金属产品制造业	1.4	10.1	2.2	1.3	0.2	…	3.8	415.1
机械设备制造业	4.5	15.3	2.0	4.8	3.6	…	24.9	569.6
建筑业	0.8	0.4	0.1	0.2	2.3	…	15.9	35.4
运输邮电业	9.1	10.7	80.0	8.7	8.9	…	24.6	270.5
批发零售、住宿和餐饮业	8.6	5.9	10.1	12.0	4.3	…	29.8	218.5
房地产、租赁和商务服务	1.0	2.1	5.2	6.1	6.4	…	13.5	112.4
金融保险业	4.1	2.5	1.6	2.2	6.4	…	6.6	76.5
其他服务业	4.5	5.8	2.6	3.7	2.3	…	24.1	93.8
增加值合计	230.8	90.7	73.6	64.5	63.1	…	227.5	1 862.5
劳动者报酬	209.0	20.7	15.3	27.5	25.0	…	151.2	777.3
生产税净额	1.2	16.2	25.7	10.2	7.7	…	9.0	253.4
固定资产折旧	12.0	10.8	7.8	7.8	1.5	…	24.4	280.1
营业盈余	8.7	43.1	24.9	19.0	29.0	…	42.9	551.8

（资料来源：国家统计局，http：//www.stats.gov.cn/）

附表 2-2　2005 年中国投入产出基本流量表（最终使用部分）
（按当年生产者价格计算，单位：100 亿元）

投入＼产出	最终使用 最终消费			最终使用 资本形成总额		出口	最终使用合计	进口	其他	总产出
	居民最终消费 农村居民	居民最终消费 城镇居民	政府消费	固定资本形成总额	存货增加					
总投入合计										
中间投入合计	19.2	52.0	26.6	77.3	3.3	68.5	247.0	59.4	-1.3	546.8
农业	5.0	5.5	0.3	1.4	0.1	0.6	12.9	1.7	1.0	39.4
采掘业	0.1	0.2		-0.4	0.8	0.6		6.3	-0.3	19.5
食品制造业	3.3	6.9		2.8		1.6	14.6	1.0	1.0	25.9
纺织、缝纫及皮革制造业	0.8	3.8		0.5		9.9	15.0	2.1	0.9	28.1
其他制造业	0.3	0.2		0.6	-0.4	4.3	6.3	2.1	-0.2	21.8
电力、热力及水的生产和供应业	0.3	1.6				0.1	1.9	0.0	0.5	19.4
炼焦、煤气及石油加工业	0.1	0.5		0.0		0.7	1.3	1.4	-0.6	13.4
化学工业	0.6	1.5		-0.9		5.1	6.2	7.6	0.3	40.0
建筑材料及其他非金属矿物制品	0.1	0.6		0.2		0.9	1.8	0.3	0.7	15.4
金属产品制造业	0.1	0.4		0.9	-0.4	4.8	5.7	4.2	-0.9	42.1
建筑业				41.2		0.2	414.5	1.3	-0.2	42.6
运输邮电业	0.9	4.0	0.6	1.2	0.2	3.2	99.3	9.8	-0.9	35.1
批发零售、住宿和餐饮业	1.6	6.3		1.8	0.2	5.0	148.4	9.9	-1.6	34.1
房地产、租赁和商务服务业	2.3	4.1	0.1	3.4		0.6	104.5	10.0	-0.1	20.6
金融保险业	0.6	2.9				0.1	35.2	34.0	-0.6	10.3
其他服务业	2.2	8.5	25.6	0.2		1.9	383.4	9.3	1.7	4.9

（资料来源：国家统计局，http://www.stats.gov.cn/）

附表 2-3   2005 年中国资金流量表（金融交易）
（单位：100 亿元）

机构部门	非金融企业部门		金融机构部门		政府部门		住户部门	
交易项目	运用	来源	运用	来源	运用	来源	运用	来源
净金融投资	-147.2		-14.6		33.1		263.7	
资金运用合计	147.2		704.5		81.9		299.1	
资金来源合计		29.4		719.1		48.9		35.4
通货	2.3			25.6	0.5		21.3	
存款	124.8		8.5	424.7	79.34		210.5	
贷款	0.0	191.7	23.9	1.9		24.2		35.4
证券		30.8	21.1	168.9	-0.3	29.9	2.7	
保险准备金	1.9			27.4		16.5	42.0	
结算资金	-20.9		-19.9				1.0	
金融机构往来			33.8	47.5				
准备金			24.8	28.3				
库存现金			3.8	3.9				
中央银行贷款			-15.8	-17.1				
其他（净）	7.7			7.4	2.4		13.4	
直接投资	9.3	6.5						
其他对外债权债务	17.4	20.8	24.9	2.8				
国际储备资产			169.6					
国际收支错误			-13.7					

（资料来源：国家统计局，http://www.stats.gov.cn/）

续附表 2-3   2005 年中国资金流量表（金融交易）
（单位：100 亿元）

机构部门	国内合计		国外部门		合计	
交易项目	运用	来源	运用	来源	运用	来源
净金融投资	135.0		-135.0			
资金运用合计	1 232.8		105.1		1 337.9	

续表

机构部门	国内合计		国外部门		合　计	
交易项目	运用	来源	运用	来源	运用	来　源
资金来源合计		1 097.8		240.1		1 337.9
通货	24.1	25.6	1.5		25.6	25.6
存款	423.1	424.7	9.8	8.5	432.9	433.2
贷款	239.7	231.4	2.4	10.6	242.1	242.1
证券	212.9	22.9	16.7		229.7	229.7
保险准备金	43.9	43.9			43.9	43.9
结算资金	−19.9	−19.9			−19.9	−19.9
金融机构往来	33.8	47.5			33.8	47.5
准备金	24.8	28.3			24.8	28.3
库存现金	3.8	3.9		−0.2	3.8	3.8
中央银行贷款	−15.8	−17.1			−15.8	−17.1
其他(净)	23.5	7.4			23.5	7.4
直接投资	9.3	64.8	64.8	9.36	74.1	74.1
其他对外债权债务	42.4	23.6	23.6	42.4	66.0	66.0
国际储备资产	169.6			169.6	169.6	169.6
国际收支错误		−13.7	−13.7		−13.7	−13.7

(资料来源：国家统计局, http://www.stats.gov.cn/)

附表 2-4　　　　2005 年中国资金流量表(实物交易)

(单位：100 亿元)

机构部门	非金融企业部门		金融机构部门		政府部门	
交易项目	运用	来源	运用	来源	运用	来源
1. 净出口						
2. 增加值		1 098		63		156
3. 劳动者报酬	426		25		128	
(1)工资及工资性收入						
(2)单位社会保险付款						

续表

机构部门 交易项目	非金融企业部门 运用	非金融企业部门 来源	金融机构部门 运用	金融机构部门 来源	政府部门 运用	政府部门 来源
4. 生产税净额	255		8		2	298
（1）生产税						
（2）生产补贴						
5. 财产收入	92	69	74	73	8	6
（1）利息	59	31	71	73	8	6
（2）红利	33	36	0.0			
（3）土地租金						
（4）其他			1	2		
6. 初次分配总收入		393		30		322
7. 经常转移	39	7	17		74	134
（1）收入税	38		6			65
（2）社会保险缴款						70
（3）社会保险福利					54	
（4）社会补助	0.0				7	
（5）其他经常转移	0.0	7	11		12	0
8. 可支配总收入		360		13		383
9. 最终消费					266	
（1）居民消费						
（2）政府消费					266	
10. 总储蓄		360		13		117
11. 资本转移		22				22
（1）投资性补助		22				22
（2）其他						0
12. 资本形成总额	537		1		95	
（1）固定资本形成总额	507		1		95	
（2）存货增加	30					
13. 其他非金融资产获得减处置	59					22
14. 净金融投资	−214		12		22	

（资料来源：国家统计局，http：//www.stats.gov.cn/）

续表

机构部门\交易项目	住户部门 运用	住户部门 来源	国内合计 运用	国内合计 来源	国外部门 运用	国外部门 来源	合计 运用	合计 来源
1. 净出口						−102		−102
2. 增加值		515		1 832				1 832
3. 劳动者报酬	348	928	927	928	3	2	930	930
（1）工资及工资性收入								
（2）单位社会保险付款								
4. 生产税净额	33		298	298			298	298
（1）生产税								
（2）生产补贴								
5. 财产收入	11	46	186	193	29	22	215	215
（1）利息	11	41	150	150			150	150
（2）红利		4	33	41	29	22	62	62
（3）土地租金								
（4）其他		1	22	2			2	2
6. 初次分配总收入		1 097		1 841				1 841
7. 经常转移	92	101	221	242	23	2	244	244
（1）收入税	21		65	65			65	65
（2）社会保险缴款	70		70	70			70	70
（3）社会保险福利		54	54	54			54	54
（4）社会补助		8	8	8			8	8
（5）其他经常转移	2	40	25	46	23	2	48	48
8. 可支配总收入		1 106		1 862				1 862
9. 最终消费	712		978				978	
（1）居民消费	712		712				712	
（2）政府消费			266				266	
10. 总储蓄		394		884		−132		752

续表

机构部门	住户部门		国内合计		国外部门		合 计	
交易项目	运用	来源	运用	来源	运用	来源	运用	来源
11. 资本转移			22	22		0	22	22
（1）投资性补助				22				
（2）其他				0		0		0
12. 资本形成总额	174		807				807	
（1）固定资本形成总额	170		773				773	
（2）存货增加	4		33				33	
13. 其他非金融资产获得减处置	37							
14. 净金融投资	257		77		−132		−55	

（资料来源：国家统计局，http：//www.stats.gov.cn/）

表 2-5　　　　　　　　2007 年中国国际收支平衡表
（单位：万美元）

项　目	差　额	贷　方	借　方
一、经常项目	37 183 262	146 788 200	109 604 938
A. 货物和服务	30 747 660	134 220 596	103 472 936
a. 货物	31 538 140	121 999 963	90 461 823
b. 服务	−790 479	12 220 633	13 011 113
1. 运输	−1 194 692	3 132 382	4 327 074
2. 旅游	744 695	3 723 300	2 978 605
3. 通信服务	9 289	117 455	108 167
4. 建筑服务	246 728	537 710	290 982
5. 保险服务	−976 043	90 370	1 066 413
6. 金融服务	−32 644	23 049	55 692
7. 计算机和信息服务	213 668	434 475	220 807
8. 专有权利使用费和特许费	−784 943	34 263	819 207
9. 咨询	72 418	1 158 055	1 085 637

续表

项 目	差 额	贷 方	借 方
10. 广告、宣传	57 535	191 227	133 692
11. 电影、音像	16 257	31 629	15 372
12. 其他商业服务	867 679	2 691 485	1 823 806
13. 别处未提及的政府服务	−30 426	55 234	85 660
B. 收益	2 568 849	8 303 031	5 734 182
1. 职工报酬	434 007	683 313	249 306
2. 投资收益	2 134 842	7 619 718	5 484 876
C. 经常转移	3 866 752	4 264 573	397 820
1. 各级政府	−16 596	3 495	20 091
2. 其他部门	3 883 348	4 261 078	377 730
二、资本和金融项目	7 350 925	92 196 070	84 845 145
A. 资本项目	309 908	331 470	21 562
B. 金融项目	7 041 018	91 864 600	84 823 583
1. 直接投资	12 141 833	15 155 369	3 013 536
1.1 我国在外直接投资	−1 699 485	192 998	1 892 484
1.2 外国在华直接投资	13 841 319	14 962 371	1 121 053
2. 证券投资	1 867 199	6 396 924	4 529 725
2.1 资产	−232 402	4 264 324	4 496 725
2.1.1 股本证券	−1 518 860	175 320	1 694 180
2.1.2 债务证券	1 286 458	4 089 004	2 802 545
2.1.2.1 （中）长期债券	1 059 058	3 861 604	2 802 545
2.1.2.2 货币市场工具	227 400	227 400	
2.2 负债	2 099 600	2 132 600	33 000
2.2.1 股本证券	1 850 961	1 850 961	
2.2.2 债务证券	248 640	281 640	33 000
2.2.2.1 （中）长期债券	248 640	281 640	33 000
2.2.2.2 货币市场工具			

续表

项目	差 额	贷 方	借 方
3. 其他投资	-6 968 014	70 312 307	77 280 321
3.1 资产	-15 148 586	2 987 903	18 136 490
3.1.1 贸易信贷	-2 380 000		2 380 000
长期	-166 600		166 600
短期	-2 213 400		2 213 400
3.1.2 贷款	-2 080 551	29 433	2 109 984
长期	-411 900		411 900
短期	-1 668 651	29 433	1 698 084
3.1.3 货币和存款	-238 176	1 599 486	1 837 662
3.1.4 其他资产	-10 449 859	1 358 985	11 808 844
长期			
短期	-10 449 859	1 358 985	11 808 844
3.2 负债	8 180 572	67 324 404	59 143 832
3.2.1 贸易信贷	2 910 000	2 910 000	
长期	203 700	203 700	
短期	2 706 300	2 706 300	
3.2.2 贷款	1 729 603	54 896 008	53 166 405
长期	698 811	2 088 274	1 389 463
短期	1 030 792	52 807 734	51 776 943
3.2.3 货币和存款	3 431 694	9 163 418	5 731 724
3.2.4 其他负债	109 275	354 977	245 702
长期	113 231	116 794	3 563
短期	-3 956	238 183	242 139
三、储备资产	-46 174 410	23 977	46 198 387
3.1 货币黄金			
3.2 特别提款权	-7 887		7 887
3.3 在基金组织的储备头寸	23 977	23 977	
3.4 外汇	-46 190 500		46 190 500
3.5 其他债权			
四、净误差与遗漏	1 640 223	1 640 223	

（资料来源：国家统计局，http：//www.stats.gov.cn/）

二、国内生产总值的衡量方法

1. 产品法

产品法将一国的国内生产总值（GDP）定义为在一个固定时期内一国国内新生产的最终产品和服务的市场价值。这个最终产品和服务是该国提供的全部产品和服务扣除中间消耗物品后的余额。中间产品和服务是供生产消耗的，最终产品和服务是供人们消费的（投资和生活）。

事实上，由于社会分工的发展，许多商品的生产是由不同社会分工主体共同来完成的，即要经历若干个生产阶段。企业在某一阶段生产的商品和服务可能会成为下一阶段某个企业的投入品。因此，在应用产品法核算GDP时，为了便于区分中间商品与服务和最终商品与服务，避免商品和服务的重复计算，通常采用分段计算方法，核算每个生产阶段的产品和服务的增值部分，然后把每一阶段增值部分加总起来得到经济的总产出，即增加值法。下面给出一个例子来说明产品法的核算过程。

假定一个养猪场的农场主向一家屠宰企业出售生猪1 000头，价款总额为50万元（假设这个农场主没有购买任何中间产品）；这家屠宰企业把购入的1 000头生猪全部加工成鲜肉出售给了一家肉联深加工企业，出售金额70万元；这家肉联企业把这批购入的鲜肉加工成火腿肠出售给消费者，销售收入100万元。这时GDP是包括生猪、鲜肉和火腿肠，还是只包括火腿肠呢？

由于GDP是指最终产品和服务的价值，显然只有火腿肠包括在GDP中，生猪和鲜肉只是整个生产过程的中间产品。整个生产活动创造的GDP是100万元，而不是220万元（50万元+70万元+100万元）。从各生产阶段的增值角度考察，新增加的价值也是100万元，其中农场主增值50万元，屠宰企业增值20万元，肉联企业增值30万元。显然一国所有生产过程中新增价值的总和等于最终产品和服务的价值的总和。因此，GDP也可以表示为一定时期内一个经济中的新创造的价值总和。

产品法核算的基本规则：

（1）市场价值 GDP是以市场价格来衡量一国最终产品和服务的价值

使用市场价值的好处是，它允许将不同商品和服务的生产相加，同时考虑了不同产品和服务在相对经济重要性上的差别（货币投票上的区别）。

而市场价格必须通过市场交易才能形成。因此，在GDP核算时，会遇到某些经济活动因没有公开市场交易而没有市场价格的情况。具体地讲，它包括两种情况：

①地下经济。地下经济是指为了逃避政府管制所从事的、隐藏于政府记录之外的交易活动。它包括违规和非法的交易活动。违规的地下经济活动是指为了逃税或逃避政府的最低工资法、劳动保障法等法律法规，而收取或支付现金的经济行为。如一家居装修设计师为了避税采取以收取现金提供服务的交易行为。非法的地下经济活动是指法律法规严格禁止的交易活动，如走私、贩毒等，这些活动所产生的产品和服务的交易躲过了政府的记录，没有被计入 GDP 中。对于不记录在案的交易而言，现金是最受欢迎的支付方式。因此，现金流通量可能成为摸清地下经济规模的一个线索。

②非市场经济活动。非市场经济活动是那些公开的但没有市场交易行为的经济活动：家务劳动是典型的非市场经济活动，它由家庭内部成员完成，不进入市场运行交换，所以无法用市场价值来衡量。当一位保姆提供家务劳动时，其收入被计入 GDP，但如果这位保姆与男主人结婚了，她付出跟以前相同的劳动，但这些劳务就不再被计入 GDP 了。另外，当居民居住自己拥有的住房时，也存在相似的问题。居民实际上相当于自己接受了作为房东所提供的服务，并将这种服务价格——租金支付给了自己，这部分租金也不被计入 GDP，而居民租借他人房屋时的租金就会被计入 GDP。

从理论上讲，GDP 的核算不应包括非市场活动的产品和服务的，但官方 GDP 衡量部分地包括了一些重要的非市场产品和服务。例如，国防、公共教育以及建造和维修道路、桥梁等。由于缺少可使用的市场价值，所采用的解决办法是，以它们的生产成本进行估价。因此国防对 GDP 的贡献就等于政府提供防卫的成本：支付在役人员和平民人员的工资、建造和维修武器及基地的成本等。类似地，公众教育对 GDP 的贡献以教师工资、新学校和设备的成本等来衡量。

（2）本期产出

GDP 所包含的仅仅是当期生产的产品和服务，不包括对过去时期所生产的产品的购买和销售。例如，购买一套二手房所支付的价格不会计入当期的 GDP，因为这套房屋建造的当年已纳入那一期的 GDP 核算。然而，销售该二手房屋所涉及的不动产代理人的服务价值则是 GDP 的一部分，因为该服务是在当前时期提供的。因此，GDP 应该排除那些在过去生产的、当前又重复交易的产品。

2. 总支出法

从图 2-1 中可以看出，用总支出的方法来衡量国内生产总值，GDP 可以分为四大部分：消费支出（C）、投资支出（I）、政府购买（G）和净出口

(NX)。用 Y 代表 GDP，则支出法计算的 GDP 可用下式表达：
$$Y = C + I + G + NX \tag{2.3}$$
（2.3）式的左边是总收入，右边是总支出，收入与支出恒等。

为了便于理解总支出的构成，结合表 2-2 中中国 2006 年和美国 2004 年用支出法测算的 GDP 及其构成，对总支出的各个组成部分分别加以讨论。

（1）消费支出（C）

消费支出指的是本国居民对最终产品和服务的购买（其中包括对外国生产的最终产品和服务的购买），是一个国家总支出中最主要的一个部分。消费支出又可以进一步分为三类，即耐用消费品支出、非耐用消费品支出和对服务的支出。耐用消费品是指汽车、彩电、冰箱等使用寿命较长的消费品（注意：耐用消费品不包括住房，住房支出在总支出中作为投资处理）。非耐用消费品使用期较短，比如食物、衣服、燃料等。服务可经由个人或企业提供给消费者，例如理发、医疗、保险等（见表 2-2（a）、表 2-2（b））。

表 2-2(a) **中国 2006 年 GDP 及其构成（支出法）**

	总量（亿元）	占 GDP 比例（%）
GDP（Y）	221 170.5	100
消费支出（C）	80 120.5	36.3
投资支出（I）	94 103.2	42.5
政府购买（G）	30 292.7	13.7
净出口（NX）	16 654.1	7.5

（资料来源：《2007 年中国统计年鉴》，中国统计出版社）

表 2-2(b) **美国 2004 年 GDP 及其构成（支出法）**

	总量（亿美元）	占 GDP 比例（%）
GDP（Y）	117 350	100
消费支出（C）	82 299	70.2
投资支出（I）	19 273	16.4
政府购买（G）	21 839	18.6
净出口（NX）	−6 061	−5.2

（资料来源：美国商业部经济分析局，http://www.bea.doc.gov）

(2) 投资支出（I）

投资支出由企业固定投资、住房投资和存货投资三个部分组成。企业固定投资是指企业购买新增资本品的支出，包括企业购买机器设备的支出（固定设备投资）和购买厂房和办公楼的支出（企业住房投资）。住房投资是居民购买新住宅的支出。但在 GDP 的统计中，居民的住房投资通常划归于企业投资，因为住房为人们提供了一项长期服务（居所），可看作是资本品。另外，投资支出还包括企业存货的变动。将存货的变动作为企业的存货投资来处理，是为了使企业的支出与生产要素得到的收入一致。如果企业的存货增加，存货投资就是正的；相反，存货投资就是负的。

(3) 政府购买（G）

政府购买是指各级政府购买产品和服务的支出，包括政府在国防上的支出，修建公共设施的支出以及提供警察、法院等服务的支出。政府购买只是政府财政支出的一部分，政府财政支出中对个人的转移支付就不计入 GDP，因为转移支付只是简单地把收入进行重新分配，从一个人或一个组织转移到另一个人或另一个组织，并没有相应的产品或服务的交换发生。例如，政府给残疾人发放救济金，并不是因为残疾人创造了收入。

(4) 净出口（NX）

净出口指的是出口额减去进口额的差额，用 X 表示出口，用 M 表示进口，净出口 $NX = X - M$。出口是外国居民和企业对本国产品和服务的支出；而进口是本国居民和企业对外国产品和服务的支出。因此，在开放经济条件下，(2.3)式所表达的国民收入恒等式又可写成：

$$Y = (C + I + G - M) + X \tag{2.4}$$

(2.4)式的右边第一项代表开放经济条件下国内居民和企业对本国和外国的产品和服务的总支出，第二项则代表外国居民和企业对本国产品和服务的支出。在收入既定的条件下，如果进口增多，意味着本国居民和企业对外支出增加，因而对本国产品和服务的支出势必相应减少，将(2.4)式略加整理，则有：

$$Y = C + I + G + (X - M)$$

或者：

$$Y = C + I + G + NX$$

当一个国家的出口大于进口时，净出口为正，外国的对外支出大于本国的对外支出；当出口小于进口时，净出口为负，外国的对外支出小于本国的对外支出。因此，净出口代表了外国购买本国当期生产的最终产品和服务的净支出。

表 2-3 给出了美国 2007 年各项支出的详细构成情况，有助于进一步理解总支出的测算方法。可以发现，美国的国内生产总值等于个人消费支出、私人国内投资、政府消费及投资和净出口之和。

表 2-3　　美国 2007 年总支出的详细构成

	总量（10 亿美元）	占 GDP 比例（%）
GDP	13 807.5	100
个人消费支出	9 710.2	70.3
耐用消费品	1 082.8	7.8
非耐用消费品	2 833.0	20.5
服务	5 794.4	42.0
私人国内总投资	2 130.4	15.4
固定投资	2 134.0	15.5
非住宅投资	1 503.8	10.9
建造投资	480.3	3.5
设备和软件	1 023.5	7.4
住宅投资	630.2	4.6
存货投资	3.6	0.0
净出口	707.8	−5.1
出口	1 662.4	12.0
产品	1 149.2	8.3
服务	513.2	3.7
进口	2 370.2	17.2
产品	1 985.2	14.4
服务	385.1	2.8
政府消费和总投资	2 674.8	19.4
联邦	979.3	7.1
国防	662.2	4.8
非国防	317.1	2.3
州及地方	1 695.5	12.3

【案例】

来自GDP支出结构的考察：美国次贷危机有前兆吗？

◎**案由**：2008年诺贝尔经济学奖获得者、美国普林斯顿大学经济学家克鲁格曼在给奥巴马的一封信中表达了次贷危机给美国造成严重伤痛的担忧。他在信中坦言：

"现在经济的前景有多糟糕？它几乎比任何人想得都恶劣。布什执政的经济成长，就像它所表现出来的一样，是由私人的贷款的膨胀所激发出来的；现在信用市场呈现出一片纷乱，商业和消费者都裹足不前，经济是一泻千里。我们所面临的说穿了就是一个就业的大缺口"。"……我们的失业率可能会高达百分之九，如果把那些干最低工资以下工作的人和那些只找到零工的人计算在内，真正的失业率应该高达百分之十五——超过2000万的人苦于失业。这么严重的衰退让人付出的代价太大了。"（摘自保罗·克鲁格曼于2009年1月18日发表在《滚石杂志》上的《给奥巴马的一封信》）

美国次贷危机爆发后，很多学者把此次危机的原因归结为华尔街的贪婪，或是美国政府金融监管不够，或是金融过度创新，或是债务泡沫，或是住房贷款贷给没有还款能力的人，或是美国联邦储备委员会对经济形势出现误判而提高基准利率等。但无论是哪种原因，都表明人们需要从这次危机中吸取教训，总结经验，以便未来经济走得更好。各国政府正在忙于拯救经济。在总结经验教训和拯救经济的同时，人们心中也许会问"难道这场次贷危机没有前兆吗？"

◎**分析**：事实上，在次贷危机全面爆发前，美国作为全球经济增长的发动机已呈现出其动力不足的迹象。有关这一点可从2004—2007年美国实际GDP支出构成中的有关项目的变化，获得某种启示（见表2-4）。

美国的私人消费自2006年就显现出增长动力不足，其增长幅度与2005年持平，2007年增长幅度由2006年的3.05%下滑到2.76%。国内私人投资增长幅度连续三年出现重挫，2007年国内私人投资与同期相比不但没有增加，而且还出现了负增长，达到-5.38%。净进口从2006年出现负增长，增长幅度由2005年的3.84%降至0.15%，2007年继续下挫，增至11.24%。个人消费增长放缓，净进口和私人投资自2006年起急剧下滑。数据背后的隐情是，在经济增长基本正常的情况下，美国的个人消费能力可能受到了某种因素的制约，私人储蓄可能萎缩到相当严重的地步，表明美国自里根总统实施新自由市场经济以来所形成的债务经济的可维持能力遇到了严峻的挑战。

这一点可由美国家庭负债情况进一步佐证。20 世纪 90 年代初，即 1991 年美国家庭负债总额为 3.4 万亿美元，平均每个家庭负债 1.3 万美元。到 21 世纪初，即 2000 年美国家庭的负债额实际上已经超过了其可支配收入总额，消费额占美国家庭可支配收入的百分比增长到 97%，这是历史最高水平。2002 年，从美国个人消费信贷总额和家庭数量估算，平均每个家庭的负债额大约为 1.5 万美元。到 2005 年，根据美国联邦储备委员会公布的统计数据，美国消费者未偿还的消费贷款，总数超过 2 万亿美元；美国每个家庭的平均负债额达到 7.9 万美元。也就是说，2000 年至 2005 年，美国的家庭负债出现大幅度增加，其中很大一部分源自资产价格的上涨。有关资料显示，美国家庭从超过其负债的房地产剩余额（以当前房地产市场价格计算）的收回中所提取的资金总额达到了令人瞠目结舌的地步，2001 年为 3 170 亿美元，2002 年为 4 520 亿美元，2003 年为 5 280 亿美元，2004 年为 6 400 亿美元。2006 年，美国的居民住宅投资却出现较大幅度的负增长，由 2005 年增长 6.28% 降至 −7.14%，下降了 13 个百分点还多。这说明房产价格泡沫能量释放殆尽，价格上涨趋势难以维持，预示以房价上涨维系家庭负债的消费模式将终结。而在这一时期，美联邦储备局对美国经济形势出现误判，把抵制通货膨胀作为调控主要对象，调高基准利率，从而引爆了次贷危机（见表 2-4）。

表 2-4　2004—2007 年美国实际 GDP 支出构成（2000 年为基年）

（单位：10 亿美元）

时间 项目	2004 年	2005 年	同比增长%	2006 年	同比增长%	2007 年	同比增长%
GDP	10 675.8	10 989.5	2.94	11 294.8	2.78	11 523.9	2.03
1. 个人消费支出	7 561.4	7 791.7	3.05	8 029	3.05	8 252.8	2.79
1.1 耐用消费品	1 084.8	1 134.4	4.57	1 185.1	4.47	1 242.4	4.84
1.2 非耐用消费品	2 177.6	2 252.7	3.45	2 335.3	3.67	2 392.6	2.45
1.3 服务	4 311.0	4 420.9	2.55	4 529.9	2.47	4 646.2	2.57
2. 私人国内投资	1 770.2	1 873.5	5.84	1 912.5	2.08	1 809.7	−5.38
2.1 固定投资	1 712.8	1 829.8	6.83	1 865.5	1.95	1 808.5	−3.06

续表

时间＼项目	2004 年	2005 年	同比增长%	2006 年	同比增长%	2007 年	同比增长%
非住宅投资	1 143.3	1 226.2	7.25	1 318.2	7.50	1 382.9	4.91
建造投资	246.7	249.8	1.26	270.3	8.21	304.6	12.69
设备和软件	905.1	989.6	9.34	1 061.0	7.22	1 078.9	1.69
住宅投资	560.2	595.4	6.28	552.9	−7.14	453.8	−17.92
2.2 存货投资	54.3	38.9	−28.36	42.3	8.74	−2.5	−105.91
3. 净出口	−593.8	−616.6	−3.84	−615.7	0.15	−546.5	11.24
3.1 出口	1 126.1	1 205.3	7.03	1 314.8	9.08	1 425.9	8.45
3.2 进口	1 179.9	1 821.5	54.41	1 930.5	5.96	1 972.4	2.17
4. 政府消费、投资	1 931.8	1 939.0	0.37	1 971.2	1.66	2 012.1	2.07
4.1 联邦	715.9	724.5	1.20	741.0	2.28	752.7	1.58
4.2 州及地方	1 215.8	1 214.3	−0.12	1 230.2	1.31	1 259.0	2.34
残差	−0.3	−11.8		−35.3		−55.1	

（资料来源：美国商业部经济分析局，http://www.bea.doc.gov）

3. 总收入法

GDP 也可以用收入方法来衡量（如图 2-1 所示）。

在用收入法核算前，要区分国民生产总值（GNP）和国内生产总值（GDP）的概念。

国民生产总值（GNP）是一个国家所拥有的生产要素在一定时期内所生产的全部最终产品和服务的价值总和。因此，GNP 是按国民原则进行统计的。凡是本国国民创造的收入，无论他是否在国内，都被计入国民生产总值，而外国居民在本国的收入则不计入 GNP。如，外国公司在中国子公司的利润就不计入中国的 GNP，而中国公司海外子公司的利润则计入中国的 GNP。

而 GDP 是按国土原则进行统计的，它统计一国领土范围内的总收入，不管这种收入是否由本国居民创造，都被计入 GDP。如外国公司在中国子公司的利润应计入中国的 GDP，而中国公司在外国子公司的利润则不应计入 GDP。

根据上述定义,则:
GDP = 本国居民创造的收入+外国居民在本国创造的收入
GNP = 本国居民创造的收入+本国居民在国外创造的收入
GNP−GDP = 本国居民在国外创造的收入−外国居民在本国创造的收入
　　　　 = NFP
NFP 为净要素支付(Net Factor Payments)
GDP = GNP−NFP

因此 GDP 是本国居民(家庭)的全部要素收入扣除外国对本国居民要素收入的净支付后的余额。在国民经济核算上,只要核算出国民生产总值(GNP)和净要素支付(NFP),就可以从收入角度计算出国内生产总值(GDP)。

从 GNP 中减去折旧,就可以获得国民生产净值(NNP)。折旧是对一定时期内因经济活动而引起的固定资本消耗的补偿。

$$NNP = GNP - 折旧 \tag{2.5}$$

从国民生产净值中减去企业间接税,可以得到宏观经济的另一个重要衡量指标——国民收入(NI)。企业间接税是指企业交纳的营业税、货物税等税额,它是消费者支付的产品价格与企业得到的收入之间的差额。企业间接税不构成企业的收入,所以不包括在国民收入内。

$$NI = NNP - 间接税 \tag{2.6}$$

国民收入包括参加生产过程的所有生产要素所有者的收入总和,由五部分收入组成:劳动收入、业主收入、租金收入、企业利润和净利息收入,即:

$$NI = 劳动收入 + 业主收入 + 租金收入 + 企业利润 + 净利息收入 \tag{2.7}$$

其中:

劳动收入包括工人的工资、补贴以及雇主向社会保险机构交纳的社会保障金。

业主收入是指非公司制小企业的收入,以及不受人雇佣的独立生产者的收入,因此业主收入既包括企业利润,又含有劳动收入。

租金收入是指个人在出租土地、房屋等资产时的租金收入。

公司利润是指公司的销售收入中扣除工资、租金以及其他成本项目后的利润。

净利息收入是指个人从企业获得的因资金借贷所产生的净利息,不包括个人之间因借贷关系而发生的利息和由购买政府公债而得到的利息。

国民收入指的是一国所有生产要素所有者的收入,但是国民收入并不等于个人在一定时期内实际得到的收入。在宏观经济学中，使用个人收入（表示为 PI）这个概念来表示个人实际得到的收入，以区别于国民收入。为了获得个人收入指标，必须对国民收入加以调整。首先，要从国民收入中减去公司利润和交纳的社会保障金，公司利润指的是公司向政府纳税前的利润，这部分不可能完全是个人收入，因此要减去。交纳社会保障金使企业和个人的收入减少，因此也要减掉。另外，个人获得的一部分实际收入未被列入国民收入，需要再加进去，这部分收入包括：

(1) 政府转移支付，即政府对个人支付的退休金、失业保险金、社会救济金等；

(2) 红利，即公司税后利润中分配给股东部分的利润；

(3) 利息调整，即个人总的利息收入减去上述净利息收入后的余额。

经过这些项目的调整，可以得到个人收入（PI）：

$$PI = NI - 公司利润 - 社会保障金 + 政府转移支付 + 红利 + 利息调整 \quad (2.8)$$

对(2.8)式进行变形，有：

$$PI = NI - (公司利润 + 社会保障金 - 政府转移支付 - 红利 - 利息调整)$$

其中："公司利润+社会保障金-政府转移支付-红利-利息调整"可记为收入调整金额。于是(2.8)式可简化为：

$$PI = NI - 收入调整金额$$

个人收入再减去个人所得税和其他非税收性支付，就可以得到个人可支配收入（DPI），这部分收入可直接用作家庭的消费或储蓄。

$$DPI = PI - 个人所得税 - 非税收支付 \quad (2.9)$$

【例 2-2】 2004 年美国的劳动收入为 66 510 亿美元，业主收入为 9 028 亿美元，租金收入为 1 651 亿美元，企业利润为 11 816 亿美元，净利息收入为 5 495 亿美元，包含公司利润、社会保障金、政府转移支付等项目的收入调整金额为 1 210 亿美元，间接税 8 006 亿美元，资本消耗（折旧）14 073 亿美元，净要素支付 439 亿美元。计算国民收入、个人收入、国民生产净值和国内生产总值。

解：国民收入（NI）= 劳动收入+业主收入+租金收入+企业利润
　　　　　　　　　+净利息收入
　　　　　　　　= 66 510+9 028+1 651+11 816+5 495
　　　　　　　　= 94 500 亿美元

个人收入（PI）= NI-收入调整项目 = 94 500-1 210
　　　　　　　= 93 290 亿美元

$$国民生产净值(NNP) = NI + 间接税 = 94\ 500 + 8\ 006$$
$$= 102\ 506\ 亿美元$$
$$国内生产总值(GDP) = NNP + 资本消耗 - NFP$$
$$= 103\ 716 + 14\ 073 - 439$$
$$= 116\ 140\ 亿美元$$

三、实际 GDP 与名义 GDP

GDP 是经济中最终物品与劳务产出的价值，它等于一定时期内所有最终产品与劳务及其对应价格乘积之和。在国民经济统计中，根据使用的价格不同，可将 GDP 区分名义 GDP 和实际 GDP。

名义 GDP 是按现期价格衡量的最终产品与劳务价值。其变化取决于实物数量变动和当期市场价格的变动。如果数量不变而价格增加一倍，GDP 也将增加一倍，但经济满足需求的能力并没有增加。因此，这种衡量指标不能够准确反映该经济可以在多大程度上满足社会的需求。

实际 GDP 是按不变价格衡量的最终产品与劳务价值。其变化只取决于实物数量的变动，不受价格变动的影响。因此，用实际 GDP 可以很好地反映经济满足社会的需求能力。

名义 GDP 与实际 GDP 的比值定义为 GDP 平减指数。用公式可表述为：

$$GDP\ 平减指数 = \frac{名义\ GDP}{实际\ GDP} \tag{2.10}$$

则有：

$$名义\ GDP = 实际\ GDP \times GDP\ 平减指数 \tag{2.11}$$

可见，名义 GDP 衡量经济中产出的现期价值，实际 GDP 衡量经济中按不变价格核算的产出价值，GDP 平减指数衡量相对于其基年价格的产出价格水平。

【例 2-3】 假设在一年中，某个经济体的实际 GDP 是 120，GDP 平减指数是 3；下一年，实际 GDP 是 132，而 GDP 平减指数是 3.3。问名义 GDP 增加多少。

解：假设用 P 表示 GDP 平减指数，Y 表示实际 GDP

则有：名义 GDP $= P \times Y$

上年名义 GDP $= 120 \times 3 = 360$，下一年名义 GDP $= 132 \times 3.3 = 435.6$

则：名义 GDP 增加的百分比 $= \left(\dfrac{435.6}{360} - 1\right) \times 100\% = 21\%$。

【案例】

GDP 增加等价于生活福利水平提高吗？

◎**案由**：有关资料显示，1978—2001 年，中国 GDP 剔除价格因素后年均增长 9.4%，与日本和亚洲四小龙高速增长时期增速相当，是同期世界经济增速的 3 倍，位居世界之首。中国经济在取得令世界瞩目的成就，但同时也有隐患令人担忧——发展中消耗了太多原材料。比如，创造 1 万美元价值所需的原料，是日本的 7 倍，是美国的近 6 倍，或许更令人尴尬的结果是，比印度还多 3 倍。空气污染也成为困扰中国城市的主要问题。由于空气和水已经被污染，中国的 GDP 为此损失了 8% ~ 15%，还没有包括健康问题的损失。此外，城乡收入差距明显且有逐步扩大的趋势。中国社科院发布的《人口与劳动绿皮书(2008)》指出，过去的 17 年，我国城乡居民人均年收入的绝对额差距增加了近 12 倍。数据显示，1978—2007 年，城镇居民人均实际可支配收入增加了 7.5 倍，农村居民人均纯收入增加了 7.3 倍。2007 年，城镇居民家庭恩格尔系数已降为 36.3%，而农村居民家庭恩格尔系数为 43.1%，后者比前者高近 7 个百分点；同期城乡居民人均收入相差高达近万元。为什么？

◎**分析**：社会福利是指国家依法为所有公民普遍提供旨在保证一定生活水平和尽可能提高生活质量的资金和服务的社会保障制度。而 GDP 衡量的只是其中物质生活方面的内容，有关生活质量方面的内容并没有得到反映，如闲暇、自然资源消耗与环境质量、收入分配的公平性等。

闲暇与居民的福利水平有很大的关系。闲暇时间的增加，居民能够有更多时间和家人、朋友相聚以及从事有益于自己身心健康的其他活动。由于闲暇不创造收入，因此由闲暇带来的社会福利水平的增加没有计入 GDP 指标。

自然资源和环境影响着一国居民的福利水平。自然资源是一个国家的财富，对其消耗应看做是一种负的存货投资，然而这种消耗并没有相应的账户进行计算。减少污染，甚至实现生产无害化，尽管会增加企业的成本，相应地减少 GDP，但能提高人们的生活质量。

收入分配与居民的福利水平也有很大的关系。如果一个社会处于收入分配严重不均的状态，就会加快社会的分化，穷人与富人的对立，从而引发社会动荡，降低居民的社会福利水平。在人均收入相同的情况下,一个贫富差距相对较小的国家居民的整体福利水平显然要大于一个贫富差距过于悬殊的国家。

第二节 储蓄与财富的衡量

如果要评估一个家庭的经济状况,不仅要看这个家庭的即期收入,还要看这个家庭有多少财富。这里的财富为家庭拥有的资产与承担的负债的余额。同样判定一个国家经济上是否富有,不仅要看它的收入,而且还要看它的财富。整个国家的财富称为国民财富。

影响财富的一个重要因素是储蓄率:一个家庭若将其月收入的20%储存起来,其财富增长的速度显然比有同样收入但只储蓄收入的8%的家庭要快。类似地,国民财富增长的速度依赖于经济中个人、企业和政府储蓄的速度。因此,储蓄率和财富积聚率密切相关。这一节将描述总储蓄和财富的一些概念,并考察它们之间的关系。

一、国民储蓄的衡量

任何经济单位的储蓄都等于其当期收入减去当期支出,其储蓄率等于它的储蓄额与收入的比。若从宏观经济角度考察,可以从三个方面来衡量储蓄,即私人储蓄、政府储蓄和国民储蓄。

(1)私人储蓄。私人储蓄是指个人和企业的储蓄,等于私人可支配收入减去消费。消费代表着私人部门为满足当前需要而进行的支出。则私人储蓄可用公式表示为:

$$S_{pvt} = 私人可支配收入 - 消费 = (Y + NFP - T + TR + INT) - C$$
(2.12)

式中,S_{pvt} 为私人储蓄,Y 为国内生产总值(GDP),NFP 来自国外的要素净支付,TR 为政府的转移支付,INT 为政府的债务利息支付,T 为税金,C 为消费。

这里应注意消费与投资的区别。尽管投资属于私人部门的支出,但是这种支出是为了满足未来需要而在当期进行的支出,不是为了满足当期消费。因此,私人投资不应从私人可支配收入中扣除。

(2)政府储蓄。准确地讲,国民储蓄是指政府的净收入减去政府的消费。政府的消费是指政府为了满足当前需要而进行的支出,是政府采购总额的一部分。也就是说,政府采购总额中除了消费支出外,还有一部分是用于能供长期使用的基础设施方面的支出。这部分支出称为政府投资。本书为了简化分析，通常忽略政府投资，把政府储蓄视为政府净收入与政府采购的差额。基于这一简化的定义，政府储蓄可用公式表示为：

$$S_{gov} = 政府净收入 - 政府采购 = (T - TR - INT) - G \quad (2.13)$$

式中将政府采购（G）视为政府为了满足当前需要的支出。政府收入等于税收收入（T）。政府支出是政府对商品和服务的采购（G），转移支付（TR）与政府债务利息支出（INT）之和。

当政府收入大于其支出，称为政府预算盈余，政府储蓄为正；当政府收入小于其支出，称为政府预算赤字，政府储蓄为负。

（3）国民储蓄。国民储蓄是全体国民当期可支配收入与消费之间的差额，它等于私人储蓄与政府储蓄之和。用公式表示为：

$$\begin{aligned} S = S_{pvt} + S_{gov} &= Y + NFP - C - G \\ &= GNP - C - G \end{aligned} \quad (2.14)$$

式中 S 为国民储蓄，$Y + NFP$ 等于 GNP。

二、私人储蓄的用途

在一个经济中，私人储蓄可用于为新资本提供资金、弥补预算赤字和向外国人借贷。为了说明上述三个方面的用途，必须考察一个重要的宏观经济恒等式，即储蓄用途恒等式。

前面学过，国民储蓄可用下式表达：

$$S = Y + NFP - C - G$$

式中的 Y 可用 $Y = C + I + G + NX$ 代替，经化简，得到：

$$S = I + (NX + NFP) \quad (2.15)$$

式中 $NX + NFP$ 是净出口与要素净支付的总和，通常称为经常账户余额，记为 CA。经常账户余额反映的是一国向外国出口商品、服务和生产要素所获得的收入与其从国外进口类似项目所支付款项的差额。用 CA 替换 $NX + NFP$，则有：

$$S = I + CA \quad (2.16)$$

由于 $S = S_{pvt} + S_{gov}$ 代入 (2.16) 式中，得到：

$$S_{pvt} = I + (-S_{gov}) + CA \quad (2.17)$$

式中 $-S_{gov}$ 为政府预算赤字。

式（2.17）称为储蓄用途恒等式。它描述了一个经济中私人储蓄的三个用途：

投资（I）。公司为建造和购买新资本（包括住宅资本）以及库存投资而向私人储户借贷以筹集资金。

政府预算赤字（$-S_{gov}$）。当政府财政预算赤字时，它必须向私人储户借贷来弥补支出和收入间的差额。

经常账户余额（CA）。当经常账户余额出现盈余时，表明外国人来自本国的收入并不足以弥补他们因购买需要向本国的支付。为弥补这一差额，外国人要么向本国私人储户借贷，要么向本国储户出售他们的一些资产，例如土地、工厂、股票和债券等。因此，为经常账户提供资金也是私人储蓄的一个用途。反之，当经常账户余额为负值时，意味本国人从国外获得的收入不足以弥补本国用于国外的支出。为抵消这部分差额，本国要么向外国人借贷，要么向外国人出售本国的资产。

三、财富的衡量

广义上讲，国民财富是一国所拥有的财产与自然资源总和。国民财产是由人类劳动所生产的物质财富的存量，包括住房、非住房建筑物、机器设备、耐用消费品、企业存货和国家物资储备。此外，还包括外汇储备和国外资产净额。自然资源包括土地和一切现有的各种自然界的现成资源，如森林、地下矿藏、野生动植物、水力等。因此，狭义上讲，国民财富是在某一时点一国的国民财产扣除其对外负债后的余额。在此，仅从狭义的概念角度来分析国民财富的结构，并对其进行计量。

1. 国民财产

国民财产是一国经济再生产和持续发展的物质基础，是人类劳动创造出并得以积累下来的物质成果。但在实际国民经济核算中，还把已纳入经济生产体系的，并能以市场价格计价的自然资源视为国民财产。因此，国民财产在国民经济核算中实际上是包括两大部分：一部分是人类劳动创造出并得以积累下来的物质成果；另一部分是纳入经济生产体系的，并能以市场价格计价的自然资源。劳动积累下的成果包括固定资产、存货、持有国外金融资产和国外有形资产数额。

固定资产。在人类所创造的物质财富存量中，固定资产占有重要的地位。任一时点的固定资产存量，有些可能是当年建成或购置的，有些可能是几年前、十几年前建成或购置的，有些可以上溯到几十年前或上百年前。因此，固定资产存量是历史上积累的人类劳动的成果。

存货是一国在核算期末所拥有的原材料、燃料、包装物、低值易耗品、在制品、半成品、产成品以及种子、饲料、幼禽畜、育肥禽畜和库存商品、库存物资及国家物资储备。存货是一个存量的指标。

持有国外资产是一国居民及政府拥有的国外金融资产和有形资产的金额。其中，持有国外金融资产包括黄金和外汇储备、外国的债券、对外信贷的债权、外国股票和其他有价证券。

自然资源是土地和一切现有的各种自然界的现成资源。在国民经济核算中，考虑到对自然资源核算的实际困难，只把其中已投入经济周转的部分计入国民财产。

2. 国民对外负债

对外负债反映了一国国民在某一时点向外国借款的数量。这一数量是由某一时点外国居民持有本国金融资产和有形资产的金额。

外国持有的有形资产是指外国居民对该国实物资产的投资。这种投资实质是为了未来从该国获得收入的。其包括房屋、设备、原材料等。

外国持有的金融资产是指外国居民持有向本国收取金融资产的有价凭证。包括向本国收取黄金、外汇的债权，向本国的贷款，持有本国的债券、股票和其他有价证券等。

因此，一国在某一时点上的国民财富应等于该国在该时点的国民财产与国民对外负债的差额。

四、储蓄与财富的相关性

作为存量和流量的财富和储蓄，与浴缸里水的流量和存量的关系一样，储蓄和财富彼此相关。任何经济单位的财富（也称为净财富）等于其资产减去其负债。财富以某一时间点的价值来衡量，是存量变量。储蓄以单位时间内的价值来衡量，是流量变量。由于储蓄体现了资产的积累或负债的减少，它增加了财富，就好像流入浴缸的水增加了水的存量一样。

国民财富是一国居民拥有财富的总和。国民财富由两个部分组成：

（1）一国的国内有形资产，如资本和土地的存量。

（2）它的国外净资产。一国的国外净资产（net foreign assets）等于该国的国外资产（外国股票、债券以及由国内居民拥有的工厂）减去它的国外负债（由外国人拥有的本国国内有形资产和金融资产）。因为它代表着本国对外国人的索取份额中没有被外国人对本国经济索取份额所抵消的部分，所以国外净资产是国民财富的一部分。

由于任何国内金融资产的价值都要被国内金融负债所抵消，国内居民持有的国内金融资产并不是国民财富的一部分。例如，一个中国居民在中国银行账户的存款对该储户来说是资产，但对银行来说则是负债，所以对整个经济来说它不代表财富。但是一个中国居民在外国银行账户的存款,显然没有与之对应的国内负债,但它对应外国人的负债,所以是本国国民财富的一部分。

国民财富随着时间的推移会在两方面发生变化。首先,构成国民财富的现存资产或负债可能会改变。例如,有形资产的折旧或损耗对应着这些资产价值的下降,从而减少了国民财富。其次,国民财富也可因国民储蓄而改变。由于在任何时点上资产和负债的价值是相等的,因此,国民储蓄每额外增加1元,财富就要增加1元。即式(2.16):

$$S = I + CA$$

这个等式说明国民储蓄有两个用途:

(1)通过投资增加国内有形资本存量;

(2)通过借给外国人钱或获取与经常账户余额 CA 等值的外国资产来增加本国的国外净资产存量。

但是,国内有形资产或外国净资产每增加1元,国民财富也增加1元。因此,国民储蓄的流量越快,国民财富存量就会以更快的速度增长。

第三节 生活费用的衡量

在生活中,人们最希望的是收入越多越好,最不愿意看到的是价格上涨。因为商品价格上涨,在货币收入不变的条件下,其实际收入应会减少,购买生活所需的产品和服务数量就会减少,人们的生活水平就会下降。假如你一天工作8小时,日工资是60元人民币。你每日三餐最喜欢的食品是汉堡,每餐要吃两个汉堡。若每个汉堡10元人民币,60元人民币正好可买6个,满足了你一日三餐的需要。若现在汉堡涨价,每个15元,你只能买4个汉堡。因此,每个家庭都十分关注其生活费用开支的高低。在货币收入不变的情况下,消费同样数量的产品和服务所需的生活费用开支与商品和服务的价格水平密切相关。从这个意义上讲,可用价格水平的变化来描述人们对生活费用变化的感受。价格水平的变化通常用消费价格指数来描述。下面,将分析消费价格指数的构成及其计算问题。

一、消费价格指数

CPI,居民消费价格指数(Consumer Price Index)的简称,是反映一定时期内城乡居民所购买的生活消费品价格和服务项目价格变动趋势和程度的相对数,是对城市居民消费价格指数和农村居民消费价格指数进行综合汇总计算的结果。该指数可以观察和分析消费品的零售价格和服务价格变动对城乡居民实际生活费支出的影响程度。

CPI是对一个固定目录或指定一篮子物品的价格水平进行衡量，可按月统计。如美国劳工局每月派有关人员按抽样的方式调查一个固定目录或一"篮子"产品和服务的当前价格，然后用一篮子物品的当前消费支出去除以按基期价格计算的消费支出，再乘以100而得。即用公式表示为：

$$CPI = \frac{当年A价格 \times 基年A产量 + 当年B价格 \times 基年B产量}{基年A价格 \times 基年A产量 + 基年B价格 \times 基年B产量} \times 100$$

(2.18)

二、CPI与GDP平减指数

GDP平减指数和消费者物价指数都是反映经济总体价格水平的指标，但两者还是有明显区别。

(1) GDP平减指数衡量价格水平时，它包含所有商品和服务的价格信息，而CPI只衡量消费者购买的有代表性的产品和服务的价格。

(2) GDP平减指数所衡量的价格水平仅包含本国生产的产品价格，不包括进口产品的价格。而CPI衡量的范围则包括在消费中占有比较重要地位的进口品。

(3) CPI衡量的商品组合的数量是固定的，而GDP平减指数所涉及的商品组合的数量是变动的，它取决于每年的产量。

(4) GDP平减指数是按季度统计，CPI按月统计。

三、CPI的构成

世界各国CPI的统计，都是基于本国一定样本量的城乡居民生活消费支出的抽样而进行的。由于不同国家的经济发展水平、居民生活消费水平、恩格尔系数、民族消费习惯等不同，CPI中的消费品和服务的类别以及权重也不尽相同。比如，发达国家的恩格尔系数较低，食品在整个居民生活消费支出中所占的比例，明显低于发展中国家，因而CPI中食品类的权重低于发展中国家食品类的权重。

为了更真实和准确地分析一国或地区的总供求关系及其动态变化，近十几年来一些发达国家将CPI中的食品和能源特别是石油等消费品的消费价格剔除，形成核心CPI(Core CPI)，作为分析价格水平和宏观经济形势的重要指标。因为食品和能源价格最易受自然气候或国际政治经济因素的影响而出现剧烈的波动，从而推动价格总水平的较大波动，而这种波动实际上并不代表市场总供求关系的实质性变动。一般来说，核心 CPI 是测算潜在通货膨胀的最好指标。

1. 美国 CPI 的构成

美国劳工部劳工统计局按月发布两种 CPI，即 CPI-W（统计调查只对工资收入者和神职人员，这两类人员占全部雇员的 1/3）和 CPI-U（统计调查对所有的城市消费者，不包括农村消费者，这类人员占全国消费者总数的 87%）。

美国的 CPI 包括 8 个大类、211 个基本分类、38 个地区指数。每个基本分类所占的权重，随着居民消费支出的结构变动而相应调整，每两年调整一次，以便更好地反映美国居民的消费倾向或模式。

例如，2007 年美国的 CPI 包括 200 多种商品和服务的价格，而这些商品与服务又分为 8 个主要类别，并赋予不同的权重。食品及饮料 14.9%，住宅与能源消费 42.4%，服装 3.7%，交通运输 17.7%，医疗 6.2%，娱乐 5.6%，教育与通信 6.1%，其他商品与服务 3.3%。

2. 欧盟 HICP 的构成

每个欧盟成员国都统计和发布各自的 HICP（Harmonized Index of Consumer Prices）。欧盟统计局（Eurostat）在各国 HICP 的基础上汇总编制欧盟 HICP，即欧盟官方价格指数。

欧盟 HICP 包括 12 个大类、160 个基本分类。欧盟 HICP 各类别所占权重，随着居民消费支出的结构变动每 5 年调整一次，并发布年度分析报告。

以欧盟的芬兰为例。2005 年芬兰 CPI 统计覆盖了 12 大类 497 种商品，其各类的权重是：住宅与能源 21.3%（2000 年为 19.5%），运输 14.6%（2000 年为 15.5%），食品与非酒类饮料 13.3%（2000 年为 13.8%），娱乐与文化 12.0%（2000 年为 12.4%），杂项货与服务 7.3%（2000 年为 6.9%），餐馆与旅馆业 6.9%（2000 年为 7.6%），房屋装修、家具与维修 5.5%（2000 年为 5.0%），酒类与烟草 5.2%（2000 年为 6.0%），服装与鞋 5.0%（2000 年为 5.0%），保健 4.8%（2000 年为 4.3%），通信 3.5%（2000 年为 3.5%），教育 0.5%（2000 年为 0.6%）。

3. 中国现行的 CPI 构成及权比

目前，CPI 的各项权重是对全国 13 万户城乡居民家庭住户调查统计的结果。国家统计局垂直管理的调查队系统的 4 000 名价格采集员，在全国

550多个县市近3万个调查点，对8个大类、262个基本分类、600种商品和服务项目进行价格收集工作。对于与居民生活密切相关、价格变动比较频繁的商品，至少每五天调查一次价格，保证了CPI的及时性和准确性。

随着人民生活水平的提高，我国居民消费结构也在不断变化。因此，我国的CPI权重每年都做一些小调整，每五年做一次大调整。目前我国的CPI各大类的权重为食品34%、娱乐教育文化用品及服务14%、居住13%、交通通信10%、医疗保健个人用品10%、服装9%、家庭设备及维修服务6%、烟酒及用品4%。

我国CPI编制工作已经进行了二十多年，其方法制度经过几次重大改革后，在数据采集、指数计算和权重获取等方面已经基本与国际CPI编制水平较高的国家处于同一水平。为了保持我国CPI编制方法与国际接轨，国家统计局每年都与国际货币基金组织（IMF）等国际组织和一些国家的同行进行广泛的讨论与交流，并将数据和调查方法公布在IMF网站上。

尽管我国的CPI统计在某些方面有待改进，但总的来看，无论是从方法上、技术上，还是从组织上都是与国际接轨的，现行的CPI统计反映了居民消费价格的实际变动情况，为价格体制改革、宏观调控、国民经济核算等提供了科学、可靠的依据。

第四节　就业的衡量

一个稳定的社会是人人都能就业，保证每个公民都有尊严地通过劳动获得收入，并购买所需的物品，体面地生活。从经济意义上考察，就业事关生产和消费两个方面。当就业人数增加时，经济体的产出就会增加，居民的收入也随之增加，进而居民的消费支出也会增加。因此，就业成为社会和政府共同关注的问题。这就需要对就业人数加以准确估计，以便人们作出更科学的经济决策来改善就业状况，更好地促进经济发展。

一、美国的就业统计

有关美国就业情况的信息来源于两方面的调查：一方面是对家庭的调查；另一方面是对机构——办公室、工厂、商店、矿山以及其他人们工作的地方的调查。

对家庭的调查被称为当期人口调查，由人口普查局每月进行一次，所取得的数据由劳工统计局制表并公布。每月大约确定100 000位成年人访谈者，以获得他们在包括当月12日的那个星期是否就业的确切信息。在该星期中工作一小时或一小时以上的人被计为当月就业者。将结果放大1 000倍，就可以得到整个经济中就业工人总数的较准确估计（调查的每一个人代表总人口中稍多于1 000的人数）。一些在调查期间没有工作的人——特别是度假的人——也可能被计为就业者。

按照这种衡量方法，2002年除军队以外的就业总数为1.343亿人。与1992年的就业人数相比，增加了近1 600万人。在2000—2002年的衰退期间，就业几乎下降了100万人；而在正常年份，就业每年会增加几百万人。1992年开始的经济扩张使得就业大幅度上升。另一方面，当经济衰退时，就业会下降。如2008年和2009年。

在机构调查中，调查人员会访问雇主，以确定每个工作场所工资单上的人数。这一调查不包括农场就业人员。因为是以工资单为调查依据，所以也忽略了自我雇用者。2002年12月非农业的领取工薪的就业人员总数为1.343亿人。

由于每周工作时数因人而异，并且还随经济周期的不同阶段而波动。有些人通常每周只工作几个小时，一些人每周要工作60~70个小时。目前，一般员工平均每周工作大约34小时，并且每周工作时数在经济衰退时会减少，在经济扩张时会增加。当需求上升时，许多员工被要求或自愿地加班工作。例如1990—1991年经济衰退时，平均周工作小时由1990年7月的每周34.5小时降到1991年4月的每周34.0小时。经济复苏时又恢复到1993年的每周34.5小时。就业数据还表明，就长期来看，平均周工作时间呈下降趋势。员工的平均周工作小时由1959年的约39小时降至目前的约34小时。制造业工人的平均周工作小时自1959年以来一直基本稳定在40小时左右。

可见，用每周工作时数来衡量就业并不是衡量经济中劳动力投入的完善指标。用总工作时数，即工作的人数乘以平均每人的工作时数是一种更好的指标。美国劳工统计局公布的1968—2002年工商部门的总工作时数指数数据显示，总工作时数呈现明显上升的趋势，但波动也是显而易见的。

二、中国的就业统计

1. 就业统计方式

目前，中国的就业统计方式主要有以下三种。

（1）综合统计

这种统计方式是计划经济体制延续下来的一种比较的统计方式，即由国家统计局负责报表制度设计的机构（如统计设计管理司）批准制定每年及各季的统计报表，经负责具体组织实施的机构（如人口和社会科技统计司、农村社会经济调查总队）组织省级专业统计部门以开会培训的方式布置，各省级负责下一级政府专业统计部门的组织培训，直到基层政府专业统计部门（如县级政府专业统计部门）。目前企业就业调查（劳动统计报表制度）、农村劳动力基本情况等调查均采取这种方式。

（2）行政记录

中国的行政记录统计方式起步较晚。由于历史的原因，20世纪70年代后期城镇失业情况突现，城镇失业登记工作应运而生，并延续至今。此外，国家工商行政管理局对私营和个体企业从业人员情况的记录情况也是中国就业统计的重要组成部分。

（3）抽样调查

由于中国市场经济体制改革步伐加快，企业调查（普查）的方式已远远不能充分反映劳动力市场的真实情况：劳动力市场活动更加活跃，就业形式更加趋于灵活多样，失业登记也无法反映全部失业人员的失业或就业状况。20世纪90年代初，为适应市场经济的需要，国家统计局成立了人口就业司，并在1994年和1995年人口抽样调查中尝试增加了反映经济活动人口的调查项目。1996年起正式列入国家统计局的制度。目前这项调查由1998年以后国家统计局新组建的人口和社会科技司组织实施，至今已进行了8年。通过多年的补充和完善，调查收集了大量的有关劳动力就业状况的资料，调查结果对掌握和分析劳动经济情况发挥了重要的作用。

2. 就业综合统计报表制度

（1）劳动综合统计报表制度（企业调查）

劳动综合统计对象是全国城镇地区的全部企业或其他经济单位。但由于20世纪70年代前城镇地区几乎没有私营个体经济活动单位，因此直到目前，这项统计仍不包括城镇地区的私营和个体单位从业人员统计。这项调查分组指标包括：各种企业单位在政府部门的登记注册类型（如国有单位、集体单位、联营单位、股份制单位、港澳台商投资单位、外商投资单位等）；各省；各行业。调查频率为一年四次，三月、六月、九月、十二月；数据公布时间为四月、七月、十月中旬及来年五月。报表报送方式是由基层统计单位将各单位调查表审核汇总后递交到上一级统计主管部门，最后由省级统计部门统一审核汇总后上报给国家统计局。

（2）乡村从业人员统计

国家统计局农村社会经济调查总队负责乡村从业人员统计，报表全称为《农业生产条件》，统计范围为全国范围内的全部农业生产单位。分组指标包括：分地区；分行业。调查频率为一年一次。

（3）城镇私营个体从业人员统计

国家工商行政管理局一直负责城乡私营和个体企业从业人员的行政记录工作，并每年向国家统计局提供一次有关信息，以便在综合统计基础上为推算全国从业人员的数量作必要补充。分组指标包括：分地区；分行业。

3. 劳动力调查统计

劳动力调查为抽样调查，目前使用的是人口变动调查的样本。目前劳动力调查不进行单独抽样，是利用每年国家统计局人口变动情况抽样调查所抽中的样本。人口变动情况抽样调查的抽样方法是以全国为总体，省级单位为次总体，采用分层、多阶段、整群概率比例抽样方法。城镇劳动力调查为半年一次的调查，主要目的是了解被调查者在调查时点前一周即调查周的就业与失业情况。调查周为每年5月15日所在的一周（从周一到周日），以及10月31日以前的一周。其中每年5月的调查为城镇地区的劳动力调查。调查以户为单位进行，既调查家庭户，也调查集体户。调查对象为15岁及15岁以上的全部人口。但在有关书籍中，我们只公布16岁以上人口的相关资料。目前使用的人口变动调查的样本量约为120万人（约占全国人口的1/1000），35万户；其中城镇调查的样本量约为45万人，15万户，其中16岁以上人口约为30万人。

经过几年的实践，劳动力调查内容和项目已发生了很大的变化。调查中按户填报的项目由原来的6项（本户地址编码、户别、本户总人口、本户某个时期以后出生及死亡人口、本户户籍人口中外出半年以上人口）增至目前的13项，即除以上6项外，在2005年的调查表中又增加了外出人口中离开本省的人数、本户户籍人口中外出一年以上的人数、其中离开本省的人数、现住本地户口在省外的人数、其中离开户口登记地不到半年的人数、其中离开户口登记地半年以上不到一年的人数以及其中离开户口登记地一年以上的人数等7个项目。

调查中按人填报的项目由原来的16项增至22项。调查户中每个人都填报的项目包括姓名、与户主关系、性别、出生年月、户口状况（如是否城乡、是否人户分离等）和受教育程度等。在2005年调查表中新增了"一年前常住地"项目。在反映婚姻状况的项目中，取消了初婚和初育的项目，增加了两项60岁以上人口填报的项目,即被调查人的主要生活来源以及是否可生活自理。

有关劳动力情况的项目由原来的4项(即是否从事过有收入劳动、未工作状况、未工作原因及就业者身份)增至10项,包括:上周是否为取得收入而工作(含工作时间)、未工作原因、能否在两周内应聘、寻找工作的方式、不能应聘或未找到工作的原因、月劳动收入、就业身份、现在或失去工作前的行业及职业、参加社会保障情况等。

劳动力调查从目前的实施情况看还存在一些问题,有待进一步完善。一是样本问题,目前由于劳动力调查与人口变动调查共用一套样本,因此对分组指标的代表性有一定影响,如某些指标出现起伏不定的发展趋势;二是调查频率问题,一年仅有两次劳动力就业状况的调查,无法充分反映中国劳动力市场瞬息万变的实际情况。此外,该项调查中还有必要根据国际劳工组织的建议增加诸如反映不充分就业、非正规就业以及体面就业等方面的调查项目。而如果要达到这些目的,样本应进一步扩大;但同时,成本也会随之增高。因此,目前对该项调查作根本性的修改仍有一定困难。

三、就业趋势指数

就业趋势指数是由美国经济咨询会(conference board)创建的,并于2008年6月9日对外进行发布,是目前唯一可公开获得的有关就业的先行综合指数。它能够对就业发展进行短期考察,从而为经济学者和投资人提供一个新的有关就业的预测工具。同时,还有助于企业经理合理地制订近期用工计划和补偿计划。

作为一项综合性指数,就业趋势指数是对8个劳动力市场指标加权平均得到的,其中每一项指标准确性在各自的领域都得到了证实。考察就业综合指数的益处在于它能够过滤掉单个指标因季节模式变化、小样本误差或一次偶然性事件而产生的异常波动,以便更清晰地揭示潜在的变化趋势。

就业趋势指数的8个分项指标包括:认为找工作难的人的比例,首次申请失业保险的人数,拥有一个或多个职位空缺的公司比例,临时用工的数量,职位空缺数,工业产量,实际制造与贸易额。

例如,美国经济咨商会于2009年3月9日称,美国就业形势急剧恶化,2月就业趋势指数从1月的94.0跌至91.0,比上年同期下滑21.1%,降幅创35年来最高。该报告与美国近日公布的数据趋势一致。咨商会资深分析师Gad Levanon称,整体收入水平难以成为消费者支出反弹的动力,只有企业预见到国内外经济活动开始复苏,就业人数降幅才有望减缓。

第二章 宏观经济的绩效衡量与景气

【案例】

中国经济增长与就业增长相背离是真的吗?

◎**案由**：托马斯·罗斯基(Thomas G. Rawski)是美国匹兹堡大学经济学教授，著名中国问题专家。他于 2001 年 12 月在《中国经济评论》(*China Economic Review*)发表了一篇论文，题目是"中国 GDP 统计发生了什么?"(What is happening to China's GDP statistics?)。论文指出，从 1998 年开始，中国官方统计明显夸大了经济增长率。1998 年、1999 年、2000 年和 2001 年，中国官方公布的经济增长率依次为 7.8%、7.1%、8.0% 和 7.3%，而论文认为，相应年度的经济增长率依次为 −2.0% ~ +2.0%、−2.5% ~ +2.0%、2.0% ~ 3.0%、3.0% ~ 4.0%，四年累积经济增长率不会超过官方公布数据的 1/3，甚至可能更低。同时存在失业率上升和劳动参与率下降等情况，给许多人一种印象，似乎中国自 20 世纪 90 年代以来，就业没有增长，甚至可能绝对减少。因此，美国经济学家罗斯基(Rawski, 2001)就把"就业增长几乎为零"，作为质疑中国经济实际增长速度的依据之一。（许宪春，2003）

◎**分析**：事实上这种质疑的证据是不充分的，缺乏对中国实际情况的了解。单纯从传统的城镇就业渠道——国有经济和集体经济来看，就业的确呈现逐年减少的趋势。但是，由于中国经济成分的多元化，就业结构也发生了巨大的变化。仅从国有经济和城镇集体经济的单位就业人数变化，已经不能说明就业总量的变化了。

实际上，改革开放以来，城镇就业总量始终是在增长的。2002 年末全国城镇就业人员总量达到 24 780 万人，比上年增加了 840 万人。在 1978—2002 年，城镇年均就业增长率为 4.1%，平均每年增加 636 万人。其间，国有单位从占城市全部就业的 78.3% 下降到 28.9%；城市集体单位就业比重从 21.5% 下降到 4.5%；其他城镇新兴单位如有限责任公司、股份有限公司、私营企业、港澳台商和外商投资等单位的就业则从无到有，2002 年占到全部城镇就业的 66.6%，标志着就业结构形成了多样化的局面。

由于总体就业人数是利用城镇劳动力住户抽样调查数据推算得到的，于是产生了与单位就业数及登记的私营企业和个体就业数之间的差额。总体就业人数之间差额的存在和扩大，一方面固然反映了随着经济活动的多样化、复杂化，劳动统计不能及时涵盖全部实际就业人员的问题；另一方面也反映了随着劳动力市场发育程度的提高，单位核算范围外就业的部分倾向于扩大，形成所谓非正规就业。在城市打工的农民工的就业，以及下岗和登记失业者的再就业，是上述非正规渠道就业的主要组成部分，从而也是近年来就业总量增长的贡献者。如果把这部分就业考虑进来，近年来整体就业仍然是在增长的，同时劳动力越来越多地通过市场方式配置。（蔡昉，2004）

第五节　宏观经济运行景气的衡量

现实中，宏观经济的发展并不是理想的线性向上的，而是在波动中向上发展的。繁荣与衰退总是交替出现的。宏观经济发展经过一段时间的繁荣后，就会进入调整，经济出现短暂的下行状况。为了避免或减少这种波动对经济发展的不利影响，人们需要对宏观经济运行的总体形势进行判断，以便作出相应的调整政策。为此，需要综合运用各种能描述宏观经济运行的变量来对宏观经济形势进行刻画。下面，介绍我国国家统计局综合运用各种经济指标度量经济景气的做法。

一、景气动向指数

宏观经济景气动向分析方法，是在既有的统计指标基础之上，筛选出具有代表性的指标，建立一个经济监测指标体系，并以此建立各种指数或模型来描述宏观经济的运行状况和预测未来走势。由于这套指标的描述和预测功能，人们通常称该指标体系为宏观经济的"晴雨表"或"报警器"。

利用景气指数进行分析，就是用经济变量之间的时差关系指示景气动向。首先，确定时差关系的参照系，即基准循环，编制景气循环年表；其次，根据基准循环选择超前、同步、滞后指标；最后，编制扩散指数和合成指数来描述总体经济运行状况、预测转折点。

根据景气循环年表，就可以把一系列监测指标划分为先行指标、一致指标、滞后指标。一致指标，也叫同步指标。这些指标峰与谷出现的时间与总体经济运行峰与谷出现的时间一致，可以综合地描述总体经济所处状态，如工业总产值、社会消费品零售总额等。先行指标，也叫领先指标。利用这些指标可以事先预测总体经济运行的峰和谷，如机械产品订货、股票指数、广义货币 M2（美国）等。滞后指标是对总体经济运行中已经出现的峰和谷的一种确认，如利率、库存等。这些超前、一致、滞后指标，共同构成了景气指标体系。

1. 先行指数

先行指数是由 11 个金融指数组成的综合指数。其中的金融和预期的指数为商业活动的变化状况提供了见解的信号，而非金融指数则为经济运行趋势提供更为直接的证据。先行指数的组成会根据经济情况的改变而相应地变更，以便确切地反映经济发展的状况和趋势。该数据每月公布一次。

(1) 个人收入：以年增长率衡量的个人、非营利性机构以及私人信托基金的税前收入。但真正反映个人购买力水平的是其中的一项，即个人可支配收入(Disposable Personal Income)，通常每月公布一次。

(2) 个人消费支出：衡量消费者在商品和劳务上的全部支出。该指数同个人收入一同公布。

(3) 全国采购经理指数：全国采购经理人协会每个月都向 250 多家采购经纪商进行调查，其内容包括：订单的变化情况，生产情况，就业情况，货物供应情况，库存情况以及购买货物的价格，并根据对以上内容的调查结果，按不同的权重计算出一项总体指数。总体指数高于 50% 显示制造业领域的生产扩张，反之则显示生产收缩，如果该指数低于 44%，则预示经济的衰退。因此是反映经济领域中工业部门发展状况的一项早期信号。

(4) 耐用品订单：显示制造商所获得的使用寿命在 3 年以上的货物的订单数量，每月公布一次。其中民用耐用品订单数的变化尤为受人关注，因为它们反映了商业经营过程中的设备投资。

(5) 工业生产：它是一项显示制造业、采矿业以及公用事业部门总的生产情况的指数，每月公布一次。

(6) 设备使用率：显示在制造业、采矿业以及公用事业部门中生产设备使用效率的指数，以百分比表示。该指数与工业生产指数一同公布，通常作为反映通货膨胀压力的参考指标，因为设备使用率的持续上升将产生"瓶颈效应"从而制约产出的增加，最终导致通胀压力上升。一般来说，该指数超过 84%，预示通胀压力存在上升的危险。

(7) 零售指数：主要反映当前社会消费状况，每月公布一次。该指数的变化较大，仅观察一两个月的数据很难对总体物价水平有确切的了解。

(8) 消费者信贷：表示每个月消费者分期付款尚未偿还的金额，包括银行、金融机构以及其他机构对私人的贷款，每月公布一次。

(9)新屋开工及建筑许可：包括以年率计算的新屋销售水平以及每月增长的百分比，每月公布一次。

(10)建筑支出：显示全部新的公用和私人建设开支，每月公布一次。

(11)消费价格指数：用于衡量消费者经常购买的确定的一篮子商品和劳务的价格变化，每月公布一次。其中能源和食品项目的价格变化很大，因此将它们扣除以后得到"核心数据"，能更为真实地反映价格的变化。消费价格指数的变化反映了零售水平的通胀压力。

(12)生产价格指数：显示商品生产成本的变化。生产价格指数的变化可以对消费价格指数的变化趋势进行预测，与消费价格指数一起反映通胀压力的状况。

先行指数可以揭示出经济的未来变化趋势。我国先行指数的峰谷平均领先一致指数（见下面的解释）峰谷的时间为6~7个月。

中国经济景气监测中心和高盛（亚洲）联合开发的监测系统对2009年5月国民经济运行的监测结果表明：5月份先行指数经最新数据修订，自2008年12月以来已连续6个月回升。5月份，在先行指数的8组构成指标（经季节调整去除季节因素的影响）中，有4组指标为上升趋势，推动先行指数上升的指标——按贡献从大到小的顺序排列——物流指数、国债利率差、恒生中国内地流通指数和消费者预期指数。有4组指标都表现为下降趋势——按贡献从大到小的顺序排列——房地产开发领先指数、工业产品产销率、固定资产投资新开工项目、货币供应M2。先行指数现在为101.7（1996年=100）。4月份先行指数上升1.04点，3月份上升0.98点。有关指数见下面各图所示。

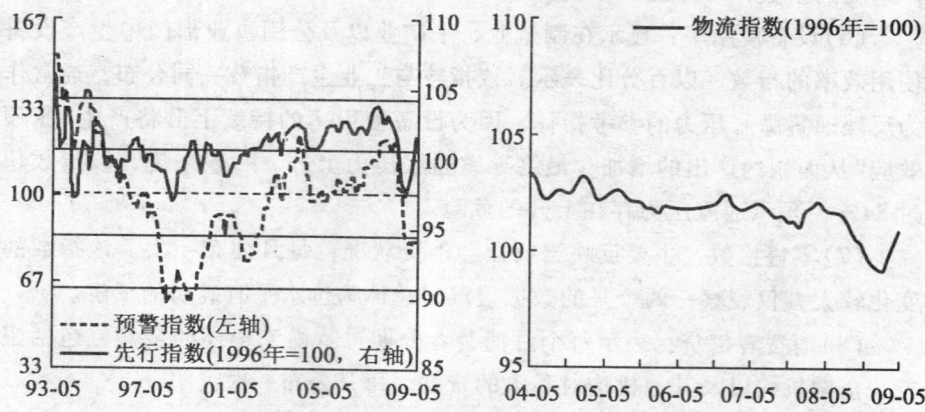

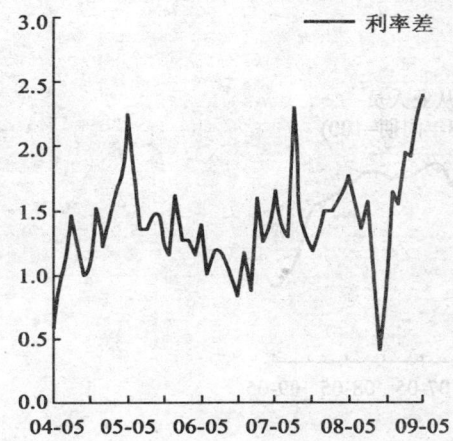

峰		谷	
峰的基准日期	先行指数领先月数	谷的基准日期	先行指数领先月数
1993年5月	10个月	1999年4月	7个月
2004年3月	3个月		
平均领先月数	6.5个月	平均领先月数	

2. 一致指数

一致指数包括了生产、就业、收入分配、需求等经济活动各方面的情况，可以综合反映总体经济的变动情况。

国家统计局资料显示，2009年5月一致指数经最新数据修订，连续3个月上升。5月份，在一致指数的4组构成指标（经季节调整去除季节因素的影响）中，有3组指标为上升趋势，推动一致指数上升的指标按贡献从大到小的顺序排列有社会需求指数（投资指标和消费品零售指标上升，外贸进出口指标下降）、社会收入指数（其中，企业利润指标和税收指标略有上升，居民可支配收入指标下降）和工业生产指数。有1组指标均呈下降趋势——工业从业人员数。一致指数现在为95.4（1996年=100）。比4月份上升0.81点，比3月份上升0.46点。有关指数如下面各图所示：

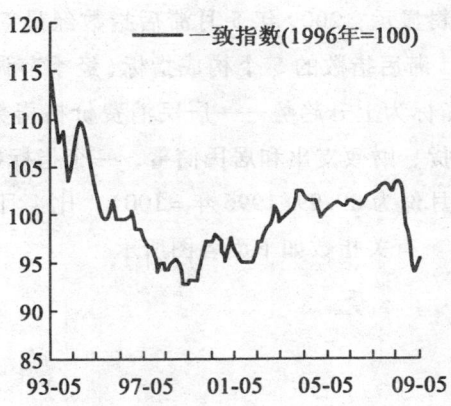

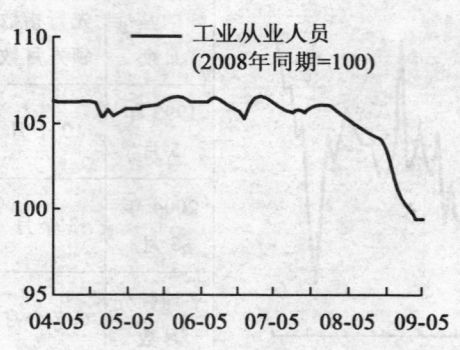

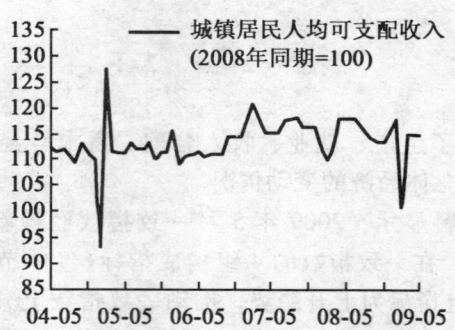

3. 滞后指数

滞后指数包括了工商业贷款、居民储蓄、价格、企业存货及政府支出等经济活动各方面的情况，可以综合检验当前国民经济的变动情况。

国家统计局资料显示，2009年5月滞后指数经最新数据修订，连续13个月下降。5月份，滞后指数的5个构成指标（经季节调整去除季节因素的影响）中，有1个指标为上升趋势——居民消费价格指数；有3个指标为下降趋势——企业存货、财政支出和居民储蓄；一个指标持平——非农业短期贷款。滞后指数5月份为89.99（1996年=100）。比4月份下降0.55点，比3月份下降1.46点。有关指数如下面各图所示：

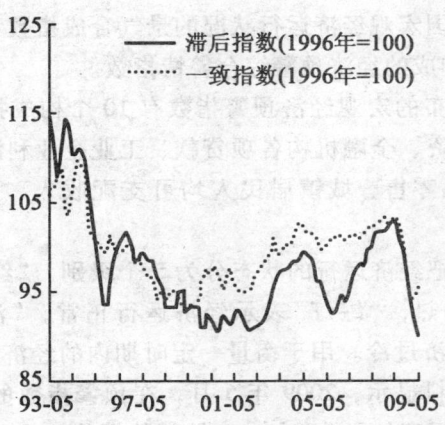

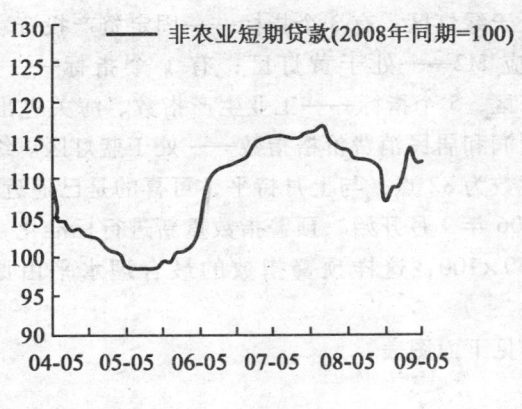

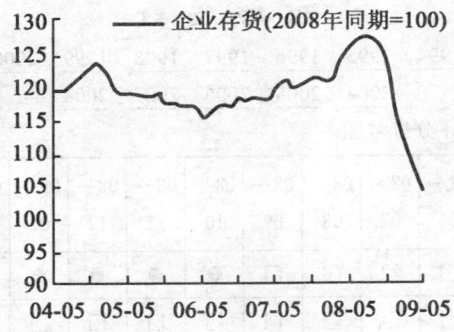

4. 预警指数

为分析我国宏观经济景气状况，国家信息中心宏观经济监测预警课题组研究构建了反映我国宏观经济运行状况的景气合成指数和由工业增加值增速等 10 个预警指标构成的经济预警综合警情指数。

国家统计局发布的宏观经济预警指数有 10 个构成指标，包括工业生产指数、固定资产投资、金融机构各项贷款、工业企业利润、海关进出口、货币供应 M2、消费品零售、城镇居民人均可支配收入、居民消费价格指数、财政收入等。

预警指数，是把经济运行的状态分为 5 个级别，"红灯"表示经济过热，"黄灯"表示经济偏热，"绿灯"表示经济运行正常，"浅蓝灯"表示经济偏冷，"蓝灯"表示经济过冷。用于衡量一定时期内的经济状况。

国家统计局资料显示，2009 年 5 月，在预警指数的 10 个构成指标（经季节调整去除季节因素的影响）中，经最新数据修订有 1 个指标——消费品零售总额——处于绿灯区；有 3 个指标——固定资产投资、城镇居民可支配收入和货币供应 M2——处于黄灯区；有 1 个指标——金融机构各项贷款——处于红灯区；5 个指标——工业生产指数、海关进出口总额、财政收入、工业企业利润和居民消费价格指数——处于蓝灯区。综合各项指标的变动情况，预警指数为 82 点，与上月持平，可喜的是已逼近绿灯区的下限。

（注：自 2006 年 9 月开始，预警指数重新进行标准化，标准化方法为原预警指数序列/30×100，这样预警指数的最合理水平由原来的 30 分变为 100 点。）

预警指数详见下面图表：

预 警 指 数

1991　1992　1993　1994　1995　1996　1997　1998　1999　2000　2001　2002　2003
2004　2005　2006　2007　2008

最近 12 个月预警评分灯号图

指标＼时间	08—06	08—07	08—08	08—09	08—10	08—11	08—12	09—01	09—02	09—03	09—04	09—05
工业生产指数	□	□	□	●	●	●	●	●	●	●	●	●
固定资产投资	□	□	□	□	□	□	□	□	□	□	△	△
社会消费品零售总额	△	△	△	△	△	△	△	△	△	□	□	□
海关进出口总额	△	□	□	□	◇	●	●	●	●	●	●	●

续表

指标\时间	08-06	08-07	08-08	08-09	08-10	08-11	08-12	09-01	09-02	09-03	09-04	09-05
财政收入(不含债务)	△	□	◇	◇	●	●	●	●	●	●	●	●
工业企业利润总额	□	□	◇	◇	●	●	●	●	●	●	●	●
城镇居民人均可支配收入	△	△	△	△	△	△	△	△	△	△	△	△
金融机构各项贷款	□	□	□	□	□	□	□	□	△	○	○	○
货币供应M2	□	□	□	□	□	□	□	□	□	□	□	□
居民消费价格指数	△	△	□	□	□	□	□	□	◇	◇	●	●
预警指数	△	□	□	□	□	◇	◇	◇	◇	◇	◇	◇
	117	112	·102	102	85	83	83	79	77	83	82	82

(○过热；△偏热；□稳定；◇偏低；●过冷)

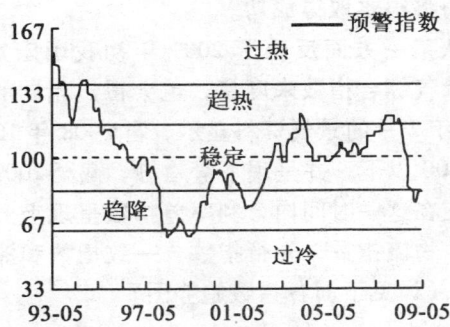

【案例】

2009年初我国宏观经济遭遇寒流

◎**案由**：中评社香港12月27日电，美国次贷危机是2007年国际金融市场上最大的事件。这场危机已经使美国经济开始降温，国际货币基金组织也不断调低对美国经济增长的预期。不仅如此，这股由美国次贷和美国经济下滑组成的寒流，正在通过金融机构向世界各地扩散。中国工商银行、中国建设银行和中国银行也在次贷危机中受到了损失。然而，中国在这场危机中，受影响最大的不是这些金融机构，而是出口。中国出口的高增长势头，可能因为这场寒流而在2008年急剧降温。因此，以外向型经济为主体的我国宏观经济在这场寒流中也将受到创伤。

◎**分析**：受美国因次贷引发的金融危机影响，2008 年 10 月后，我国出口增速放缓，并呈下滑态势。海关总署发布数据显示，2009 年 2 月我国外贸进出口总值 1 249.48 亿美元，同比下降 24.9%；贸易顺差骤降 342.59 亿美元（1 月贸易顺差为 391 亿美元），降至 48.41 亿美元，环比下降 87.62%，大大低于市场此前预期的 295 亿美元。

受出口萎缩影响，2008 年末约有 2 300 万农民工从沿海返乡待业。另据中国人力资源和社会保障部于 2009 年 1 月 20 日公布，2008 年全国城镇登记失业率为 4.2%，比 2007 年末上升 0.2 个百分点。这也是该数字自 2003 年以来首次呈现上升趋势。

2009 年 1 月中国新增贷款增长了一倍，这似乎说明中国政府积极放松货币政策的举措正在显现成效。但存款的增长速度比贷款更快，1 月银行新增居民储蓄存款 1.53 万亿元人民币，相当于上年全年新增储蓄额的 1/3，较 2008 年同期的 1 684 亿元人民币增加了 8 倍。如果中国银行存款增速不放缓，中国刺激内需、降低对出口的高度依赖实现经济可持续发展的努力将很难取得成功。

上述只是从某一方面反映了 2009 年初我国宏观经济的疲软状况。若从宏观经济景气综合指数来度量，也会得出相同的判断。据国家统计局公布的 2009 年 2 月的景气资料显示，自 2008 年 10 月以来，宏观经济预警指数位于 100 以下，并呈现下滑趋势。截至 2009 年 2 月，预警指数位于趋降区间。在这一时间内，利率差指数呈现上升趋势。社会需求和社会收入指数、物流指数、先行指数、一致指数和滞后指数都呈现出相同的下降态势。（详见下面各指数趋势图）

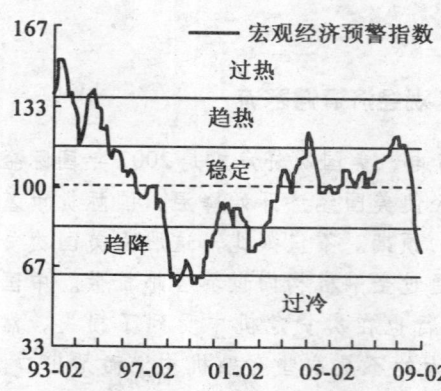
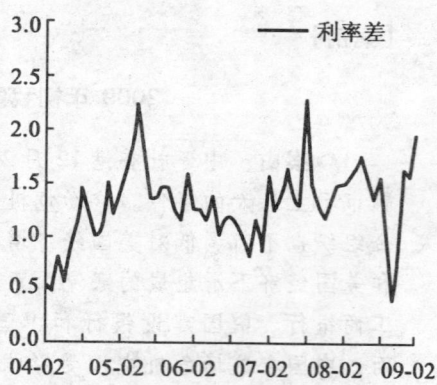

第二章 宏观经济的绩效衡量与景气

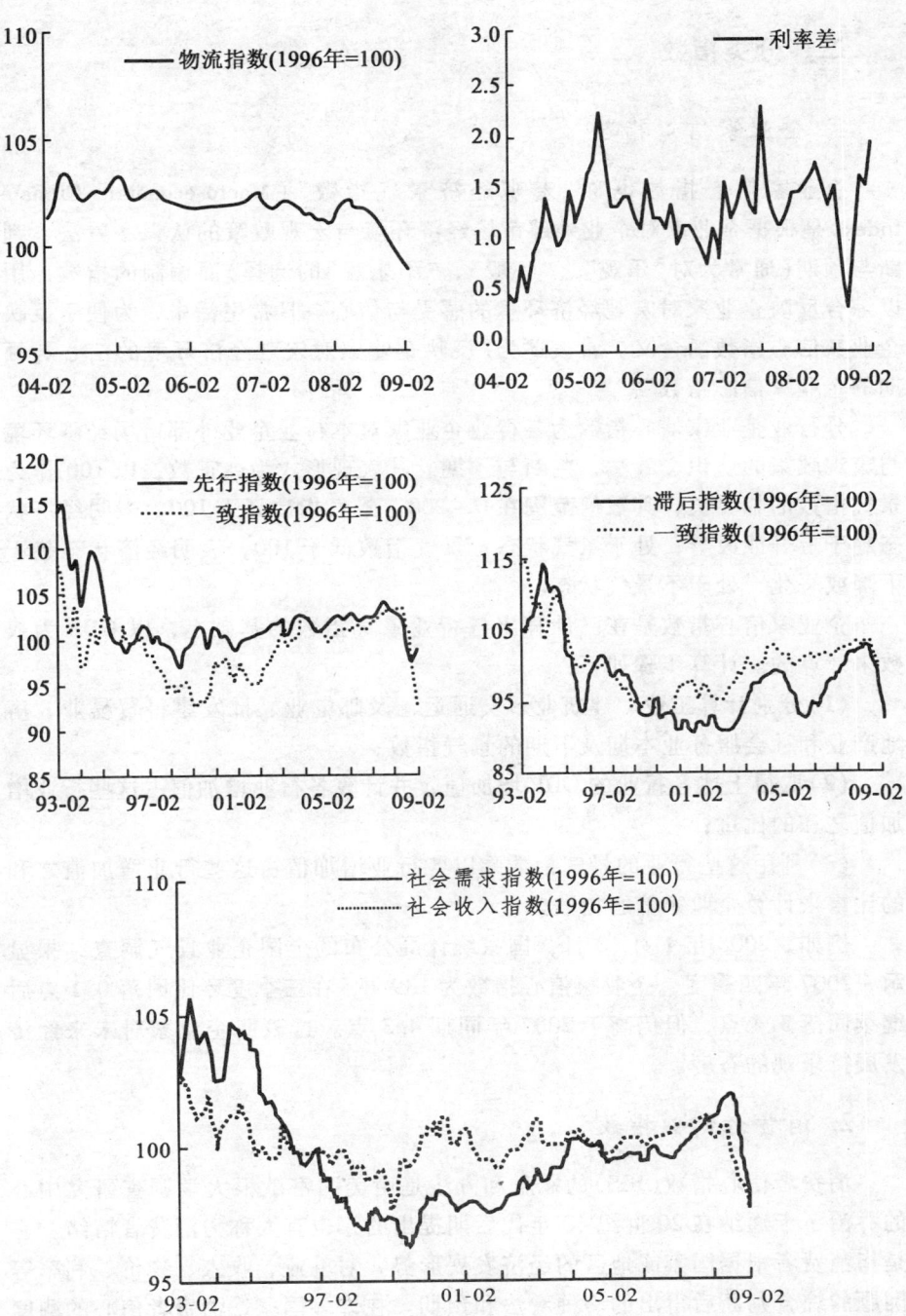

二、分类指数

1. 企业家信心指数

企业家信心指数也称"宏观经济景气指数"(Macro-economic Climate Index)是根据企业家对企业外部市场经济环境与宏观政策的认识、看法、判断与预期(通常为对"乐观"、"一般"、"不乐观"的选择)而编制的指数,用以综合反映企业家对宏观经济环境的感受与信心。日常生活中,为便于反映企业家信心指数的含义,常表述为"反映企业家对宏观经济环境的信心与预期的企业家信心指数"。

分行业企业家信心指数为各行业企业家对本行业企业外部市场经济环境与宏观政策的认识、看法、判断与预期。其表现形式为纯正数,以 100 作为景气指数的临界值,其数值范围在 0~200。景气指数高于 100,表明经济状态趋于上升或改善,处于景气状态;景气指数低于 100,表明经济状态趋于下降或恶化,处于不景气状态。

企业家信心指数是在已计算出各行业景气指数的基础上,以 GDP 为权数来计算的。计算步骤如下:

(1)分别计算工业、建筑业、交通运输及邮电业、批发零售贸易业、房地产业和社会服务业本期及下期的景气指数;

(2)取得上述各行业的 GDP 增加值,并计算各行业增加值占这些行业增加值之和的比重;

(3)利用这些行业的景气指数乘以各行业增加值占这些行业增加值之和的比重来计算企业家信心指数。

例如,2008 年 1 月 10 日,国家统计局公布的全国企业景气调查结果显示,2007 年四季度,企业家信心指数为 139.6,在三季度环比回落 0.1 点后继续回落 3.4 点,但仍高于 2007 年同期 4.3 点。这表明企业家对未来经济发展持乐观的态度。

2. 消费者信心指数

消费者信心指数(ICS)的概念和方法是由美国密歇根大学调查研究中心的乔治·卡通纳在 20 世纪 40 年代后期提出的,也有人称为消费者情绪。它是指消费者根据国家或地区的经济发展形势,对就业、收入、物价、利率等问题的综合判断后得出的一种看法和预期。在许多国家,消费者信心的测度被认为是消费总量的必要补充。

消费者信心指数(ICS)是反映消费者信心强弱的指标,是综合反映并量化消费者对当前经济形势评价和对经济前景、收入水平、收入预期以及消费心理状态的主观感受,预测经济走势和消费趋向的一个先行指标,是监测经济周期变化不可缺少的依据。

消费者信心指数由消费者满意指数和消费者预期指数构成。消费者的满意指数和消费者预期指数分别由一些二级指标构成:对收入、生活质量、宏观经济、消费支出、就业状况、购买耐用消费品和储蓄的满意程度与未来一年的预期及未来两年在购买住房及装修、购买汽车和未来6个月股市变化的预期。

从国外50多年来的理论研究和实践来看,消费者的信心与重要的宏观经济指标之间存在密切联系,对未来的整个经济发展趋势有着相当的预见性,是宏观经济中一个重要的先行指标。

1997年12月,我国统计局景气监测中心开始编制中国消费者信心指数。北京于2002年初率先建立了消费者信心指数调查制度,并进行了试运行。相关专家对调查办法、调查项目以及指标计算办法等问题进行了评估和论证。从该指数编制和调查的结果来看,其与北京市的经济发展趋势是基本吻合的,与国家统计局景气监测中心发布的全国消费者信心指数的趋势也是一致的。这说明,北京市的消费者信心指数调查是基本可信的,其意义也是显著的。

目前国际上通行的做法,对消费者信心(或情绪)调查采用的是问卷调查法。问卷的设计紧密围绕以下几个方面内容:经济发展形势、家庭收入和就业、物价水平、消费或购买意愿。每一方面由两类问题构成:对现状的看法和对未来的预期。前者指消费者对上述几个基本方面当前整体状况的评价;后者指消费者对几个基本方面未来一段时期(如半年或一年)发展变化趋势的估计或预期。如美国会议委员会发布的美国消费者信心指数自1967年开始至今调查问卷只含有5个问题,分别是:对目前经济形势和就业形势的评价;对未来6个月经济形势、就业形势和家庭总收入的估计。属于亚太地区范围的万事达卡消费者信心指数则要求受访者回答对目前及未来半年5个"经济要素"的看法和信心程度:就业状况、经济状况、国民日常所得、股市发展及生活品质。

在调查问卷中每一问题一般有三个答案:肯定的(积极)、否定的(消极)和中性的(不变),由消费者根据自己的看法或判断选择其一。指数通常以加权平均法得出,结果以百分点表示。随着具体计算方法不同,指数的取值有两种:一是取值范围为0~200。100是中值,表明消费者的信心(或情绪)是一种中立态度。0表明极端悲观情绪，200反映的则是极度乐观情绪；二是取值范围为0~100。50是中值，100反映的则是极度乐观情绪。前面提到的美国会议委员会发布的美国消费者信心指数属于第一种取值形式，而万事达卡消费者信心指数采用第二种取值形式。

根据调查结果，可以分别计算现状评价指数和预期指数，以及综合的消费者信心指数。指数的基期可以选择计算的初期为100（或50），也可以某一特定时期的消费者信心指数为基期值。例如，美国会议委员会发布的美国消费者信心指数自1967年开始发布，基期就以1967年年初为100，每两个月发布一次。从1977年6月开始，改为每月一次。从1986年起以1985年的各月平均值为指数基期值。

【案例】

全球金融危机下中国的消费者信心

◎**案由**：2009年4月22日，尼尔森公司最新发布的2009年上半年全球消费者信心指数调查报告显示，中国消费者的信心虽然从96降到了89，但总体来看中国消费者的信心近年来还是较为稳定的。

◎**分析**：受全球金融危机影响，就业机会和个人财政状况的不确定性也不同程度影响了消费者对就业前景的信心。据尼尔森公司的调查，76%的中国消费者表示，未来12个月的就业前景"不太好"或"差"，与2008年下半年(55%)相比上升了21个百分点。约有一半的中国消费者认为自己将来12个月的个人财政状况是"不太好"或者"差"，与上轮调查相比上升15个百分点。但是，在全球调查范围内，超过半数(52%)的消费者认为经济正处于衰退，全球唯一例外的是中国。超过六成中国消费者(65%)认为中国经济并没有进入衰退期。这表明，我国消费者对经济未来走势是抱有一定信心的，认为中国经济在政府经济刺激政策下不会变得更糟糕。

3. 采购经理人指数

采购经理人指数是一个综合指数，按照国际上通用的做法，由五个扩散指数即新订单指数(简称订单)、生产指数(简称生产)、从业人员指数(简称雇员)、供应商配送时间指数(简称配送)、主要原材料库存指数(简称存货)加权而成。

PMI 指数计算公式如下：PMI = 订单×30% + 生产×25% + 雇员×20% + 配送×15% + 存货×10%。

采购经理人指数是以百分比来表示，常以 50% 作为经济强弱的分界点：即当指数高于 50% 时，被解释为经济扩张的信号。当指数低于 50%，尤其是非常接近 40% 时，则有经济萧条的忧虑。它是领先指标中一项非常重要的附属指标。除了对整体指数的关注外，采购经理人指数中的支付物价指数及收取物价指数也被视为物价指标的一种，而其中的就业指数常被用来预测失业率及非农业就业人口的表现。

在宏观经济统计数据方面，已有研究结果表明，CFLP-PMI 与相关工业增加值等经济指标之间存在很好的相关性，相关系数在 75% 以上。其次，国家统计局在黑色金属、有色金属、多种设备制造业当中抽取了部分数据，与实际经济统计数据进行相关性和领先性分析，发现 CFLP-PMI 指数一直领先相关行业经济指标几个月，两种指标的斜性相关系数在 70% ~ 89% 不等，表明 PMI 指标对黑色金属、有色金属、多种设备制造业的行业有较好的预测效果。

采购经理指数（PMI）是国际通行的宏观经济监测体系，涵盖生产与流通、制造业与非制造业等领域，对国家经济活动的监测和预测具有重要作用。它是各国特别是发达国家反映经济活动快速的、及时的先行指标。通过 PMI，可以及时监测和预测经济与商业活动中出现的问题和趋势，使政府对宏观经济的走向建立在科学的基础上。同时基于 PMI 的商务报告对企业实际经营活动具有极强的指导作用，使企业特别是大企业集团的战略决策与业务调整有一个可靠的依据。

【案例】

全球金融危机下中国经济可能企稳回升

◎**案由**：新华社北京 2009 年 6 月 17 日电，17 日召开的国务院常务会议对当前经济形势作出明确判断：我国经济运行正处在企稳回升的关键时期。会议强调，坚定不移地继续实施积极的财政政策和适度宽松的货币政策，全面贯彻落实好应对国际金融危机的一揽子计划，并根据形势变化不断丰富和完善。你如何看待"企稳回升"这一提法？

◎**分析**：自 2008 年 11 月以来，中央果断出台了一系列促进经济增长的一揽子计划，目前已取得初步成效。除出口连续 7 个月负增长外，工业、投资、消费数据都传递出了积极信号。

从生产方面看，2009年前两个月，全国规模以上工业增速只有3.8%，3月份反弹至8.3%，5月份达8.9%，创最近8个月来的新高。

从国内需求方面看，投资高位加速，消费保持旺盛。1~5月，全国城镇固定资产投资同比增长32.9%，增速比前两个月加快6.4个百分点。近几个月来社会消费品零售总额增速保持在15%以上。

2009年3月以来，采购经理人指数（PMI）这一先行指数数据的变化，也证明了这一点。5月份中国官方采购经理人指数（PMI）从4月份的53.5微跌至53.1。PMI指数如今已经连续三个月维持在50这一强弱分界线上方，表明制造业部门在继续扩张。

在11个分项指标中，6项超过50（产出、新订单、新出口订单、供应商配送、采购、购进价格），5项仍低于50（就业、进口、存货、产成品库存以及积压订单）。在这些分指标中，有两项分指标值得特别关注：

第一，新出口订单分项指标从4月份的49.1上升至5月份的50.1，为11个月来首次超过50。这表明出口状况至少有正在企稳的早期迹象。该指标的V形复苏（从2008年11月份29.0的低点）表明出口部门最糟糕的时期可能已经过去。2009年头四个月里中国出口的急剧下跌（年同比-20%）是在全球大规模去库存化的背景下发生的。一旦下半年全球去库存化进程结束，中国出口的跌幅应该会放缓至10%以下。

第二，就业分项指标从4月份的50.3略微下跌至5月份的49.9。尽管该指数再次低于50，但是非常接近于强弱分界线，因此至少表明就业状况正在企稳。鉴于就业增长对收入和消费增长（后者将成为经济持续复苏的支柱）的重要性，该分项指标值得在未来予以更加密切的关注。鉴于5月份产出指标（56.9）和新订单（56.2）依然维持在远高于50的水平，有理由相信中国工业部门的复苏应该会至少再持续几个月。

（资料来源：野村证券，2009年6月2日）

4. 国房景气指数

国房景气指数是全国房地产开发景气指数的简称，由房地产开发投资、本年资金来源、土地开发面积、房屋施工面积、商品房空置面积和商品房平均销售价格6个分类指数构成。根据房地产开发统计快报数据，确定基期后，分别计算出6个分类指数，再加权计算出国房景气指数，是全国房地产开发综合发展水平的客观反映。国房景气指数以100为临界值，指数值高于100为景气空间，低于100则为不景气空间。国家统计局按月计算并对外发布此项指数。

国家统计局 2009 年 6 月 10 日公布房地产市场运行情况显示，5 月份，全国房地产开发景气指数（简称"国房景气指数"）为 95.94，比 4 月份提高 1.18 点。国房景气指数也已是继 4 月份上涨 0.02 点之后，连续第二个月回升，并且回升幅度较大，市场景气度的回升虽然与目前超高水平的成交量不太匹配，但整体趋势与成交量、房价、土地市场成交情况等方向基本一致。表明我国房地产行业已渐趋底部并现回暖迹象。

从各分类指数看，房地产开发投资分类指数为 93.13，比 4 月份提高了 1.93 点；本年资金来源分类指数为 96.62，比 4 月份提高了 2.32 点；土地开发面积分类指数为 92.55，比 4 月份回落 0.15 点；商品房空置面积分类指数为 89.05，比 4 月份回落 2.15 点；房屋施工面积分类指数为 93.93，比 4 月份提高了 0.46 点。

从统计局数据分析，分类指数中本年资金来源指数回升较快，与企业资金来源走势一致，数据显示，1~5 月，房地产开发企业本年资金来源 17 523 亿元，同比增长 16.1%。其中，国内贷款 3 962 亿元，增长了 15.8%；利用外资 225 亿元，下降 8.7%；企业自筹资金 6 244 亿元，增长了 10.9%；其他资金 7 091 亿元，增长了 22.3%。在其他资金中，定金及预收款 4 158 亿元，增长了 17.2%；个人按揭贷款 1 983 亿元，增长了 39.8%。

本 章 小 结

国内生产总值（GDP）是一个国家在某一时期（通常为一年）内所生产的所有最终产品和服务的价值总和。其通常被作为对经济运行状态的最好衡量。可有三种方法用来度量这一统计量。第一种方法是把 GDP 作为经济中所有居民的收入（收入法）。第二种方法是把 GDP 视为经济中扣除中间生产阶段产品消耗后的产出总和（产品法）。第三种方法是把 GDP 视为经济中用于最终产品与服务的总支出，即产出的最终购买者所支出的总额（支出法）。尽管每一种方法从不同视角反映了宏观经济的运行状态，但在国民收入核算过程中，除了数据的不完整或误报等问题外，三种方法事实上对现行经济活动总量都给出了相同的衡量，即总生产＝总收入＝总支出。

国民财富是一国居民拥有财富的总和。国民财富由两个部分组成：①一国的国内有形资产，如资本品和土地的存量；②它的国外净资产。一国的国外净资产（net foreign assets）等于该国的国外资产（外国股票、债券以及由国内居民拥有的工厂)减去它的国外负债(由外国人拥有的本国国内有形资产和金融资产)。因为它代表着本国对外国人的索取份额中没有被外国人对本国经济索取份额所抵消的部分,所以国外净资产是国民财富的一部分。

国民储蓄有两个用途:①通过投资增加国内有形资本存量;②通过借给外国人钱或获取与经常账户余额等值的外国资产来增加本国的国外净资产存量。国民储蓄的流量越快,国民财富存量就会以更快的速度增长。

CPI,居民消费价格指数(Consumer Price Index)的简称,是反映一定时期内城乡居民所购买的生活消费品价格和服务项目价格变动趋势与程度的相对数,是对城市居民消费价格指数和农村居民消费价格指数进行综合汇总计算的结果。该指数可以观察和分析消费品的零售价格和服务价格变动对城乡居民实际生活费支出的影响程度。

世界各国 CPI 的统计,都是基于本国一定样本量的城乡居民生活消费支出的抽样而进行的。由于不同国家的经济发展水平、居民生活消费水平、恩格尔系数、民族消费习惯等不同,CPI 中的消费品和服务的类别以及权重也不尽相同。

就业趋势指数是由美国经济咨询会(conference board)创建的,并于 2008 年 6 月 9 日对外进行发布,是目前唯一可公开获得的有关就业的先行综合指数。它能够对就业发展进行短期考察,从而为经济学者和投资人提供一个新的有关就业的预测工具。同时,还有助于企业经理合理地制订近期用工和补偿计划。

宏观经济景气动向分析方法,是在既有的统计指标基础之上,筛选出具有代表性的指标,建立一个经济监测指标体系,并以此建立各种指数或模型来描述宏观经济的运行状况和预测未来走势。一系列监测指标可划分为先行、一致、滞后指标。一致指标,也叫同步指标。这些指标峰与谷出现的时间与总体经济运行峰与谷出现的时间一致,可以综合地描述总体经济所处状态,如工业总产值,社会消费品零售总额等。先行指标,也叫领先指标。利用这些指标可以事先预测总体经济运行的峰和谷,如机械产品订货、股票指数、广义货币 M2(美国)等。滞后指标是对总体经济运行中已经出现的峰和谷的一种确认,如利息率、库存等。这些超前、一致、滞后指标,共同构成了景气指标体系。

本章思考题

1. 试述国民生产总值、国内生产总值、国民生产净值、国民收入、个人收入和个人可支配收入之间的关系？

2. 解释宏观景气指标体系的构成。

3. 衡量国内生产总值有哪三种方法？它们为什么相等？

4. 为什么本国居民持有的国内金融资产不是国民财富？

5. 解释什么是私人储蓄？私人储蓄在开放经济用途是什么？私人储蓄和国民储蓄之间有何关系？

6. 中间产品和服务与最终产品和服务的区别是什么？工厂和机械设备等资本品属于哪一类？区分中间产品与最终产品对衡量国内生产总值有什么作用？

☞参考文献

[1] 人民日报. 中国年均 GDP 增长居世界之首[EB/OL]. [2002-09-16]. http://www.china.com.cn/chinese/2002/Sep/204921.htm.

[2] 广州日报. 中国奇迹即将结束？环境污染问题十分令人堪忧[EB/OL]. http://news.xinhuanet.com/fortune/2005-03/30/content_2761798.htm.

[3] 安德鲁·B. 亚伯本·S. 伯南克, 宏观经济学[M]. 第 5 版. 章艳红, 柳丽蓉, 译. 北京：中国人民大学出版社, 1996：41-47.

[4] 殷剑峰. 美国的低储蓄率之谜[EB/OL]. [2009-02-07]. http://finance.jrj.com.cn/opinion/2009/02/0701493509072.shtml.

[5] Malik Crawford, Sanjeev Katz. CPI Detailed Report Data for December 2008 [EB/OL]. http://www.bls.gov/cpi/cpid0812.pdf.

[6] Statistics Finland Revised the Consumer Price Index[EB/OL]. http://www.stat.fi/ajk/tiedotteet/v2006/tiedote_012_2006-02-17_en.html.

[7] 李慧民. 中国就业统计的现状及问题[EB/OL]. [2006-11-09]. http://www.kier.kyoto-u.ac.jp/coe21/symposium/2004/JCpdf/C09.pdf.

[8] 罗伯特·E. 霍尔(Robert E. Hall), 戴维·H. 帕佩尔(David H. Papell). 宏观经济学：经济增长、波动和政策[M]. 第 6 版. 北京：中国人民大学出版社, 2007：48-50.

[9] 野村证券. 中国 5 月份官方 PMI 连续第三个月超过 50[EB/OL]. [2009-06-01]. http://guba.hexun.com/d/11694608, guba.html.

[10] Gad Levanon. The Conference Board Employment Trends Index(ETI). The Conference Board[EB/OL]. http://www.conference-board.org/pdf_free/economics/ETITechNotes2008.pdf.

[11] 驻欧盟使团经商参处. 2月份美国就业趋势指数年降幅创 35 年来最高

[EB/OL].[2009-03-14].http://finance.sina.com.cn/roll/20090313/18462728142.shtml.

[12]许宪春.中外经济学家对中国官方经济增长率的评论[EB/OL].[2003-02-08].http://www.cenet.org.cn/article.asp?articleid=8451.

[13]魏贵祥.正确理解我国居民消费价格指数[EB/OL].[2006-08-28].http://finance.people.com.cn/GB/4745181.html.

[14]蔡昉.中国就业统计的一致性:事实和政策涵义[J].中国人口科学,2004(3).

[15]中国经济景气监测中心[EB/OL].http://www.cemac.org.cn/Ozsbz.html.

第三章 经济增长

> 增长问题并没有什么新东西，只不过是为古老的问题穿上了一件新衣。增长是一个永远使经济学者着迷和神往的问题，无论是现在还是未来。
>
> ——詹姆斯·托宾（1981年诺贝尔经济学奖获得者）

经济增长是指一个国家或地区在一定时期内，生产商品与提供劳务能力的扩大，以及人均福利的增长，通常用国内生产总值（GDP）来衡量。这种能力的扩大建立在科技进步、制度创新、人力资源开发等之上。

尽管有持续增长记录，但今天越来越多的美国人逐渐认识到经济增长一直在放缓。2008年由美国次贷危机引发的金融危机，导致美国等西方发达国家经济出现明显下滑。

【阅读专栏】

世界银行报告称：2008年全球经济增长将放缓

据新华社华盛顿1月9日电 世界银行9日公布的《2008全球经济展望》报告认为，受美国等发达国家经济增长降温的影响，世界经济增长速度将放缓，预计2007年世界经济增长率为3.6%，2008年则将降至3.3%。

报告指出，美国次贷危机引发的世界金融市场动荡虽然让一些经济体损失严重，但仍处于可控范围之内。预计2009年美国经济将出现反弹，从而有望使

> 当年世界经济增长率达到3.9%。
>
> 　　报告说,最近两年,美国经济形势不容乐观。美国经济增长率2007年为2.2%,2008年预计只有1.9%。在发展中国家里,中国和印度经济表现最为突出。报告预测,中国去年和今年的经济增长率将分别为11.3%和10.8%,印度则为9.0%和8.4%。
>
> 　　(资料来源:《人民日报》 记者刘洪)

2001年美国的实际GDP是1950年水平的3倍多,而人均实际GDP是其1950年的2倍多。世界经济在总体增长的同时,各国之间的发展水平产生了巨大差异。表3-1为各国2007年人均收入比较。同一个国家,各地区发展水平也参差不齐(参见表3-2)。

表3-1　　　　　　　　2007年发展水平的国际差别

国别	人均GDP(美元)	国别	人均GDP(美元)
卢森堡	102 284	中国	2 460
美国	45 594	印度尼西亚	1 824
德国	39 650	印度	965
日本	34 023	巴基斯坦	909
俄罗斯	8 612	尼日利亚	825
墨西哥	8 426	孟加拉	444
巴西	6 842	布隆迪	127

(资料来源:世界银行)

改革开放以来,中国实现了长达30年9.6%的经济增长。经济总量由1978年的世界第20位,上升到2008年第三位。经济增长给中国大多数家庭带的物质生活水平的持续改善。人民生活中的三大件由原来的"手表+缝纫机+自行车"变为"首饰+洗衣机+摩托车",进而变为"手机+电脑+汽车"。这一进步来自收入增加,它使人们可以消费更大量的产品与服务。

表 3-2　　　　　　　　　2008 年中国各省人均 GDP

地区(省、市、自治区)	人均 GDP(元)	地区(省、市、自治区)	人均 GDP(元)
上海	65 473	河南	15 056
北京	57 431	湖北	14 733
天津	47 972	重庆	14 011
浙江	35 730	湖南	13 123
江苏	32 985	江西	12 204
广东	32 142	西藏	11 567
山东	27 148	安徽	11 180
山西	16 143	云南	9 459

(资料来源：国家统计局)

第一节　经济增长理论概述

一、经济增长理论源流

经济增长是最古老的经济学的问题之一，也是现代宏观经济学研究的中心问题。至少可以上溯至早期管仲(公元前 723—公元前 645)的增长思想和亚当·斯密(Adam Smith)(1776)的《国民财富的性质和原因的研究》以及大卫·李嘉图(David Ricardo)的《政治经济学及赋税原理》。古典经济增长理论以静态视角研究长期经济运行规律。凯恩斯经济理论出现以后，理论界运用动态化和长期化的分析方法研究经济增长的动力问题，借助外生的劳动增长和技术进步来说明长期经济增长机制。

中国早期思想家管仲最早指出劳动是国家财富增长的源泉。西方古典经济学提出"土地是财富之母，劳动是财富之父和能动要素"(威廉·佩第，1662)，财富增长的原因一靠分工的水平和规模、分工的发展和资本的积累，二靠劳动效率和劳动生产力(Smith，1776)，在生产三要素(劳动、资本、自然力)中把资本积累看做是财富增长的基本源泉(Say，1814)。

从经济增长理论的研究中，得出了基本的结论：劳动、资本积累、知识积累、技术进步、制度创新是经济增长的重要因素和源泉。其中早期的经济增长的重要源泉是劳动，随着经济发展，让位于资本积累，到了新古典增长时期则又让位于技术进步,接着是知识积累,人力资本溢出等;归纳起来,劳动和资本积累投入数量的增加是粗放增长的动因,而技术进步的作用越来越大,成为集约型增长的直接动因,制度则是影响增长的最为关键的原因。

有关经济增长的理论研究划分为两个阶段(参见表3-3所示)。

【阅读专栏】

世界银行最新报告:今年全球GDP将萎缩2.9%

世界银行周一发布的最新报告——《2009年全球发展金融:制定全球复苏路线图》警告说,世界正在进入一个增速放缓的时代,要求对金融体系实行更加严格有效的监管。报告预计,2009年发展中国家仅能增长1.2%。全球增长预计也将呈现负值,2009年全球GDP预计将收缩2.9%。

报告指出,全球增长预计呈现负值。全球经济动荡对发展中国家资本流入具有显著影响。在全球经济衰退和金融市场脆弱的大背景下,2008年发展中国家的私人资本净流入从2007年的1.2万亿美元降至7 070亿美元,2009年国际资本流量预计将进一步降至3 630亿美元。

报告称,继2007年增长8.1%,2008年增长5.9%之后,预计发展中国家今年GDP仅能增长1.2%。在不包括中国和印度的情况下,其他发展中国家的GDP预计将下降1.6%,造成持续的失业状况,使得更多的人陷入贫困。全球增长预计也将呈现负值,2009年全球GDP预计将收缩2.9%。全球GDP增长率预计在2010年将回升至2%,2011年达到3.2%。发展中国家的增长预计将会更高,2020年达到4.4%,2011年达到5.7%,但与发生目前危机前的强劲表现相比依旧乏力。

报告对东亚与太平洋地区前景看法相对乐观,认为东亚与太平洋地区可望增长5%。由于与高收入国家的贸易联系密切、投资下降及出口和工业生产骤跌,东亚与太平洋地区充分感受到了危机的冲击。该地区今年的增长预测为5%,尽管若干东亚国家GDP预计将会出现下降。全地区的经济复苏预计将会于2009年下半年开始,一直持续到 2010 年。这也反映出中国的巨额财政刺激和发达国家出口需求适度恢复的结果。不过，预计复苏将会是渐进式的，2010 年该地区的 GDP 增长预测为 6.6%，2011 年为 7.8%。

世界银行首席经济学家、主管发展经济学的高级副行长林毅夫指出："重构银行系统的必要性，加上高收入国家扩张型政策出现的局限性，都将阻碍全球经济获得复苏的牵引力。假如发展中国家的国内投资借助国际支持出现回升，包括国际信贷流量得到恢复，发展中国家就可以成为经济复苏中关键性的推动力量。"

报告表示，许多国家存在的国际收支危机风险和公司债务重组问题值得引起特别关注。制定全世界的复苏路线图将要求迅速实行具体的改革，最终摆脱政府在金融体系中拥有巨大利益的状况，转而恢复私营部门对银行系统的控制。此外，需要推进发达国家货币供应量的大幅扩张，从中期来说需要削减财政赤字，从而维持债务的可持续性，避免重演 20 世纪 70 年代和 80 年代出现的债务危机。

（资料来源：班威，宋华：《深圳商报》，2009-6-18）

表 3-3　　　　　　　　经济增长的理论研究阶段性划分

代表性经济学家	理论观点或者贡献	阶段	代表著作
管仲	最早指出劳动是国家财富增长源泉	第一阶段	《管子》
亚当·斯密	增长途径：（Ⅰ）分工可以提高劳动生产率；（Ⅱ）通过增加劳动人数、资本积累		《国富论》
大卫·李嘉图	强调资本积累在经济增长中的重要性		《政治经济学及赋税原理》
斯图亚特(1767)	提出"生产三要素"（资本、土地、劳动）是经济增长的基本因素的命题		《政治经济学原理研究：自由国家内政学概论》
熊彼特	从创新的角度分析和论述了"创新与经济增长"的关系		《经济发展理论》

续表

代表性经济学家	理论观点或者贡献	阶段	代表著作
哈罗德、多马、R.索洛、J.托宾、P.萨缪尔森等	这一时期主要是建立各种经济增长模型,探讨经济长期稳定发展的途径	第二阶段 1950s	《直线性规划与经济分析》等
肯德里克、丹尼森	对影响经济增长各因素进行定量分析,寻求促进经济增长途径	第二阶段 1960s	《美国生产率发展趋势》、《美国经济增长因素和面临的选择》
麦多斯、福雷斯特尔等	研究了经济增长的极限问题	第二阶段 1970s	《增长的极限》
罗默、卢卡斯	增长理论与发展理论融合;国家干预、市场机制与经济增长关系取得了进展,新古典学派的传统在增长问题研究中成为主流;新经济增长理论逐渐成为主流经济学。其杰出贡献是:经济增长模型中技术因素的内在化	第二阶段 1980s	《收益递增与长期增长》
W.罗斯托、S.库兹涅茨	经济增长阶段、经济增长统计资料的整理分析、社会经济制度与经济增长关系		《经济增长过程》等
阿玛蒂亚·森	以可行能力衡量人类福祉		《贫困与饥荒》、《饥饿与公共行为》

图 3-1　G20 伦敦峰会

说明：本会宣布向世界注入 1.1 万亿美元，以保持经济稳定，推动经济增长、促进就业。

【阅读专栏】

我们的 20 年

1983 年，我的叔叔大学毕业，每月工资 50 元，勉强解决温饱问题，而且不能随便买肉、买水果吃；一件衣服穿 5 年，到处都是补丁；住单位的职工宿舍，4 人挤在 12 平方米的房子里；买一辆自行车需要攒一年的工资。

1993 年，我的堂哥大学毕业，每月工资 500 元，吃饭基本没有问题，1 年能买上两件衣服，偶尔可以看看电影或者到外面吃一顿；住在父母家里，盼望 10 年内单位能分 50 平方米的房子，买一辆自行车只需要一个月的工资。

2003 年，我大学毕业，每个月工资 5 000 元，吃饭、穿衣、买电器、旅游都没有问题，和老婆商量买 100 平方米的商品房，一个月工资可以买 10 辆自行车，可是同学都买汽车了。

> 在我叔叔和我堂哥的年代，虽然生活很苦，但是大家从不抱怨，而是任劳任怨兢兢业业地工作，成就了中国经济发展的飞跃，成就了中国工资20年翻100倍的世界奇迹。
>
> 分析：生产效率的提高导致福利增加。经济增长不单是工资数量的增加，还要看购买力的增加。但是归根结底还是科学技术进步、人力资源开发以及市场机制的形成导致的社会劳动生产率的总体提升。中国实施的改革开放政策，一方面引进、消化和吸收人类优秀科学技术成果与管理知识，通过农村改革解决了温饱问题，另一方面非均衡发展战略使得一部分地区完成了资金积累，通过城市改革探索工业化道路，通过"科学发展"以及建立"创新型"国家实现可持续发展。可以想象，一个国家没有正确发展战略，很难实现长期增长，个人财富增长也很难长久。
>
> （资料来源："天涯杂谈"，作者 motosony，http://www.tianya.cn/publicforum/content/free/1/1152225.shtml）

二、经济增长的源泉

经济增长直接体现为产品的产量增加，因此可以根据总生产函数来研究增长的源泉。

总生产函数是总产量与生产中使用的全部生产要素投入量之间的函数关系，由公式(3.1)表示：

$$Y = Af(K, L) \tag{3.1}$$

其中 Y 为产量，K 为资本，L 为劳动，A 代表技术。经济增长的源泉是资本、劳动与技术进步。

1. 资本(K)

它包括物质资本和人力资本。前者指设备、厂房、存货等存量；后者指体现在劳动者身上的投资，如劳动者的文化技术水平、健康状况等。

从古典经济学开始，就把资本积累(增加)作为国民财富增加的源泉。

现代经济增长理论主要是从：资本——劳动比、人均资本量、资本——产出比、储蓄与资本积累等相关理论范畴来分析探讨资本在经济中的影响和贡献作用。

2. 劳动(L)

一般来说,在经济增长的开始阶段,人口增长率也高。这时劳动的增加主要依靠劳动力数量的增加。当经济增长到了一定阶段,人口增长率下降,劳动工时缩短,这时就要通过提高劳动力的质量来弥补劳动力数量的不足。这是一个普遍规律。

3. 技术进步(A)

现代科学技术已经成为影响经济增长的决定性因素,科技进步对经济增长的贡献已明显超过资本和劳动力的作用。

(1)生产率的提高——用同样的资源可以生产出更多的产品。

(2)资源配置的改善——指人力资源配置的改善,即劳动力从低生产率部门转移到高生产率部门中,包括农业劳动力转移到工业中,以及独立经营者与小企业中的劳动力转移到大企业中去。劳动力的这种转移,提高了生产率。

(3)规模经济——指由于企业规模扩大而引起的成本下降与收益增加。企业规模的扩大,由于能采用新技术与最先进的设备,能采用新的生产方法而提高了生产率。

(4)知识的进步——包括科学技术、管理科学的进步及其在生产中的运用。新工业的发明与采用等,是技术进步中最重要的内容。根据美国经济学家丹尼森计算,技术进步引起的生产率提高中有60%要归功于知识的进步。

4. 制度因素

社会制度和意识形态对经济增长是很重要的。非经济因素,尤其是政治因素,也是经济增长中应考虑的。一个社会只有在具备了经济增长所要求的基本制度条件,有了一套能促进经济增长的制度之后,这些经济因素才能发挥作用。"二战"后许多发展中国家之所以经济发展缓慢,关键并不是缺乏资本、劳动或技术,而是因为制度落后或制度演进缓慢。

第二节 索洛经济增长模型

索洛经济增长模型由罗伯特·索洛提出,是发展经济学中的著名模型,又称新古典经济增长模型、外生经济增长模型,是在新古典经济学框架内的经济增长模型。该模型旨在说明在一个经济体中，资本存量的增长、劳动力的增长和技术进步如何相互作用，以及它们如何影响一国产品与服务的总产出。

索洛经济增长模型的建立，首先要考察产品的供求如何决定资本的积累。我们假设一个封闭经济，其劳动力数量和技术水平不变。

一、产品的供求

索洛模型中产品的供给是基于生产函数：
$$Y = F(K, L) \tag{3.2}$$
它说明产出取决于资本存量和劳动力。

假设生产函数为规模收益不变，这有助于简化分析。即：
$$ZY = F(ZK, ZL) \tag{3.3}$$
对于任何一个正数 Z 来说，生产函数为规模收益不变。假设 $Z = 1/L$，就可以得出：
$$\frac{Y}{L} = F\left(\frac{K}{L}, 1\right) \tag{3.4}$$

这个式子表示，人均产出 Y/L 是人均资本 K/L 的函数。规模收益不变时，经济规模并不影响每个工人的产出 Y/L 与每个工人的资本 K/L 之间的关系。用 y 代表 Y/L，k 代表 K/L，则生产函数可写为：
$$y = f(k) \tag{3.5}$$

其中，$f(k) = F(k, 1)$。该生产函数表示人均资本 k 如何决定人均产出 $y = f(k)$。生产函数的斜率是资本的边际产量：如果 k 增加 1 单位，y 将增加 MPK 单位。随着 k 的增加，生产函数变得越来越平坦，这表明资本的边际产量递减（见图 3-2）。

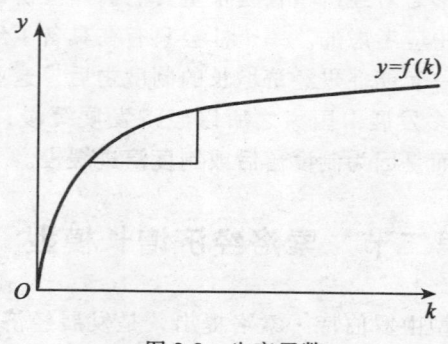

图 3-2　生产函数

二、产品的需求与消费函数

索洛模型中产品的需求来自消费和投资。换言之，人均产出 y 分为人均消费 c 和人均投资 i：

$$y = c + i \tag{3.6}$$

这个式子是经济中国民收入核算恒等式。需要注意的是它忽略了政府购买和净出口。

假设储蓄率为 s，则每年人们单位收入中的 s 部分会用于储蓄，$(1-s)$ 部分会用于消费。则：

$$c = (1 - s)y \tag{3.7}$$

储蓄率 s 为介于 0 与 1 之间的数。

将式(3.7)代入式(3.6)，可得：

$$i = sy \tag{3.8}$$

该式表明，人均投资等于人均储蓄。

三、资本存量的增长与稳定状态

资本存量是经济中产出的关键决定因素，它可以随时间而变动，这些变动会引起经济增长变化。影响资本存量的因素有：投资和折旧。投资（investment）指用于新工厂和设备的支出，它引起资本存量的增加。折旧（depreciation）指原有资本的磨损，它引起资本存量的减少。

由于人均投资 i 等于 $sf(k)$，通过替代生产函数中的 y，可以把人均投资表示为人均资本存量的函数：

$$i = sf(k) \tag{3.9}$$

该式把现有资本存量 k 与新资本的积累 i 联系在一起。为了把折旧结合到这个模型中，我们假设每年的磨损是资本存量的某个比例 σ。σ 称为折旧率。例如，如果资本平均使用 10 年，那么折旧率是每年的 10%。每年折旧的资本量是 σk。

资本存量的变动 = 投资 - 折旧

$$\Delta k = i - \sigma k \tag{3.10}$$

Δk 为某年和下一年之间的资本存量的变动。

由于 $i = sf(k)$，则：

$$\Delta k = sf(k) - \sigma k \tag{3.11}$$

如图 3-3 存在一个唯一的使投资量等于折旧量的资本存量 k^*。在 k^* 点，$\Delta k = 0$，人均产出 $f(k)$ 在该点实现稳定。因此，把 k^* 称为稳定状态的资本水平。假设经济的初始资本水平低于稳定状态,如图 k_1 处,在这种情况下,投资水平大于折旧量。随时间的推移,资本存量将上升,直到稳定状态 k^* 点为止。同样,假设经济的初始资本水平高于稳定状态,如图 k_2 处,在这种情况下,投资小于折旧:资本磨损快于被替换的资本,资本存量将减少,又一次趋近了稳定状态的水平。

一个处于稳定状态的经济会停留在那里,而不处于稳定状态的经济将走向稳定状态。因此,无论经济初始的资本水平如何,总是以稳定状态的资本水平为结束。在这种意义上,稳定状态代表经济的长期均衡。

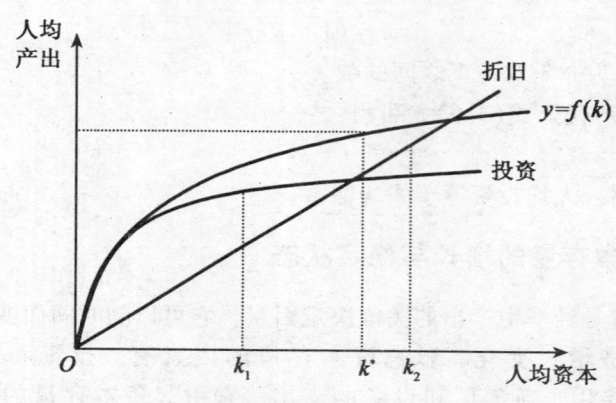

图 3-3 折旧和稳定状态

注:资本的稳定状态 k^* 是投资等于折旧的水平,这表示资本量不随时间的变化而变化。低于 k^*,投资大于折旧,人均资本存量增加。高于 k^*,投资小于折旧,人均资本存量减少。

四、储蓄与经济增长

在一个封闭经济中,投资 i 等于储蓄 sy。但为了得到资本存量的增加,我们必须扣除折旧,从而资本存量的净增加等于储蓄减折旧。

即:
$$\Delta k = 储蓄 - 折旧$$
$$\Delta k = sf(k) - \sigma k \tag{3.12}$$

因此资本存量的增长与储蓄率的变动有关。考虑经济的储蓄率提高时所出现的情况,如图 3-4 所示。假设经济开始处于稳定状态,储蓄率为 s_1,人均资本存量为 k_1^*。

当储蓄率从 s_1 提高到 s_2 时,$sf(k)$ 曲线向上移动。在初始储蓄率 s_1 和初

始资本存量 k_1^* 中,投资量正好等于折旧量。随着储蓄率的提高,投资立即增加,投资大于折旧。资本存量逐步增加,直至经济达到新的稳定状态 k_2^* 时为止,k_2^* 的资本存量和产出水平高于原来的稳定状态。

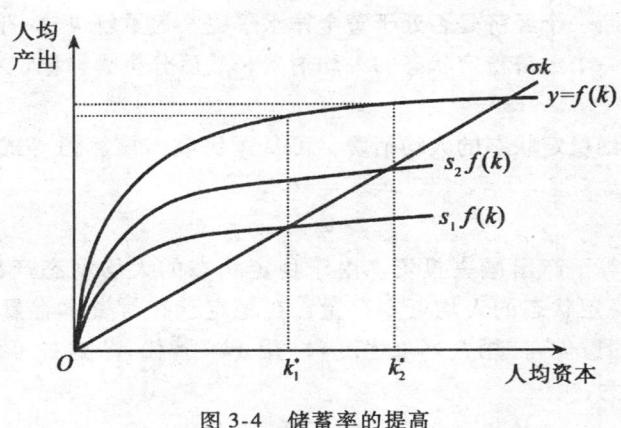

图 3-4 储蓄率的提高

索洛模型表明,储蓄率是稳定状态资本存量的关键决定因素。如果储蓄率高,稳态的资本存量就会大,相应地,产出水平就会高。如果储蓄率低,稳态的资本存量就会小,相应地,产出水平就会低。因此,减少储蓄率的长期后果是较低的资本存量和较低的国民收入。

在索洛模型中较高的储蓄导致较快的增长,但这只是暂时的。因为储蓄率的提高会加快经济的增长,但是经济达到新稳定状态时就停止了。如果经济保持高储蓄率,也就会保持大量的资本存量和高产出水平,但并不能永远保持高经济增长率。在模型的假设下,理论上除非增长率不断提高,否则人均意义上的经济增长是不可能长期持续的。

五、资本积累的黄金律

前面分析了储蓄和投资率是如何决定稳定状态资本和收入水平的。现在从经济福利的角度来考察多少资本积累量是最优水平。

首先假设政策制定者可以把储蓄率调控到任意水平。因此通过调控储蓄率,政策制定者可以得到任意资本存量的稳定状态。那么政策制定者会选择资本存量水平多高的稳定状态?其实资本水平并非越高越好。首先可以肯定的是,资本数量和产出不是人们追求的根本目标,人们进行经济活动要实现的根本目标是人们在长期中能够消费的产品和服务的数量。由于高产出很可能是以高储蓄、高投资为代价实现的，而高储蓄则会减少当前的消费的数量，所以高产出有可能降低消费。即消费福利与产出并不完全一致。因此，一个以人们的福利为根本目标的决策者，会选择消费水平最高的稳定状态。使消费最大化的稳定状态值被称为资本的黄金律水平，用 k^* 表示。

如何判断一个经济是否处于黄金律水平呢？为了解决这一问题，我们必须首先知道一个经济稳定状态的人均消费，然后分析哪种稳定状态提供了最大消费。

为了找到稳定状态的人均消费，可从国民收入核算恒等式开始 $y=c+i$，则：

$$c = y - i \tag{3.13}$$

即消费等于产出减去投资。由于稳定状态的人均稳态产出为 $f(k^*)$，其中 k^* 为稳定状态的人均资本存量，在稳定状态时资本存量不变，因此，投资等于折旧 σk^*。用 $f(k^*)$ 替代 y，用 σk^* 替代 i，这样可得出稳定状态的人均消费为：

$$c^* = f(k^*) - \sigma k^* \tag{3.14}$$

即稳定状态的消费是稳态产出和稳态折旧之差。该式表明，稳定状态资本的增加对稳定状态的消费有两种相反的影响。一方面，更多的资本意味着更多的产出；另一方面，更多的资本也意味着必须把更多的产出用于替换被磨损的资本。

如图3-5所示，稳定状态的消费水平 c^* 是稳定状态的产出 $f(k^*)$ 与稳定状态的折旧 σk^* 之间的差额。在黄金律稳定状态下，稳定状态的消费实现了最大化。如果资本存量低于黄金律水平，资本存量所增加的产出比折旧大，消费就会增加。在这种情况下，生产函数比 σk 线更陡，从而当资本存量增加时，等于消费的两条线之间的距离倾向于上升。这时候促使稳定状态资本水平上升是有益的，能够提高稳定状态的消费水平。相反，如果资本存量已经在黄金律水平之上，那么资本存量的增加反而会减少稳定状态的人均消费，因为产出增加量小于折旧增加量。在这种情况下，应该降低稳定状态的资本水平。在资本的黄金律水平点，生产函数和 σk 线的斜率相同，消费达到最大值，这是应该维持的最佳水平的稳定状态。

因为生产函数的斜率是资本的边际产量 MPK，而 σk 线的斜率是 σ。所以，黄金律的条件可以用下式表示：

$$\text{MPK} = \sigma \tag{3.15}$$

即在资本黄金律水平，资本的边际产量等于折旧率。

换个方式来理解，假设经济开始时处于某种稳定状态的资本存量 k^*，

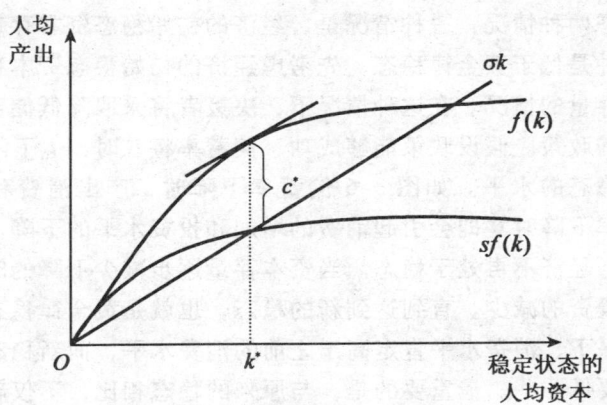

图 3-5 资本积累的黄金水平

而决策者正考虑把资本存量增加到 k^*+1，资本这一增加所产生的额外产出是 $f(k^*+1)-f(k^*)$，它是资本的边际产量 MPK。增加 1 单位资本所产生的额外折旧量是折旧率 σ。因此，这额外的一单位资本对消费的净影响是 MPK$-\sigma$。如果 MPK$-\sigma>0$，那么，资本的增加提高了消费，因此，k^* 必定低于黄金律水平。如果 MPK$-\sigma<0$，那么，资本的增加会减少消费，因此，k^* 必定高于黄金律水平。这样，下列条件就描述了黄金律：

$$\text{MPK}-\sigma=0 \tag{3.16}$$

在黄金律水平，资本的边际产量减折旧（MPK$-\sigma$）等于 0。因此，决策者可以通过这个条件找出一个经济的资本黄金律存量。

但是，经济并不会自动趋向于黄金律稳定状态。如果我们想要任何一种特定的稳定状态资本存量，例如黄金律，那么，我们就需要一种特定的储蓄率来支持它。只要储蓄率 s_g 使储蓄曲线 $s_g f(k^*)$ 与 σk^* 线相交于黄金律稳态的资本存量 k_g^*，那么该经济的稳定状态一定是黄金律稳态。如果储蓄率高于这个水平，则稳态资本存量就会太高，如果储蓄率低于此水平，则稳态资本存量又会偏低，都不能实现长期消费的最大化。

之前，一直假设决策者能够通过选择达到想要的稳定状态。在这种情况下，政策制定者选择有最高消费水平的稳态是理所当然的。但事实上任何一个经济在决策者确定它的稳定状态目标的时候，可能已经达到了一个非黄金律的稳态，因此决策者要选择黄金律的稳态，意味着必须有一种稳定状态之间的过渡。这种稳定状态之间的过渡很可能会对消费和投资产生影响，那么，会产生哪些影响呢？而这些影响是否会阻碍决策者去达到黄金律呢？

需要考虑两种情况：一种情况是，经济的初始稳态资本存量高于黄金律稳态，另一种是低于黄金律稳态。先考虑经济的初始稳态资本存量高于黄金律稳态资本存量的情况。在这种情况下，决策者将采取降低储蓄率以降低稳态资本存量的政策。假设政策能够成功，储蓄率将在时刻 t_0 下降，直到最终实现黄金律稳态的水平。如图 3-6 储蓄率下降时，产出消费和投资发生变动。当储蓄率下降时立即会引起消费的增加和投资水平的下降。这时，投资将低于折旧，经济不再处于稳态。当资本存量逐步减少下降的时候，引起产出、消费和投资的减少。直到达到新的稳态，也就是黄金律稳态。在这个黄金律稳态水平下，消费水平肯定高于之前的消费水平，而新稳态的产出和投资都比以前要低一些。最重要的是，与原来的稳态相比，不仅新的稳定状态消费增加了，而且通向新稳定状态的整个路径消费都提高了。当资本存量超过黄金律水平时，降低储蓄率显然是一个好政策，因为这种政策下每个时点上都增加了消费。

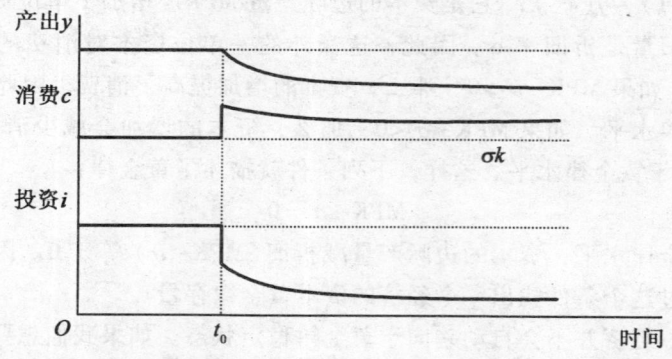

图 3-6　从资本大于黄金律稳定状态出发时储蓄率的下降

但如果一个经济从低于黄金律稳态的资本水平开始，情况就不同了。这时候决策者必须提高储蓄率以达到黄金律稳态。如图 3-7 所示，在时刻 t_0 储蓄率提高马上会引起消费的下降和投资的增加。

在长期中，较高的投资将会使资本存量提高，产出和消费都将相应地增加，最终逼近符合黄金律的新稳态水平。在新的稳态下，消费必然高于原来的稳态消费。但是与经济初始状态高于黄金律的情况不同的是，当经济从低于黄金律开始时，达到黄金律要求最初减少消费以增加未来的消费。因此，在决定是否要达到黄金律稳定状态时，决策者必须考虑现在的消费者和未来

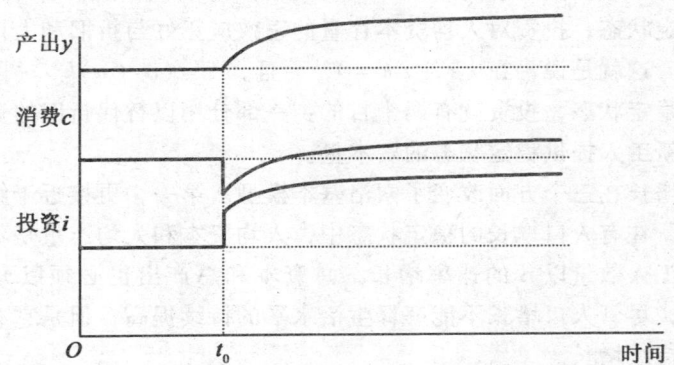

图 3-7 从资本低于黄金律稳定状态开始时储蓄率的提高

的消费者并不是同样的人。达到黄金律实现了最高的稳定状态的消费水平,并不是当前的消费者受益而是子孙后代受益。所以,在选择是否增加投资积累时,决策者面对不同世代之间福利的取舍关系。当决策者比较关心当代人的消费时,可能会决定不实行达到黄金律稳定状态的政策。相反,当决策者对所有各代都关心的时候,就会选择达到黄金律。

以上讨论了资本积累对经济增长的影响,但是资本积累本身并不能解释持续的经济增长。高储蓄引起暂时的高增长,但经济最重要的是达到资本与产出不变的稳定状态。因此,必须考虑人口增长和技术进步两个因素。

人口增长是如何影响稳定状态的呢?为了回答这个问题,我们必须讨论人口增长如何与投资和折旧一起影响人均资本积累。就像投资增加了资本存量,折旧减少了资本存量,而工人数量的增加导致人均资本的减少。

继续用小写字母代表人均数量。因此,$k = K/L$ 是人均资本,$y = Y/L$ 是人均产出。工人数量是随时间增长的。假设劳动力以固定速率 n 增长,人均资本存量的变动是:

$$\Delta k = i - (\sigma + n)k \tag{3.17}$$

该式表明,投资、折旧和人口增长是如何影响人均资本存量的。投资增加了 k,而折旧和人口增长减少了 k。可以把 $(\sigma + n)$ 项定义为"平衡投资",即在存在折旧和人口增长的情况下,为了保持人均资本存量不变必须追加的投资。平衡投资包括现有资本的折旧 σk,还包括为新工人提供资本所需要的投资量 nk。

用 $sf(k)$ 代替投资 i,则上式可写为:$\Delta k = sf(k) - (\sigma + n)k$ (3.18)

如图 3-8 所示,折旧和人口增长因素的平衡投资线与储蓄曲线的交点就是人口增长因素模型的稳定状态的人均资本,用 k^* 表示。

在稳定状态,投资对人均资本存量的正效应正好与折旧和人口增长的负效应平衡。这就是说,在 k^*, $\Delta k=0$,而且,$i^*=(\sigma+n)k^*$。因此,一旦经济处于稳定状态,投资就有两个目的:一部分用以替代折旧的资本,其余的投资为新工人提供稳定状态的资本量。

人口增长在三个方面改变了索洛基本模型。第一,更接近于解释持续的经济增长。在有人口增长的稳定状态中,人均资本和人均产量是不变的。然而,由于工人数量以 n 的速率增长,总资本和总产出也必须以 n 的速率增长。因此,尽管人口增长不能解释生活水平的持续提高,但是它有助于解释总产出的持续增长。

第二,人口增长对为什么一些国家富有而另一些国家贫困提供了另一种解释。考虑人口增长率增加的影响,如图3-8所示,人口增长率由 n_1 提高到 n_2 使稳定状态人均资本水平从 k_1^* 下降到 k_2^*,人均产出水平 y^{**} 也降低了。也就是说,在其他条件都相同的情况下,长期中人口增长率较高的国家的人均GDP水平较低,从而生活水平也会较低。这就说明人口增长率的不同很可能是不同国家富裕程度差别的重要原因。

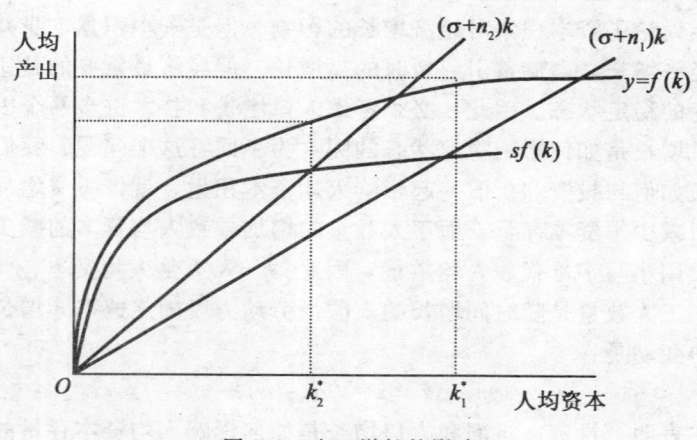

图3-8 人口增长的影响

第三,人口增长影响我们决定黄金律资本水平的标准。

人均消费是:$c=y-i$。 (3.19)

由于稳定状态的产量是 $f(k^*)$,稳定状态的投资是 $(\sigma+n)k^*$,则可以把稳定状态的消费表示为:

$$c^* = f(k^*) - (\sigma + n)k^* \tag{3.20}$$

则使消费最大化的 k^* 的条件是：MPK = $\sigma + n$，即在黄金律稳定状态，资本的边际产量等于折旧加上人口增长率。

六、索洛模型中的技术进步

现在我们把技术进步因素结合到索洛模型。为了把技术进步结合起来，我们必须回到把总资本 K 和总劳动 L 与总产出 Y 联系在一起的生产函数。到现在为止，生产函数一直是：

$$Y = F(K, L) \tag{3.21}$$

现在改为：

$$Y = F(K, L \times E) \tag{3.22}$$

其中 E 为劳动效率的新的变量。劳动效率反映了社会对生产方法的了解程度；随着可获得的技术的改进，劳动效率提高了。例如，当 20 世纪初期装配线生产改变了制造业时，劳动效率提高了，当 20 世纪后期引入计算机时，劳动效率又一次提高了。当劳动力的健康、教育或技能得到改善时，劳动效率也提高了。$L \times E$ 项可以看做是衡量效率工人的人数，它考虑进了劳动力的数量 L 和每个劳动力的效率 E。这个新的生产函数表明，总产出 Y 取决于资本单位数 K 和劳动效率单位数 $L \times E$ 两个因素。所以技术进步可以用劳动效率变量 E 的增长来反映，最简单的是假设技术进步使 E 以一个固定的速率 g 增长。例如 $g = 0.02$，那么，每单位劳动每年的效率就会提高 2%，产出的增加就像劳动力增加了 2% 一样。这种形式的技术进步被称为劳动扩张型，而 g 被称为劳动扩张型技术进步的速率。由于劳动力 L 是按 n 速率增长，而每单位劳动的效率 E 是按 g 的速率增长，所以，效率工人的数量按 $n + g$ 的速率增长。

把技术进步表示为劳动扩张就是由于它类似于人口的增长，可根据人均数量来分析经济，并允许工人数量随时间推移而增加。现在我们根据每个效率工人的人均数量来分析经济，并允许效率工人的数量增加。

首先，让 $k = K/(L \times E)$ 代表每劳动力效率单位资本，$y = Y/(L \times E)$ 代表每劳动力效率单位的产出。将原来意义上的 k 和 y 看做劳动力效率 E 不变且等于 1 时的特例。当 k 和 y 重新定义后，有技术进步的生产函数就可以写为：$y = f(k)$。不过当确实存在技术进步和劳动力效率提高的时候，必须注意 k 和 y 现在是指劳动力效率单位的数量，而不再是以前的人均数量。

表示 k 随时间变动的等式可变为：

$$\Delta k = sf(k) - (\sigma + n + g)k$$

资本存量的变化 Δk 等于投资 $sf(k)$ 减收支相抵的投资 $(\sigma + n + g)k$。但是，由于现在 $k = K/(L \times E)$，收支相抵的投资包括了三项：为使 k 不变，σk 是替代折旧的资本所需要的，nk 是为新工人提供资本所需要的，而 gk 是为技术进步所创造的新的"效率工人"提供资本所需要的。

如表 3-4，显示了在有技术进步的稳定状态 4 个关键变量是如何起作用的。在稳定状态效率工人的人均资本 k 是不变的。由于 $y = f(k)$，效率工人的人均产出也是不变的。每个实际工人的效率以速率 g 增长。因此，人均产出 ($y = Y/(L \times E)$) 也按速率 g 增长。总产出 [$Y = y \times E \times L$] 按速率 $n + g$ 增长。

表 3-4　　　　在有技术进步的索洛模型中稳定状态的增长率

变量	符号	稳定状态的增长率
效率工人的人均资本	$k = K/(L \times E)$	0
效率工人的人均产出	$y = Y/(L \times E) = f(k)$	0
人均产出	$Y/L = y \times E$	g
总产出	$Y = y \times E \times L$	$n + g$

增加了技术进步，我们的模型终于可以解释我们所观察到的生活水平的持续提高。这就是说，技术进步会引起人均产出的持续增长。与此相比，只是在达到稳定状态之前，高储蓄率才能导致高增长率。一旦经济处于稳定状态，人均产出的增长率就只取决于技术进步的速率。根据索洛模型，只有技术进步才能解释生活水平的长期上升。

引进技术进步也修改了黄金律的标准。现在，资本的黄金律水平定义为使每个效率工人消费最大化的稳定状态。根据以前所用的同样推理，我们可以证明，在稳定状态每个效率工人的人均消费是：

$$c^* = f(k^*) - (\sigma + n + g)k^* \qquad (3.23)$$

如果：

$$\text{MPK} = \sigma + n + g \qquad (3.24)$$

或

$$\text{MPK} - \sigma = n + g \qquad (3.25)$$

稳定状态的消费就实现了最大化。这就是说，在黄金律资本水平，资本的净边际产量 $\text{MPK} - \sigma$ 等于总产出增长率 $n + g$。由于现实经济既有人口增长，又有技术进步，所以，必须用这个标准来评价经济的资本大于还是小于黄金律稳定状态。

第三节　内生增长模型

以索洛的经济增长模型为基础的新古典增长理论，从20世纪60年代到80年代中期，一直在经济增长理论的研究中占据主导地位。然而，随着时间的推移，新古典增长理论也暴露出一些不足和缺陷。

首先，在新古典增长理论中假定生产函数具有规模报酬不变的性质，即投入增加一倍，产出也相应增加一倍。然而这一假定往往与事实不符。

因为大多数发达工业化国家的资源配置比较合理，经济部门间的相互协调能力较强，信息传递也比较准确有效，所以，资源的总体利用率高，少量投入有可能带来大量产出；而一些发展中国家由于不具备发达工业化国家那样的生产条件，再加上难以避免的政策失误，就有可能导致规模报酬递减。另外，在新古典增长理论中，稳态增长率是外生的，增长模型本身无法对劳动力增长率和技术进步率做出解释。因此，该理论在控制人口增长率，提高技术进步速度方面提不出相应的政策建议。然而许多国家经济增长的经验和教训都说明这两个参数的大小对经济增长至关重要，并且政策制定者是可以对它们施加影响的。所以，现在许多经济学家都认为，经济增长率的外生性质是新古典增长理论最主要的缺陷。

其次，新古典增长理论在解释现实经济发展方面也不尽如人意。根据新古典增长理论，各国的长期经济增长率等于技术进步率，而技术进步作为一种外生因素，其获得的机会对世界各国来说都是等同的，因此，各国经济增长率最终将趋于一致。然而，根据世界银行在1992年公布的世界发展报告所提供的数据，在1965—1990年这25年中，美国人均收入年增长率为4.7%，日本为4.1%，韩国为7.1%，巴西为3.3%，墨西哥为2.8%，印度为1.9%（详细数据参见表3-5）。这些数据显示，在这25年的长时期中，各国之间存在着经济增长率上的较大差异。这显然与新古典增长理论的趋同论点相矛盾。

在这样的背景下，自从20世纪80年代中后期以来，美国经济学家保罗·罗默和罗伯特·小卢卡斯等人在对新古典经济增长理论进行反思的基础上，相继发表了他们研究经济增长的一系列新成果，逐步形成了"新经济增长理论"。

表 3-5　高收入国家 1965—2000 年经济增长及收入增长情况比较　（单位:%）

国家	1965—1980 年 GDP	1965—1980 年 人均收入	1980—1990 年 GDP	1980—1990 年 人均收入	1990—2000 年 GDP	1990—2000 年 人均收入
澳大利亚	4.00	1.97	3.40	1.79	4.00	1.90
加拿大	4.80	3.12	3.40	2.08	3.00	0.28
丹麦	2.80	3.07	2.40	0.67	2.50	3.79
芬兰	4.00	1.98	3.40	5.05	3.00	−0.45
以色列	6.80	4.27	3.20	0.15	5.10	4.09
日本	6.40	5.46	4.10	2.09	1.30	3.01
韩国	9.90	7.18	9.70	6.98	5.70	5.10
瑞典	2.70	2.34	2.20	1.24	2.00	0.05
英国	2.30	2.12	3.10	1.82	2.60	4.29
美国	2.70	2.22	3.40	0.93	3.50	4.63
巴西	9.00	3.65	2.70	−0.50	2.80	2.91
智利	1.90	0.61	3.20	−0.31	6.40	9.02
马来西亚	7.40	3.00	5.20	1.46	6.50	3.83
墨西哥	6.50	5.84	1.00	−4.27	3.10	7.39
中国	6.80	0.68	9.50	7.72	10.00	11.15
埃及	7.30	2.29	5.00	2.67	4.60	9.52
牙买加	1.40	−2.84	1.60	2.38	0.60	4.99
菲律宾	5.70	2.87	0.90	−2.28	3.30	3.60
泰国	7.30	1.58	7.60	4.19	3.80	3.54
委内瑞拉	3.70	0.30	1.00	−1.93	1.50	5.35
南非	3.70	2.59	1.30	−1.88	2.10	1.79
印度	3.60	−1.69	5.30	5.53	5.90	2.77
巴基斯坦	5.20	0.65	6.30	2.77	3.70	2.15
卢旺达	4.90	−0.55	1.00	2.35	0.80	−2.94
坦桑尼亚	3.90	−1.61	2.80	2.16	3.10	9.79

本表依据范从来等著《"富民优先"与中国经济发展战略的调整》一文相关表格资料整理，http：//www.jschina.com.cn/gb/jschina/news/zt200603/node23983/node23999/user-object1ai1410729.html.

一、内生经济增长理论简述

"内生经济增长理论",是指用规模收益递增和内生技术进步来说明一国长期经济增长和各国经济增长率差异而展开的研究成果的总称。其核心思想是认为经济能够不依赖外力推动实现持续增长,内生的技术进步是保证经济持续增长的决定因素。从这一点出发,新经济增长理论又称为内生经济增长理论。

各种内生经济增长模型可以根据不同的标准加以分类。根据内生经济增长模型所依赖的基本假设条件的差异,可以将内生经济增长理论分为完全竞争条件下的内生经济增长模型和垄断竞争条件下的内生经济增长模型。完全竞争条件下的内生经济增长模型出现较早。这类模型基本上代表了新经济增长理论的第一个发展阶段。垄断竞争条件下的内生经济增长模型出现于20世纪90年代,它取消了前一类经济增长模型中过于苛刻的完全竞争假定,在垄断竞争的假设下说明技术进步的产生和均衡经济增长率的决定。这类经济增长模型的出现,标志着新经济增长理论进入了第二个发展阶段。下面我们简要概述完全竞争条件下的新经济增长模型。

完全竞争条件下的新经济增长模型又可以根据各种模型关于总量生产函数的不同规定,分为两种基本类型:一种是外部性条件下的内生经济增长模型,另一种是凸性经济增长模型。

1. 外部性条件下的内生经济增长模型的情况

外部性条件下的内生经济增长模型采用马歇尔提出的外部经济分析方法来研究经济增长问题。这类模型假定,总量生产函数会呈现出规模收益递增的特点。造成规模收益递增的原因在于技术进步所产生的溢出效应。对单个厂商而言,技术进步表现为一种外部经济,因此厂商是价格接受者。这样,就可以在完全竞争的假设下说明技术进步对经济增长的影响。外部性条件下的内生经济增长模型主要包括:罗默的知识溢出模型(1986)、卢卡斯的人力资本溢出模型(1988)、巴罗的公共产品模型和拥挤模型、克鲁格曼-卢卡斯-扬的边干边学模型等。其中罗默的知识溢出模型(1986)和卢卡斯的人力资本溢出模型(1988)最具代表性。

罗默的知识溢出模型:罗默以阿罗的"干中学"概念为基础上,提出了以知识生产和知识溢出为基础的知识溢出模型。罗默(1986)假定代表性厂商的产出是该厂商的知识水平、其他物质资本与原始劳动等有形投入和总知识存量 K 的函数。对于个别厂商的自身投入而言,该生产函数表现出不变规模收益,满足新古典生产函数的假定。然而,如果将 K 考虑在内,则这一生产函数对于代表性厂商和整个经济具有不同的含义:代表性厂商将总知识水平 K 视为给定的变量,因此生产函数表现为不变规模收益;但对整个经济(假定它由 N 个同质的厂商组成)而言,生产函数表现为规模收益递增。在这里,总知识水平 K 成为外部性的来源。此外,罗默还假定 K 的增长率取决于 K 水平和投资数额(产出中没有用于消费的部分)。这样,罗默模型实际上同"干中学"模型一样,通过知识积累的"副产品"性质和知识存量的外部性得到了内生增长。

在罗默的知识溢出模型(1986)中,知识和技术是私人厂商进行主动的意愿投资的产物。不过,如同物质资本投资一样,私人厂商进行知识投资也将导致知识资本的边际收益递减。为了说明即便在人口增长率为零时,知识积累也仍然足以保证经济实现长期增长,罗默假定知识具有足够强的溢出效应,它足以抵消固定生产要素存在所引起的知识资本边际收益递减的趋势,从而使知识投资的社会收益率保持不变或呈递增趋势。这样,知识积累过程就不会中断,经济就能够实现长期增长。

而卢卡斯建立了另一个重要的内生经济增长模型。卢卡斯充分借鉴了贝克尔等人对人力资本研究的成果,分析了人力资本的形成过程,并把人力资本的形成结合到经济增长模型之中。他认为,技术进步是教育部门进行人力资本投资的结果。

【阅读专栏】

我国科技人力资源全球第一　科技发展步入跃升期

科技兴则国兴　科技强则国强

从"神七"航天员太空漫步,到新支线客机翱翔蓝天;从曙光5000A 跻身世界超级计算机前十,到北京正负电子对撞机重大改造工程完工……2008 年,全世界都感受到中国科技铿锵的脚步。翻开 30 年的壮丽画卷,科技创新的色彩愈加鲜艳和醒目。

改革开放 30 年来,我国科技实力显著提升,与国际先进水平差距缩小,部分领域进入世界前列,为全面建设小康社会和社会主义现代化建设做出了突出的贡献。

科技发展稳步跃升　持续发展后劲十足

30年时间，中国科技跃上了一级级阶梯：中国已经形成了比较完整的科学研究和技术开发体系，建立了较为完备的学科领域，在科技政策环境、科技人力资源、科技成果的应用和产业化发展等各个方面都跃上了一个大台阶。与此同时，随着科技体制改革取得重大进展，科研院所、高校和企业的创新活力空前激发，我国的科技发展正步入一个重要跃升期。

"最重要的科技实力在于人才"。今天，我国科技人力资源已达4 000万人，位居全球第一，中国已成为名副其实的科技人力资源大国，而其中45岁以下中青年科研人员占研究队伍总人数的近八成，宏大的科技人才队伍正成为推动中国又好又快发展的强大动力。

基础研究瞄准前沿　产业技术可圈可点

我国在基础研究和前沿技术创新方面紧跟世界发展脉搏，创造了载人航天、超级杂交水稻、高性能计算机、超大规模集成电路、第三代移动通信国际标准以及先进国防武器装备等一批令人振奋的重大成果，为支撑科技发展奠定了坚实的基础。

在基础研究重要阵地——国家实验室和国家重点实验室等科研基地建设方面，中国已经达到同类国际实验室装备水平，形成了较完备的科技基础条件体系，部分领域达到或接近世界先进水平。而我国已建成的覆盖全国的信息通信基础网络，其网络规模、网络技术均居世界前列。三峡工程、西电东送、西气东输、青藏铁路……当一个个重大工程从梦想变成现实时，中国产业技术创新实力为世界所瞩目，而这些成就的取得，得益于我国基础工业、加工制造业以及新兴产业技术创新能力的大幅度提高和一批重大关键技术的相继攻克。

改革开放30年来，我国产业技术创新成果可圈可点：在能源领域，石油勘探、大型水电设备等新能源的开发利用取得重要进展，为调整能源结构和保障能源安全奠定了基础；在矿产资源领域，突破了一批制约我国资源重点勘探领域的技术瓶颈，提高了采选冶综合回收率和资源综合利用率……

情系"三农"硕果累累　服务民生前景广阔

2001年，凭借在水稻育种方面的突出贡献，"杂交水稻之父"袁隆平成为中国国家最高科学技术奖首批获得者。杂交水稻是中国创造，更是中国骄傲。正是依靠水稻育种的历史性突破，"谁来养活中国"话题不再令人头痛。如今，超级杂交稻正成为我国水稻选育新的主攻方向，并已取得突破性进展。

而中国在转基因作物研究上的成果同样令人振奋。从 20 世纪 80 年代中期，我国开始转基因作物研究。90 年代中期，随着转基因抗虫棉的研制成功，我国一举打破国外技术垄断，成为第二个自主研发并拥有抗虫转基因技术专利的国家。如今，国产抗虫棉已经占抗虫棉种植面积的 90% 以上。

今天，我国科技进步对农业的贡献率显著提高，达到 50%，一大批农林动植物新品种、优质高效种养殖技术、农业资源高效利用与环境保护技术、农业防灾减灾技术等的应用，使我国农业生产效益大幅度提高，为保障国家粮食安全、食物安全和可持续发展，为增加农民收入做出了重要贡献。科技，正日益成为破解"三农"问题的重要抓手。

今天，现代科技的阳光已经照亮人们生活的每一个角落：正是有了人口控制与优生优育的技术进步，人口再生产进展，人们健康安全才有了可靠保障……"科技以人为本"，而服务民生的科技正日益焕发出强劲生命力。人口实现了从"高出生、高死亡、高增长"向"低出生、低死亡、低增长"的历史性转变，正是依赖现代卫生技术的"高"。最新完成的中国科技实力研究表明，中共"十六大"以来，中国科技实力大幅提升，具体表现为科技创新能力稳步提升、部分领域进入世界前列，整体上与国际先进水平差距进一步缩小，对世界科技发展的影响迅速提高，科技为经济社会发展和国家安全提供强有力支撑，科技发展的基础条件和环境日益改善。

目前，中国科技人力资源总量约为 3 500 万人，世界第一；去年中国研发人员总量为 142 万人/年，世界第二，中国已成为名副其实的科技人力资源大国。

中国创造和发展知识产权水平大幅提高，现已建起较完备的知识产权保护体系，近年来国内发明专利年申请量连续三年超过国外申请量，去年中国发明专利申请量居世界第四位。

基础研究领域，中国国际论文总数世界排名已由 1991 年的 15 位上升至目前第 4 位，在三大国际检索系统论文总数中占 7%。中国在

> 前沿技术领域突破一批核心技术，取得大量自主知识产权。
>
> 中国科技投入规模不断增长，投入强度持续提高，已成为全球研发投入的一支重要力量。2008年，全社会科技支出经费总额4 500亿元人民币，全社会研发支出总额3 003.1亿元人民币，居世界第五位，研发投入强度占到GDP的1.42%。
>
> 中国高技术产业规模在世界范围内已处于较高水平，高技术产业总产值目前达到34 000多亿元人民币，高技术产品出口势头良好，2008年进出口总额逾5 000亿美元。
>
> 科技支撑能力明显提高，产业技术创新取得多方面突破，使中国用全球7%的耕地养活全球22%的人口，同时，人口与医疗卫生科技进步极大提高了中国人的健康水平。
>
> 中国已与152个国家和地区建立科技合作关系，与其中100个国家签订政府间合作协定，参与国际热核聚变实验反应堆、伽利略全球卫星导航等国际大科学、大工程计划，还参加约350个国际科技组织，并有206位中国科学家在国际科技组织中出任各级领导职务，一个全方位、多层次、广领域、高水平的国际科技合作格局已经形成。
>
> （资料来源：廖文根：《人民日报》，2009-1-9）

2. 凸性经济增长模型的情况①

完全竞争条件下的内生经济增长模型的第二条研究思路，是在总量生产函数规模收益不变的假设下，说明经济实现内生增长的可能性。采用这条研究思路的经济增长模型有 AK 模型、琼斯-真野惠里（Larry E. Jones and Rodolfo Manuelli）模型、雷贝洛（S. Rabelo）模型、金-雷贝洛（Robert G. King and Sergio Rebelo）模型、拉德龙（A. Ladron-de-Guevara）等人的模型。在这类增长模型中，比较重要的是琼斯-真野惠里模型和雷贝洛模型。

下面，以 AK 模型为例简要说明一下内生经济增长模型的含义。

AK 模型假定总量生产函数具有最简单的线性形式：

$$Y = AK \tag{3.26}$$

---

① 在西方经济学中，所谓生产技术具有凸性，是指当存在两种能够生产相同产量的生产方法时，这两种方法的加权平均也至少能生产相同的产出量。

式中，A 为一个常量，衡量每一单位资本所生产的产出；K 为资本存量。该模型与索洛模型的最大区别在于，AK 模型不存在索洛模型中所具有的资本边际收益递减问题。

与以前一样，假设收入中的一个比例 s 用于储蓄和投资，则资本积累：

$$\Delta K = sY - \sigma K \tag{3.27}$$

则：

$$\frac{\Delta K}{K} = sA - \sigma \tag{3.28}$$

进一步说，既然产量与资本成比例，产量增长率也等于：

$$\frac{\Delta Y}{Y} = \frac{\Delta K}{K} = sA - \sigma \tag{3.29}$$

在这种情况下，只要 $sA > \sigma$，即使没有外生技术进步的假设，经济的收入也会永远地增长下去。

假定资本边际报酬不变，资本积累过程就不会中止。即使经济中不存在任何技术进步，资本积累也足以保证经济沿着一条平衡增长的路径增长。

当然，如果将 AK 模型中资本 K 的含义加以适当扩张，经济增长就可以内生地持续进行。持内生经济增长观点的经济学家，就是把体现在人力资源上和物质资本上的知识、技术作为资本处理，来建立内生经济增长模型的。

二、内生增长理论的现代发展

随着理论的进展，不少经济学家已经意识到，内生增长理论面临的最大问题就是如何进行实证分析。从目前的研究来看，这种实证研究事实上是沿着两条技术路线进行的：一条是进行国别间的研究，寻找内生增长证据。另一条是利用一国的长时段数据，研究一国的经济增长因素；或者单独讨论某个具体因素，如对外开放、税收、平等、金融进步、教育支出、创新等。

从内生增长理论的进展来看，内生增长理论仍处于一个活跃发展的时期，尽管没有划时代的创新，但在现代方法与经典理论的结合方面取得了不少的成就，如对 R&D（研究与开发）投入与经济增长之间关系的定量模型的建立、对熊彼特的创造性毁灭的重新探索等。另外，在实证分析方面，尽管目前仍存在大量问题尚未解决，但在估计方法、变量的调整、数据的调整、定性因素的量化等方面均取得了一定成就。从未来的发展来看，内生增长理论的发展将沿两个方向进行：一是沿非线性动态模型路线进行，以更复杂的数学模型更精确地模拟现实经济世界；二是计量检验的研究，包括引入更多变量、对变量进行调整以具有现实性、定性因素的定量化等。

西方经济学的增长理论着力于解释发达国家的经济问题。发展问题尤其如此。因此一些经济增长理论不一定适用于中国以及其他发展中国家的经济发展研究。比如R&D（研发）投入问题与经济发展关系问题，美国的科学与技术实力首屈一指，因此他们每一个创新发展，都能以全球的市场为基础得到相应的回报，因此能够保证经济增长。但是，欠发达国家如果盲目进行科技投入，如果没能达到全球领先地位，而国内市场又处于开发状态，那么，一定数量的科技投入没有市场支持，获得必要的回报，持续的科技创新能力是无法获得的，同样，追赶型经济体的增长也是难以持续的。

此外，目前的经济增长理论是针对一国经济体进行分析的。对于一国内区域之间的经济增长问题，并没有涉及，如湖北是教育大省，但是并未对湖北的经济增长带来对等的贡献，而较多对广东等沿海开发地区提供发展的动力。为了探索欠发达国家和区域的经济发展规律问题，我们将在下一节中讨论系统资源约束理论。

第四节 零增长理论

一、零增长概述

1968年，西方一些科学家、经济学家和新闻文化等界的名流聚集在罗马，讨论经济增长所带来的各种问题，尤其是生态平衡问题。1971年，J.福雷斯特发表了《世界动态学》。

受罗马俱乐部的委托，美国麻省理工学院丹尼·梅多斯教授（1972）组织了一个研究全球性环境与发展问题的小组，他们将系统动力学引入到自己的研究中，列出影响全球系统的五个因子（人口、经济、粮食、环境和资源）之间的重要因果关系，并探索了其反馈回路结构，建立了新的经济增长模型。该模型旨在通过分析世界系统的结构、运行方式及发展趋势，"了解世界系统中增长的原因和增长的极限"。模型的结论是，如果世界人口、工业化、污染、粮食生产以及资源消耗按现在的增长趋势不变，这个星球上的经济增长就会在今后一百年内某一年的时候达到极限。最可能的结果是人口和工业生产能力这两方面发生颇为突然的、无法控制的衰退或下降。这个理论被称为零增长理论。其观点如下：

1. 增长的极限来自于地球的有限性

梅多斯小组认为，增长存在着极限，这主要是由于地球的有限性造成的。他们发现，全球系统中的五个因子是按照不同的方式发展的，人口、经济是按照指数方式发展的，属于无限制的系统；而人口、经济所依赖的粮食、资源和环境却是按照算术方式发展的，属于有限制的系统。这样，人口爆炸、经济失控，必然会引发和加剧粮食短缺、资源枯竭和环境污染等问题，这些问题反过来就会进一步限制人口和经济的发展。

2. 反馈环路使全球性环境与发展问题成为一个复杂的整体

全球性环境问题之所以成为一个整体，是由于全球系统的五个因子之间存在的反馈环路决定的，这样就使问题越来越严重。反馈环路是一个封闭的线路，它联结一个活动和这个活动对周围状况产生的效果，而这些效果反过来又作为信息影响下一步的活动。在这种环路中，一个因素的增长，将通过刺激和反馈连锁作用，使最初变化的因素增长得更快。全球系统无节制地发展，最终将向其极限增长，并不可避免地陷入恶性循环之中。例如，人口的增长要求更多的工业品，消耗更多的不可再生的资源，造成全球环境污染越来越严重。达到增长的极限以后，还将出现投资不能跟上折旧、工业基础崩溃的前景。工业的增长使环境天然的吸收污染的能力负荷加重，死亡率将由于污染和粮食缺乏而上升。人口增加后，人均粮食消耗量下降，粮食生产已经达到极限。随着人口和资本的指数增长，必然会带来经济社会的全面崩溃。

3. 全球均衡状态是解决全球性环境与发展问题的最终出路

通过对上述关系到人类生死存亡的重大问题的定量研究，梅多斯小组得出以下结论：第一，在世界人口、工业化、污染、粮食生产和资源消耗方面，如果按现在的趋势继续下去，我们人类所在的地球的增长的极限有朝一日会在今后100年中发生。最可能的结果将是人口和工业生产力双方有相当突然的和不可控制的衰退。第二，改变这种增长的趋势和建立稳定的生态和经济的条件，以支撑遥远未来是可能的。第三，如果世界人民决心追求后一结果，而不是前一结果，那么，他们开始的行动愈早，成功的可能性就愈大。在这个问题上，纯粹技术上的、经济上的或法律上的措施和手段的结合，不可能带来实质性的改善，唯一可行的办法是："需要使社会改变方向，向均衡的目标前进，而不是以往的增长。"这样，他们就把全球均衡状态作为了解全球性环境与发展问题的综合对策。

在梅多斯小组看来,在均衡状态中,技术进步既是必要的也是受欢迎的。这里的技术是经过生态化调整的技术,它们包括:收集废料的新方法,以减少污染,并使被抛弃的物质可以用于再循环;更有效的是再循环技术,以降低资源消耗率;更好的产品设计,以延长产品寿命和便于修理,结果是资本的折旧率最小;利用最无污染的太阳能;在更完备地理解生态关系的基础上,使用控制害虫的天然方法;医学进步能降低死亡率;避孕手段的进展能促进出生率同降低着的死亡率相等。

最后,他们认为向全球均衡状态的努力是对目前这一代人的挑战,必须在当代人的范围内解决这些问题,而不能延误时机,将之传给下一代。

二、中国零增长台阶

2000年《中国可持续发展战略报告》中,以牛文元研究员为首的中国科学院可持续发展战略研究组提出了中国实现可持续发展战略目标必须跨越的"三大零增长台阶",并且制定了跨越"三大零增长台阶"的时间表。2030年人口数量零增长,2040年资源和能源消耗速率零增长,2050年生态环境退化速率零增长。

首先,《报告》指出人口战略是中国可持续发展必须优先实施的战略,是中国成功迈上可持续发展道路的"第一个台阶"。预计到2030年,中国将实现人口数量零增长,即实现"人口自然增长率"的零增长。人口总规模达到历史最高峰16亿人。那时候人口增长压力解除了,才能实现资源和能源消耗速率的零增长,最终也才能解除由于生态环境退化所构成的基本威胁。《报告》表明中国人口占世界总人口的比例将从1999年的20.85%下降到2030年的18.2%,平均每年下降0.07个百分点。《报告》表明人口数量零增长战略目标的实现,将拉动每年的GDP增长1.2~1.5个百分点;每年提供的就业机会将在原有增加的基础上再增加0.065~0.07倍;资源和能源利用弹性系数的下降速率将会加快0.02;保证2050年全国人均教育年限达到12年;在原有基础上加速提高人均预期寿命0.15倍;加速中国人文发展指数的提升速度0.13倍。

其次,从现在起到2040年,达到资源和能源消耗速率的零增长,即动态地达到土地资源的平衡、森林资源的采育平衡、水资源的消耗常量、能源的消耗常量和矿产资源的消耗常量。该常量是人均GDP为6 000美元所需要的物质和能量数量。能源结构应逐步将煤炭所占3/4的比重,下降到50%以下。此后,在基本不增加实物形式的基础上,应当实现国民财富的不断增长,迈上中国可持续发展战略目标的第二道门槛。

最后,《报告》提出中国实现可持续发展的第三个零增长台阶是从现在起到2050年,在中国实现人口规模零增长和资源、能源消耗速率的零增长后再用10年的时间,达到生态环境退化速率的零增长,迈上中国可持续发展战略目标的第三道门槛。

零增长理论在世界上引起广泛的争论。支持者认为梅多斯等提出的"不要盲目的反对进步,而要反对盲目的进步"等观点,给了人们启迪和警示,使人们开始重视全球性可持续发展的问题研究与探索。

反对者认为,该结论过于悲观,不利于发展中国家行使自己的发展权。零经济增长也不能达到生态平衡的目的,只不过使人类稍推迟"世界末日"的到来,因为在零增长的条件下,不可能新建或扩建改善环境的部门,从而不能防止和解决污染和资源枯竭等问题;零经济增长将大大加剧社会不平等,并使社会成为一个僵化的社会;在零经济增长下,社会效率会大大降低,因为没有技术创新,人们进取的积极性消失,社会思想会混乱不堪,在"自然末日"到来之前,"社会的末日"已到来了;零经济增长也不可能在全世界范围内实现,因为发展中国家和发达国家根据本身的利益都不会愿意实行零增长。零增长既不能实现,也不应该实现。

零增长模型的产出随时间变化为一条水平直线。与零增长模型相反,指数增长是指一个量在一个既定的时间周期内在前期总量基础上按一定百分比的增长,它属于非线性增长。马尔萨斯首先提出人口按指数增长的模型。

第五节 系统资源约束理论

经济理论和经济史既是一系列人类课题,也是一门不断演进的社会科学(Samuelson,1999)。经济增长与资源约束(资源稀缺性)是经济学理论最重要的研究对象。人类早期的经济思考就是探讨如何摆脱大自然的约束,使财富不断增长。可以说,我们的祖先与大自然融为一体:依赖自然生产力而生存,同时也受大自然约束。有了专业化分工以及市场交易行为后,市场需求的变化影响了经济主体的发展。"谷贵饿农,谷贱伤农。"(冯道,后唐)这个困扰中国几千年的"冯氏定律",其实揭示了农业经济的自然与市场双重约束的特征。为了深入探讨经济体在各种约束条件下的发展规律,我们建立了系统资源约束理论。

一、系统资源约束理论的核心内容

对经济系统来说,一切系统资源皆有现实或潜在的利用价值①;系统资源在一定经济技术条件下相互匹配,"短板资源"是稀缺的,而"长板资源"则是相对富余的;在系统资源约束条件下,系统内经济体的发展在可用资源限制下呈逻辑蒂克(Logistic)曲线型增长。

经济系统产出受资源支撑而体现递增效应,到达逻辑蒂克拐点后遭受系统资源约束增强而体现收益递减;科技创新、专业分工、组织重组、资源重构及外部资源输入促使系统突破原有约束得到进一步增长,同时将遭受更高层次的约束;科技创新将提高资源利用效率,改变资源利用组合,发现新资源、替代资源或资源潜在用途,因而改变系统中资源分配及其稀缺或富余状态,引致约束迁移,改变约束类型及约束机制;同时经济体因为科技创新而提升市场竞争力,使产品和服务的市场份额扩大。

逻辑蒂克曲线增长模型与零增长模型及马尔萨斯增长模型有内在联系;系统资源约束增强使逻辑蒂克模型转化为零增长模型;反之,在系统资源无限供给条件下,逻辑蒂克曲线转化为马尔萨斯曲线。系统资源约束是系统演化升级的内在因素,系统约束强度的变化,引致系统内经济体之间独立、竞争、竞合(合作竞争)等各种博弈行为。系统内优先发展经济体占有优势资源,后发经济体只能依赖剩余系统资源发展。后发经济体在跟进、模仿、合作中成长,在约束变迁中伺机超越。

具有相似或者相同资源组合的经济系统,不同的生产技术水平、资源利用程度、组织运行效率、学习知识能力等,对应不同产出量曲线(如图3-9所示)。同一个系统可以在不同的发展阶段发生科技创新、组织重组等,突破原来的约束,又会遭受更高层次的约束(如图3-10所示)。

二、"逻辑蒂克曲线"的经济学内涵

本节讨论逻辑蒂克模型的经济学内涵,以及系统资源总量变化对经济体增长的影响。

逻辑蒂克(Logistic)函数,也被称为生长曲线函数,由美国生物学家和人口统计学家珀尔和利德(R. Pearl, J. Reed, 1920)首先在生物繁殖研究中发现,后被广泛应用于生物生长过程和人口预测研究。各种生物(个体)的

---

① 系统资源包括矿产资源、人力资源、组织资源、环境资源、信息资源、空间资源、频率资源、文化古迹资源、心智资源等资源,同时包括市场资源。

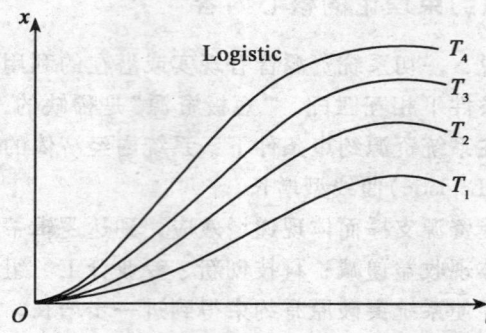

图 3-9 经济系统不同生产技术条件下的逻辑蒂克曲线束

说明：$T_1 \sim T_4$ 技术水平逐渐提高，经济体产出水平随之增高。

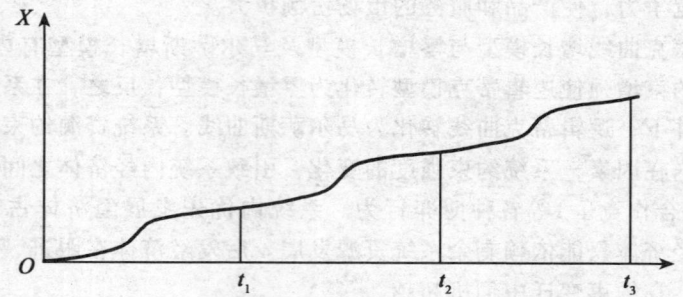

图 3-10 经济系统在不同发展阶段遭遇更高层次约束的逻辑蒂克曲线

生长均按逻辑蒂克规律增长（李博等，2000）。

应用逻辑蒂克函数来分析生物学或经济学问题，假设条件是生态系统或经济系统赖以生存的资源环境容量恒定不变。下面，我们来考察环境容量可变时的两种情形。

逻辑蒂克方程源自细菌培养的一个试验：恒温条件下，在有固定营养量的培养基上培养细菌，起初细菌数量少，细菌密度缓慢增长，随着时间推移，细菌密度加速上升，达到拐点之后，细菌密度减速上升，最后趋向饱和密度。这时产生了一个动态平衡：新分裂的细菌数与死亡的细菌数相同；增加培养基上的营养量，平衡被打破，细菌数按新增的营养量达到新的极值。

设营养量能支持的饱和细菌 x_m，细菌的初始数值为 x_0，时刻 t 时的细菌量为 $x = x_t$，细菌增长速度 $\dfrac{dx}{dt}$ 正比于细菌量 x_t 极其接近饱和细菌数 x_m 的

程度 $\left(1 - \dfrac{x_t}{x_m}\right)$ 之乘积，推导逻辑蒂克方程如下：

$$\frac{dx_t}{dt} = rx_t\left[1 - \frac{x_t}{x_m}\right] \tag{3.30}$$

对(3.30)式积分得：

$$x_t = \frac{x_m}{\left[1 + \left(\dfrac{x_m}{x_0} - 1\right)e^{-rt}\right]} \tag{3.31}$$

(3.31)式即为逻辑蒂克方程。其特征为：当 $t \to \infty$，$x_t \to x_m$。逻辑蒂克细菌试验表明，一个固定营养量的培养基上的细菌总量随时间推移呈"S"形增长，最后达到极值（如图3-11所示）。经济学意义是：在孤岛型自给自足型的经济体中，随着时间推移，经济体产出将达到极值。

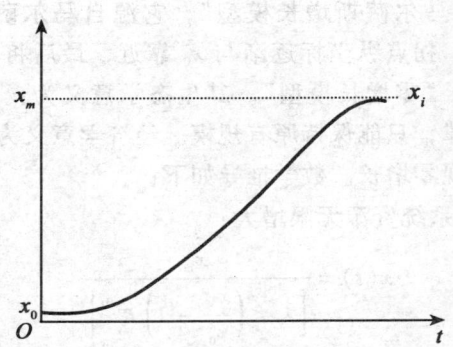

图3-11 x_t 随时间推移变化趋势（逻辑蒂克曲线）

说明：在经济系统中，x_m 为经济体在系统资源（主要包括自然资源和市场资源）约束下所能达到的最大规模，经济体的初始规模为 x_0，时刻 t 时的经济体规模为 $x = x_t$。

逻辑蒂克拐点能揭示系统资源约束的本质，其意义是，在培养基营养总量 x_m 的约束下，细菌总数或经济体由加速增长至减速增长的转变点。

对(3.30)式求导：

$$\frac{dx_t}{dt} = rx_t\left[1 - \frac{x_t}{x_m}\right] \tag{3.32}$$

$$\frac{dx^2}{d^2t} = \left[r - \frac{2rx_t}{x_m}\right]\frac{dx}{dt} \tag{3.33}$$

根据(3.30)式，超过拐点之后，$\frac{dx}{dt}$只能无限趋近0，但不会等于零，r代表物种或经济体的竞争能力，只要是存在的物种或经济体，r也是非0常数，因此：

$$\frac{dx^2}{d^2t} = 0 \tag{3.34}$$

$$x^* = \frac{x_m}{2} \tag{3.35}$$

即拐点是物种或经济体达到系统资源最大极值的一半所支撑的生物数或经济产出量对应的点。

在开放型的生态或经济系统中，由于系统资源量受各种竞争者（或入侵者）的争夺，拐点将作复杂的变动。我们作如下"思想实验"：让x_m无限增大，则拐点也趋向无穷，x_t的增长过程均为加速增长，这是指数增长模型的特征，本书称其为"马尔萨斯增长模型"，它源自马尔萨斯人口增长理论；当减少系统资源量，拐点纵坐标逐渐与x_0靠近，最后将把逻辑蒂克曲线拉直成一条直线，即："零增长模型"。其生态学意义为：生物种群由于没有更多生态资源的支撑，只能保持原有规模。经济学意义为经济体长期受限于固定系统资源而出现零增长。数学推导如下：

当$x_m \to \infty$时，系统资源无限增大：

$$x(t) = \frac{x_m}{\left[1 + \left(\frac{x_m}{x_0} - 1\right)e^{-rt}\right]}$$

$$x(t) = \frac{1}{\frac{1}{x_m} + \left(\frac{1}{x_0} - \frac{1}{x_m}\right)e^{-rt}}$$

$$x(t) = \frac{1}{\frac{1}{x_0}e^{-rt}}$$

$$x_t = x_0 e^{rt} \tag{3.36}$$

通常$r \ll 1$，(3.36)式近似于指数方程：

$$x_t = x_0(1+r)^t \tag{3.37}$$

当系统资源趋向无穷时，拐点也趋向无穷，逻辑蒂克模型变为指数增长模型（如图3-12所示），马尔萨斯研究得出人口按指数增长的结论，达尔文受此结论影响，得出生物过度繁殖引起生物竞争的结论。

当$X_m \to \infty$时逻辑蒂克曲线拐点趋向无穷，曲线转变为没有拐点的指数

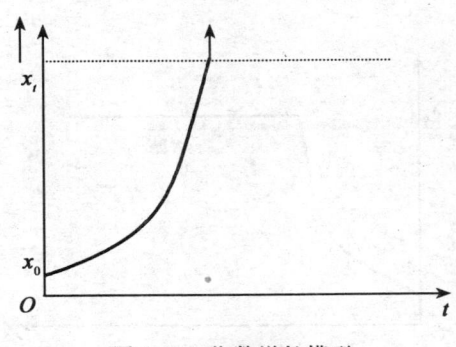

图 3-12　指数增长模型

增长曲线。

系统资源保持原始资源量 x_0，即当 $x_m \to x_0$

$$x_t = \frac{x_m}{\left[1 + \left(\frac{x_m}{x_0} - 1\right)e^{-rt}\right]}$$

$$x_t = x_0 \tag{3.38}$$

"逻辑蒂克曲线模型"变为"零增长"模型(如图 3-13 所示)。

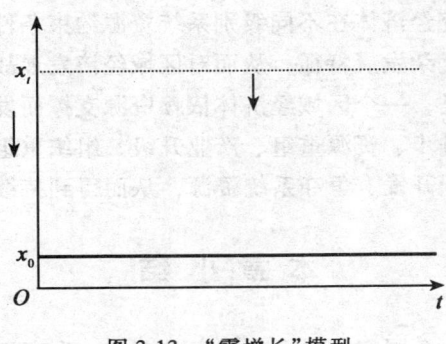

图 3-13　"零增长"模型

x_t 随时间推移变化趋势(逻辑蒂克曲线)，该模型说明：一个缺乏创新能力的经济体也只能维持原有市场份额。

在复杂生态系统中，由于激烈的种群之间以及种内竞争，某物种赖以生存的生态环境资源数量是可变的，逻辑蒂克曲线随之会有各种变化形态。池塘中的浮萍数量变化规律为 J 形，其实质是图 3-12 和图 3-13 的组合(如图

3-14所示)。

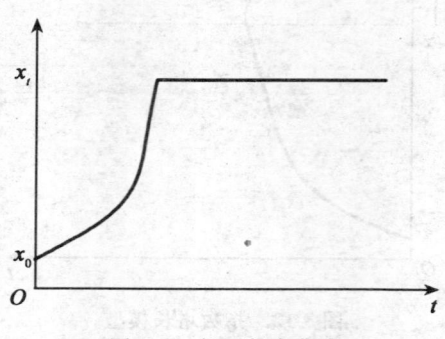

图 3-14　J形复合曲线

食物量制约着生物总量及种群的发展。生物系统的演化方向是：充分利用太阳能资源支撑起尽量庞大的生命系统；系统资源约束经济体的发展。经济系统的演化方向也是用有限的资源产出最大的社会福利（赵建华，杨昌明　2006）。

至此我们发现"逻辑蒂克模型"与"马尔萨斯指数增长模型"以及"零增长模型"有内在关系：后两者是前者在理论上的极端情形，后两者之间的区域空间揭示出前者的可实践性，使"逻辑蒂克模型"在解释经济发展方面更有针对性，有助于研究经济体在不同级别系统资源约束条件下的增长规律，模拟现实经济系统的复杂发展特征，从而对区域经济发展战略提出更科学的决策。其经济学含义是，一个区域经济体依赖资源支撑而发展，同时要遭受资源约束。通过科技进步、资源重组、产业升级、组织重组、制度创新等不断提升经济体竞争力，开发、争夺系统资源，从而得到持续增长。

本 章 小 结

经济增长是指一个国家或地区在一定时期内，生产商品与提供劳务能力的扩大，以及人均福利的增长，通常用国内生产总值（GDP）来衡量。这种能力的扩大建立在科技进步、制度创新、人力资源开发以及思想意识调整的基础之上。经济增长理论是研究解释经济增长规律和影响制约因素的理论。经济增长受资源、技术、体制和市场等方面的约束。

经济增长理论的研究得出：劳动、资本积累、知识积累、技术进步、制度创新是经济增长的重要因素和源泉。其中早期的经济增长的重要源泉是劳动，随着经济发展，让位于资本积累，到了新古典增长时期则又让位于技术进步，接着是知识积累、人力资本溢出等；归纳起来，劳动和资本积累投入数量的增加是粗放增长的动因，而技术进步的作用越来越大，成为集约型增长的直接动因，制度则是影响增长的最为关键的原因。

索洛经济增长模型，又称作新古典经济增长模型、外生经济增长模型，是在新古典经济学框架内的经济增长模型。该模型假设储蓄全部转化为投资；假设投资的边际收益率递减，投资的规模收益是常数；得出主要结论：经济能够稳定增长。

"内生经济增长理论"，是指用规模收益递增和内生技术进步来说明一国长期经济增长和各国经济增长率差异而展开的研究成果的总称。其核心思想是认为经济能够不依赖外力推动实现持续增长，内生的技术进步是保证经济持续增长的决定因素。

系统资源约束理论讨论了经济体在系统资源约束条件下的增长规律。经济系统产出受资源支撑而体现递增效应，到达逻辑蒂克拐点后遭受系统资源约束增强而体现收益递减；科技创新、专业分工、组织重组、资源重构及外部资源输入促使经济体突破原有系统约束得到进一步增长，同时将遭受更高层次的约束；科技创新将提高资源利用效率，改变资源利用组合，发现新资源、替代资源或资源潜在用途，因而改变系统中资源分配及其稀缺或富余状态，引致约束迁移，改变约束类型及约束机制；同时经济体因为科技创新而提升市场竞争力，使产品和服务的市场份额扩大，实现进一步发展。

逻辑蒂克曲线增长模型与零增长模型及马尔萨斯增长模型有内在联系：系统资源约束增强使逻辑蒂克模型转化为零增长模型；反之，在系统资源无限供给条件下，逻辑蒂克曲线转化为马尔萨斯曲线。系统资源约束是系统演化升级的内在因素；系统约束强度的变化，引致系统内经济体之间独立、竞争、竞合（合作竞争）等各种博弈行为。系统内优先发展经济体占有优势资源，后发经济体只能依赖剩余系统资源发展。后发经济体在跟进、模仿、合作中成长，在约束变迁中伺机超越。

☞参考文献

[1] 保罗·萨缪尔森，威廉·诺德蒙斯. 经济学（上、下）[M]. 第12版. 高鸿业，译. 北京：中国发展出版社，1992.

[2] 格里高利·曼昆. 宏观经济学[M]. 第5版. 北京：中国人民大学出版社，2002.

[3] 鲁迪格·多恩布什,斯坦利·费希尔,理查德·斯塔菲. 宏观经济学[M]. 第5版. 王志伟,译. 北京:中国人民大学出版社,1998.

[4] 黄亚钧,袁志刚. 宏观经济学[M]. 北京:高等教育出版社,2003.

[5] 苏格兰学历管理委员会. 微观与宏观理论及其应用(英文)[M]. 第2版. 中国时代经济出版社,2005.

[6] 罗伯特·S. 平狄克,丹尼尔·L. 鲁宾费尔德. 微观经济学[M]. 高远,等译. 北京:中国人民出版社,2002.

[7] 黎诣远. 西方经济学概论[M]. 北京:高等教育出版社,2007.

[8] 朱宝宪,陈章武. 西方经济学习题集[M]. 北京:清华大学出版社,1999.

[9] 王秋石. 宏观经济学原理[M]. 北京:经济管理出版社,2001.

[10] 叶飞文. 要素投入与中国经济增长[M]. 北京:北京大学出版社,2003.

[11] http://news.jxgdw.com/gjxw/1042990.html[EB/OL].

[12] 赵建华,郭琦. 系统资源约束理论与实践[M]. 北京:中国时代经济出版社,2007.

[13] 牛文元,等. 中国可持续发展战略报告[M]. 北京:科学出版社,2000.

[14] http://www.jjxcf.org/poparticle/43/1821.html[EB/OL].

[15] 中国新闻图片网[EB/OL]. http://www.chinanew.com/photo/tj.html.

第四章 失 业

> 一个人想工作，而又找不到工作，这也许是阳光下财富不平等所表现出来的最惨淡的景观了。
> ——托马斯·卡莱尔（Thomas Carlyle）

失业是最直接而又最严重地影响人们的宏观经济问题，也是影响国家稳定大局的关键因素。失去工作意味着生活水平下降和心理折磨。经济学家研究失业是为了确定其原因并帮助改善影响失业者的公共政策。其中有些政策是帮助人们找到工作，比如一些工作培训计划。另一些政策缓减失业者所面临的痛苦，例如失业保障。还有一些政策无意中增加了失业的普遍性，例如，法律规定了高水平的最低工资，增加了劳动力中技术最差而经验又少的那些人的失业人数。

中华人民共和国成立 60 年来，中国劳动就业取得辉煌成就，1949 年，中国人口为 54 167 万人，就业人口 18 100 万人，1957 年，中国人口为 64 653 万人，中国从业人员为 23 700 万，至 1978 年，全国总人口为 96 259 万人，全国从业人员为40 152万人，到 2009 年，全国总人口约为 139 548 万人，就业总人口为 78 582 万人。就业规模的扩大，为社会稳定和国家经济发展做出了重大贡献，也为经济衰退时期的失业埋下了隐患。

改革开放以来，中国在制度变迁、技术创新、产业升级中产生了失业问题，也尽力在改革和发展中解决就业压力。美国次贷危机引发全球金融海啸以来，中国就业形势更加严峻。进入 2008 年下半年以来，中国内外需求疲软导致企业新增投资骤降，令失业人数猛增。由于新订单急剧萎缩，电子通信设备、仪器仪表、家具、纺织服装等经济板块受伤严重。企业利润下滑，新增投资冻结，于是纷纷遣散工人，造成沿海民工大规模提前返回内地(参见图4-1、图4-2)。

图 4-1　沿海民工大规模提前返回内地
（资料来源：http：//pic.people.com.cn/GB/1098/841973）

图 4-2　沿海企业裁员　湖北 30 万民工提前返乡
（资料来源：http：//news.qq.com/a/20081110/000781.ht）

中国社科院发布 2009 年《社会蓝皮书》称，中国城镇失业人数 830 万人，失业率已经攀升到 9.4%，2009 年 610 万名大学毕业生中近 1/4 有就业困难。在全球金融危机重压之下，2008 年中国已有 67 万家小企业被迫关门，约有 670 万就业岗位蒸发，估计失业人数要高于官方统计数据(陈全生，2009)。

在中国 2008 年上半年 7.6 亿总就业人口中，农、林、牧、渔就业人口

第四章 失　业

3.87亿人，制造业0.99亿人，批零贸易和餐饮0.59亿人，建筑业4.64亿人。下半年失业人口猛增3 269万人。其中，四季度失业冲击最严重的产业板块主要包括制造业和建筑业，新增失业人口分别为1 980万人和1 546万人。上述失业人口分别为对应行业就业存量的1/5和1/3，大部分为农民工。假设失业返乡民工中有700万人回归农业，总失业率将升至11%（董先安，2009）。

　　劳动力需求是一种派生需求。按照奥肯定律，经济增长率与失业率存在反向关系。社会总产出越多，要求劳动力投入越多。美国自发生次贷危机以来，经济持续萎缩，导致失业率持续走高（见图4-3）。

Labor Force Statistics from the Current Population Survey
Series Id： 　　　　　　LNS14000000
Seasonal Adjusted
Series title： 　　　　　（Seas）Unemployment Rote
Labor force status： 　Unemployment rate
Type of data： 　　　　Pexcent
Age： 　　　　　　　　16 years and over

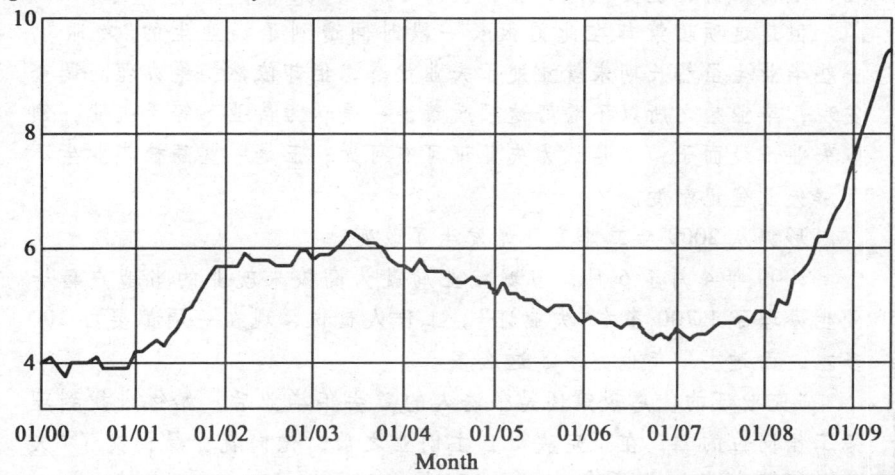

Year	Jan	Feb	Mar	Apr	May	Jun	Jul	Aug	Sep	Oct	Nov	Dec	Annual
2000	4.0	4.1	4.0	3.8	4.0	4.0	4.0	4.1	3.9	3.9	3.9	3.9	
2001	4.2	4.2	4.3	4.4	4.3	4.5	4.6	4.9	5.0	5.3	5.5	5.7	
2002	5.7	5.7	5.7	5.9	5.8	5.8	5.8	5.7	5.7	5.7	5.9	6.0	
2003	5.8	5.9	5.9	6.0	6.1	6.3	6.2	6.1	6.1	6.0	5.8	5.7	
2004	5.7	5.6	5.8	5.6	5.6	5.6	5.5	5.4	5.4	5.5	5.4	5.4	
2005	5.2	5.4	5.2	5.2	5.1	5.1	5.0	4.9	5.0	5.0	5.0	4.8	
2006	4.7	4.8	4.7	4.7	4.7	4.6	4.7	4.7	4.5	4.4	4.5	4.4	
2007	4.6	4.5	4.4	4.5	4.5	4.6	4.7	4.7	4.7	4.8	4.7	4.9	
2008	4.9	4.8	5.1	5.0	5.5	5.6	5.8	6.2	6.2	6.6	6.8	7.2	
2009	7.6	8.1	8.5	8.9	9.4	9.5							

图4-3　美国长期失业走势图

117

2008年我国城镇登记失业人数886万人，失业率为4.2%，该数字表明，在金融危机影响下，中国失业率终结了5年下行趋势，就业压力上升，给2.3亿农民工以及610万名大学毕业生就业增加了困难。

【阅读专栏】

记者调查："失业证"助推大学生创业

2004年3月，G省根据国家有关精神做出规定，毕业半年以上未能就业并要求就业的高校毕业生，可持学校证明到入学前户籍所在城市或县劳动保障部门办理失业登记，领到失业证的高校毕业生可以免费享受各项就业服务政策。这其中包括：免费职业指导、职业介绍等就业服务和免费职业技能培训，并享受创业培训机构提供的项目管理、市场分析、税费优惠、贷款扶持等。

但是这项政策却在此前很长一段时间遭到了毕业生的"冷眼"，一些毕业生虽然长期未就业处于失业状态，但却依然拒绝办理。调查发现，毕业生之所以不看好这项政策，一是认为待业不等于失业，领取失业证没面子；二是认为失业证可有可无；三是一些高校毕业生不了解失业登记制度。

形势从2009年二季度开始发生了改变。

2009年4月至6月，省城就业局就为高校未就业的当地户籍毕业生办理了1 700多本"失业证"。工作人员说，现在一周都要办100多本，而过去一年也办不了这么多。

"失业证的优惠政策还是很诱人的。"去年毕业后，始终未找到理想工作岗位的H，在下定决心自主创业之前，先向就业局提交了"失业登记证申请表"。

在领取了"失业证"后，他报名参加了省城C区就业局开办的"网店"免费培训计划。

对申请办理失业登记的高校毕业生，省城就业局表示欢迎。他们认为，毕业生及时办理失业证，便于政府部门对其就业信息进行宏观统计与反馈，更准确地掌握毕业生的就业状况，从而保证毕业生就业后的合法权益得到落实。"现在就业岗位很难找。"去年毕业于WB师大的一位同学道出了自己对"失业证"的期望:"我希望在拿到'失业证'后,能够在政府的扶持下自主创业。"

按有关政策规定,对持有《就业失业登记证》自主创业的高校毕业生,可在5万元的额度内按照有关程序申请小额担保贷款,贷款期限为3年;对合伙经营和组织起来就业的,可适当扩大贷款规模;对从事微利项目自主创业的可享受贴息扶持。对创业成功,按期足额还贷诚信度高的自主创业人员,可根据经营需求再次申请贷款。

另外,对高校毕业生从事个体经营符合条件的,自登记之日起,三年内免收管理类、登记类、证照类等有关行政事业性收费,并按有关规定落实现行税收政策和创业经营场所安排等扶持政策。

拥有失业登记证明,是未就业高校毕业生获取政府创业援助的有效凭证,但就业行政管理部门坦言:"从我们掌握的情况来看,目前,能够利用政府优惠扶持政策成功创业的毕业生还非常稀少。"

究其原因,一是扶持政策在基层执行不到位,二是扶持性资金筹措困难。

为引导和鼓励高校毕业生创业,G省出台了对他们创业将减免个体工商户登记注册费、管理费等行政事业性收费的具体规定。但大学生们反映,这些规定真正落实起来程序繁琐且非常艰难,真正到办理各种手续的时候,许多费用一项不能少。同时,记者还了解到,虽然有专门针对大学生创业的资金扶持政策,比如创业基金、小额贷款等,但是落实起来很难。

大学生创业的启动资金多数要依靠家庭或同学拼凑。一些金融机构对申请创业贷款的大学生,仍然要求必须抵押贷款。

(资料来源:摘自康劲:《工人日报》,2009-7-16)

第一节 失业概述

按照国际劳工组织的定义,就业指的是一定年龄段的人们为了获取报酬或者为赚取利润而进行的活动,包括国内就业和国外就业。欠发达国家就业不足,往往在其他国家寻找就业门路(参见图4-4)。

宏观经济学

图 4-4　近百名非洲外出打工者挤在堆满行李的货车顶部回家

说明：打工者冒着撒哈拉沙漠的高温，开始了返乡的旅途。这些打工者大多来自非洲的贫困国家，在石油富国利比亚打工。他们从事着利比亚人不愿意做的卑微工作，偶尔回家探望家人。货车将沿着古代香料贸易的商路，行驶数百英里，最终回到尼日尔和马里。这趟回乡旅程将花费 2~3 个星期。摘自英国《每日邮报》报道 http：//auto. tom. com/2009-03-24/0D63/84161446. html.

失业（unemployment）是指有劳动能力并愿意就业的劳动者没有就业机会的经济现象。其实质是劳动者不能与生产资料相结合创造财富，是一种经济资源的浪费。需要注意的是，这里的失业者指的是有劳动能力并且愿意就业的人。没有劳动能力的人不存在失业问题。有劳动能力的人虽然没有职业，但自身也不想就业的人，也不称为失业者。对失业的界定，在不同的国家往往有所不同。在美国，年满 16 周岁而没有正式工作或正在寻找工作的人都称为失业者。

按照国际劳工组织的统计标准，凡是在规定年龄内一定期间内（如一周或一天）属于下列情况的均属于失业人口：

没有工作，即在调查期间内没有从事有报酬的劳动或自我雇佣；

当前可以工作，即当前如果有就业机会，就可以工作；

正在寻找工作，就是在最近期间采取了具体的寻找工作的步骤，例如到公共的或私人的就业服务机构登记、到企业求职或刊登求职广告等方式寻找工作。

经济学家将失业归纳为四种类型：摩擦性失业、结构性失业、周期性失业、季节性失业。

摩擦性失业(frictional unemployment)是指由于求职的劳动者与需要提供的岗位之间存在着时间滞差而形成的失业。如大学生毕业后不能及时找到工作，工人转移岗位时，出现的工作中断等。摩擦性失业的数量取决于人们加入和离开劳动人口的数量和。由于摩擦性失业的劳动力经常是在变换工作岗位，或者是在寻找更好的工作，所以人们经常认为这是一种自愿性的失业。

结构性失业(structural unemployment)是由于经济、产业结构变化以及生产形式、规模的变化，现有劳动力的知识、技能、观念、区域分布等不适应这种变化，与市场需求不匹配而引发的失业。如果对一种劳动的需求在上升，对另一种劳动的需求在下降，而劳动的供给又不能及时做出调整，这种不匹配情况就可能发生。常见的是产业的兴起和衰落所引起的职业间或地区间的结构失衡。

周期性失业(cyclical unemployment)又称为总需求不足的失业，是由于总需求不足而引起的短期失业，它一般出现在经济周期的萧条阶段。这种失业与经济中周期性波动是一致的(见图4-5)。在复苏和繁荣阶段，各厂商争先扩充生产，就业人数普遍增加。在衰退和谷底阶段，由于社会需求不足，前景黯淡，各厂商又纷纷压缩生产，大量裁减雇员，形成令人头疼的失业大军。与结构性失业、摩擦性失业等失业状况不同，周期性失业的失业人口众多且分布广泛，是经济发展最严峻的局面，通常需要较长时间才能有所恢复。

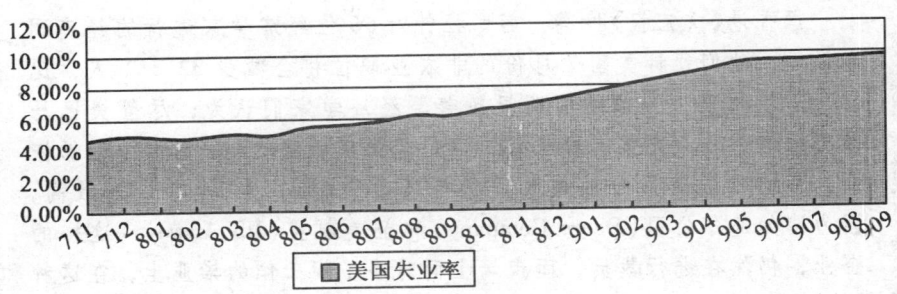

图 4-5 美国失业率走势图

说明：金融危机爆发以来，美国经济在萎缩，失业率呈单边上扬走势，屡创新高。2009年9月达到26年新高。横坐标第1数字表示年度，后2位表示月份。

季节性失业是指由于某些行业生产条件或产品受气候条件、社会风俗或购买习惯的影响,使生产对劳动力的需求出现季节性变化而导致的失业。例如,有些行为或部门对劳动力的需求随季节的变动而波动,如受气候、产品的式样、劳务与商品的消费需求等季节性因素的影响,使得某些行业出现劳动力的闲置,从而产生失业,主要表现在农业部门或建筑部门,或一些加工业如制糖业。季节性失业是一种正常性的失业。它通过影响某些产业的生产或影响某些消费需求而影响对劳动力的需求。

失业率:每天都有一些工人失去工作或离职,也有一些失业工人被雇佣。这种不停的变化决定了劳动力中失业者的比例。因此,我们把将失业人数占劳动力总数的百分比定为失业率。其公式为:

$$失业率 = \frac{失业人数}{适龄劳动力总数}$$

【阅读专栏】

美国失业率7月升至9.6%　市场上求职毕业生增多

东方网8月3日消息:据彭博社预测,美国失业情况在7月份将会有所改善,失业人数会减少,非农业职位的数目将会减少32.5万个,比6月份明显改善,意味着美国经济最差时期或已过去,不过,彭博社同时引述经济员预测显示,7月份的失业率会进一步攀升至9.6%,创26年新高,原因是市场上多了求职的毕业生。

据香港《文汇报》报道,彭博社针对56位经济学家进行的经济调查显示,他们预计美国7月份的非农业职位将会减少32.5万人,比6月份的46.7万人减幅有明显改善。经济学家们认为,尽管奥巴马政府的经济刺激方案有所见效,但是就业市场需要更多时间才能够恢复,彭博预计7月份的失业率仍将高达9.6%,为26年以来最高,因为诸如迪尔公司(Deere Company)和全美航空(US Airways)这样的企业,仍然在进行裁员,而市场上同时多了找工作的毕业生,在这种情况下,估计失业率到2010年初,或将超过10%。经济复苏之后,消费者的消费能力才会有所回升。

纽约RDQ Economics的首席经济学家Conrad De Quadros表示,劳动力市场的状况仍然较为艰难,虽然裁员的速度有所放缓,但是这

第四章 失 业

个消息还是不够。在宏观经济环境低迷的情况下,失业率还会继续攀升。美国总统奥巴马也表示,美国已经有太多人失业了,而且只要失业率还在攀升,经济就不可能复苏,并且增加聘请的机会也不可能一夜之间就发生。

从 2007 年 12 月开始,美国至今已经有 650 万人失业,是第二次世界大战以来,情况最糟的一次。2008 年 6 月份的失业率为 9.5%,为 1983 年以来最高。且目前没有任何好转的迹象,亚利桑那州的全美航空公司上个月表示,在旅游高峰结束之后,9 月份会再裁员 600 人。世界最大的农业设备制造商迪尔公司也计划再裁员 800 人。

除了就业数据外,美国本周还会公布多个数据,供应管理协会制造业指数在 7 月份可能攀升至 46.5,低于 50 就意味着经济处于衰退中,占 GDP 90% 的服务业仍呈现下行态势。

经济学家们认为 2009 年下半年每个月的经济增长速度平均在 1.5%,同时预测 6 月份工厂订单继续下滑,该数据将在 8 月 5 日(本周三)公布。美国商务部近日公布,在 2007 年第四季度至 2008 年第四季度期间,美国经济收缩 1.9%。另外,汽车业的销售数字也将公布,预计在制造业趋于平稳的情况下,市场需求有增加的趋势。

(资料来源:赵菊玲,中国新闻网,2009-8-3)

思考:在以上的综合材料中,请辨认失业的类型。

失业总是存在的,我们将充分就业情况下的失业率定义为自然失业率。即在没有货币因素影响下,劳动力市场和商品市场自发供求力量发挥作用时应有的处于均衡状态的失业率。我们建立一个劳动力动态模型来说明决定自然失业率的因素是什么。

用 L 代表劳动力,E 代表就业工人人数,U 代表失业工人人数。由于每个工人不是就业者就是失业者,所以,劳动力是就业者和失业者之和:$L = E + U$,失业率就是 U/L。

为了了解自然失业率的决定因素,假设劳动力 L 是不变的,并且劳动力中的个人只是在就业和失业之间转换。用 f 代表就业率,即每个月找到工作的失业者的比例。用 s 代表离职率,即每个月失去工作的就业者的比例。就业率 f 和离职率 s 共同决定了失业率。

如果失业率没有变化，即没有上升也没有下降，这就是说，如果劳动力市场处于稳定状态，那么找到工作的人数必定等于失去工作的人数。则：

$$fU = sE \tag{4.1}$$

$E = L - U$，即就业人数等于劳动力减去失业人数。如果在稳定状态条件中用 $(L - U)$ 代替 E，可以得到：

$$fU = s(L - U) \tag{4.2}$$

为了进一步解出失业率，等式两边都除以 L，得出：

$$fU/L = s(1 - U/L) \tag{4.3}$$

现在就可以得出：

$$U/L = s/(s + f) \tag{4.4}$$

这个式子表明，稳定状态失业率 U/L 取决于离职率 s 和就业率 f。离职率越高，失业率越高；就业率越高，失业率越低。

这个自然失业率模型对公共政策有着明显而重要的含义。为了实现降低失业率的政策目标，就必须提高就业率，降低离职率。尽管这一模型通过对失业人口的动态分析，了解了决定自然失业率的因素，但是它并没有解释最初为什么存在失业。并且该模型假定失业人口不能马上找到工作，却没有解释原因。因此，我们需要进一步从理论上探讨失业的原因。

【阅读专栏】

失业的国际透视（2002—2009）

在最后一个季度，全球劳动力市场展现出相当严峻的景象，如大多数经济体失业率上升到多年高点。

前几周最重要的新闻也许是，在美国失业率上升至 9.5%，是自 1983 年以来的最高水平。同样的情况出现在全球各地，失业率飙升至创纪录高值。例如，在 2009 年第二季度，西班牙大规模房地产泡沫刚刚破灭，全球失业率上升至惊人的 18.7%，一年增加 8% 以上（见图 4-6）。

LFB 表示，在经济实体中上升的失业率产生广泛的不利影响。失业率和信贷市场违约率有紧密的联系，信贷市场中影响也产生了最明显的后果。消费市场也剧烈地感受到这种影响。当消费者追随上扬的股市或是看到房地产收入增值时，他们会推高消费率。然而，反之，消费者减少一切不必要的开支，开始节省以获得一定程度的财务稳定。消费者减少他们的支出将会对就业形势产生不利影响，特别是在那些支出约占70%的增长率的经济体。

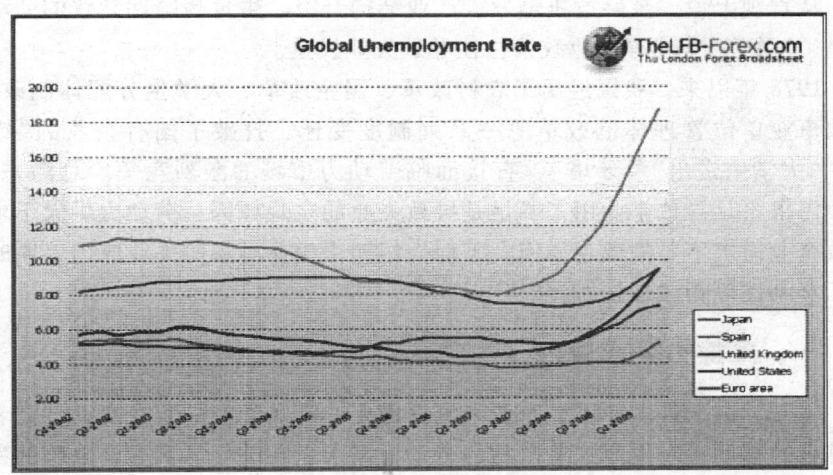

图4-6　全球失业率

此外，宏观经济数据已经表明，随着失业率上升，通货紧缩压力趋于上升（疑原文有误，译者注）。然而，LFB贸易小组（Trade Team）指出，这种关系只在短期内是可靠的，在未来几个季度它始终会给美联储和其他几个主要央行造成一些麻烦。

如附图4-6可见，2008年第三季度每一个主要经济体都出现失业率上升的趋势，有些人说这甚至将会持续到2010年过后。此外，庞大的全球贸易增长放缓也开始影响到新兴经济体，这一点通过失业率得到了反映。就连中国经济已开始增加失业人数，失业率上升至4.3%，达到一个多年高点。同样的情况出现在大多数新兴经济体，这表明了全球劳动力市场的疲软是一个长期的问题，而不是短期的失衡。股市的无力走高，且默认失业率同样上涨，将会导致美元的走强，当股市走低时，美元将进一步走强。

（资料来源：LFB Trade Team 著，杨晓翻译，赵建华校．https：//www.thelfb-forex.com/fullStoryView.aspx？sid=4878）

第二节 失业原因

从直观上说,金融危机爆发、产业结构升级、生育高峰期导致的劳动力过剩、"关停并转"等产业政策往往导致失业发生。

1978年以来,我国经历了农村改革、国企改革、大学生分配体制改革、行政事业单位管理体制改革等一系列制度变迁,打破了国有企业的"铁饭碗",大学生走出"象牙塔",直接面临劳动力市场的激烈竞争。总的来说,有效需求不足导致企业用工不足是导致失业的宏观原因;劳动力供大于求是导致企业需求不足的微观原因。下面介绍四个失业类型的失业原因,同时介绍工资刚性等相关理论解释。

一、摩擦性失业原因

首先,由于许多原因,企业和家庭需要的产品类型一直在变动。随着产品需求的移动,对生产这些产品的劳动力需求也在改变。例如,电脑的发明减少了人们对打字机的需求,结果对生产打字机的劳动力需求也减少了。同时,电子行业的劳动力需求增加了。同样,由于不同地区生产不同的产品,很可能使某个地方劳动力需求增加而其他地方劳动力需求减少。经济学家把不同行业和地区之间的需求构成变动称为部门转移。由于部门转移总在发生,而且,由于工人改变部门需要时间,所以,总存在着摩擦性失业。

其次,企业间劳动力的供求的变动也会导致摩擦性失业。例如,当工人所在的工厂关门了,或者工人的业绩被认为是无法接受,抑或是当工人的特殊技能不再需要时,工人发现自己失去了工作,工人也会离职,以改变职业或迁移到其他地方(见图4-7)。

再次,政府的一些公共政策也会引起摩擦性失业的增多。例如,失业保障政策。根据这一政策,失业工人在失去工作之后可以在某一时期内得到自己以前工资的50%。在许多欧洲国家,失业保障计划甚至更丰厚。这一政策虽然减轻了失业者的经济困难,但是增加了摩擦性失业的数量,并提高了自然失业率。因为失业保障津贴减轻了失业者寻找新工作的压力,并很可能放弃所提供的没有吸引力的工作。这就降低了就业率。另外,由于工人知道他们收入受到失业保障的部分保护,所以,他们也不太愿意去寻找有稳定就业前景的工作,也不愿意就工作安全保障去讨价还价,这样就提高了离职率。

图 4-7　工厂倒闭，工人不得不另谋出路　　　　黎湛均摄

二、结构性失业原因

导致结构性失业有一般性原因和具体原因。一般性原因带有全球普遍性的特征，可以通过借鉴发达国家的经验来治理我国失业问题；具体原因则与我国的社会经济发展水平及特征相关，要从实际情况出发，从宏观层面寻找治理结构性失业的对策。

结构性失业的一般性原因包括产业结构失衡导致就业比例失调、科技进步加速知识老化、现代企业人员结构变化使低技能工人数量减少等。

据国家统计局公布的 2006 年统计数据显示，农业、工业和第三产业在国内生产总值中的比重分别约为 11.8%、48.7% 和 39.5%，呈现出第一产业相对减少而第二产业、第三产业相对增加的趋势。与此同时，随着产业结构的调整，就业结构也在发生变化。有关部门最近对我国 10 所城市劳动力市场供求状况的调查发现，北京、重庆、武汉等城市第三产业对劳动力的需求占总需求的 80% 以上，天津、西安、成都、西宁等城市也在 50% 以上，同时也显示第三产业吸纳的就业人数为农业的数倍。而目前我国农业从业人员占劳动人口的一半，第三产业为 27.5%，工业仅占 22.5%。这种就业比例显然与经济结构的状况相去甚远，由于第二产业、第三产业从业人员多集中于城镇，劳动人员的分配比例严重失调，结构性失业状况突出。

目前我国三次产业就业存量的顺序依次为一、三、二，第二、第三产业就业存量比重呈逐年上升趋势，第一产业就业存量比重则呈逐年下降趋势。各产业就业增量在不同年份的顺序有所不同，但从 2004 年起，第一产业就业增量持续为负，即就业存量持续减少；第二产业就业增量在上一轮经济周期的底部区域连续出现了四年的负增长，从 2003 年开始就业增量逐年加快，2005—2007 年连续三年保持了就业增量第一的位置；第三产业就业增量始终保持正增长，在 1997 年以来的多数年份保持就业增量第一的位置，从 2005 年开始就业增量出现下降趋势，由就业增量第一变为第二。2005—2007 年，我国就业增量从高到低排列顺序依次为二、三、一。2007 年，我国第一、第二、第三产业就业人员分别为 31 444 万人、20 629 万人和 24 917 万人，所占比重分别为 40.8%、26.8% 和 32.4%，当年新增就业人数分别为 -1 117 万人、1 404 万人和 303 万人，第二产业成为吸纳新增就业的最重要产业。

科技进步加速知识老化。

国际经济合作与发展组织调查显示，20 世纪 70 年代，知识以 20 年增长一倍的速度积累，而到 90 年代则为 10 年，现如今已不足 5 年。知识呈几何率增长，知识半衰期又日益缩短，职业教育只有 5 年，职业培训更缩短至 3.5 年，至于如数理统计、计算机技术则仅有 1 年。可见，越是有就业岗位需求的专门知识，其折旧率越高。愈来愈快的知识折旧，使劳动者的知识结构面临愈来愈严峻的挑战。

现代企业人员结构变化使低技能工人数量减少。

现代企业中对作为工程师与熟练工人之间桥梁的技术员的需求大量增加。据国外有关资料表明，普通工厂中工程师的数量占 4%，技术人员占 14%，熟练工人占 68%，非熟练工人占 14%，而现代企业中工程师的比例仍为 4%，熟练工人减至 38%，非熟练工人为 0，技术人员则扩大到 58%，达到普通工厂同类人员的 4 倍。这一发展趋势使技工和非熟练工人濒临失业的境地。

结构性失业的具体原因涉及劳动力素质以及教育培训体系等。

劳动力人口整体素质较低，难以满足产业结构升级和技术进步的要求。

【阅读专栏】

加拿大失业保险金（EI）

失业在加拿大固然不是一件好事，但也并不是一件特别可怕的事，失业者如果在工作期间交过加拿大失业保险金的，可以申请领取失业保险金维持日常生活。申请领取保险金必须符合以下条件：

有能力和时间工作，但找不到工作；

已经在最近的52周内完成了政府规定的最低工作小时数；最低工作小时数依地区失业率而定，从420个小时到700个小时不等；魁北克省一般为450小时以上，安大略省是910小时；

已在工资中扣除了失业保险基金EI；

已经连续七天以上无工作无收入；

有正当的失业理由，公司裁员、随眷移居、工作环境危害健康、雇主不给加班费、受到歧视等均是正当失业理由；

不是自雇人员。

申请失业保险金EI的地点是就近的加拿大人力资源中心，例如魁北克省Emploi-Quebec。申请时必须出示受雇记录。受雇记录Record of Employment（ROE）是雇主在职工离职时发给的一份格式统一的证明表格，说明其离职原因及离职前工资和从中扣除失业保险基金的记录。若有跳槽情况也应将此纪录保持好。如果有两个以上的雇主才可满足领取EI的工作时间，需要提交前一雇主的ROE或是工资单证明。

加拿大人力资源部有关EI的说明失业后7天内无工作，就可以申请EI。雇主给人力资源部邮寄出一份ROE表格，申请人本人也要邮寄另一份ROE给附近的人力资源部（最好复印一份自留）。

EI在线申请是最方便快捷的方法，需要ROE表格上的一些信息，去人力资源部或是在线申请EI后，1～2周可以收到一封信，给一个4位的Telephone access code=TAC号码，申请人每两周报告一次最近2周的情况，可以打电话报告最近情况，也可以利用电脑在线报告，需要SIN卡号码和4位数的TAC号码。

如果申请人合乎规定，一般可以在两周后领到就业保险金，最多可以领取45周，可以选择银行自动转账，两周支付一次。有时第一次的 EI 是一张政府的支票：抬头为：Human Resources Development Canada，叫："BENEFIT WARRANT"。保险金具体数额依以前工作情况和本地失业率而定，基本上是原工资的 55%，但每周不得超过 413 加元。如果申请人有抚养孩子的负担并且家庭年收入低于 25 921 加元，他可以申请国家儿童税收补助(the Canada Child Tax Benefit，简称 CCTB)，那么他的就业保险金可能超过其工资的 55%。

　　鼓励失业者再就业，政府发放就业保险金的具体数额还要看申请人以前的领取就业保险金的频率，领取就业保险金周数越长，申请人下次所得到的保险金越低。目前的规定是，每领 20 周就业保险金，下次的就业保险金就向下浮动 1%，直至最低工资的 50%。

　　失业期间，加拿大政府希望失业人参加各种培训，以便获得新的工作，满足条件的申请人学习培训的费用由政府支付。人力资源中心安排的会见，要准时出席。中心每两周寄表格，要求你说明这两周内的收入以及打零工的情况，给你寄来保险金的支票、表格要如实填写，一旦被查出有虚假内容，已发给的保险金将被追回，且取消其领取保险金的资格。领就业保险金期间失业者可以打零工，其收入如果超出就业保险金的 25% 就要将超出的部分从就业保险金中如数扣除，一般来说每周 100 加元以内的临时收入不影响 EI 的领取，同时政府也会因此减少领就业保险金的历史记录。有时政府会因为一些理由停止发放，若中心停发你的保险金，如果对此不服也可以上诉。

　　在加拿大时正领取普通失业金者，离开加国便不能领取，倘因特别理由必须出国旅行，便得马上向失业保险计划办事处报告，在某种情况下，住在美国(包括波多黎各和美属维尔岛 Virgin Island)者，可以领取普通失业金。如果被查出没有通知人力资源部而离开加拿大，EI 必须全额退回，且会罚款。

　　根据华裔加拿大人江女士介绍，虽然可以申领失业保险金，但是华裔很少申请，因为只要申请一次，就取消为亲友担保的资格。

　　(资料来源：蓝枫，http://www.chinacanada.ca/? viewnews-173.html)

思考：如何完善中国的失业保险制度。

产业结构的升级和技术进步对劳动力的素质结构提出了新的要求。而我国的整体劳动力素质较低,高达82%的人口仅有初中及以下教育水平。此外,城乡劳动力人口素质整体差异过大,特别是待转移农村劳动力的素质与用工企业的要求不相符。2000年全国人口普查数据显示,当年,我国农村劳动人口15~64岁人均受教育年限为7.33年,农村具有高中及以上受教育水平的人口比例只有8.46%,比城市整整低了35个百分点;农村劳动力人口中具有大专及以上受教育水平的比例尚不足1%,比城市低13个百分点。目前,城市人力资本积累基本上处于中等和高等教育阶段,而农村人力资本积累尚处于普及初中和小学教育阶段。以广东为例,从文化程度看,该地区农村劳动力的文化程度以初中及以下为主,占总劳动力的85%;从技能培训情况看,广东85%左右的农村劳动力没有接受过专门的职业技能培训。由此不难解释,相当部分急需转移的农村劳动力成为结构性失业的主体。

缺乏合理的教育培训体系,不能适应迅速更新的市场要求。

主要表现在:(1)劳动力人口普遍重视学历教育,轻视职业教育和技能培训。(2)相当部分高校毕业生未能顺应新形势及时调整就业预期。虽然近10年高校连年扩招,高等教育由精英教育走向大众教育,但不少高校毕业生未能顺应这种大众化的趋势,在就业选择中宁愿等待,也要到发达地区、高薪部门就业。(3)职业教育呈学历化发展的趋势。多年来,有关部门一直强调职业技术教育,职业技术学院在我国也确实有了长足的发展,但不少职业技术院校并未真正按照对学生重点进行职业技术培养的要求来办学,在课程安排和专业设置等方面与普通高等教育趋同化,结果是培养出来的毕业生与市场的要求难以适应。

劳动力市场信息不对称,就业渠道不畅。

近年来,各级劳动和社会保障部门为保证劳动力市场供求信息的传递通畅,做了大量的工作,进行了许多有益的尝试,建立了众多的职业中介机构(见图4-8)。但是,在现有的信息传递渠道下,还是难以做到迅速、全面、准确地将劳动力供求信息传递给供求双方。一方面,广大农村劳动力对用工信息的获取相当程度上仍主要是通过老乡、亲戚和朋友;另一方面,绝大多数劳动力尤其是农村剩余劳动力对劳动者应该具备的素质和技能的判断还存在相当大的主观性和盲目性,使得不少人虽然有求学和接受职业技能培训的愿望,却不知该学什么。

图 4-8　搭建服务平台　支持返乡农民工实现自主创业
（资料来源：http://www.whxinzhou.gov.cn/website/hot）

【阅读专栏】

2008 年就业形势分析及 2009 年展望

据中国劳动力市场信息网监测中心发布的《2008 年第 3 季度部分城市劳动力市场供求状况分析》报告，全国 93 个城市中，用人单位通过劳动力市场招聘各类人员约 474 万人，同期进入劳动力市场的求职者约 490 万人，求人倍率约为 0.97，从总量上看基本平衡，但结构矛盾十分突出。报告分析，2001 年以来，高技能人才日益供不应求，求人倍率呈现上升态势，说明高技能人才供求缺口在不断扩大。到 2008 年 3 季度，高级技师（职业资格一级）求人倍率为 1.42，技师（职业资格二级）求人倍率为 1.58，高级工程师（高级职称）求人倍率为 3.61，工程师（中级职称）求人倍率为 1.18，高级技工（职业资格三级）的求人倍率为 1.25。值得注意的一点是，高级技师、技师和高

> 级技工的求人倍率均明显高于工程师的求人倍率，这说明我国目前操作型的技术人才短缺矛盾更加突出。
>
> 这份报告对不同学历的求人倍率进行了统计，初中及以下为 0.90，高中学历为 0.91，职高、技校、中专为 0.91，大专学历为 0.77，本科学历为 0.77，硕士及以上学历为 0.96。从这组数据可以看出，中专、高中及以下学历的求人倍率明显高于本科和大专学历的求人倍率。这个信息说明我们的教育结构存在与市场脱节的问题，忽视基础教育、职业教育和专科教育，偏重高学历教育，浪费了宝贵的教育资源。有趣的是硕士及以上学历的求职者第二季度需求率最低，仅为 0.65，第三季度却突然跃升至 0.96 的最高位，似乎预示着结构调整对高学历人才的需求增加。
>
> （资料来源：步德迎文章）

三、周期性失业原因

凯恩斯认为，就业水平取决于国内生产总值，国内生产总值在短期内取决于总需求。当总需求不足，国内生产总值达不到充分就业水平时，这种失业就必然产生。凯恩斯用缺口紧缩性的概念来解释这种失业的原因。紧缩性缺口指实际总需求小于充分就业总需求时，实际总需求与充分就业总需求之间的差额。凯恩斯把总需求分为消费需求与投资需求。他认为，决定消费需求的因素是国内生产总值水平与边际消费倾向，决定投资需求的是预期的未来利润率（即资本边际效率）与利率水平。在国内生产总值既定的情况下，消费需求取决于边际消费倾向。由于边际消费倾向递减，因而消费需求不足。投资是为了获得最大纯利润，而这一利润取决于投资预期的利润率（即资本边际效率）与为了投资而贷款时所支付的利息率。凯恩斯用资本边际效率递减规律说明了预期的利润率是下降的，又说明了由于货币需求（即心理上的流动偏好）的存在，利息率的下降有一定的限度，这样预期利润率与利息率越来越接近，投资需求也是不足的。消费需求的不足与投资需求的不足造成了总需求的不足，从而引起了非自愿失业，即周期性失业的存在。

四、季节性失业原因

季节性失业有产品和服务的季节性需求引起，如圣诞节礼品、学校周边餐饮业以及黄金周旅游消费等；也有以来自然物产播种收获季节性特征引起；还有一种情况是由政策引起的原因，如为了保障生物的繁殖，实现可持续发展，政府制定了强制性的休渔期。

五、失业原因的工资刚性解释

工资刚性即工资不能调整到劳动供给等于劳动需求，如图 4-9 所示。

当实际工资在供求均衡水平以上时，劳动的供给量大于需求量。实际刚性工资降低了就业率，并提高了失业率。这种劳动力供给与市场需求不匹配引起的失业即结构性失业，这种结构性失业产生的原因是因为尽管存在劳动的超额供给，但企业不能降低工资。造成这种刚性工资的原因有三个：最低工资法、工会的垄断力量以及效率工资。

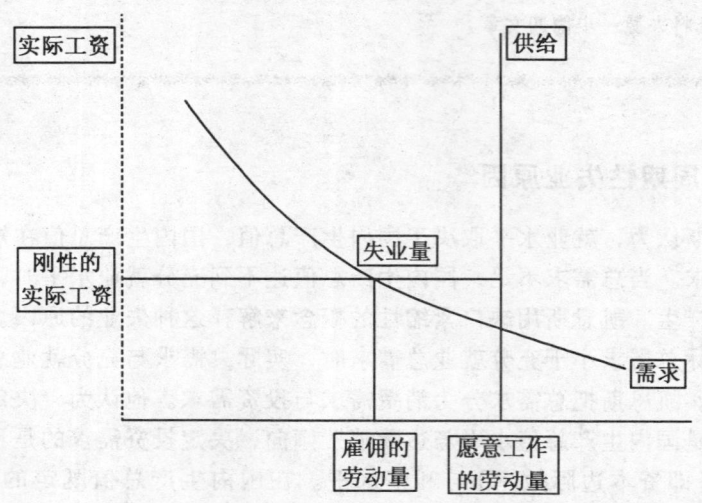

图 4-9　实际工资刚性引起工作配额配给

1. 最低工资法

当政府禁止工资下降到均衡水平时，政府就造成了工资刚性。最低工资法确定了企业要为其雇员支付的工资的法定最低水平。自从 1938 年通过《公平劳动标准法案》以来，美国联邦政府强制实施最低工资，最低工资一般为制造业平均工资的 30%～50%。对于大多数工人来说，这种最低工资没有约束性，因为他们赚到的工资远远高于最低水平。但对一些工人，特别是对不熟练的工人和缺乏经验的工人来说,最低工资使他们的工资提高到均衡水平之上。因此,最低工资减少了企业需求的劳动量。

经济学家认为,最低工资对青少年失业的影响最大。青少年的均衡工资趋低通常有两个原因。第一,由于青少年属于劳动力中技能最低而又经验最少者,他们的边际生产率往往很低。第二,青少年往往以在职培训的形式而不是直接支付工资得到部分"补偿"。学徒制是用提供培训代替工资的一个经典的例子。由于这两个原因,青少年工人的供给等于需求的工资就低。因此,最低工资对青少年的约束要比对其他劳动力更普遍。

许多经济学家研究了最低工资对青少年就业的影响。这些研究者比较了一定时期内最低工资的变动与青少年就业的变动。这些研究发现,最低工资每增加10%,青少年就业就减少1%~3%。

为了减轻对青少年失业的影响,一些经济学家和决策者一直建议取消对青年工人正常的最低工资。这就会允许降低青少年的工资,从而减少他们的失业,并使他们得到培训和工作经验。反对这种做法的人认为,这会刺激企业用青少年代替不熟练的成年工人,从而增加这个集团的失业。

许多经济学家和决策者认为,税收扣除是增加工作着的穷人收入的一种更好方法。劳动收入所得税扣除是允许有工作的穷人家庭扣除他们应交纳的税收量。对于一个收入极低的家庭来说,扣除大于其纳税额,该家庭从政府得到了收入。与最低工资不同,劳动收入所得税扣除并没有增加企业的成本,从而不会减少企业需求的劳动量。但是,它的不利之处是减少了政府的税收收入。

2. 工会的垄断力量

在西方国家,工资刚性的第二个原因是工会的垄断力量。工会工人的工资并不是由供求均衡决定的,而是由工会领导人与企业经理之间的集体议价决定的。通常是最终的协议把工资提高到均衡水平以上,并允许企业决定雇用多少工人。结果是所雇用的工人数量减少了,就业率下降了,而结构性失业增加了。并且工会还会影响那些还没有组成工会的企业支付的工资,因为工会化的威胁会使工资保持在均衡水平之上。

3. 效率工资

效率工资理论解释了工资刚性的第三个原因。该理论认为,高工资使工人的生产率更高。工资对工人效率的影响可以解释,尽管存在超额劳动供给,企业也不能削减工资。因为即使削减工资减少了企业的工资总额,它也降低了工人的生产率和企业利润。

经济学家提出了各种理论来解释工资如何影响工人的生产率。一种是适用于穷国的效率工资理论认为，工资影响营养。多给工人点工资，工人才能吃得起营养更丰富的食物，而健康的工人生产效率更高。企业会决定支付高于均衡水平的工资，以保证有健康的劳动力。

适合于发达国家的第二种效率工资理论认为，高工资减少了劳动力的更替。工人由于许多原因而离职接受了其他企业更好的职位，改变职业，或者是迁移到其他地方。企业向自己工人支付的工资越高，留在企业的激励就越大。企业通过支付高工资减少了离职的频率，从而减少了用于雇用和培训新工人的时间。

第三种效率工资理论认为，企业劳动力的平均素质取决于它向雇员所支付的工资。如果企业降低工资，最好的雇员就流失到其他企业工作，而留在企业的是那些没有什么其他机会的低素质员工。经济学家把这种不利的筛选作为逆向选择。企业可以通过支付高于均衡水平的工资减少逆向选择，提高自己劳动者的素质，从而提高生产率。

第四种效率工资理论认为，高工资提高了工人的努力程度。这种理论指出，企业不可能完全监督其雇员的努力程度，而且，雇员必须自己决定是否努力工作。工人可以选择努力工作，也可以选择偷懒并承担被抓住并被解雇的风险。经济学家把这种可能性作为道德风险(moral hazard)。企业可以通过支付高工资，促使更多的雇员不偷懒，从而提高生产率。

虽然这四种效率工资理论在细节上不同，但它们有个共同的理论：由于企业向其工人支付高工资就能更有效地运行，所以企业发现使工资高于供求均衡的水平是有利的。这种高于均衡工资的结果是降低了就业率，并增加了结构性失业。

失业还有一个原因是经济活动的不景气。这些周期性波动被称为萧条或衰退。当生产下降时，工人被解雇，整个经济中的失业率就会剧增。这种因为经济的衰退引起的失业即周期性失业的影响最大。

引起失业的原因还有很多，例如气候或者风俗习惯引起的某些部门的间歇性生产特征而造成的失业等。

第三节 失业的影响

失业会产生诸多影响，一般可以将其分成三种：社会影响、经济影响和政治影响。

一、失业的社会影响

失业的社会影响虽然难以估计和衡量,但它最易为人们所感受到。失业威胁着作为社会单位和经济单位的家庭的稳定。没有收入或收入遭受损失,户主就不能起到应有的作用。家庭的要求和需要得不到满足,家庭关系将因此而受到损害。西方有关的心理学研究表明,解雇造成的创伤不亚于亲友的去世或学业上的失败。英国卡迪夫大学社会心理与残疾研究中心主任艾尔沃德教授最新研究发现,工作是人们快乐健康之源。除了来自经济上的压力,失业群体往往很郁闷,因此患抑郁症、生病甚至死亡的可能性都要高很多,"失业甚至比从事石油勘探或当狩猎向导这样的职业还要危险"。

失业的人自杀的可能性是工作的人的6倍,而失业的年轻男子自杀的倾向比同龄有工作的人高40倍。美国经济在1929—1933年减少了30%,8812家银行倒闭,上千亿美元财富付诸东流,生产停滞,百业凋零,经济危机加上大萧条时间持续长达10年之久。失业率从3%升至25%,达到5 000万人失业人口,数以千计的人跳楼自杀。(摘自《美国经济转型分析与启示》,《对外经贸实务》,2008年第5期)

短时期不工作的人面临着轻微的危险,而失业达6个月以上的人则面临严重的健康威胁,相当于一天抽20包香烟。"人们往往希望控制自己能做什么、怎么做和什么时候做,而工作中,雇主赋予雇员更大的控制权可以给他们带来快乐。人们往往以为自己讨厌工作,可是事实上,和同事在一起做事可以让他们得到认同感,感到自己做的东西有价值,让他们更快乐。而快乐和健康是有绝对联系的。"(据英国《每日邮报》)

此外,家庭之外的人际关系也受到失业的严重影响。一个失业者在就业的人员当中失去了自尊和影响力,面临着被同事拒绝的可能性,并且可能要失去自尊和自信。最终,失业者在情感上受到严重打击。

2008年12月6日,蚌埠铁路公安处乘警支队乘警刘佳在温州至阜阳列车上给返乡农民工解释回乡就业政策和劳动法常识。由于受国际金融危机的影响,广东、江浙等沿海的一些企业用工减少,在沿海地区打工的农民工开始提前返乡。为了有效地稳定这些提前返乡的农民工情绪,蚌埠铁路公安处的乘警在温州—阜阳的N402次列车上,对返乡农民工进行了劳动法常识普及、就业培训和咨询信息发放,帮助他们进行职业介绍、就业指导,引导他们在旅途中以稳定和积极的心态回乡就地就近转移就业(见图4-10)。

经过几十年的改革,下岗再就业、失业保障、世界性金融危机发生之后,人们普遍关心的一个重要问题就是,金融危机以及随之而来的经济危机

图 4-10　乘警为返乡民工开展心理引导
（新华社　记者王雷摄）

会不会传导到社会,会不会导致社会危机的发生?这当中最重要的问题就是失业。可以说,失业是经济危机转化为社会危机的最基本链条。茅于轼先生说过,如果不是因为失业问题,经济危机本身其实也没有什么可怕的。在一次论坛上,有的学者对于就业问题甚至用了这样的说法:人们在买房子的时候,强调的是地段、地段、地段,而在经济危机中,最关键的问题就是就业、就业、就业。而失业问题在中国还有一层独特的含义。因为目前在中国发生的,在很大程度上,是国际金融危机引爆的传统生产过剩危机,问题主要是集中在实体经济的层面,特别是那些低端的、面向出口的、劳动密集型的产业。这就意味着,同样程度的经济问题,在中国引起的失业问题会更为严重。

金融危机中的失业问题是发生在我国就业压力本来就很大的背景下。数据显示,2009 年我国需要安排就业的人数达 2 400 万人。其中包括 1 300 万全国城镇新增劳动力和 800 万名下岗失业人员,此外还有 300 多万名其他人员需要等待就业安置。中国社会科学院的报告表明,城镇失业率已经攀升到 9.4%,是官方数据的两倍。有学者甚至认为,实际的失业率可能比上述数字更高。金融危机的冲击,无疑会为这种状况雪上加霜。

就目前的情况而言,农民工和大学毕业生已经成为就业形势转差的两个最大受害群体。2008 年 6 月以来,在珠三角和长三角等沿海经济发达地区,许多工厂倒闭,大量农民工待业或返乡。实际上,沿海地区大量出口企业倒闭、农民工失业早在全球金融危机大规模爆发前就开始了,其主要原因是美元下跌、人民币升值，出口退税取消，尤其是实行紧缩货币政策后，企业贷款紧张等。金融危机对中国的冲击发生后，形势进一步严峻化。据估计，在2008年年底，返乡农民工的数量有可能超过1 000万人。2009年应届高校毕业生将达到610万人，加上历年没有就业的人员，超过700万名毕业生需要解决就业问题。大学生就业难，已经成为一个普遍的社会问题。

白领或中产阶层的失业问题看似不如农民工那样集中，规模也不如前者大，但由于这部分人在社会中独特的位置，其失业造成的社会影响可能会更大。特别值得注意的是，白领或中产阶层失业的特点之一，是其失业过程中造成的职位不稳定感和职业不安全感远远超过实际的失业状况，因此，这部分人失业带来的职业恐慌和信心危机，将会是更为严重的，并可能由此导致严重的社会问题。

为了说明这个问题，孙立平分析了"削底式裁员"与"削边式裁员"概念。在由金融危机导致的企业裁员中，这两种裁员是有很大区别的。所谓"削底式裁员"，是指被裁减的是底层的一线工人或下层职员。而"削边式裁员"，则是指不同层次的就业职位基本按照同样的比例裁员，在这种裁员中，高层、中层管理人员要和下层职员甚至一线工人同样面临失业的威胁。在人们一般的想象中，可能会觉得金融危机中的裁员或失业会以削底式的方式进行，但从目前已经发生的情况看，更可能的是以削边的方式进行的。因为一个高层或中层管理人员的工资要相当于很多个下层管理人员或一线工人的工资，裁减中高层管理人员能更有效地减少企业费用和工资成本，而且在底层人员被裁减之后，处于过剩状态的中高层管理人员被裁减就成为必然。2009年年底的一则报道题目就是《美国银行裁员之刀伸向高管》。据美国的一项调查表明，56%的企业高层预期来年裁员，47%的员工忧虑失业，25%的人开始翻阅招聘广告或更新自己的履历表，为可能面对的失业做准备。甚至有人开玩笑说，危机时期千万不要要求提薪，因为薪金高的人更容易被裁掉。特别是在金融危机中，往往是整个企业倒闭，而在整个企业倒闭的过程中，无论哪个层面上的人都不可能幸免。

"削边式裁员"导致的一个直接结果就是"逐级踢下效应"的形成。即一个位置较高的专业人员的失业，会导致逐级向下顶替，当然这种顶替往往不是发生在企业内部，而是发生在企业之间，特别是不同层次的企业之间。这意味着一个上层的就业岗位的失去，可能会导致若干个岗位上人员的更替。换言之，在这样的失业中，由失业造成的工作不稳定性要远远大于失业本身，由此形成的工作不稳定性的预期会由此而大大放大。形象地说，最终就业位置每减少1个，可能会有10个人经历短暂失业或工作变动，100个人产生工作的不安全感。在这种情况下,职业的不安全感就会产生,甚至形成大范围扩散。与此相联系的,就是社会信心受到沉重打击。在中国,由于中产阶层家庭负债率普遍偏高,许多人都有大笔的房贷需要按月偿还,因此,工作不稳定性带来的影响将会是巨大的。

正因为如此,各国政府在应对经济危机的时候,一个必须考虑的重要问题就是如何保障就业,至少使失业问题不至于过分恶化。在中国政府不久前出台的系列性应对措施中,其中之一就是要解决就业问题。

一般地说,失业问题的严重程度取决于两个因素:一是人口结构以及每年进入劳动年龄人口的比例;二是经济增长的速度。有专家曾经根据各国人口构成的情况,以经济增长能保证劳动力就业增长的需要为依据,界定过各国经济衰退的临界点:中国为8%,印度为6%;其他发展中国家为3%~5%,欧美等发达国家为0%。人口老化严重、劳动力数量在减少的日本,轻度负增长不算衰退。在国内,也形成了这样一个普遍的共识,中国的经济增长速度一定要保障在8%以上,否则失业问题就会恶化。有一种说法,经济增长每下降1%,就将增加约千万失业人群。因此,保增长就成为应对失业问题的最重要措施。

但是经济增长与就业的关系,并非仅仅取决于经济增长的速度,同时也取决于经济增长的模式。有时后者的影响甚至更为重要。因此,8%的经济增长与就业之间并不存在固定的关系。有数据显示,在不同产业部门增加边际投入1万元,能形成的就业机会是不一样的,餐饮业可以带动就业0.247人,而包括金属制造、电力、机械制造、化工等在内的重化工业都在0.05人以下。有经济学家认为,修一条地铁投资50亿元,能提供2 000人就业就已经不错了。类似地,修高速公路、铁路、水电站、核电站这些都一样,都无法创造大量就业岗位。相反,加强对创业和中小企业的资金、政策扶持则意味着能创造很多就业机会。因此,如何将应对金融危机、保增长的措施真正落实到扩大就业上来,是目前迫切要解决的问题。

(资料来源:清华大学社会学教授孙立平:《经济危机中的失业链条》)

二、失业的经济影响

失业的经济影响可以用机会成本的概念来理解。当失业率上升时,经济中本可由失业工人生产出来的产品和劳务就损失了。衰退期间的损失,就好像是将众多的汽车、房屋、衣物和其他物品都销毁掉了。从产出核算的角度看,失业者的收入总损失等于生产的损失,因此,丧失的产量是计量周期性失业损失的主要尺度,因为它表明经济处于非充分就业状态。20世纪60年代，美国经济学家阿瑟·奥肯根据美国的数据，提出了经济周期中失业变动与产出变动的经验关系，被称为奥肯定律。

未来的一二十年是我国改革开放的关键时期，大量的农村富余劳动力要转移到城镇就业，城镇新增的适龄就业人员也有较大的就业需要，这就使得我国在未来这一二十年内面临着较大的就业压力，就业问题是我国政府宏观经济政策要解决的最主要问题之一。奥肯定律告诉我们并提供了一个可能的解决方案，即一定要保持 GDP 的高速增长，这样一方面能迅速提高我国人民的生活水平，同时也能较好地解决未来的就业压力。

失业者可领取一定的失业救济金，但其数额少于就业时的工资水平，因而生活相对恶化，促使其重新就业。从这一点上来说，不少西方经济学家认为，一个合理的失业率及其失业现象的存在，是促进社会发展所必需的条件之一。

没有工作的人，对自己的工作不满意者，都统称为失业人。

必须强调的是：一个人被认为是失业的要素是他必须是劳动力当中积极的成员，而且是在寻找有报酬的工作。

多数国家政府劳工部门收集和分析失业的统计资料，最后并将其列为经济状况健全程度的主要指标。研究失业趋势和人口各组间统计数字的差异，以取得它们对经济发展总趋势和作为政府将采取行动的依据方面的含义。自第二次世界大战以来，充分就业一直是许多政府的既定目标；为达到此目标，已草拟出各式各样的计划方案。应该指出的是，充分就业不一定与零失业率的含义相同，因为在任何一定时候，失业率总要包括一定数量的游离于新、旧工作之间，但在长期意义上又不是失业的人们。在美国，2% 的失业率时常被引作基础比率。

失业对企业产生双面效应。正面的效应在于，失业的在岗职工面临极大的压力，为了保证不失去工作岗位，员工的工作积极性、主动性、加班意愿空前提升。企业管理员工的难度下降，公司效率提高。但是，周期性的失业往往与宏观经济环境不景气相关，因此，所有企业起始均处在困难之中。只不过此时员工与企业的相互忠诚度均提高，员工愿与企业共渡难关。而当失业率很低的时候，一些企业主抱怨，员工的忠诚度不高，员工跳槽意愿增加，企业主必须小心翼翼地对待员工，生怕得罪核心员工。第二方面的影响是所有企业均共同面临的。持续扩大的失业队伍，必然导致消费信心及消费能力的双重下降。这种市场资源的减少，在乘数效应作用下，终将影响到所有企业的进一步发展。

各国政府在积极应对失业造成的危机过程中，同样处于重重危机之中，考验着各级政府的执政力、政策执行力以及应变能力。

三、失业对政治的影响

失业对政治的影响不可忽视。对于任期内失业率居高不下的那些总统，投票人往往要在大选时惩罚他们。在1932年、1960年、1980年、1992年这样的衰退时期，美国执政党都失去了总统的宝座。相反，在1964年、1972年、1984年、1996年这样低失业率的繁荣年份，执政党都得以连任。

本次金融危机导致失业潮，使欧洲的俄罗斯、法国、英国、瑞士、希腊、冰岛、保加利亚、拉脱维亚和立陶宛，非洲的马达加斯加岛，拉美的智利、瓜德罗普岛等，发生民众的抗议与罢工。

据各方面报道，从2008年年底以来，莫斯科、圣彼得堡、符拉迪沃斯托克(海参崴)和索契等城市爆发了反政府示威游行。在莫斯科有大约2000人上街。比较突出的是远东的海参崴，数千民众上街游行，抗议政府于12月10日做出的关于向进口汽车征收80%的入口税，以保护本土汽车业的决定。当地不少企业从事进口及改装日韩汽车的行业，新措施将影响最少10万人的生计。俄罗斯政府的这项政策，着眼于保护本土汽车业，尽管存在"关税壁垒"之嫌。

美国次贷危机爆发以来，其国内失业率节节攀升，大选结果一定程度上体现了人民的意志，即美国选民选举擅长经济的民主党而非擅长军事的共和党。

在G20峰会和北约峰会召开之前，数千人在柏林和法兰克福参加了主题为"我们不为你的危机买单"的游行活动。柏林的示威者在上周六象征性地"埋葬了资本主义"，呼吁建立新的世界(见图4-11)。

失业对城市群体政治行为与态度有较大影响。

古希腊政治学家亚里士多德认为，人在本性上应该是一个政治动物。为了谋求更为优良的生活和共同利益，生活在现代社会中的人不得不关心政治。无论对失业群体在经济和社会地位如何评价，面对政治是他们无法回避的选择。调查发现，广州城市失业群体不仅关心政治，而且还成为一种潜在的政治资源，正在影响着我们的社会，有着自己的政治态度和行为选择，形成了自己的政治话语。

广州城市失业群体的政治参与态度呈现出三个特点：

一是政治参与的理性选择与非理性相连。通过219个失业人员对参政议政是否有兴趣的观测，23.3%的失业人员对参政议政表示"很有兴趣"，45.2%表示"有点兴趣"，而超过三成的失业人员对参政议政"不感兴趣"。

第四章 失　业

图4-11　柏林的示威者

　　从理性上讲，失业人员作为一个利益受损的群体，通过参政议政来表达和反映自己的利益预期价值是一个比较正常的渠道。但通过"您了解人大代表或党代表的候选人吗"的选项观测，对人大代表或党代表候选人的"了解一点"或"不了解"的比例达到91.8%。对人大代表或党代表不太了解的原因，除渠道不畅通以外，恐怕与失业人员的主观认识有一定关联。非理性选择决定他们缺乏对候选人了解的强烈愿望。就是在不太了解候选人的情况下，有64.9%的被访对象能够比较积极地参加人大代表或党代表的选举，从而表现出政治上的非理性。

　　二是政治参与同关注自身利益诉求相关。失业群体政治参与的态度比较强烈，表现为对每天发生的新闻事件的关注。失业人员对"您每天关心的社会新闻是什么"的问题回答时，46.6%的被访对象关心国内外政治新闻，28.8%的人关心财经新闻，对经济和政治问题的关心比例超过七成。时代和环境的变迁引起社会的变动，与每个社会群体的利益变动有关，处于自身利益考虑，他们比较关心政治。关心市长的政府工作报告是了解政府施政纲领的一个窗口。关注自身利益是否得到政府的承诺，成为他们阅读报告的动机。作为广州市民，75.8%的失业人员表示阅读过市长的政府工作报告。从上述两个选项的观测，失业人员的政治参与程度与他们的利益诉求有着密切的关系。

　　三是政治参与主观上呈现比较积极态度。从失业人员的主观态度上，无论是对参加选举的态度、了解国内外大事，还是对政府工作报告的了解程度，都能够说明广州城市失业群体有着与农村失业群体不同的态度，他们并不把个体的利益实现寄托在"命运不佳"或"上苍无眼"这种传统意识的判断上。

随着国有经济体制改革和经济结构调整力度加大，事业单位改革即将全面推开，失业群体数量在未来一定时期内还会处于动态的增长。失业群体连同他们的经济社会状况，绝不仅仅是一个社会问题，或者一个经济问题，同时还是一个政治问题和文化认同的问题。从社会协调发展和维护社会政治稳定的角度看，失业群体因利益受损容易引发社会治安问题；生活贫困极易使失业群体卷入非主流文化的漩涡；失业群体扩大化不利于政治体制改革的推进。

我们应以多维视野关注城市失业群体，坚持多管齐下，综合治理。一是要提高社会整合力，建立失业群体的权利保障机制。既要加强制度创新，健全社会支持网络，又要加强人力资源的开发，促进失业人员的全面发展。二是要化解各群体之间的矛盾，疏通和扩大各社会群体政治参与。善于化解群体间利益矛盾，疏通和扩大各社会群体的政治参与，不断提高党的执政水平，为化解矛盾提供强有力的政治保障。三是要实行心理调适，做好符合弱势群体特点的思想政治工作。

【阅读专栏】

金融危机下的日本失业者流落街头无处栖身　官员称不管了

中新网1月31日电　日本丰田汽车等制造业企业集聚的爱知县近来出现裁员高峰。从2008年10月至2009年3月预计失业人数将超过两万人，列日本全国之首。一些丰田公司的非正式员工如今无家可归流落街头。共同社报道称，名古屋市的短期救助设施也人满为患，不少人向政府申请生活补助。名古屋市政府无奈表示"已经到了极限"，但日前索尼、松下等公司也宣布对下属工厂进行整合，预计情况将日趋严峻。

2009年1月中旬，一些援助团体前往名古屋市中村区政府的会议室，询问"东京的'派遣村'可以当天发放生活补助。为什么名古屋不行呢?"政府官员面对失业者的愤慨表情也只能表示"'派遣村'是特例。非常抱歉,请你们回去吧"。对此失业者说"连睡觉的地方都没有,让我们回哪里",官员表示"那不管了"。这样的回答激怒了众人。

一名来自秋田县的男性与其他失业者一起坐在区政府大楼二楼的椅子上等待解决问题,他说"去年3月起作为非正式员工在丰田公司总部工厂生产'雷克萨斯'汽车的零件"。"雷克萨斯"是丰田公司的高档品牌,每辆最低售价400万日元(约合30万元人民币)。

去年10月这名男性被解雇,成了在车站、桥下生活的流浪汉。这种生活的落差只在一瞬间。一个月的流浪生活让他左半身麻木,到了医院被推荐进行仔细检查,结果发现是营养不良。他在公共职业介绍所(HELLO WORK)也没有找到包住的工作。这名男性认为"居无定所也不好找工作",因此他接受援助团体的建议,申请了生活补助。

新年伊始,爱知县就出现了大量无家可归者。受理的生活补助到去年12月为止,整个县达到958份,超过上年同期约200份。中村区的状况尤为突出,从1月5日至20日就接到了约200份申请,而去年1月份一个月才只有129份,而且目前申请数量仍在增加。

尽管与市政府的交涉没有取得进展,但援助团体已决定整个1月在区政府提供救济粮。一名来自盛冈市、刚刚到达名古屋市的男性也在这里领到了饭团,据称他从JR京都车站出发,途经米原、关原、大垣等站,沿途从各地政府的福利窗口领取车票才到达目的地。

这名男性去年12月被长野县白马村的酒店解雇,之后在大阪从事短工,尽管吃住基本无忧,但每天的收入只有1 000日元,除去洗澡、洗衣服的花费之后,只剩600日元。他离开大阪府枚方市的宿舍后,风餐露宿步行到京都车站。他说"已经3、4天没吃没睡了。有时候甚至想去偷东西"。帮助短工等的"笹岛诊疗所"的藤井克彦表示"这已经不是单一地方政府就能解决的问题",希望中央政府能尽快进行援助。

(资料来源:http://www.fx120.net/special/200904/404403.html)

【阅读专栏】

一个老华尔街人的失业记

在金融危机和财政危机的双重压力下,失业笼罩着纽约的中产阶级。他们中的一些人开始了艰难的调整。

表面的繁荣

旅游业的繁荣,正是金融危机的一个侧面反映。

从一个初来乍到者的眼光,世界金融危机爆发近一年后,这个危机源头——纽约曼哈顿华尔街地区的大街上,还根本看不到危机的影子。

纽约交易所旁边的路口,成群结队的游客拥在路口四处张望、照相、嬉闹,身穿西装、各种肤色的华尔街白领们熟视无睹地匆匆经过。旁边,一个即将表演的乐队将路边围出一块场地,正在准备彩排。华尔街狭窄的街道被挤得满满的。

不远处世贸中心遗址上,吊车和机器在轰鸣——纽约市经过市民投票,正准备在遗址上新建一个博物馆——众多游人们则在旁边排着队准备参观,或者嘻嘻哈哈地在照相——美国人8年前曾经的愤怒、悲痛,已成为自己和世界各地而来游客们的新谈资和景点。往南,华尔街那头象征着美国股市和经济的奔牛塑像四周,围满了照相的游客。再往南曼哈顿岛南端的码头上,等待游船的游客排成了几百米的长队,自由女神像在远处岛上遥遥可望。无论在华尔街,还是在第五大道这些曼哈顿最著名的商业区,或者在百老汇剧院的门口,表面的繁荣热闹依旧引人入胜。

但是,这些只是表象。旅游业的繁荣,正是金融危机另一个侧面的反映。

危机之后,巨大折扣和优惠,已经成了纽约市酒店、旅游业借以招徕顾客的法宝。在曼哈顿中央公园边上的一家酒店,每晚上百美元的房费被优惠到了每晚10美元——仅限一天。而其他一些200美元左右的星级酒店,在网上甚至四五十美元就能拍到一晚。他们都指望着顾客能拿到优惠之后,续住在这里一两晚,以便挽回成本。

而对于旅游者而言,如果不嫌麻烦,不断换地方居住,他们就能以无法想象的低廉价格,在曼哈顿和纽约尽情游玩。正是这些巨大的促销，促成了纽约旅游业的表面繁荣。但实际上利润也许根本不存在了。

50岁失业

公司为了保持利润率宣布全球裁员，被裁的多是像麦克尔一样年薪十多万元的老员工。

对于那些天天生活在这里的纽约人而言，金融危机已深刻改变了他们的生活（见图4-12）。

图4-12　原华尔街金融业从业人员街头卖艺

（摘自http://www.jrj.com　新华社/法新）

麦克尔今年50岁，在纽约银行业服务了14年。2009年1月，麦克尔收到了公司的通知：他被解雇了，遣散费按一年工龄换两周工资计算，即6~7个月近半年工资计算。

麦克尔工作的这家公司原是纽约最古老的银行，但当IT系统装备银行之后，这个银行开始越来越多地为其他中小银行提供原IT后台外包服务，并逐渐以此为主业，放弃了传统银行业务。麦克尔就是这个银行IT系统服务商的IT工程师。

如果没有这场危机,麦克尔本已经指望在这个自己奉献了青春的公司养老退休。金融危机来了之后,麦克尔和他的同事们有些庆幸:公司主业已经转换,不会受到银行大量倒闭和裁员的冲击。而且,年底的时候他们也得知:公司并未亏损,只是利润率受到一些影响。

现实变得越来越残酷。不知不觉中,麦克尔发现,纽约尤其曼哈顿早班地铁已不像以前那么拥挤了,中午休息吃饭的时候,原来喜欢大方购物的女白领们也不那么起劲了——虽然她们并没有被裁员。周末,超市里人们推着的购物车里,东西也似乎少了。

当然,对长期在华尔街上班的麦克尔来说,华尔街的衰落始于8年前,世贸中心双塔楼遭受恐怖分子袭击。那之后,可容纳5万人的世贸大楼变成废墟,纽约市因此减少八万多个工作机会,甚至导致华尔街北面的中国城,尤其是餐饮业明显衰落。

"很多中国人都从那里的中国城迁走了。"麦克尔说。而现在的华尔街,坑坑洼洼的路面和糟糕的公共基础设施,已经让人习以为常了。

但是,金融危机后的华尔街已经容不下麦克尔,他安安稳稳在这个公司退休的美好愿望,敌不过赤裸裸的资本逻辑。

圣诞节过后不久,公司为了保持利润率,宣布在全球裁员15%,被裁的多是麦克尔一样年薪十多万元的老员工。公司开始进一步将业务外包到印度等国——印度的工资成本,只有麦克尔等人的1/10,甚至更低。

麦克尔变成了华尔街众多失业大军中的一员,而且,不断有新生力量补充进来。

仅2009年3月份,华尔街就裁员3 100人,就业人数仅剩下16.92万人。在整个纽约市,3月的失业率为8.1%,几乎是2008年同期失业率4.6%的两倍,甚至比纽约州的7.8%还高(纽约州失业率也几乎上升了一倍)。短短几个月之间,纽约市所在的纽约州,过去五年经济高度繁荣时期新招的40万人,很快被裁掉近半。

此刻,一个在哥伦比亚大学读大二,另一个2009年暑假之后即将读大学的儿子都在等着麦克尔给他们交学费和生活费。而这些学费绝非小钱。

> 麦克尔的大儿子就读于纽约哥伦比亚大学的电子工程专业,是私立大学,生活费昂贵,一年的学费加生活费有5万美元左右,所幸的是儿子学业不错,每年奖学金能拿到学费和生活费的一半左右。小儿子即将读公立的纽约州立大学长岛分校,每年的学费住宿费也要近万美元,加上生活费一年也要1万美元左右。两个儿子读大学加起来,一年就是四五万美元。
>
> 如果没有意外,这些钱对典型中产阶级家庭的麦克尔一家来说不是问题,可现在,上有老下有小,50岁的麦克尔失业了。
>
> (资料来源:http://www.infzm.com/content/32478 作者韦黎兵)

第四节 失业治理

失业是最直接而又最严重地影响人们的宏观经济问题。根据奥肯法则,经济中失业率每超过自然失业率1个备份点,产出率就将下降约2.5个百分点。对整个社会而言,失业意味着人力资源的浪费,如果能够充分利用这部分的生产要素,全社会的产出能够得以提高。而对大多数人来说,失去工作意味着生活水平下降和心理折磨。因此,失业也是一个重要的社会问题。降低失业率一直以来都是宏观政策的主要目标之一。由于不同类型失业的产生原因各异,故采取的治理措施也不尽相同。

据美联社报道,2008年12月1日,冰岛游行示威群众涌进首都雷克雅未克的城市广场。全球金融危机摧毁了冰岛3家主要银行,许多商业计划失败,失业率上升,价格飙升,冰岛克朗价值骤然下跌。国家破产了,而在数年前,冰岛被西方主流经济学者认为是全球幸福指数最高的国家(见图4-13)。

一、对摩擦性失业的治理

劳动力市场是不断变动的,信息不是很完备的。在这两种约束下,劳动力的流动就需要一定的时间,因而摩擦性失业不可避免。

根据这种情况,可以通过缩短选择工作的时间来减少摩擦失业。例如,可以通过增设职业介绍所、青年就业服务机构,创建就业服务网站,以更多的途径传播有关就业的信息等方法达到减少摩擦失业的目的。大学生失业是一种典型的摩擦性失业,2009年,各级政府出台了相关政策积极促进大学

图 4-13 冰岛首都雷克雅未克的游行示威活动

生就业。

【阅读专栏】

"人资部"向全国推广大连促进大学生就业 6 项举措

大连电台 8 月 7 日消息　日前,国家人力资源和社会保障部向全国通报大连高新区促进大学生就业六项举措,"大连经验"引发了全国关注。

大连高新区促进大学生就业的六条举措是:建立和完善高校毕业生就业援助制度、鼓励企业招用应届毕业生、实施高校毕业生特别培训计划、实施择业期内高校毕业生见习制度、鼓励高校毕业生自主创业、鼓励高校毕业生到基层就业,凡在高新区自主创业的项目给予 3 万到 5 万元的无偿创业扶持资金,并给予费用补贴,提供免费服务。大连高新区还规定,对园区招收 2009 届普通高、中等学校毕业生的企业,园区财政给予企业一次性岗位补贴,其中本科及以上毕业生和大专毕业生每人补贴 3 000 元、2 000 元。据了解,大连高新区今年已安排了 2 000 万元资金用于鼓励和补贴招用、培训毕业生的企业和自主创业的毕业生,已为 5 000 多名毕业生提供了就业岗位。

(资料来源:http://www.cnv.cn. 大连人民广播电台　责编李志勇)

二、对结构性失业的治理

大多数国家都把保持一定的经济增长速度作为追求目标之一,因为经济增长可以增强一个国家的国力并提高人民的生活水平,也是保障就业的措施之一。然而,经济增长的过程必然伴随着经济结构的变化,而经济结构的变化就会导致结构性失业。所以我们必须辩证地看待结构性失业的治理。

一般来说,有两种不同的方法来减少结构性失业。其一是试图阻止或缓减导致结构性失业的经济结构变化。几个世纪以来许多国家的政府和工会通过阻止或减缓经济结构变化来减轻失业的威胁。其二是接受伴随经济增长的经济结构变化并设计出使经济更适应这种变化的政策。结构失业是劳动力不适应经济结构变化后的工作,可以通过对受结构性失业威胁的人进行教育培训的方法来解决这一问题。另外,可以通过帮助劳动力迁移,使劳动力很容易在不同的工作与地域之间流动,以此来降低结构性失业。对摩擦性失业以及结构性失业,只能降低其影响程度而不可能完全消除。

值得注意的是,对于区域性的结构性失业问题,应系统地加以考虑。比如,在湖北省宜昌市承接产业转移,解决就业问题时,有学者主张,要多建立劳动密集型产业,以解决移民就业以及失地农民就业问题。但是,对于城市经济体来讲,建立任何形式的企业,首先考虑的是产品竞争力的问题。企业只有建立在产品竞争优势基础上,才能生存下去,进而解决就业问题。就业需求是一种派生需求,区域经济体首先建立具有区域特设的产业集群,第二产业发展了,带动第三产业发展,才能从根本上解决就业问题。

三、季节性失业的治理

季节性失业可以通过采取旅游消费券,建筑材料科技创新,促进施工的非季节性,储存技术改进等各项措施来刺激某些消费需求或促进某些产业的生产来刺激这些产业对劳动力的需求。

四、周期性失业的治理

周期性失业是由"有效需求"不足引起的。对于这种失业,按照凯恩斯的意见,只要国家积极干预经济,设法刺激"有效需求",并以实现"充分就业"为目的,就能够实现充分就业。他提出的重要措施是:第一,刺激私人投资,为个人消费扩大创造条件;第二,促进国家投资。一般认为,通过扩张性的财政政策来刺激总需求,以消除由于需求不足而造成的周期性失业。

【阅读材料】

奥巴马总统的经济刺激计划

昨天当选总统奥巴马,副总统拜登(左二),参谋长伊曼纽尔(右二),以及其他经济顾问在芝加哥鼓吹一个新的经济刺激计划(见图4-14)。

图4-14 美国总统奥巴马,副总统拜登,参谋长伊曼纽尔

美国失业率在9月份上升速度最快,达到了26年新高,预示着这可能是自20世纪70年代经济衰退导致失业率的最高增幅,这引起了经济学家的担忧。

现在已有超过1 000万美国人没有工作,与一年前相比增加了大约300万人,尤其在制造业、建筑业、零售行业受到冲击最大。

马萨诸塞州在过去一年里增加了就业机会,近来开始显现就业人数下降的迹象。该州的强大技术支撑、较高的教育、科学卫生水平,有助于减缓全国的就业形势。但经济放缓导致国内外对马萨诸塞州技术产品市场需求萎缩,以及华尔街的崩溃又摧毁了国家大型金融服务部门。

就在本周,波士顿富达投资机构表示,将在全球削减1 300个工作岗位,占员工总数的3%,这意味着在马萨诸塞州将有345个岗位被削减;商业软件制造商 Egenera 公司表示,将在全球削减87个职位,包括该州30~35个。一个沃尔瑟姆咨询公司 IHS Global Insight 最近预测,这个州未来一年可能会再失去多达76 000个工作职位。

全国失业率,自2007年早期达到最低点4.4%以来,在2008年10月份跃升至6.5%。经济学家预计一年多内失业率将继续上升,在8%左右达到顶峰。按照 UBS 经济学家说法,大约3.5个百分点增长,是自1950年经济衰退期以来的第二个最大的失业率升幅。在1973年至1975年经济衰退时期,阿拉伯石油禁运削弱了美国经济,失业率攀升更大的增幅,4.8%飙升至8.9%。UBS 经济学家詹姆斯·奥沙利文说:"直到两个月前,我们还在谈论温和的衰退,现在已经确定是全面衰退了,最终这将是一场严重的危机。"

10月的失业率达1982年11月以来最大单月涨幅,这是全球金融海啸发生以来,经济恶化的另一个迹象。美国商务部近日公布,美国经济在第三季萎缩,而约占经济活动的70%的消费者支出,自1991年以来首次下降。企业支出趋于停滞。

结果,失业正在加速。美国劳工部昨天报道,在9月和10月雇主共削减50多万个职位,几乎相当于前8个月之和。自1月份以来,失业浪潮席卷而来,全国已削减超过100万个就业岗位,一些经济学家预测,直到2009年年底300万美国工作岗位流失,之后劳动力市场才会复苏。在2001年经济衰退期美国削减了约250万个就业岗位。

经济分析师说美国劳动力市场需求的快速萎缩是一个不祥的征兆。在主要行业中,只有政府,教育和卫生行业增加了就业机会。制造商削减了9万个就业岗位;建筑业削减了49 000人,而零售行业削减了38 000人。当人们失去工作,他们削减开支,从而减少对商品和服务的需求,从而导致企业削减产量,最终减少更多的就业机会,形成恶性循环。波士顿某金融机构首席经济学家比尔·切尼表示,"我总猜想情况还会更糟糕,但这似乎糟糕到我们所能想象的了"。

许多经济学家认为,国会应该在今年年底前通过减税刺激方案的法令,增加失业福利,增加公共工程支出,以刺激经济和就业。等到1月份总统当选人和新的国会就职以后再采取行动,就要冒着经济进一步恶化的风险。昨天,奥巴马在他的自星期二赢得选举以来的第一个新闻发布会上说,他迟早要实施一揽子经济刺激计划。如果国会和布什政府没有通过刺激法令的话,那么这将是他就任总统做的第一件事。但是奥巴马补充说道:"这不会很快,要使我们从目前的困境里摆脱出来不是很简单的事。"

(资料来源:杨晓译,赵建华校:《今日美国》)

【阅读材料】

国务院出台十大产业振兴规划刺激经济保障就业

为了应对金融危机对我国实体经济的影响,今年年初,汽车、钢铁、造船、石化、轻工、纺织、有色金属、装备制造、电子信息、现代物流等十大重点产业调整振兴规划,一个接一个地出台。这些密度高、内容实、力度大的政策措施,在促进中国经济发展的同时,也将对中国就业市场产生深远影响。

统计数据显示,除物流业外的九大产业,其直接从业人员约占全国城镇单位就业人数的30%。随着国际金融危机对这些产业的影响逐渐加深,企业经营困难导致现有岗位流失现象比较严重,就业矛盾进一步加剧,劳动力供求严重失衡。在这样的背景下,国家出台产业调整振兴规划,稳定当前就业局势、解决就业问题,对拉动就业、促进人才结构转型也有着深远的影响。

1. 稳定就业是对当前经济形势的最大贡献

统计数据显示,2007年,除物流业之外的九大产业,其直接城镇从业人员达到了3 615.6万人,占全国城镇单位就业人数的30%。纺织和轻工的食品、造纸、家具、家电、皮革、日化等部分行业,相当的产值来源于农副产品深加工业,涉及3亿农民,吸纳进城务工人员近6 000万人。因此，稳定这十大产业人员的就业，对于稳定我国当前经济形势有巨大意义。

此次产业振兴既注重发展资本技术和知识密集型产业，又积极支持发展劳动密集型产业，力图构建多元化、多层次的产业结构体系，并大力实行财税、金融等扶持政策给予企业支持，如提高出口退税率一个百分点，鼓励纺织企业出口，进而稳定纺织行业2 000万人的就业。

在稳定就业基础上拉动就业，则可能是此次振兴规划带来的中长期影响。例如，我国纺织行业提出，在未来3年欲达到的目标是：出口保持8%的年均增长速度，纺织工业生产保持13%的年均增长速度，国内市场衣着类消费保持20%的年均增长速度。如果这三大目标都能实现，将为我国新增200万个就业岗位。

2. 产业调整振兴规划会降低预期失业率

一般来说，经济周期的波动对就业的影响，是一个逐步传导的过程。正如人力资源和社会保障部劳动科学研究所副所长莫荣所说，中国外贸进出口在2008年第四季度开始发生重大变化，如果情况不能够转好，其对就业市场的影响，可能会滞后到2009年年中才会有更大的反应。

而目前的劳动力市场已经对金融危机做出了反应，企业现有的岗位流失、用工需求出现下滑和城镇新增就业人数增速下降，农村劳动力回流的情况普遍增多。此次调整振兴的产业，如装备制造、电子信息、化工等资本密集和技术密集型的工业，仍将是中国工业高速增长的主体，仍是吸收就业人员的主要渠道。减少国外有效需求不足引起的失业，也将是此次调整振兴规划的主要影响之一。

3. 产业振兴规划会延缓结构性失业的发生

从一般意义上来说，产业结构的调整会引起结构性失业。早在2005年12月7日，我国政府就公布了两个有关产业结构调整的重要文件。一个是国务院颁布的《关于发布实施促进产业结构调整暂行规定的决定》；另一个是国家发展和改革委员会配套发布的《产业结构调整指导目录》。这两个文件，描绘了我国当时产业经济的蓝图。

许多专家学者曾指出，产业结构调整，必将通过转变我国的经济增长方式，而带来结构性失业问题。时至今日，在金融危机背景下出台的产业调整振兴规划，也避免不了这一必然矛盾，但是通过多元化、多层次产业结构的构建，我国政府力图最大限度地缓解这一矛盾。

这十大产业中包含有劳动密集型产业，如纺织业，对这类传统产业的扶持，以及通过科技创新来改造传统劳动密集型产业的做法，在一定程度上，会延后并缩短结构性失业发生的时间。而此次振兴，可以通过扩张多条产业链，吸纳更多的劳动力，包括从其他产业转移出来的结构性失业人群，通过产业间消化转移的方式减少结构性失业带来的危害，这是协调和解决当前金融危机形势下结构性失业矛盾的关键所在。

4. 产业振兴规划会促进人才结构调整升级

高端产业链条的搭建，将在很大程度上解决我国大学生就业的难题，并在一定时期内面临技能人才短缺的问题。此次产业振兴，力图大力发展高新技术和科技创新型产业，原有人才远远满足不了"升级换代"的要求，人才缺口将进一步扩大，我国技能人才及高端人才短缺的矛盾将进一步凸显。

2005年全国1%的人口抽样调查显示，我国专科及以上学历人口仅占总人口的5.18%，只及发达国家平均数的1/4。2005年中国人才报告显示，2010年我国专业技术人才缺口将达2 000万人。进一步分析表明，到2020年，我国人均GDP达到3 800美元左右时，需要10%左右的大专以上人才，即1.4亿人，比现有数量多出7 000多万人。也就是说，从现在到2020年，年均需要增加600万左右大专以上的毕业生才能实现这个目标。

因此，在规划产业振兴的同时，要进一步落实并优化人才结构升级的载体，即教育体系。要加大教育体制改革，扩大高等教育和职业技术教育的规模，把提高劳动者素质和适应市场竞争能力，作为解决推进结构升级与扶持就业矛盾的关键环节，通过提升人力资源质量，推进产业结构优化，使产业结构与人才结构这两种力量不断在动态中保持平衡。

5. 大学生就业短期内仍紧张，产业振兴规划有滞后效应产业振兴规划涉及国民经济发展的各大重要领域，而各领域之间的关联性极高，要增加就业特别是高端人才的就业，首先要改善有效需求状况。另外，调整振兴规划的着眼点，不仅是应对当前，而且是更长远的结构调整和产业升级，这就决定了产业规划的实施和效果呈现需要较长的时间，传导至就业的影响就会滞后一段时间，使规划的启动与就业状况的改善之间有一个时间差。因而，可能出现内需扩大了，购买力增加了，企业经营改善了，可就业状况却不尽如人意的情况。

因此，高校毕业生不要因为短时间内企业招聘情况的不如意，就失去信心，应该将眼光放得更长远些。首先，大学生必须认清当前所面临的经济形势和就业环境，接受现实，适当调整就业心理预期。一味地追求"高成"难以实现就业，而盲目"低就"也不利于今后职业生涯的发展，要在全面分析内外部条件的基础上选择自己适合的工作，适当调整心理预期，为自己争取到更多的就业机会。

其次，树立良好信心。一方面，从企业角度看，不少外向型企业虽然受金融危机冲击比较大，但这些企业仍需要吸纳人才。相对于直接生产线的冲击，企业对中高级管理人才、技能人才的需求变化不大。尽管受冲击最大的是外向型企业，但是在国家各项积极财政政策的支持下，不少企业现在正逆市投资，也需要吸纳一些人才开拓国内市场，进行生产、加工、销售。另一方面，从国家政策角度看，国务院文件多次提出，要切实把高校毕业生就业摆在当前就业工作的首位，积极拓宽就业渠道，完善落实各项扶持政策，鼓励高校毕业生到城乡基层、中西部地区、非公有制企业和中小企业就业，鼓励自主创业，鼓励骨干企业吸纳和稳定高校毕业生就业，鼓励承担国家和地方重大科研项目的单位积极聘用优秀高校毕业生参与研究，延长其学习与科研相结合的时间，落实对登记失业高校毕业生的相关就业扶持政策。

（资料来源：杨伟国，代懋：《产业振兴规划助推人才结构转型》，《中国教育报》，2009-3-25）

本 章 小 结

失业是最直接而又最严重地影响人们的宏观经济问题,也是影响国家稳定大局的关键因素。失去工作意味着生活水平下降和心理折磨。经济学家研究失业是为了确定其原因并帮助改善影响失业者的公共政策。

新中国成立 60 年来,中国劳动就业取得辉煌成就,1949 年,中国人口 54 167 万人,就业人口 18 100 万人,到 2007 年,全国总人口上升为 132 129 万人,就业总人口 76 990 万人。就业规模的扩大,为社会稳定和国家经济发展做出了重大贡献,也为经济衰退时期的失业埋下了隐忧。

改革开放以来,中国在制度变迁、技术创新、产业升级中产生了失业问题,也尽力在改革和发展中解决就业压力。美国次贷危机引发全球金融海啸以来,中国就业形势更加严峻。进入 2008 年下半年以来,中国内外需求疲软导致企业新增投资骤降,令失业人数猛增。由于新订单急剧萎缩,电子通信设备、仪器仪表、家具、纺织服装等经济板块受伤严重。企业利润下滑,新增投资冻结,并纷纷遣散工人,造成沿海民工大规模提前返回内地。

经济学家将失业归纳为四种类型:摩擦性失业、结构性失业、周期性失业、季节性失业。

目前,中国正面临着周期性失业、结构性失业和摩擦性失业相互交织的困难局面。全球金融危机也给各国各地区政府带来了危机,出现了政权更迭、制度反思以及社会动荡等社会政治经济现象。

我国国务院推出 7 万亿元的经济刺激计划,同时推出十大行业振兴规划,力求在危机中积极调整产业结构,同时通过扶持劳动密集型产业,保障就业,保障民生。国家通过出台针对性的扶助计划来支持大学生就业。

参考文献

[1] 萨缪尔森. 经济学(上、下)[M]. 北京:中国发展出版社,1992.
[2] 格里高利·曼昆. 宏观经济学[M]. 第 5 版. 北京:中国人民大学出版社,2002.
[3] 多恩布什,费希尔. 宏观经济学[M]. 第 5 版. 北京:中国人民大学出版社,1998.
[4] 黄亚钧,袁志刚. 宏观经济学[M]. 第 5 版. 北京:高等教育出版社,2003.
[5] 苏格兰学历管理委员会(SQA). 经济学Ⅰ:微观与宏观理论及其应用

[M]．中国时代经济出版社，2005．

[6] 平狄克，鲁宾费尔德．微观经济学[M]．北京：中国人民大学出版社，2002．

[7] 黎诣远．西方经济学概论[M]．北京：高等教育出版社，2007．

[8] 朱宝宪，陈章武．西方经济学习题集[M]．北京：清华大学出版社，1994．

[9] 王秋石．宏观经济学原理[M]．北京：经济管理出版社，2001．

[10] 孙强．我国结构性失业原因与对策研究[J]．经济问题，2009(4)．

[11] 叶飞文．要素投入与中国经济增长[M]．北京：北京大学出版社，2003．

第五章 货币与通货膨胀

第一节 货币的概念

一、货币的职能

我们每天都在同钱打交道，我们用钱购买所需要的物品和劳务。当我们说一个人有钱时，意味着他拥有很多财富，然而，从经济学的角度来看，货币并不是指所有财富，只是财富的一种类型，货币是可以方便地用来交易的资产，公众手中的货币构成一国的货币存量。在我国，人民币是被普遍接受的，因此它可以随时与别的物品以及劳务进行交换。

货币有三种职能：价值储存、计价单位、交易媒介。

1. 价值储存

作为价值储存的职能，货币提供了将现在的购买力转变成未来购买力的方法。考虑如下情形：我今天领到了本月的工资 2 000 元，我不会一天全部花完，我会留一部分用于整个月、下个月甚至明年的花费。

假设在一个封闭的经济中，不存在货币，该经济中有两种类型的人，即年轻人和老人，他们都以大米作为食物，而大米无法长期储存起来，最优的经济安排应该是年轻时将一部分大米储存起来，以备年老力衰、无法从事生产劳动时食用。但是，由于大米无法长期储存，这一最优的经济安排无法实现，现在假设该经济发行货币，并将所有货币送给老人，这样，老人可以用货币向年轻人购买大米，而当年轻人年老时，再用货币与下一代的年轻人交换大米，这样，最优的经济安排就实现了。

货币是一种不完美的价值储藏方式,如果物价水平持续上升,则用同样数量的货币所能买到的物品与劳务的数量减少了。例如,1985 年,玻利维亚经历了超级通货膨胀,比索按每年 38000% 的比率上升,许多玻利维亚人在领到工资以后,马上到市场购买大米和面条等食物,然后把剩下的比索拿到黑市换美元。

尽管如此,人们还要持有货币,这样他们在未来某个时间可以购买物品与劳务。

2. 计价单位

作为计价单位,货币为衡量千差万别的商品的相对价格提供了标准。微观经济学告诉我们,资源是按照商品和劳务的相对价格不进行配置的,然而,当我们走进商店,却看见一双安踏运动鞋的标价 300 元,一千克大米价格为 3 元,而不是一双安踏运动鞋的价格为 100 千克大米(尽管这是等价的),可见,商品之间的相对价格是通过它们各自与货币相交换的比例反映出来的,如果没有货币作为计价单位,在众多的商品中进行价值比较将是一件十分困难的事,如果没有货币这样的价值尺度,我们怎么能比较美国和中国的经济实力?

3. 交易媒介

货币作为交易媒介的职能表现为:人们可以用货币来购买任何所需要的商品或劳务。也就是说,货币是被普遍接受的法定等价物。

为了更好地理解货币的交易媒介职能,我们设想一个没有货币的经济:物物交换的经济。在这个经济中,交易的达成需要双方恰好同时需要交换对方的商品。设想有一个农民想用他的稻米交换木匠生产的犁,而木匠却不想要稻米,而想用犁交换养猪人生产的猪肉,可是犁对养猪人来说没有什么用处,他想要稻米作为饲料。这样,农民先用稻米交换养猪人的猪肉,再用猪肉交换木匠的犁。物物交换经济只允许有简单的交易,如果有了货币,这样的交换就轻而易举,这位农民只需将稻米换成钱,再用钱去购买犁就可以了,而木匠拿到钱去购买养猪人的猪肉,养猪人则用钱向农民购买稻米。现代经济中存在着成千上万种商品,人们的偏好也复杂得多,如果没有货币,经济将寸步难行。

二、货币的类型

货币采取了多种形式,现在,我国使用的是人民币,美国使用的是美元。这些钞票如果不是被普遍接受,就没有任何价值,没有内在价值的货币被称为法定货币,因为它是由政府的法规确定为货币的。

在历史上,大多数社会都曾把有某种价值的商品作为货币,这种货币称为商品货币。例如,黄金、白银都是商品货币。但是,使用金银作为货币,代价很高,因为每次交易都需要对金银的成色进行检验,并进行称量。

政府介入货币体系,按照统一的标准将金银铸成钱币,如金币、银元。这样有效地降低了交易成本,后来,政府开始发行可与金银兑换的钞票作为货币,这时,人们日常生活中很少使用金银,而用纸币作为交易媒介。最后,没有人想把钞票兑换成金银,只要每个人在交换中都接受钞票,它们就有了价值并成为货币,这样,商品货币制度就演变为法定货币制度。

三、货币数量

一个经济中能够获得的货币的数量被称作货币供给,在一个使用商品货币的经济中,货币供给是商品货币的数量。在使用法定货币的经济中,政府控制货币供给,法律赋予政府垄断发行货币的权力,控制货币供给称为货币政策。我国的中央银行是中国人民银行。

美国的中央银行是联邦储备体系,简称美联储,美联储控制货币供给的主要方法是公开市场业务,即买卖政府债券。如果要增加货币供给,美联储就买入政府债券,这样,货币就流入公众手中;如果美联储要减少货币供给,美联储就卖出政府债券,这样,公众手中的货币就减少了。

那么,如何衡量货币的数量呢?

由于货币是用来交易的资产存量,因此,货币量是这些资产的数量,但是由于现代经济中,可用于交易的资产多种多样,货币数量的测算也比较复杂。

现金是最明显的可用于交易的货币,它包括公众手中持有的纸币和铸币,大多数日常交易把现金作为交易媒介。

第二种用于交易的资产是活期存款。活期存款是指可以开支票,随时提取的存款。如果在交易中,卖者愿意接受买主开出的支票,则活期存款几乎与现金一样可用于交易。

一旦承认活期存款属于货币,那么许多其他资产也应该属于货币。例如,定期存款可以较为方便地转为活期存款,货币市场基金允许投资者开支票,这些资产可以很容易地利用交易。所以,它们应被包括在货币中。

从货币资产流动性的角度出发,有不同的货币数量的测算口径。我们分别有 C、M_1、M_2 等测算方法,在货币问题的研究中,最常用的是 M_1、M_2。

但是哪一个测算方法更好并没有定论(见表5-1，表5-2)。有时候，各种口径的货币数量的变动方向不一致，这时，对货币政策的衡量是一个麻烦的问题。

表5-1　　　　　　　中国的货币数量测算口径分类

C：流通中现金
M_1：C+企业活期存款+政府部门、社会机构、部队储蓄存款+农村储蓄存款+个人信用存款
M_2：M_1+城乡居民定期存款+企业定期存款+外汇储蓄+信托储蓄

表5-2　　　　　　　美国的货币数量测算口径分类

C：流通中现金
M_1：C+旅行支票+商业银行的活期存款
M_2：M_1+储蓄存款+小额定期存款+货币市场共同基金和其他存款

第二节　货币数量论

一、数量方程式

在理解了有关货币的基本概念后，我们来考虑货币数量对经济产生的影响。我们首先来看货币与物价、收入等经济变量的关系。

人们持有货币是为了交易，因此，他们进行交易的数额越大，人们持有的货币就越多，因此货币的数量与经济中的交易额密切相关。下面的数量方程式反映了这种关系：

$$M * V = P * T \qquad (5.1)$$

(5.1)式的右边反映了交易的情况，T代表一段时期内交易数量，P表示每次交易的平均价格，二者的乘积构成了一段时期内交易的总额。(5.1)式的左边反映了用于交易的货币情况，M是货币的数量，V是货币的平均流通速度，它反映单位货币在一段时期内交换的次数。

例如，假设某经济中有1 000千克大米，每千克大米3元，则(5.1)式的右边就等于：

$$PT = 1\ 000\ 千克/年 * 3\ 元/千克 = 3\ 000\ 元/年$$

这里的 3 000 元是所有交易的价值。

再假设经济中的货币量是 1 500 元,我们可以计算出货币流通速度是:

$$V = PT/M$$
$$= 3\ 000\ 元/年 \div 1\ 500\ 元$$
$$= 2\ 次$$

这就是说,每单位货币转手 2 次。

需要注意的是,数量方程式是一个恒等式,也就是说,根据四个变量的定义,该式必然成立。数量方程式的意义在于它说明了如果其中一个变量变动,则其他一个或几个变量必然发生变动。例如,如果货币供给量增加,而货币流通速度不变,则价格或交易数量必然上升。

数量方程式(5.1)式的问题是,衡量交易数量是困难的,为了解决这个问题,我们用经济中的总产出 Y 来代替交易数量 T,交易与产出是密切相关的,因为经济生产得越多,买卖的物品就越多,交易的货币价值大体上与产出的货币价值成比例。因此,(5.1)式可记为:

$$M * V = P * Y \tag{5.2}$$

(5.2)式中的 Y 表示产出水平,P 表示价格,我们在第二章已讨论过这两个变量,Y 是实际 GDP,P 是 GDP 滞胀指数,而 PY 是名义 GDP,(5.2)式中的 V 是收入的货币流通速度。

在研究货币问题时,需要根据货币可以购买的物品与劳务量来表示货币数量,即 M/P,它被称为实际货币余额。实际货币余额衡量货币存量的购买力。例如,考虑一个只生产大米的经济,如果货币数量是 3 000 元,而每千克大米的价格是 3 元,则实际货币余额为 1 000 千克大米。

货币需求函数是一个表示人们希望持有的实际余额量由什么决定的方程式,下式是一个货币需求函数:

$$(M/P)^d = kY \tag{5.3}$$

这里的 k 是不变的,它反映在收入为一元钱时,人们想要持有的货币数量。

这个方程式说明,实际余额需求与实际收入成比例,我们由微观经济学知道,某种物品的需求函数与收入正相关。如收入越高,对汽车的需求越大,在这里,收入越高对实际货币余额的需求也越大。

通过货币需求函数,也可以推导数量方程式。我们加上货币市场均衡的条件,即实际货币余额需求$(M/P)^d$等于实际货币供给,那么(5.3)式可记为:

$$M/P = kY \tag{5.4}$$

整理(5.4)式得：
$$M*(1/k) = P*Y \tag{5.5}$$

(5.5)式可记为：
$$MV = PY$$

在这里 $V = 1/k$，它说明货币需求与货币流通速度之间的关系。当人们想持有大量货币时（k 大），货币转手也就不快；相反，当人们只想持有少量货币时（k 小），货币转手就快（V 大）。

二、货币供给与通货膨胀

我们假设货币流通速度不变，数量方程式就成为货币数量论。我们关于货币流通速度不变的假设只是接近现实，如果货币需求函数变动，那么货币流通速度也会变动，例如，随着自动取款机的普及，人们可以减少他们平均的货币持有量，这就意味着 k 的下降（或 V 的上升），不过，货币流通速度不变在许多情况下是个好假设。

在货币流通速度不变的假设下，(5.2)式可记为

$$\overline{MV} = PY \tag{5.6}$$

(5.6)式说明货币数量的变动必然引起名义 GDP（PY）的同比例变动，也就是说，货币数量决定了经济产出的货币价值。

下面，我们考察当中央银行改变货币供给时会出现什么情况？由于货币流通速度不变，所以，货币供给的任何变动都会引起名义 GDP 同比例变动。由于生产要素和生产函数已经决定了实际 GDP，所以，名义 GDP 的变动必定是由于物价的变动，这样，货币数量论意味着，物价水平与货币供给同比例变动。

为了更好地说明这一点，我们对(5.2)式两边同时取相对数，得到：
$$\ln M + \ln V = \ln P + \ln Y \tag{5.7}$$

(5.7)式左右两边对时间 T 求导，得：
$$\frac{\dot{M}}{M} + \frac{\dot{V}}{V} = \frac{\dot{P}}{P} + \frac{\dot{Y}}{Y} \tag{5.8}$$

(5.8)式中，$\dot{M} = \frac{dM}{dt}$，$\dot{V} = \frac{dV}{dt}$，$\dot{P} = \frac{dP}{dt}$，$\dot{Y} = \frac{dY}{dt}$

在宏观经济学中，在某一变量上标一点，表示该变量对时间 t 的导数，是一种约定俗成的记号。(5.8)式的含义是：M 变动的百分比 + V 变动的百分比 = P 变动的百分比 + Y 变动的百分比，货币流通速度不变，那么，$\dot{V} = 0$，V 变动的百分比也为 0，Y 变动的百分比取决于生产要素的增加和技术进步，

我们把 Y 看作不变的，那么，Y 变动的百分比也为 0，P 变动的百分比即通货膨胀就完全由货币供给的变化率所决定。

因此，货币数量论认为，控制货币供给的中央银行最终决定通货膨胀率。如果中央银行保持货币供给稳定，则物价水平将保持稳定；如果中央银行迅速增加货币供给，物价水平就会迅速上升。正如荣获 1976 年诺贝尔经济学奖的经济学家弗里德曼所说："通货膨胀无论在哪里都只是一种货币现象。"

三、铸币税

我们已经知道货币供给增长会引起通货膨胀，那么政府增加货币供给的动因是什么？这里提供其中一个动因。

所有政府都有支出，这些支出用于政府购买和转移支付，那么政府必须筹集收入以弥补支出，政府筹集收入的途径有三种：征税、发行政府债券、发行货币。

通过发行货币得到的收入称为铸币税。当政府通过发行货币筹资时，它增加了货币供给，而货币供给的增加又引起通货膨胀，所以铸币税又称为通货膨胀税。

把通货膨胀作为一种税不容易理解，因为没有一个人到税务机关缴纳该税，但是通货膨胀税是所有货币持有者支付的，因为随着物价上升，公众口袋里的货币的购买力下降了，因此，通货膨胀就像对持币者征收的税收。

铸币税的数量用 $\dfrac{\dot{M}}{P}$ 表示，各国铸币税的大小差别很大。美国的铸币税一般不超过政府收入的 3%，而那些正经历超级通货膨胀的国家，铸币税成为政府的主要收入来源。

第三节 通货膨胀与利率

一、实际和名义利率

利率是最重要的宏观经济变量，它是联系现在和未来的价格。下面我们考察通货膨胀和利率之间的关系。

假如张三存了 1 000 元的一年定期存款，利率是 10%，则一年后，张三得到本息和为 1 100 元，比一年前的 1 000 元多了 100 元，但是，如果这一年间的通货膨胀率为 5%，则张三得到的 1 100 元只相当于一年前的 1 050

元,即购买力只上升了5%,如果这一年的通货膨胀率为20%,则张三的购买力下降了10%。由此,我们必须区分名义利率与实际利率。我们把银行支付的利率称为名义利率,而考虑了通货膨胀因素的利率是实际利率,我们用 i 表示名义利率,用 r 表示实际利率,用 π 表示通货膨胀率,由上面的例子知道三者的关系是:

$$r = i - \pi \tag{5.9}$$

整理(5.9)式,得:

$$i = r + \pi \tag{5.10}$$

(5.10)式被称为费雪方程,以纪念经济学家欧文·费雪(I. Fisher),费雪方程告诉我们,名义利率的变动来自于两方面:一个是实际利率的变动,另一个是通货膨胀率的变动。

我们可以用费雪方程来解释名义利率,我们已经知道,实际利率是由可贷资金市场的均衡决定的,货币数量论又告诉我们通货膨胀率由货币供给的增长率决定的。

我们将费雪方程和货币数量论结合起来,就可以知道货币增长如何影响名义利率。根据货币数量论,货币供给增长1%将引起通货膨胀率上升1%,而通货膨胀率上升1%又会引起名义利率上升1%,通货膨胀率和名义利率之间这种一对一的关系称为费雪效应。

二、事前和事后利率

当借款人和贷款人签订借款合同时,他们不可能知道在贷款期限内通货膨胀率是多少,因此我们要区分事前实际利率和事后实际利率。所谓事前实际利率是指借款人和贷款人在签订借贷合同时所期望的实际利率,现时事后实际利率是按照借款合同上的名义利率最终实现的实际利率。

虽然借款人和贷款人不可能知道未来的通货膨胀率,但他们对未来的通货膨胀率有预期,用 π 表示未来的通货膨胀率,π^e 表示预期的通货膨胀率,事前的实际利率就是 $i - \pi^e$,事后的实际利率为 $i - \pi$,只要预期的通货膨胀率不等于实际的通货膨胀率,事前的实际利率与事后的实际利率就不同。

认识到事前实际利率和事后利率的区别,则费雪方程式可以进行修改,显然名义利率不可能根据通货膨胀率进行调整,因为在签订借贷合同时,人们并不知道未来的通货膨胀率,因此,名义利率只能根据预期的通货膨胀率调整,费雪方程可记为:

$$i = r + \pi^e \tag{5.11}$$

三、名义利率与货币需求

货币数量论的理论基础是简单的货币需求函数,它假设对实际货币余额的需求与收入成比例。下面我们考察决定货币需求量的另一个因素——名义利率。

人们口袋里的钱无法获得利息收入,而如果用这些钱来购买政府债券,则可以赚到按名义利率计算的利息收入,名义利率是持有货币的机会成本,它是持有货币而不持有债券所放弃的东西。

换个角度思考这一问题,货币持有者有两种选择:持有货币和购买政府债券。购买政府债券可以赚到的收益率是实际利率 r,持有货币的收益率是 $-\pi^e$,二者的收益差构成了持有货币的机会成本,等于 $r-(-\pi^e)$,按照费雪方程式,这一机会成本就是名义利率。

货币的需求量取决于持有货币的机会成本,因此,实际货币余额需求既取决于收入水平又取决于名义利率。一般的货币需求函数可记为:

$$\left(\frac{M}{P}\right)^d = L(i, y) \tag{5.12}$$

L 用来表示货币需求。(5.12)式说明对实际货币余额的需求是收入和名义利率的函数,收入水平越高,货币需求越大,而名义利率越高,货币需求越低。

现在,货币、价格与利率均是相互关联的,货币供给与货币需求共同决定物价水平。物价水平的变动是通货膨胀率,而通货膨胀率又通过费雪效应影响名义利率,名义利率又反过来影响货币需求。

我们令实际货币余额供给与需求相等,即:

$$\frac{M}{P} = L(i, y) \tag{5.13}$$

把费雪方程式代入(5.13)式,得:

$$\frac{M}{P} = L(r + \pi^e, y) \tag{5.14}$$

(5.14)式说明,实际货币余额水平取决于预期的通货膨胀。

(5.14)式所表示的物价水平比货币数量论更准确,货币数量论认为,现在的货币供给决定物价水平,这一结论只有在名义利率和产出不变的情况下成立,但名义利率并不是不变的,它取决于预期通货膨胀率,预期通货膨胀率又取决于货币供给增长,货币需求函数中名义利率的存在又引起了货币供给影响物价水平的另一渠道。

这种一般的货币需求方程式意味着，物价水平不仅取决于现在的货币供给，而且还取决于未来的货币供给。假设中央银行宣布，它将在未来增加货币供给，但现在的货币供给不变，于是人们预期到较高的货币增长和较高的通货膨胀率。通过费雪效应，预期通货膨胀率上升就使名义利率上升，较高的名义利率减少了实际货币余额需求，由于货币供给量不变，所以，实际货币余额需求减少就引起更高的物价水平，这样，预期的未来的货币增长引起了现在较高的物价水平。

第四节 通货膨胀的社会成本

很多人认为通货膨胀之所以有危害，在于它使货币的购买力下降，因而使得人们的实际收入水平下降了。但是我们知道，劳动者的实际收入取决于劳动的边际产出，而劳动的边际产出又取决于资本数量和技术水平，因此实际收入的决定与通货膨胀并没有关系。

那么，通货膨胀到底会造成哪些危害呢？它会带来哪些社会成本呢？为此，先得区分未预期到的通货膨胀和预期到的通货膨胀。在经历了一段时间的通货膨胀后，人们会对未来的价格走势产生预期。人们的预期当然有对也有错，预期对的称为预期到的通货膨胀，预期错的则是未预期到的通货膨胀。通货膨胀引发的问题与其是否被正确预期有很大的关系。

一、预期到的通货膨胀

首先考虑预期到的通货膨胀的情况。假设每个月物价水平上升1%，这种每年可预期到的通货膨胀率为12%的通货膨胀的社会成本有哪些呢？

通货膨胀的第一种成本是"磨鞋底"成本。较高的通货膨胀率引起较高的名义利率，而名义利率又减少了实际货币余额需求，这样人们要更频繁地到银行取款。例如，人们以前每周去一次银行取500元，现在人们每周去两次银行，每次取250元，之所以称为"磨鞋底"成本，是因为更频繁地进出银行使鞋底磨损更快。

通货膨胀的第二种成本是菜单成本。因为高通货膨胀使企业要经常地改变自己的报价，改变价格是有成本的，例如它要求印刷并送发新报价单，这些成本称为"菜单成本"，因为通货膨胀率越高，餐馆就要更经常地印刷新菜单。

通货膨胀的第三种成本是扭曲了价格体系。面临菜单成本的企业不会频繁地改变价格，因此，通货膨胀率越高，相对价格的变动越大。例如，一个企业每年1月发布新的价目表，如果没有通货膨胀，则该企业的相对于物价水平的价格不变，但如果通货膨胀率是每个月1%，那么从年初到年末，通货膨胀率是每年12%，则该企业的相对价格下降了12%。按这个价目表出售，在年初的时候，相对价格较高，而在年底，相对价格较低。我们从微观经济学知道，资源是按照商品的相对价格来配置的。通货膨胀会引起相对价格变动，导致资源的错误配置，从而引起经济无效率。

通货膨胀的第四种成本是扭曲了税收。许多税收的条款并没有考虑通货膨胀的影响，通货膨胀增加了个人的税收负担。

假如张三在一年前购买某种股票，价格为每股20元，这一年通货膨胀率是10%，由于实际价格在这一年不变，现在张三以每股22元的价格售出，名义上张三获得每股2元的收益，实际上并未从该笔投资中获益，但政府对2元钱的收益课税。问题在于税法是按名义资本收益课税而不是对实际资本收益课税，通货膨胀扭曲了税收。

通货膨胀的第五种成本是计价单位的变化引起的麻烦。货币是衡量经济交易的尺度，但当通货膨胀发生的时候，这个尺度也在发生变动。例如，假设政府出台一个修改度量衡的法律，法律规定1米在2007年等于100厘米，在2008年等于95厘米，在2009年等于90厘米，虽然不会引起度量的模糊，但这也是极不方便的，因为人们在衡量距离必须说明这是用2008年的米，还是2009年的米，因为这个原因，我们在比较不同年份的产出时，要进行通货膨胀校正剔除通货膨胀的因素。

同时，物价水平的变动也使个人理财计划更为复杂，每个家庭面临的一个重要决定是把多少收入用于消费，多少收入用于储蓄。储蓄的目的是维持退休后的生活水平，今天储蓄的一元钱将在未来产生回报，既定的一笔钱的购买力则取决于未来的物价水平。如果未来的物价水平与现在的水平差不多，则个人的储蓄决策要简单得多。

二、未预期到的通货膨胀

未预期到的通货膨胀与预期到的通货膨胀相比，对经济的害处更大，它任意再分配财富。例如，长期贷款协议一般确定名义利率，名义利率根据预期通货膨胀率确定，如果在贷款期内预期通货膨胀率不同于通货膨胀率，则债权人所获得的实际收益就与预期收益率不同。假设通货膨胀高于预期通货膨胀率，则债权人得到的收益率低于预期，而债务人获益。若通货膨胀率低于预期通货膨胀率，则债权人的收益高于预期，而债务人受损。

例如，张三在1989年办理了固定利率住房抵押贷款，约定名义利率为

10%，期限为20年，在签订协议时，人们预期的通货膨胀率为5%，债权人期望得到大约5%的收益，而实际上，这20年的平均通货膨胀率为8%，因此债权人的实际收益仅为2%，未预期到的通货膨胀率损害了债权人而有益于债务人。

未预期到的通货膨胀还伤害了靠固定养老金生活的人，当工人退休后，企业向工人支付固定的养老金，养老金是延期支付的收入，所以工人在本质上是在向企业提供贷款。工人在年轻时向企业提供劳动，但没有得到全部的报酬，还有一部分报酬在工人退休后以养老金形式发放，所以，通货膨胀率高于预期，则工人受损，企业受益；当通货膨胀率低于预期时，则工人获益，企业受损。

通货膨胀率波动越大，债权人和债务人所面临的不确定性越大，由于大多数人都是风险规避者，他们厌恶不确定性，因此，这种由未预期到的通货膨胀所产生的不确定性降低了人们的福利。

对于未预期到的通货膨胀，一个可行的方法是将合同中的价格指数化，即根据实际利率、实际收入等实际变量签订合同，而不按名义变量来签订合同。例如，在张三的例子里，张三可以与银行签订浮动利率协议，约定贷款利益为通货膨胀率与收益率之和，而工人的养老金也可以根据价格指数进行调整，使养老金的购买力保持不变。例如1993—1995年，我国的通货膨胀率达到了两位数，当时，银行利率的存款利率就采取了保值贴补率，银行的名义利率根据每月公布的通货膨胀率加以调整，以保证存款人获得稳定的实际利率，再比如，我国各省市不定期根据物价指数对最低生活保障金进行调整。

值得注意的是，高通货膨胀的经济，其通货膨胀率波动也很大。

第五节　超级通货膨胀

超级通货膨胀是指月通货膨胀率超过50%的通货膨胀。按照复利计算50%的月通货膨胀率相当于一年内价格上涨100多倍，三年内价格上升200多万倍。下面，我们考察超级通货膨胀的成因和成本。

一、超级通货膨胀的成因

为什么会发生超级通货膨胀？从前面学过的知识，我们知道是由于中央银行大量地增加货币供给量，从而引起物价水平迅速上升，为了制止超级通货膨胀，应当降低货币增长率。

那么，为什么中央银行要大量地发行货币？大多数超级通货膨胀是在政府的收入不足以弥补其支出时开始的，虽然政府偏爱发行政府债券，但公众已失去对政府债券的信心，不愿意增持政府债券，这时，政府不得不把目光转向印钞机，增加发行货币，通过铸币税来筹资。而这无异于"饮鸩止渴"，国家陷入超级通货膨胀的泥潭中。

超级通货膨胀使财政问题更加突出，由于征税的时间和纳税的时间有一段间隔，因此，随着通货膨胀率上升，政府的实际税收收入减少，这样，政府对铸币税的依赖进一步加强，迅速的货币创造引发超级通货膨胀，超级通货膨胀又引起更大的预算赤字，而更大的预算赤字又引起更快的货币创造。

超级通货膨胀带来的问题是显而易见的，因此，政府下决心治理通货膨胀。政府可以进行改革，减少政府支出，增加税收，减少对铸币税的依赖，这样就可以减少货币增长，最终实现控制通货膨胀的目的。

二、超级通货膨胀的成本

对于通货膨胀的成本，经济学家们存在不同的看法，但大家都认为超级通货膨胀严重地损害了社会，当通货膨胀到达极端水平时，这些成本极高。

在超级通货膨胀的情况下，"磨鞋底"成本极高，当现金很快失去价值时，企业的管理者要花很多时间和精力管理现金，而这些时间和精力本可以用于生产和投资决策。

在超级通货膨胀的情况下，菜单成本极高，企业不得不经常改变价格，以至于按照固定价格印制和发送价目表，都成为不可能。

在超级通货膨胀的情形下，相对价格也不能正常地反映真实的稀缺程度，由于价格频繁变动，消费者很难去价格合理的商店购物。

在超级通货膨胀的情形下，政府的实现税收减少，由于得到税收的滞后，政府的实际税收大幅度减少。

超级通货膨胀造成生活不方便，当我们去杂货店买东西时要扛一麻袋钱时，货币就不能很好地方便交换了。

最终，这些通货膨胀的成本会令人无法忍受，货币就失去作为价值储藏、计价单位和交易媒介的职能，物物交换就成为普遍现象，而且，小米或美元就替代官方货币了。

【案例】恶性通货膨胀的例子，有很多，比方说："德国20年代初的物价，曾在每49小时增加一倍；40年代初的希腊被德国占领时，物价每28小时上升一倍；匈牙利战后曾每15小时增加一倍。这种极端例子一般在战时发生，即使近数十年亦时有出现。1993年10月至1994年1

第五章 货币与通货膨胀

月,南斯拉夫的通胀就曾每 16 小时增加一倍;乌克兰、秘鲁、墨西哥、阿根廷、巴西等,亦在 20 世纪 80 年代或 90 年代面对严重通胀。最近期的例子为津巴布韦。"

通货膨胀,用最简明的话说,就是整体物价水平持续性上升。通货膨胀一般被经济学家根据程度分成几类:

(1)温和的通货膨胀。一些经济学家认为,在经济发展过程中,搞一点温和的通货膨胀可以刺激经济的增长。因为提高物价可以使厂商多得一点利润,以刺激厂商投资的积极性。

(2)飞奔的通货膨胀。它是一种不稳定的、迅速恶化的、加速的通货膨胀。在这种通货膨胀发生时,通货膨胀率较高(一般达到两位数以上)。

(3)恶性的通货膨胀。也即是通货膨胀率非常高(一般达到三位数以上),而且完全失去控制,其结果是导致社会物价持续飞速上涨,货币大幅度贬值,人们对货币彻底失去信心。这时整个社会金融体系处于一片混乱之中,正常的社会经济关系遭到破坏,最后容易导致社会崩溃,政府垮台。

整体物价水平,可以用一个比较简略的公式来表达:

整体物价水平=货币总量/消费品总供给量

在消费品总供给量不变的前提下,货币总量增加,导致整体物价水平升高,也即是通货膨胀开始。在 8 年抗战和 3 年"内战"期间,整个社会的生产力没有增加,只有减少,相应地,消费品总供给量也没有增加。如果我们假设消费品总供给量不变,那么,就很容易从货币总量来看出某时间通货膨胀率。

下面这个表是 8 年抗战期间,国民党政府的货币"法币"的发行量。

民国 26 年(1937 年)到民国 33 年(1944 年)的通货膨胀与物价涨幅

民国 26 年法币发行 16 亿,物价稳定,定为基准物价

民国 27 年法币发行 32 亿,增加了 2 倍,物价较民国 26 年,涨幅达 64%

民国 28 年法币发行 56 亿,增加了 3.5 倍,物价未大幅波动维持在民国 27 年水平

民国 29 年法币发行 80 亿,增加了 5 倍,物价却疯涨了 12 倍

民国 30 年法币发行 160 亿,增加了 10 倍,物价涨幅为 27 倍

民国 31 年法币发行 336 亿,增加了 21 倍,物价涨幅为 77 倍

民国 32 年法币发行 752 亿,增加了 47 倍,物价涨幅为 200 倍

民国 33 年法币发行 2 880 亿,增加了 180 倍,物价涨幅为 2 100 倍

第二个表是国民党政府第二次货币改革,即法币改金圆券后的金圆券发行量。

1948 年		
8 月	0 亿	//目标是 20 亿/年
9 月	12 亿	
11 月	30 亿	
12 月	80 亿	
1949 年		
4 月初	1 900 亿	
4 月底	50 000 亿	
5 月 18 日	98 041 亿	
6 月	1 300 000 亿	

(资料来源:中华网社区,http://www.club.china.com/)

用人力车运送钱袋。全面抗战爆发初期随着所沦陷的国土面积不断地扩大,日军通过扶持汉奸政府组建银行发行伪币并通过强制的方式大肆回收占领区内百姓手中的法币,再由汉奸或其组织将收缴上来的法币带到未沦陷的地区要求银行将其换成英镑,套取大量的外汇后拿到国际上采购物资从而达到以战养战的目的。随着大量外汇的外流,"国民政府"不得不宣布废除法币无限量兑换英镑的规定使得法币币值失去了一层重要的保护伞。

坐在路边数钱的妇女。同样因为抗战原因"日占区"面积不断扩大造成"国统区"内物资严重缺乏，政府财政收入大为缩水。物以稀为贵，法币开始出现贬值。钱是越来越毛，但还没有达到无可救药的程度。

形同废纸，被美军士兵用来点烟的法币。

给做工的苦力发放工资，都是成箱成扎地发放。

中国女孩买东西所携带的成堆的法币。

面对如此庞大的货币发行量,人们不禁会问,政府为什么要印这么多钞票?如果我们仔细看看这个表,会发现这是个不断加速放大的过程。那么"老蒋"大发钞票是怎样开始的呢?在这里,答案只有一个:政府没钱,但是要花很多钱。也就是平常人说的财政赤字。对付财政赤字,一般的办法只有3个:加税,这是向老百姓硬要。国债,这是向老百姓借贷。印钞票,这是向老百姓骗钱。抗战需要一大笔钱,腐败的政府,浪费巨大。削减开支,几乎是不可能的事情。从1926—1928年,加税和国债这些招数已经用光。再向老百姓要,也没有几个了。开支还在扩大,唯一的办法,只有印钞票了。钞票一旦开印,就只会越印越多。看一下1928—1933年的法币发行量,就一目了然了。

人们不禁会问,为什么停不下来呢?这就要回到揉面那个故事了。发行量一大,货币贬值,涨价的结果是人民对货币的信心急剧下降。物价因为囤积和货币总量的增多而飞快上升。而物价上升的结果,逼着银行发行更多的货币,来维持一个工资收入者的购买力。如果大家还记得揉面的故事的话,你会发现一个正反馈已经形成:物价上涨→货币发行增多→物价上涨更高→货币发行只好增加,如此循环直至这项货币丧失信用为止。

当然正反馈的形成,有一个前提,那就是这个经济体是政府没有干预的自由市场经济。很多国家打仗,而没有引发恶性通货膨胀,就是靠的政府的铁腕控制物价。不幸的是,腐败的蒋介石政府和他本人,都没有能力和意愿去做。

本 章 小 结

货币有三种职能:价值储存、计价单位、交易媒介。作为价值储存的职能,货币提供了将现在的购买力转变成未来购买力的方法。作为计价单位,货币为衡量千差万别的商品的相对价格提供了标准。货币作为交易媒介的职能表现为:货币是被普遍接受的法定等价物。货币有商品货币和法定货币两种类型。从货币资产流动性的角度出发,有 C、M_1、M_2 不同的货币数量的测算口径。

货币数量方程式把货币供给量与物价、收入联系起来了,通货膨胀率取决于货币供给增加的速度。铸币税是政府通过发行货币取得的收入。

费雪方程表明,名义利率等于实际利率与通货膨胀率之和。将货币数量和费雪方程结合,可以发现名义利率和货币供给是同方向变动的。人们对货币的需求和名义利率成反比,当实际产出水平和货币供给量给定时,名义利率越高，价格水平就越高。

当存在通货膨胀时，货币就会贬值。通货膨胀会对社会造成危害。在很高的通货膨胀率下，预期到的通货膨胀会造成价格体系和税收体系的混乱，从而导致资源的无效配置。未预期到的通货膨胀则引起社会财富在债权人和债务人之间的重新分配。当通货膨胀极为严重时，货币几乎无法发挥其职能。

☞参考文献

[1] 格里高利·曼昆. 宏观经济学[M]. 第5版. 北京：中国人民大学出版社，2002.

[2] 多恩布什，费希尔. 宏观经济学[M]. 第5版. 北京：中国人民大学出版社，1998.

[3] 萨缪尔森. 经济学(上、下)[M]. 北京：中国发展出版社，2009.

[4] 中华网社区[EB/OL]. http：//club. china. com.

第六章 总需求与总供给

第一节 概 述

一、总需求曲线

总需求是指社会在一定价格水平下所愿意购买的物品和服务的总量,也就是对国内生产总值的需求。因此,总需求反映了价格水平和总需求量之间的关系。

用 AD 表示总需求,总需求由以下四个部分构成:

$$AD = C + I + G + NX \tag{6.1}$$

其中,C 代表消费需求,I 代表投资需求,G 表示政府需求,NX 代表净出口需求。

下面,我们来分析总需求曲线的形状,回忆一下,我们前面讲过的货币数量方程式

$$MV = PY \tag{6.2}$$

(6.2)式中,M 是货币供给量,V 是货币流通速度,P 是价格水平,Y 是产出,(6.2)式可改写为:

$$\frac{M}{P} = \left(\frac{M}{P}\right)^d = kY \tag{6.3}$$

上式中,$k = 1/V$,即货币流通速度的倒数。(6.3)式说明实际货币余额 $\frac{M}{P}$ 等于需求 $\left(\frac{M}{P}\right)^d$,同时,对货币的需求与产生水平成比例。

当货币供给量变,货币流通速度不变时,产出水平和价格呈负相关关系,即总需求曲线向右下方倾斜,如图 6-1 所示。

为什么总需求曲线向右下方倾斜?我们在这里根据货币

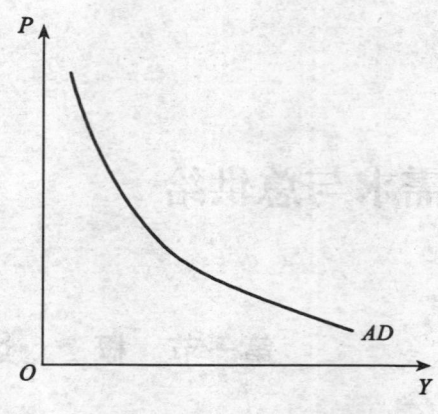

图 6-1 总需求函数

数量方程式给出了解释，这一解释是相当有说服力的，但更严谨的解释将在下一节给出。我们可以考虑如下情况：货币流通速度不变，货币供应量决定了所有交易的价值，如果物价水平上升，那么每次交易都需要更多货币，则交易次数以及物品与劳务的需求量减少了。

我们还可以这样理解：产出越高，我们进行的交易就越多，需要的实际货币余额 M/P 就越多，在货币供给量不变的情况下，价格水平越低。

总需求曲线是根据货币供应量不变得到的，也就是说，它反映了 M 不变时，P 和 Y 各种可能的组合，而中央银行改变了货币供应量，则 P 和 Y 的组合随之改变，即总需求曲线发生移动。

如果中央银行增加货币供应量 M，根据货币数量方程式，产生的价值 PY 上升，若价格水平 P 既定，则 Y 上升；对任何既定的产出 Y，P 上升，表现在图 6-2 中，总需求曲线从 AD_1 向右移动到 AD_2。

如果中央银行减少货币供应量，产出的价值 PY 下降，若价格水平 P 既定，则 Y 下降；对任何既定的产出 Y，P 下降，表现在图 6-3 中，总需求曲线从 AD_1 向左平移到 AD_2。

从上面的分析，我们可以看到货币供给波动造成总需求波动，政府的财政政策也会引起总需求变动。

根据对总需求的不同作用，政府的宏观经济政策可分为扩张性政策和紧缩性政策两类，从货币政策来看，凡是能够增加货币供应量从而刺激总需求的货币政策被称作扩张性货币政策，凡是能够减少货币供应量从而抑制总需求的政策被称作紧缩性货币政策，从财政政策来看，凡是能刺激总需求的财

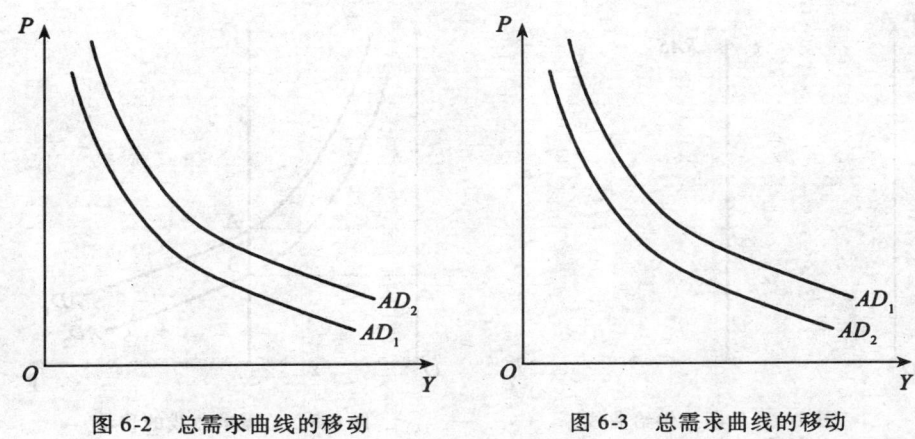

图 6-2 总需求曲线的移动　　　　图 6-3 总需求曲线的移动

政政策,通常的手段包括增加政府购买、降低税收等被称作扩张性财政政策。反过来,凡是能够抑制总需求的政策,如减少政府支出、提高税收等,则被称作紧缩性财政政策。

二、总供给曲线

总供给是指在任一价格水平下,企业所愿意提供的物品和服务的总量,因此,总供给曲线反映了价格水平和总供给量之间的关系,和总需求曲线的情况不同,在这里,我们要区分长期总供给曲线和短期总供给曲线。

1. 长期总供给曲线

我们首先考察长期总供给曲线。回忆一下,我们曾讲过经济的产出水平取决于资本和劳动的数量以及技术水平,也就是:

$$Y = F(\bar{K}, \bar{L}) = \bar{Y}$$

在古典模型中,产出水平并不取决于价格水平,如图 6-4 所示,长期总供给曲线 LRAS 是一条垂直于产出轴的直线。长期产出水平 $\bar{Y}$ 被称为充分就业的产出水平(或潜在的产出水平)。此时,经济中的资源被充分利用,失业率为自然率水平。

如图 6-5 所示,假设总需求下降,总需求曲线从 AD_1 移动到 AD_2,经济的均衡由 A 点移动到 B 点,产出水平不变,仍为 $\bar{Y}$,但价格水平下降。

2. 短期的总供给曲线

在短期中,一些商品的价格是黏性的,不能随需求变化而调整,因此,

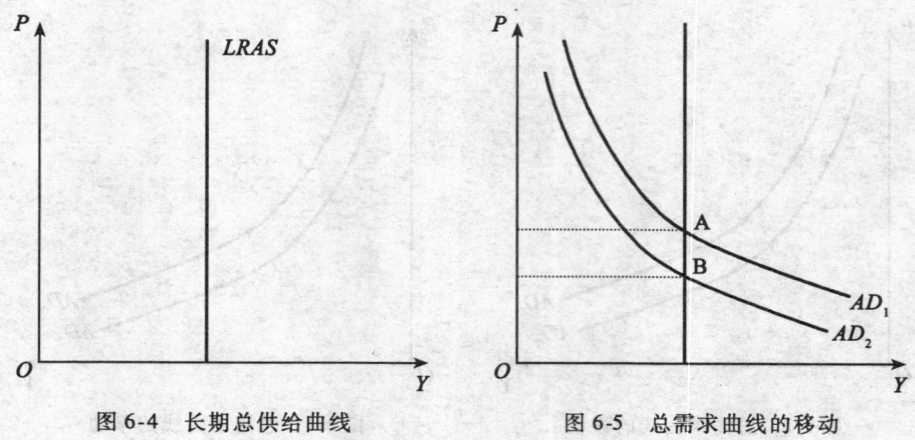

图 6-4　长期总供给曲线　　　　图 6-5　总需求曲线的移动

短期的总供给曲线不是垂直的。举一个极端的例子，餐饮企业都要制作菜单，假设制作菜单成本昂贵，因此这些企业决定维持既定价格，在这些价格下，他们愿意出售的数量和他们的顾客愿意购买的数量相同，因此，短期总供给曲线是一条水平的直线（如图 6-6 所示）。

经济中的短期均衡点是总需求曲线与短期总供给曲线的交点（如图 6-7 的 A 点），总需求的波动将会使产出水平变动。假如中央银行减少货币供给量，总需求曲线向左移动，如图 6-7 从 AD_1 移动到 AD_2，经济的均衡点从 A 点移动到 B 点，产出水平减少，经济经历一次衰退。

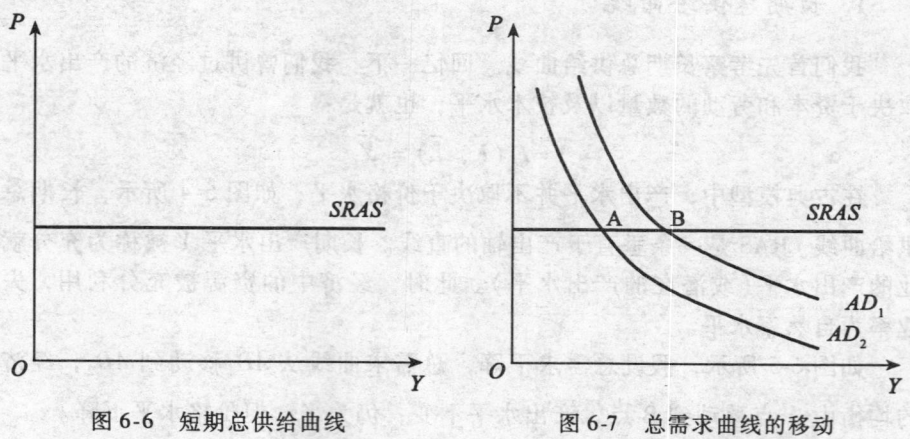

图 6-6　短期总供给曲线　　　　图 6-7　总需求曲线的移动

3. 从短期均衡到长期均衡

经济是怎样从短期均衡达到长期均衡的？我们考察总需求减少的影响。图 6-8 中，总需求曲线与长期总供给曲线交于点 E，E 点是长期均衡点，短期总供给曲线必然通过点 E。

假设中央银行减少货币供给量，那么总需求曲线从 AD_1 移动到 AD_2，经济的均衡点也由 A 点移动到 B 点时，产出减少，经济经历一次衰退。随着时间的推移，工资与商品的价格下降，企业增加产量，如图 6-9 所示，经济从 B 点移动到 C 点，C 点与 A 点相比，产出水平均为潜在的产出水平，但价格更低，因此总需求在短期中影响产出，但从长期来看，由于企业能调整价格，这种影响逐渐消失。

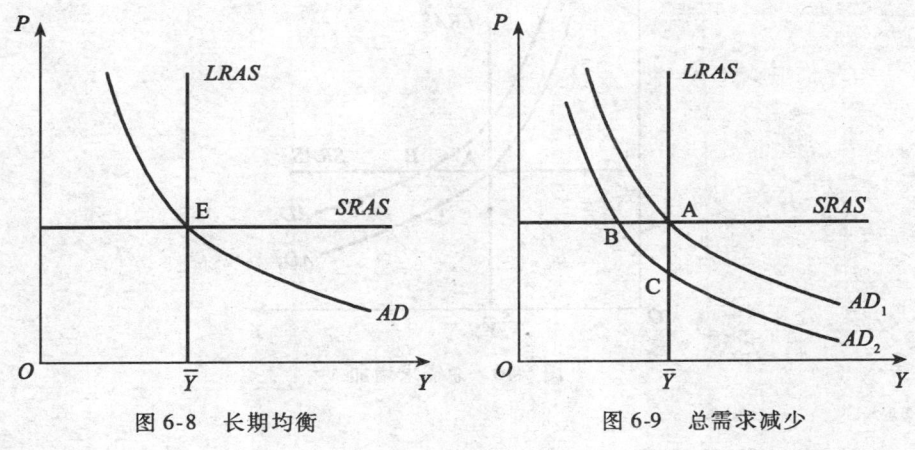

图 6-8　长期均衡　　　　　　图 6-9　总需求减少

4. 稳定政策

宏观经济的波动来自总供给或总需求的变动。使这些曲线移动的外生变量的变动，被称为经济冲击，使总需求曲线移动的冲击被称为需求冲击，而使总供给曲线移动的冲击被称为供给冲击。这些冲击使产出与就业偏离自然率水平，从而破坏了经济。总需求与总供给模型的一个目的是说明这些冲击如何引起经济波动。

这个模型的另一个目的是说明宏观经济政策可以如何对这些冲击作出反应，目标在于减少短期波动严重性的政策行为被称为稳定政策。稳定政策通过使产出与就业尽量接近自然率而减弱了经济波动。

三、总需求冲击

考虑如下例子:由于信用卡为越来越多的人接受,更多人使用信用卡购买商品。由于信用卡是比现金更方便快捷的支付方式,因此,人们对货币的需求量减少,也就是说,货币流通速度 V 提高了。

如果货币供给量不变,那么总需求曲线向右移动(如图 6-10 所示,从 AD_1 移动到 AD_2),经济的短期均衡从 A 点移动到 B 点,此时,产出水平高于充分就业的产出水平,这是因为总需求增加而价格水平不变,企业出售了更多产品,因此,企业雇用更多的工人,使用更多的机器设备,经济进入繁荣时期。

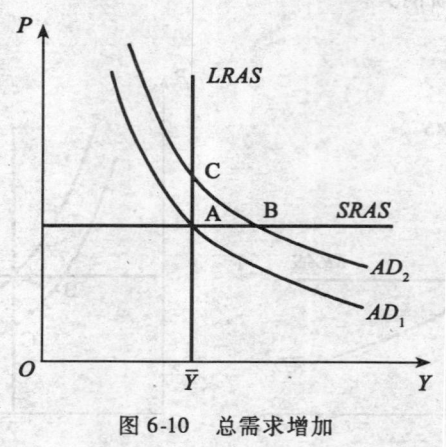

图 6-10 总需求增加

随着时间的推移,高需求推动工资和物价上涨,而价格的上升抑制了总需求,从而产出和就业回到自然率水平,在图 6-10 中,经济的均衡点从 B 点移动到 C 点,C 点是长期均衡点,与 A 点相比,价格水平更高。

中央银行可以减弱这种波动,中央银行可以减少货币供给量,使得总需求曲线不变,从而使经济免受过度繁荣之苦,然而,我们后面会看到,中央银行要做到这一点是非常困难的。

四、总供给冲击

总供给冲击和总需求冲击一样会引起经济波动,供给冲击是生产物品与劳务的成本变化,从而企业改变价格的经济冲击,由于供给冲击直接影响价格,所以也称为价格冲击。

总供给冲击的例子有：一是，由于气候条件恶劣、农产品歉收、价格上升；二是，OPEC 限制石油产量，从而使油价上涨；三是，由于新的环境保护法施行，要求企业减少排污量，从而生产成本上升。

以油价上涨为例，此时，短期总供给曲线向上平移，从 $SRAS_1$ 移动到 $SRAS_2$（如图 6-11 所示），与总需求曲线交于点 B，此时，产出下降，物价上涨，像这样产出下降（停滞）和物价上涨（通货膨胀）同时出现的情况称为滞胀。此时，经济经历一次痛苦的衰退。

在上述分析中，我们隐含的假设是中央银行维持总需求不变，产出和就业低于自然率水平，随着物价下降，经济从 B 点移动到 A 点，产出和就业上升到自然率水平。

中央银行可以增加货币供应量，总需求曲线向上移动，从 AD_1 移动到 AD_2，均衡点从 A 点移动到 C 点（如图 6-12 所示），此时，产出水平不变，但价格水平上升，经济要承受通货膨胀之苦。

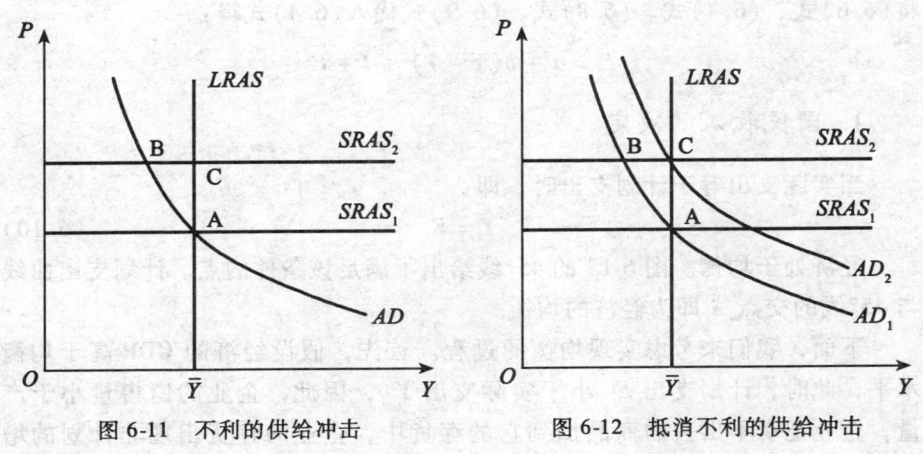

图 6-11　不利的供给冲击　　　　图 6-12　抵消不利的供给冲击

第二节　IS—LM 模型

一、国民收入的决定

首先，我们要区分实际支出与计划支出。实际支出是家庭、企业和政府支出于物品与劳务的数量，它等于经济的国内生产总值（GDP）；计划支出是家庭、企业和政府想要支出于物品与劳务的数量。

我们考察封闭经济,该经济的净出口为 0,用 E 表示计划支出,那么 E 可写为三个部分之和。即:

$$E = C + I + G \tag{6.4}$$

其中 C 表示消费,I 表示投资,G 表示政府购买。消费 C 是可支配收入 ($Y-T$) 的函数,其中 T 表示税收,即:

$$C = C(Y - T) \tag{6.5}$$

为简化分析,我们假设消费函数为:

$$C = a + b(Y - T) \tag{6.6}$$

我们把计划投资作为外生变量,即:

$$I = \bar{I} \tag{6.7}$$

同时,假设政府购买和税收水平固定不变,即:

$$G = \bar{G} \tag{6.8}$$

$$T = \bar{T} \tag{6.9}$$

将 (6.6) 式、(6.7) 式、(6.8) 式、(6.9) 式代入 (6.4) 式得:

$$E = a + b(Y - \bar{T}) + \bar{I} + \bar{G}$$

1. 国民收入的决定

当实际支出等于计划支出时,即:

$$Y = E \tag{6.10}$$

经济处于均衡。图 6-13 的 45°线给出了满足该条件的点。计划支出曲线与 45°线的交点 A 即为经济的均衡。

下面,我们来考虑实现均衡的过程。首先,假设经济的 GDP 高于均衡水平,此时,计划支出 E_1 小于实际支出 Y_1,因此,企业的销售量小于产量,企业把卖不出去的商品加到它的存货中,企业的存货出现非计划的增加,企业会解雇工人并减少产量,这一过程一直持续到 Y 下降至均衡水平时为止。

如果经济的 GDP 低于均衡水平,此时,计划支出 E_2 大于实际支出 Y_2,企业只能通过减少存货来满足销售量,但企业看到自己的存货在减少时,他们就雇用更多的工人,并增加生产,这一过程一直持续到 Y 上升到均衡水平时为止。

2. 政府购买乘数

现在,我们考察政府购买增加对经济的影响。假设政府购买增加 ΔG,

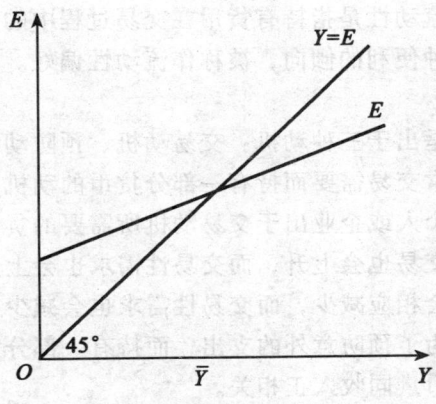

图 6-13 国民收入的决定

则计划支出曲线向上平移 ΔG，此时，GDP 增加 ΔY，可以看到，GDP 增加的幅度 ΔY 大于 ΔG。

$\Delta Y/\Delta G$ 被称为政府购买乘数，它告诉我们政府购买增加 1 元钱，会引起收入增加多少。

下面我们来考察为什么财政政策对收入有乘数效应？

当支出增加 ΔG 时，收入也增加 ΔG，根据消费函数，消费增加 $b \cdot \Delta G$，$b \cdot \Delta G$ 又会转化为收入，那么消费又增加 $b^2 \cdot \Delta G$，这个过程会无限进行下去，所以，收入的增加为：

$$\Delta Y = \Delta G + b \cdot \Delta G + b^2 \cdot \Delta G + \cdots = \frac{1}{1-b} \Delta G \tag{6.11}$$

即：

$$\frac{\Delta Y}{\Delta G} = \frac{1}{1-b} \tag{6.12}$$

在更一般的情况下，消费函数不是线性函数，则(6.12)式为：

$$\frac{\Delta Y}{\Delta G} = \frac{1}{1-MPC} \tag{6.13}$$

(6.13)式中的 MPC 是边际消费倾向（Marginal Propensity to Consume）

例：$b = 0.6$ 乘数

$$\frac{\Delta Y}{\Delta G} = 1 + 0.6 + 0.6^2 + \cdots = \frac{1}{1-0.6} = 2.5$$

二、利率的决定

下面，我们来考察货币市场。凯恩斯理论认为人们持有货币是由流动性偏好决定的。所谓流动性是指持有货币在交易过程中的便利性，而人们愿意持有货币以保持这种便利的倾向，被称作流动性偏好。因此，流动性偏好就是对货币的需求。

人们需要货币是出于三种动机：交易动机、预防动机和投机动机。交易动机是指为应付日常交易需要而持有一部分货币的动机。无论个人或企业都要应付日常支出。个人或企业出于交易动机所需要的货币量与收入相关。当收入水平上升时，交易也会上升，而交易性需求也会上升；反之，当收入水平下降时，交易也会相应减少，而交易性需求也会减少。

预防动机是指为了预防意外的支出，而持有一部分货币的动机。从整个社会来说，这个货币量同收入正相关。

投机动机是指人们为了在证券市场进行投机而持有一部分货币的动机。利率 r 是持有货币的机会成本。当利率上升时，此时人们倾向于持有债券等有价证券，以获取利息收入；而利率下降时，人们倾向于持有货币。所以，出于投机动机对货币需求量与利率水平负相关。

因此，货币需求函数可表示为：

$$\left(\frac{M}{P}\right)^d = L(r, y) \tag{6.14}$$

假设 Y 不变，即为 $\overline{Y}$，那么货币需求函数如图 6-13 所示。

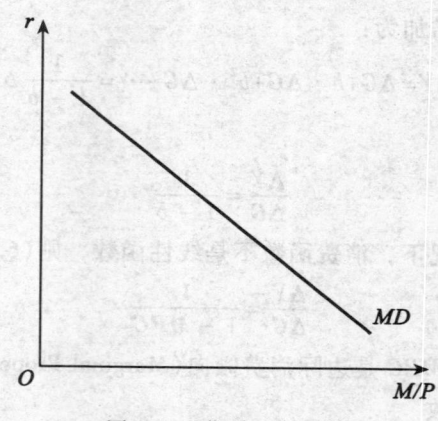

图 6-14 货币需求函数

收入的变动将会引起货币需求曲线的移动，如果收入增加，则交易性货币需求和预防性货币需求都会增加，货币需求曲线向右上方移动；反之，收入减少，则货币需求曲线向左下方移动。

1. 货币的供给

货币供给量是外生决定的,它是由中央银行所独立控制的政策变量。因此,货币供给函数如下:

$$\left(\frac{M}{P}\right)^s = \frac{\overline{M}}{P} \tag{6.15}$$

在(6.15)式中,价格 P 也是外生变量,可记为 $\overline{P}$,即:

$$\left(\frac{M}{P}\right)^s = \frac{\overline{M}}{\overline{P}} \tag{6.16}$$

中央银行主要通过公开市场买卖政府债券来控制货币供应量,除此以外,中央银行还通过调整准备金率、再贴现率来控制货币供应量。当中央银行出售政府债券或提高准备金率、再贴现率,则货币供应量减少;反之,中央银行买入政府债券,下调准备金率、再贴现率,则货币供应量增加。

2. 利率的决定

货币的需求函数和供给函数共同作用决定了利率,即令

$$\left(\frac{M}{P}\right)^d = \left(\frac{M}{P}\right)^s$$

得到:

$$\frac{\overline{M}}{\overline{P}} = L(r, y)$$

如图 6-15 所示:

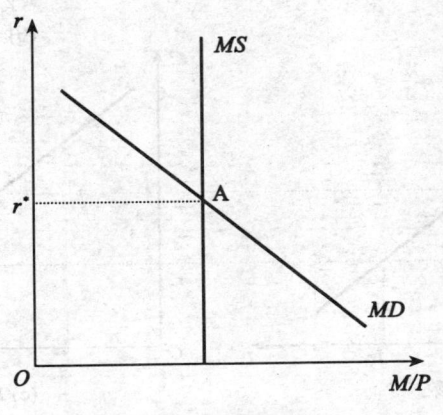

图 6-15 利率的决定

货币需求曲线 MD 与货币供给曲线 MS 的交点决定了均衡利率 r^*，如果利率高于 r^*，则实际货币供给量大于需求量，那么利率就会下降。如果利率低于 r^*，则需求量大于实际货币供给量，利率会上升。因此，只有在 A 点，利率水平不再变动。

三、IS—LM 模型

1. IS 曲线

下面，我们来推导 IS 曲线，初始利率为 r_1，投资为 $I(r_1)=I_1$，国民收入为 Y_1，当利率下降至 r_2，此时，投资增加 ΔI 达到 I_2，计划支出线向上平移 ΔI，新的计划支出线为 E_2，国民收入增加至 Y_2，我们在图 6-16(c) 把这两个点描出来，当我们把每个利率和它相对应的收入水平描出来，就得到 IS 曲线。

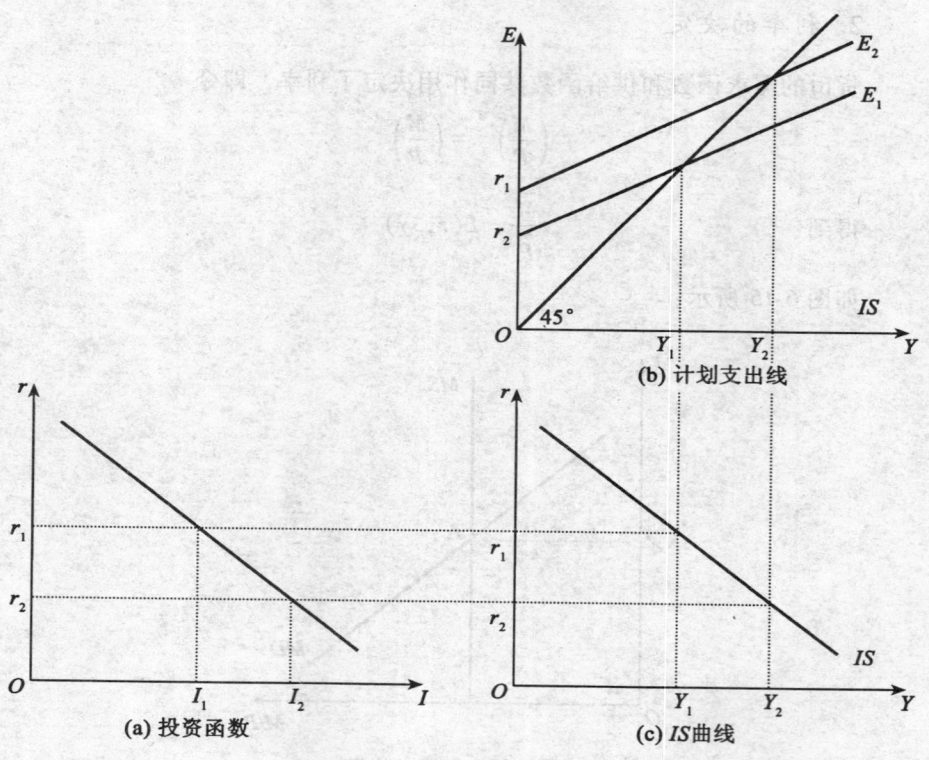

图 6-16　IS 曲线

IS 曲线向右下方倾斜，这是因为利率下降引起计划投资增加，从而使国民收入上升。

2. IS 曲线的移动

下面，我们考察政府的财政政策对 IS 曲线的影响。

假设政府购买增加，将导致计划支出线向上移动，国民收入增加，即 IS 曲线向右移动。同样，减税也扩大了支出和收入，它也使 IS 曲线向右移动。

3. LM 曲线

我们用流动性偏好理论来推导 LM 曲线。假设经济当前的收入为 Y_1，利率为 r_1，即图 6-17(b) 中 A 点，当收入增加到 Y_2，则货币需求曲线向上移动，由于实际货币余额不变，所以均衡利率上升至 r_2，即图 6-16(b) 中 B 点，把 A 点和 B 点连接起来，得到 LM 曲线。

LM 曲线向右上方倾斜，之所以出现这种情况，是因为当利率上升时，投机性货币需求减少，而在货币实际货币余额不变的情况下，只能通过收入的提高，从而交易性和预防性货币需求的上升来弥补货币需求和货币供给之间的缺口，使货币市场达到均衡。货币市场的均衡决定了 LM 曲线上利率和收入的不同组合，也就是说，LM 曲线上每一点都代表了货币市场达到了均衡。

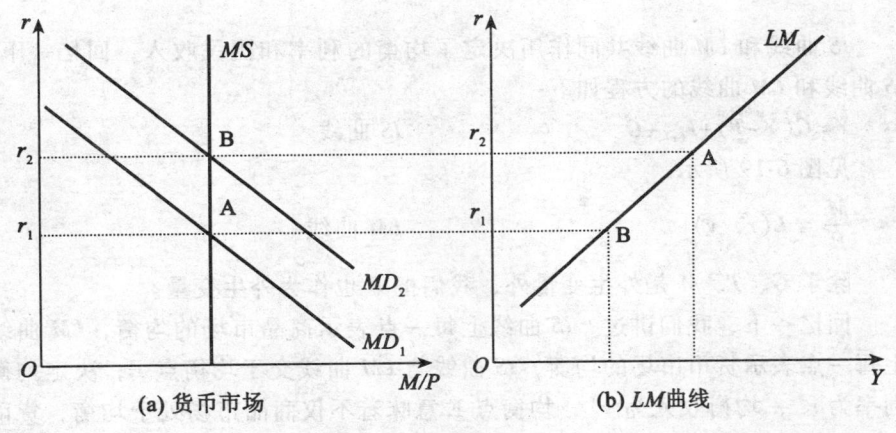

图 6-17　LM 曲线

4. LM 曲线的移动

假设中央银行增加货币供应量,则货币供给曲线从 MS_1 移动到 MS_2 与货币需求曲线 MD 交于新的均衡点 B 点,均衡利率从 r_1 下降到 r_2,在图 6-18(b)中,表现为 LM 曲线从 LM_1 移动到 LM_2,反之,当中央银行减少货币供应量,则 LM 曲线向左移动。

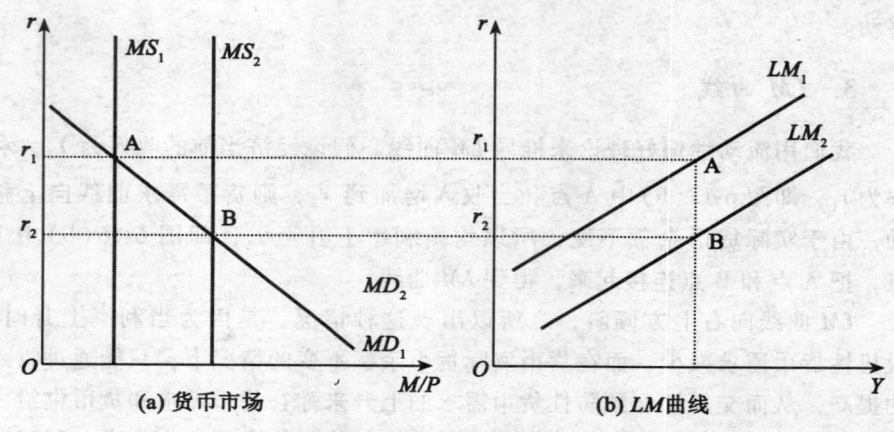

图 6-18 LM 曲线的移动

5. 均衡的利率和国民收入

IS 曲线和 LM 曲线共同作用决定了均衡的利率和国民收入,回忆一下,IS 曲线和 LM 曲线的方程如下:

$Y = C(Y-T) + I_{(r)} + G$ IS 曲线

见图 6-19 所示:

$\dfrac{M}{P} = L(r, y)$ LM 曲线

除了 G、T、M 是外生变量外,我们把 P 也作为外生变量。

回忆一下,我们讲过,IS 曲线上每一点表示商品市场的均衡,LM 曲线上每一点表示货币市场的均衡,IS 曲线与 LM 曲线交于均衡点 E,决定均衡利率为 r^*,均衡收入为 y^*,均衡点 E 意味着不仅商品市场处于均衡,货币市场也处于均衡。

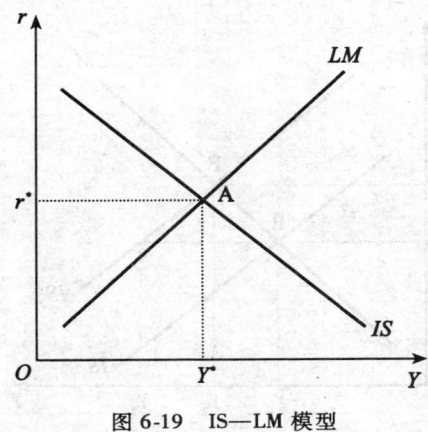

图 6-19 IS—LM 模型

四、宏观经济政策

1. 财政政策的影响

(1) 政府购买的变动

如图 6-20 所示,经济的 IS 曲线与 LM 曲线交于点 E,均衡的利率为 r_1,均衡国民收入为 Y_1。假设政府购买增加 ΔG,那么 IS 曲线向右平移 $\dfrac{\Delta G}{1-MPC}$,新的 IS 曲线为 IS′,IS′ 曲线与 LM 曲线交于点 E′,E′为新的均衡点,此时,均衡利率为 r_2,均衡的国民收入为 Y_2,也就是说,政府购买增加导致利率上升,国民收入上升。这是因为政府购买增加,则计划支出增加,从而刺激了物品与劳务的生产,导致国民收入上升,随着国民收入上升,人们对货币的需求上升,而货币的供给不变,从而引起利率上升。

但是,国民收入上升的幅度小于 $\dfrac{\Delta G}{1-MPC}$。回忆一下,我们在前面讲过,政府购买增加 ΔG,则国民收入增加 $\dfrac{\Delta G}{1-MPC}$,这里国民收入上升的幅度小于 $\dfrac{\Delta G}{1-MPC}$,是因为利率上升,挤出了一部分私人投资,从而国民收入上升的幅度 ΔY 小于 $\dfrac{\Delta G}{1-MPC}$。

(2) 税收变动

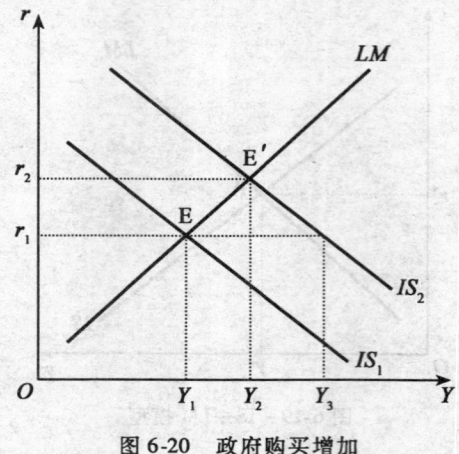

图 6-20　政府购买增加

现在，我们考察税收变动对经济的影响。假设税收减少 ΔT，则居民可支配收入增加，从而人们的消费支出增加，这又会引起计划支出的增加，由凯恩斯交叉图，我们知道 IS 曲线向右平移 $\dfrac{\Delta T \cdot MPC}{1 - MPC}$，新的 IS 曲线为 IS'，与 LM 曲线交于新的均衡点 E'，利率从 r_1 上升到 r_2，国民收入从 Y_1 上升到 Y_2，但其增加的幅度 ΔY 小于 $\dfrac{\Delta T \cdot MPC}{1 - MPC}$，这是因为利率的上升挤出了一部分投资。

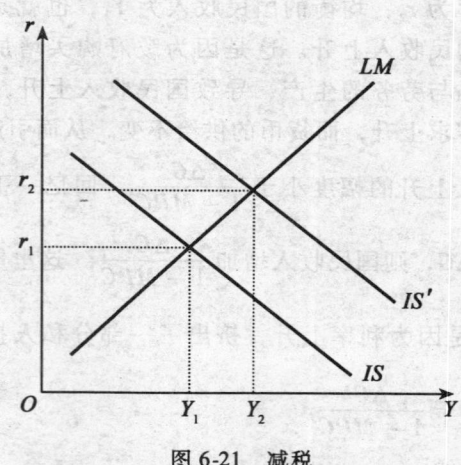

图 6-21　减税

2. 货币政策的影响

下面,我们来考察货币政策对经济的影响,经济的 IS 曲线,LM 曲线如图 6-22 所示。

假设中央银行扩大货币供应量,此时,实际货币余额超过了公众愿意持有的货币量,因此,利率必须下降,以使公众的流动性偏好等于实际货币余额。在图 6-22 中,原 LM 曲线移动到 LM',LM' 曲线与 LS 曲线交于新的均衡点 E',均衡利率由 r_1 下降到 r_2,均衡的国民收入从 Y_1 上升到 Y_2。

为什么利率的下降会引起国民收入的上升呢?这是因为利率下降,刺激投资,投资的增加使得国民收入上升。

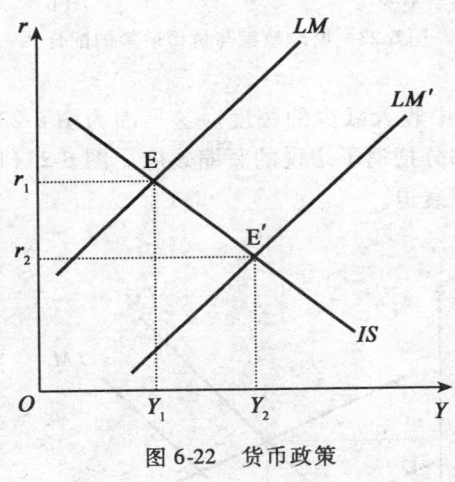

图 6-22 货币政策

3. 财政政策与货币政策的配合

以上考察了单独使用财政政策或货币政策的效果。在实际的政策制定中,财政政策往往与货币政策配合使用。在 1993 年,美国政府推出了增加税收的计划用来平衡政府的预算赤字,此时,美联储有三种选择。

如图 6-23(a)所示,美联储维持货币供应量不变,由于增税使得居民的消费支出减少,IS 曲线由 IS_1 移动到 IS_2,原来的均衡利率由 r_1 下降至 r_2,均衡收入从 Y_1 减少到 Y_2,收入减少表明增税引起衰退。

如图 6-23(b)所示,美联储为维持现行利率不变,减少货币供应量,LM 曲线从 LM_1 移动到 LM_2,利率不变,但收入从 Y_1 减少到 Y_2,收入减少的

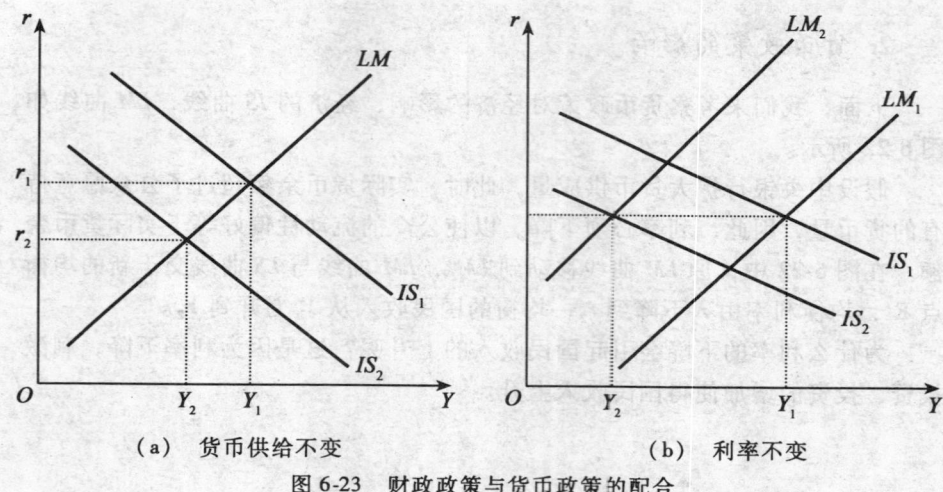

(a) 货币供给不变　　　　　　　(b) 利率不变

图 6-23　财政政策与货币政策的配合

幅度大于图 6-23(a) 中收入减少的幅度。这是因为图 6-23(a) 中,利率下降刺激了投资,从而部分抵消了增税的紧缩效应。图 6-23(b) 中,美联储通过保持高利率而加深了衰退。

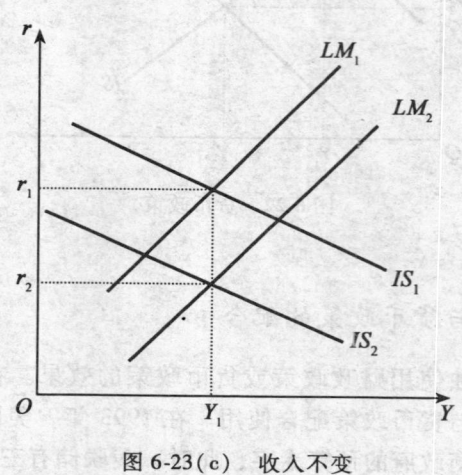

图 6-23(c)　收入不变

如图 6-23(c) 所示,美联储为保持国民收入不变,采取扩张性货币政策,LM 曲线由 LM_1 移动到 LM_2 的位置,利率从 r_1 下降到 r_2,国民收入不变。这是因为利率下降,刺激了投资,从而完全抵消了增税的紧缩效应。

从这个例子我们可以看出,财政政策的影响取决于中央银行所采取的货币政策,更一般地说,当分析一种政策的变动时,我们必须作出它对其他政策影响的假设。

4. IS—LM 模型与总需求曲线

为了更充分地理解总需求的决定,下面,我们用 IS—LM 模型来推导总需求曲线,这将有助于我们理解:(1)总需求曲线为何向下倾斜?即随着价格水平的上升,国民收入减少。(2)哪些因素能导致总需求曲线移动?

我们考察当价格水平变动时,IS—LM 模型会发生什么变动?如图 6-23(a)所示,经济初始 LM 曲线为 $LM(P_1)$,此时价格水平为 P_1,假设价格水平上升至 P_2,则实际货币余额 M/P 下降,LM 曲线由 $LM(P_1)$ 上升到 $LM(P_2)$,均衡利率上升,国民收入由 Y_1 下降至 Y_2,我们把 (Y_1,P_1),(Y_2,P_2) 在图 6-24(b)中描出。假设价格水平连续下降,我们可在图 6-24(b)描出无穷多个与图 6-24(a)中均衡点相对应的点,把这些点全部连起来,我们得到一条向右下方倾斜的直线,这就是总需求曲线。

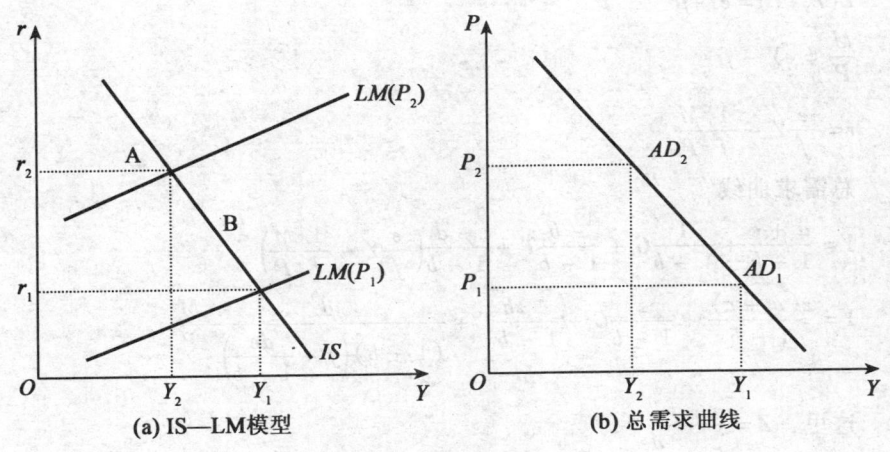

图 6-24 总需求曲线

那么哪些因素会引起总需求曲线移动呢?由于我们是由 IS—LM 曲线得到的总需求曲线,因此凡是使 IS 曲线、LM 曲线移动的事件(在既定的价格水平下)都会引起总需求曲线移动。例如,中央银行扩大货币供应量,LM 曲线由 LM_1 移动至 LM_2,均衡收入从 Y_1 上升至 Y_2。在图 6-24(b)中可以看到,均衡收入上升至 Y_2,总需求曲线从 AD_1 移动至 AD_2;相反,如果中央银行减少货币供应量，政府减少购买或增税则使总需求曲线向左移动。

我们将结果归纳如下：物价水平变动引起 IS—LM 模型中的收入变动表示为总需求曲线上的移动，而物价水平不变时，IS—LM 模型中收入的变动意味着总需求曲线的移动。

附录：
IS 曲线
$Y=C(Y-T)+I(r)+G$
$C=a+b(Y-T)$
$I=c-dr$
$Y=a+b(Y-T)+c-dr+G$
$Y=\dfrac{a+c}{1-b}+\dfrac{1}{1-b}G+\dfrac{-b}{1-b}T+\dfrac{-d}{1-b}r$

LM 曲线
$\dfrac{M}{P}=L(r,Y)$

$L(r,Y)=eY-fr$

$\dfrac{M}{P}=eY-fr$

$r=\dfrac{e}{f}Y-\dfrac{1}{f}\dfrac{M}{P}$

总需求曲线
$Y=\dfrac{a+c}{1-b}+\dfrac{1}{1-b}G+\dfrac{-b}{1-b}T+\dfrac{-d}{1-b}\left(\dfrac{e}{f}Y-\dfrac{1}{f}\dfrac{M}{P}\right)$

$Y=\dfrac{z(a+c)}{1-b}+\dfrac{z}{1-b}G+\dfrac{-zb}{1-b}T+\dfrac{d}{(1-b)\left(f+\dfrac{de}{1-b}\right)}\dfrac{M}{P}$

这里，$Z=\dfrac{f}{f+\dfrac{de}{1-b}}$。

第三节 总供给理论

一、总供给模型

在这一节里，我们将对向上倾斜的总供给曲线作进一步解释，同时，介绍四种主要的总供给模型。

1. 工资黏性

在古典经济学中，价格、工资能自由调整，即具备充分伸缩性，因此产量始终保持在充分就业的水平上，但是，实际上市场机制的调节存在某些障碍，使得短期内价格、工资的变动是缓慢的，我们把价格、工资在短期内变动的缓慢性称为价格、工资黏性。

许多经济学家用名义工资的黏性解释总供给曲线为什么向上倾斜。在许多行业中，名义工资由长期合同所决定，在经济状况发生变化时，名义工资不能随之迅速变动，即使在没有正式合同的行业，工人与企业间的隐含合同也会限制名义工资的变动，由于这些原因，在短期中名义工资是黏性的。

下面，我们来考察在名义工资黏性的情况下，价格水平上升对总产出的作用机制。

(1) 当名义工资不变时，物价水平上升，降低了实际工资，使劳动变得更便宜。

(2) 实际工资下降，企业雇佣更多劳动。

(3) 劳动力投入的增加提高了总产出。

物价水平和总产出之间的正相关关系，意味着在名义工资不变的情况下，总供给曲线向上倾斜。

下面，我们正式地推导总供给曲线。假设工人和企业通过谈判预先签订了劳动合同，劳动合同确定了未来的名义工资，谈判双方追求的目标是目标实际工资。目标实际工资是使劳动市场达到均衡的实际工资，在更多情况下，由于工会势力或效率工资等原因，目标工资高于均衡实际工资。

在劳动合同签订的时候，工人和企业都不知道价格水平 P，但他们预期价格水平为 P^e，工人和企业根据目标实际工资和预期价格水平确定名义工资。即：

$$W = \omega \times P^e \tag{6.17}$$

名义工资 = 目标实际工资 × 预期价格水平

在名义工资确定后，企业在雇佣劳动之前已经知道实际物价水平 P，因此，实际工资将是：

$$W/P = \omega \times (P^e/P) \tag{6.18}$$

实际工资 = 目标实际工资 × (预期的价格水平 / 实际价格水平)

(6.18) 式说明，如果实际价格水平不同于预期价格水平，实际工资就会偏离目标实际工资，若实际价格水平高于预期，则实际工资低于目标工资；若实际价格水平低于预期，则实际工资高于目标工资。

最后一个假设是，就业由企业对劳动的需求量所决定。也就是说，工人和企业间的谈判并没有确定就业水平，工人同意提供企业所希望购买的任意的劳动量。我们用劳动需求函数来刻画企业的雇用决策。

$$L = L^d(W/P) \qquad (6.19)$$

该函数是递减函数，也就是说，实际工资越低，企业对劳动的需求量越大；反之，实际工资越高，企业对劳动的需求量越小。产出由生产函数决定：

$$Y = F(L) \qquad (6.20)$$

企业的产出随着劳动投入增加而增加，见图6-25(b)。

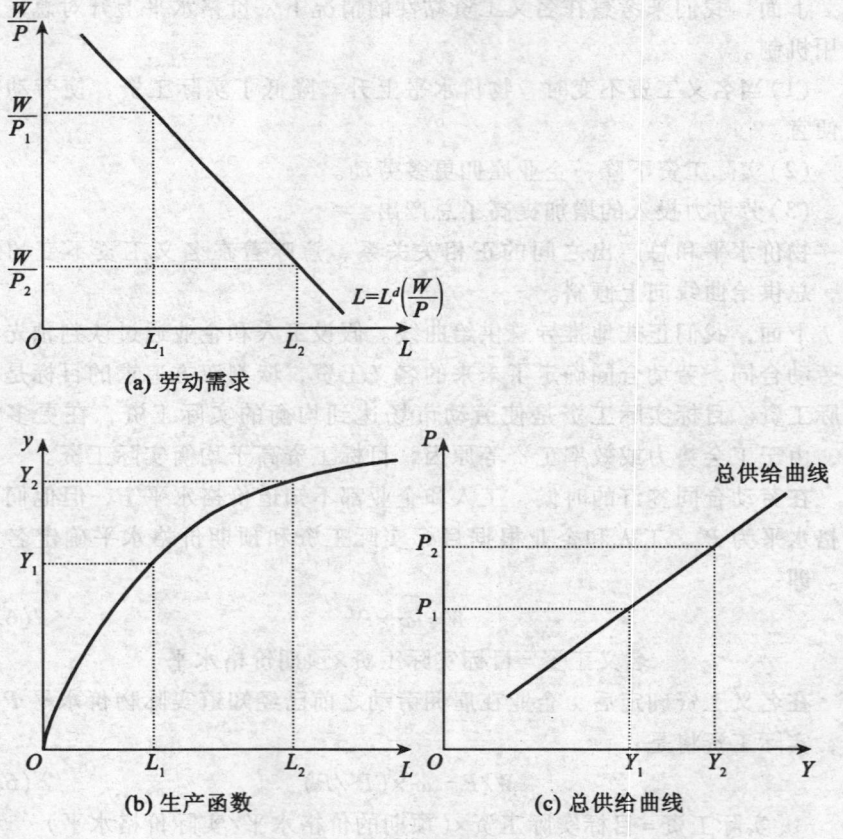

图 6-25　工资粘性模型

图 6-25 描述了推导总供给曲线的过程。假设价格水平出乎意料地从 P_1 上升到 P_2，由于名义工资不变，实际工资从 W/P_1 下降到 W/P_2，此时，企业雇佣的劳动数量从 L_1 上升到 L_2，由于劳动投入增加，总产出从 Y_1 上升到 Y_2，将 (Y_1, P_1)，(Y_2, P_2) 两点在图 6-25(c) 中描出来，并连接起来，得到一条向右上方倾斜的直线，这就是总供给曲线。

需要指出的是，按照黏性工资模型，实际工资应该是反周期的，然而，大多数实际研究表明，实际工资是非周期性的，或者只有轻微的顺周期性。

2. 工人错觉模型

与黏性工资模型一样，工人错觉模型也是通过劳动市场来解释向上倾斜的短期总供给曲线。不同的是，工人错觉模型假设工资可以自由地调整，从而使劳动市场达到均衡。它的关键是假设工人暂时混淆了实际工资与名义工资，从而未预期到的价格波动影响劳动供给。

下面，我们来分析这一模型。企业需求的劳动量取决于实际工资：

$$L^d = L^d(W/P) \tag{6.21}$$

劳动力的供给也取决于实际工资，但工人只知道名义工资 W，不知道价格水平，他们预期价格水平为 P^e，因此，劳动力的供给取决于预期实际工资，即名义工资 W 除以预期价格水平 P^e，即：

$$L^s = L^s(W/P^e) \tag{6.22}$$

我们可以把预期实际工资写成实际工资与工人价格错觉的乘积，即：

$$W/P^e = (W/P) \times (P/P^e) \tag{6.23}$$

上式中，P/E^e 衡量工人对价格水平的错觉，如果 P/P^e 大于 1，表明实际价格水平高于工人的预期，如果 P/P^e 小于 1，表明实际价格水平低于工人的预期。将 (6.23) 式代入 (6.22) 式，得到：

$$L^s = L^s\left(\frac{W}{P} \cdot \frac{P}{P^e}\right) \tag{6.24}$$

(6.24) 式意味着，劳动供给由实际工资和工人价格错觉决定。

如图 6-26 所示，劳动需求曲线是一条向下倾斜的曲线，劳动的供给曲线是一条向右上方倾斜的曲线，实际工资可以自由地调整，从而使劳动的需求量与供给量相等，劳动市场达到均衡。由于劳动的供给曲线的位置取决于工人价格错觉，因此，劳动市场的均衡也取决于工人错觉。

价格水平上升对经济的影响取决于工人是否预期到价格水平的变动，如果工人预料到价格的变动，那么预期价格水平 P^e 与价格水平 P 同比例上升。在这种情况下，劳动供给与劳动需求不变，名义工资与价格等比例增加，实际工资和就业水平不变。

如果出现工人未预期到的价格水平上升，则 P^e 不变，工人预期实际工资 W/P^e 大于实际工资 W/P，工人误认为自己的实际工资提高了，从而愿意提供更多的劳动，劳动的供给曲线向右平移（图 6-27 中从 L_1^s 移动到 L_2^s），企业拥有的信息比工人多，他们知道价格上升必然造成货币工资同步上升，实际工资保持不变，劳动的需求曲线不变。因此，均衡的实际工资由 $(W/P)_1$ 下降到 $(W/P)_2$，均衡的就业量由 L_1 上升到 L_2，产出水平也相应提高。

工人错觉模型意味着实际工资应该是反周期的，正如我们前面指出的，它并没有得到实际研究的支持。

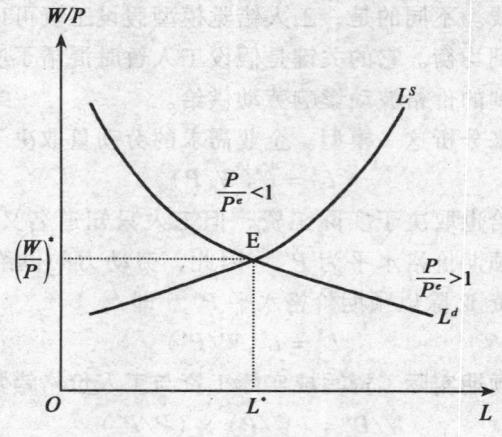

图 6-26　劳动市场的均衡

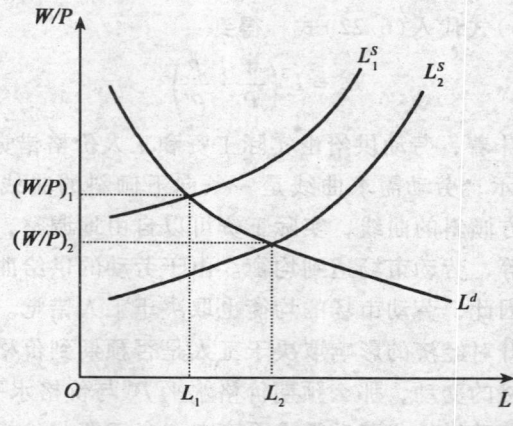

图 6-27　未预期到的价格水平上升

3. 不完全信息模型

解释短期总供给曲线向上倾斜的第三个模型是不完全信息模型。它假设短期与长期总供给曲线不同,是因为对价格暂时的错觉。但是,与工人错觉模型不同的是,它并不假设企业拥有比工人更充分的物价水平的信息,甚至它并不区分工人和企业。

该模型假设:经济中每个供给者生产一种产品并消费许多物品与劳务。每个供给者知道自己生产的产品的价格 P_i,但是在得到整个经济的价格水平时存在滞后。当供给者自己产品的价格提高时,有可能是:(1)所有的产品价格上升相同幅度,自己产品的相对价格没有发生变化;(2)自己的产品相对于其他产品的价格上升。如果是第一种情况发生,企业不会增加生产;而如果是第二种情况发生企业会增加生产。

而厂商怎样才能区分这两种情况呢?摆在厂商面前的是"信号提取"的问题,也就是说,它必须区分相对价格变化与绝对价格变化。企业提取信号的过程称为"卢卡斯滤波",企业知道自己的产品价格:

$$P_i = P + r_i \tag{6.25}$$

(6.25)式中的 P_i 为企业的产品价格,P 为价格水平,r_i 为相对价格,P 与 r_i 是相互独立的,现在要从 P_i 中分离信号 P,此时,信息的混淆问题是不可避免的,通货膨胀噪声越大,信息的混淆问题就越严重,通货膨胀噪声较小时,混淆问题能够被忽略。

打个比方,当我们与其他人在一个嘈杂的环境中对话,我们听到的声音是包含了噪声的,我们的大脑则在进行"滤波",从听到的声音中分离出信号(对方说话的声音),如果噪音较小,我们还能知道对方说了什么,但噪声很大,信号就被噪声淹没了,我们根本不知道对方在讲什么。

下面,我们以种水稻的农民为例来分析这一模型。由于农民从出售稻米中获得收入,并用这些收入来购买其需要的产品与劳务。因此,他的产量取决于稻米相对于其他商品的价格(相对价格)。如果稻米的相对价格上升,那么他会更努力地工作,稻米的产量增加,而如果稻米相对价格不变,他就不愿意牺牲更多闲暇来从事生产,稻米的产量不变。

但是,当农民作出生产决策时,他并不知道稻米的相对价格,他只知道稻米的价格(绝对价格),而不知道经济中所有其他产品的价格,因此,他必须用稻米的价格和他感受到的价格水平来估计稻米的相对价格。

当经济中包括稻米的所有价格都上升相同比例,如果农民预期到了这种价格变动,他不会增加生产;而如果农民没有预期到价格水平的提高,他根据稻米的价格上升判断稻米的相对价格上升，他会更努力地工作，增加产量。

经济中还有其他的供给者，当发生未预期到的价格水平上升，他们观察到自己生产的产品价格上升，从而错误地判断自己生产的产品的相对价格上升，因此更努力地工作，使产量增加。

不完全信息模型说明，当物价水平超过预期时，供给者增加产量，那么，总供给曲线为：

$$Y = \bar{Y} + \alpha(P - P^e)$$

值得注意的是，该模型的不完全信息的假定受到了许多批评，在现代社会里，价格波动的信息是定期公布的，在时间上也只有极短的滞后。除了经济正经历超级通货膨胀外，个人可以非常低的成本获得这些信息，并精确地估计价格水平的波动，因此，人们当然不会严重地混淆相对价格变动与绝对价格变动。

4. 黏性价格模型

解释短期总供给曲线的第四个模型是价格黏性模型。该模型强调企业不能迅速地根据需求变动调整它们所收取的价格，有时价格是由企业与顾客之间的长期协议所决定的，即使没有正式协议，企业也保持价格稳定。因为改变价格是有成本的，比如菜单成本。如果企业已经印刷和发送了价目表，那么改变价格后，它要重新印刷和发送价目表，这种价格调整的成本称为菜单成本。

为了分析价格黏性对总供给的影响，我们首先考察单个企业的定价决策，然后通过对所有企业加总，得到总供给曲线。我们考察的产品市场是一个不完全竞争市场，在完全竞争市场企业是价格接受者，而在不完全竞争市场，企业是价格制定者。

下面我们考察一个典型企业的定价决策。企业的价格取决于两个宏观经济变量：一个是价格水平 P，另一个是收入水平 Y，价格水平越高，企业的生产成本就越大，企业索取的价格就越高。收入水平的提高会增加对企业产品的需求，由于边际成本随着产量的增加而提高，所以，企业利润最大化的价格也提高。我们可以把企业制定的最优价格写为：

$$p = P + \beta(Y - \bar{Y}) \tag{6.26}$$

上式中 $\beta > 0$，上式表明最优价格 p 取决于价格水平和总收入与潜在国民收入的差额。参数 β 衡量收入水平变动对企业定价影响程度的大小。

现在假设有两种类型的企业，一类企业的产品价格有伸缩性，即它们根据(6.26)式确定自己的价格；另一类企业的产品价格有黏性，它们根据对经济环境的预期，预先制定价格。这些企业的产品价格由下式决定：

$$p = P^e + \beta(Y^e - \overline{Y}^e) \tag{6.27}$$

(6.27)式中，在变量的右上角标"e"表示该变量的预期值，为简单起见，假设这些企业预期国民收入与潜在国民收入相等，因此，最后一项 $\beta(Y^e - \overline{Y}^e)$ 等于零。这些企业确定的价格是

$$p = P^e \tag{6.28}$$

意味着，这些企业根据预期其他企业索取的价格确定自己的价格。

我们可以根据上述两类企业的定价规则推导出总供给方程。首先把两类企业的产品价格进行加权平均，得到总的物价水平。设产品价格黏性的企业占总数的比例为 φ，产品价格灵活变动的企业总数比例为 $1-\varphi$，则物价总水平是：

$$P = \varphi P^e + (1 - \varphi)[P + \beta(Y - \overline{Y})] \tag{6.29}$$

对(6.29)式两边同时减去 $(1 - \varphi)P$，得：

$$\varphi P = \varphi P^e + (1 - \varphi)[\beta(Y - \overline{Y})] \tag{6.30}$$

对(6.30)式两边同时除以 φ，得：

$$P = P^e + \frac{(1 - \varphi)\beta}{\varphi}(Y - \overline{Y}) \tag{6.31}$$

(6.31)式的经济含义是：价格水平随预期价格水平的提高而提高，这是因为当企业预期价格会提高时，他们预期生产成本也会提高，因此，固定价格企业预先制定的价格也会提高，这又会导致其他企业产品价格的提高，所以，预期价格水平提高导致实际价格水平的提高。

价格水平也会随着国民收入的提高而提高。这是因为国民收入的提高会使产品的需求增加，灵活定价的企业就会提高产品的价格，从而使物价水平提高。国民收入对价格水平的影响取决于灵活定价的企业所占的比例。

(6.31)式可记为：

$$Y = \overline{Y} + \frac{\varphi}{(1 - \varphi)\beta}(P - P^e) \tag{6.32}$$

令 $\alpha = \dfrac{\varphi}{(1 - \varphi)\beta}$ 得到：

$$Y = \overline{Y} + \alpha(P - P^e)$$

我们得到结论：产出的波动即产出偏离它的潜在水平与未预期到的价格

水平波动正相关。

虽然黏性价格模型主要考察产品市场,但它也考虑到了劳动市场。如果短期内一个企业的价格是固定的,那么,总需求减少,企业的销量随之减少,企业就削减产量,减少对劳动的需求量。与工资黏性模型和工人错觉模型不同的是,在这里产出波动使劳动力需求曲线发生移动,从而使就业量、总产出和实际工资沿相同方向变动,因此,实际工资可以是顺周期的。

5. 总供给模型的比较与含义

每一个总供给模型都可以解释短期总供给曲线向上倾斜,表6-1根据两个特征来区分模型。一个特征是模型是否假设市场出清,即工资与物价能否自由调整使市场处于均衡;另一个特征是模型假设劳动市场还是产品市场不完全。这四个模型不一定是相互排斥的,它们可以是兼容的,所有模型都可以解释短期总供给行为。

表 6-1　　　　　　　　　总供给模型的比较

项目	市场出清	市场不完全	关键假设
黏性工资模型	否	劳动市场不完全	名义工资调整缓慢
工人错觉模型	是	劳动市场不完全	工人混淆了名义工资变动与实际工资变动
不完全信息模型	是	产品市场不完全	供给者混淆了绝对价格变动与相对价格变动
黏性价格模型	否	产品市场不完全	产品与劳务价格调整缓慢

尽管这四个模型在假设和重点上不同,但它们对总产出的含义是相似的,所有模型都可以概括为下式:

$$Y = \bar{Y} + \alpha(P - P^e)$$

上式说明,产出与它的潜在水平的偏离和价格水平与预期价格水平的偏离是相关的,如果价格水平高于预期价格水平,那么产出高于潜在产出;而如果价格水平低于预期,那么产出低于潜在产出,如图6-27所示,图6-27中的短期总供给曲线是根据一个既定的 P^e 画出的,而且 P^e 的变动将使该曲线移动。

现在,我们用总供给曲线来分析未预期到的货币扩张对经济的影响。货

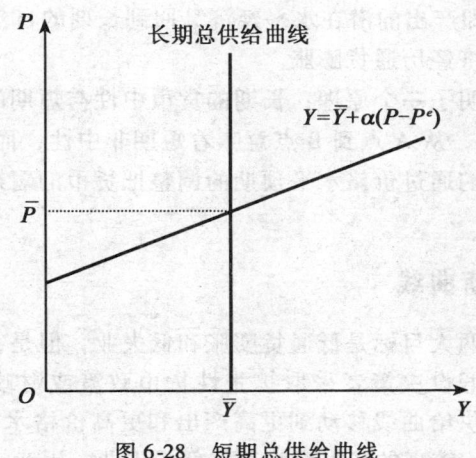

图 6-28 短期总供给曲线

币扩张使总需求增加，总需求曲线由 AD_1 移动到 AD_2，由于公众预期价格水平 P^e 等于 P_1，因此，总供给曲线不变，此时，经济从 A 点移动到 B 点，实际价格水平为 P_2，产出水平为 Y_2，高于潜在产出水平，经济经历一个繁荣时期。所以，未预期到的价格水平上升引起经济繁荣。

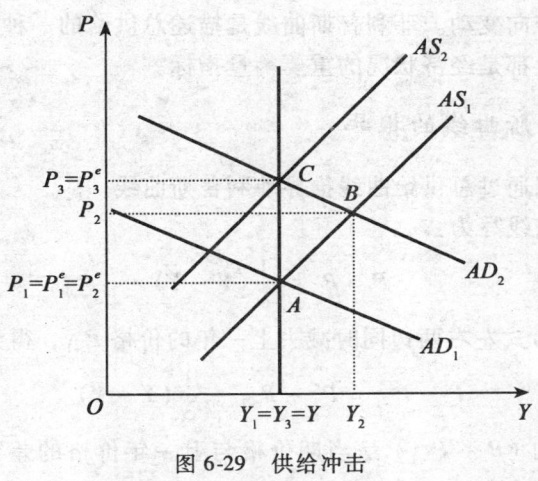

图 6-29 供给冲击

但是，这种繁荣不可能永久持续下去，人们会理性地预期价格水平，他们预期的价格水平为 P_3^e，随着人们预期价格水平上升，总供给曲线由 AS_1

移动到 AS_2，经济从 B 点移动到 C 点，此时，价格水平上升到 P_3。而产出从 Y_2 下降到 Y_3，即产出的潜在水平经济又回到长期的自然率水平，但物价水平要高得多，经济经历通货膨胀。

上面的分析说明了一个原理：长期的货币中性与短期的货币非中性是相容的。在图 6-28 中，从 A 点到 B 点意味着短期非中性，而从 A 点到 C 点意味着长期中性。我们通过价格水平预期的调整把货币的短期效应和长期效应统一起来了。

二、菲利普斯曲线

经济决策者的两大目标是低通货膨胀和低失业，但是，这两个目标是相互冲突的。例如，假设决策者采取扩张性货币政策或财政政策来扩大总需求，则经济沿着总供给曲线移动到更高产出和更高价格水平的点上（图 6-28 中从 A 点到 B 点），较高的产出意味着较低的失业，因为企业要扩大产量就要雇用更多的工人，而价格水平越高，在初始价格既定的情况下，就意味着越高的通货膨胀。因此，当决策者扩张总需求时，他降低了失业率，提高了通货膨胀率；反之，如果决策者抑制总需求，那么，失业率会上升，而通货膨胀则会下降。

通货膨胀与失业之间的这种交替关系称为菲利普斯曲线。菲利普斯曲线是短期总供给曲线的反映。当决策者使经济沿短期总供给曲线移动时，失业与通货膨胀反方向变动。菲利普斯曲线是描述总供给的一种有用方法，因为通货膨胀和失业都是经济状况的重要衡量指标。

1. 菲利普斯曲线的推导

下面，我们通过总供给曲线推导菲利普斯曲线。

把总供给曲线写为：

$$P = P^e + \frac{1}{\alpha}(Y - \overline{Y}) \tag{6.33}$$

首先，从 (6.33) 式左右两边同时减去上一年的价格 P_{-1}，得到：

$$P - P_{-1} = P^e - P_{-1} + \frac{1}{\alpha}(Y - \overline{Y}) \tag{6.34}$$

等式左边的 $(P - P_{-1})$ 是当期价格与上一年价格的差额，即通货膨胀 π，右边的第一项 $(P^e - P_{-1})$ 是预期的价格水平与上一年价格的差额，即预期的通货膨胀率 π^e，因此，(6.34) 式可记为：

$$\pi = \pi^e + \frac{1}{\alpha}(Y - \overline{Y}) \tag{6.35}$$

由奥肯定律,我们知道失业率和总产出水平负相关,产出水平与潜在产出水平的偏离和失业率与自然失业率的偏离负相关。这就是说,当产出高于潜在产出水平时,失业低于自然失业率,即:

$$\frac{1}{\alpha}(Y - \bar{Y}) = -\beta(u - u^n) \tag{6.36}$$

(6.36)式中的 $\beta > 0$,u^n 表示自然失业率,$u - u^n$ 是失业率与自然失业率的差额,也就是周期性失业。将(6.36)式代入(6.35)式得:

$$\pi = \pi^e - \beta(u - u^n) \tag{6.37}$$

最后,在(6.37)式右边加上供给冲击 ε,ε 代表改变价格水平并使短期总供给曲线移动的外生事件(例如,世界石油价格的变动)

$$\pi = \pi^e - \beta(u - u^n) + \varepsilon \tag{6.38}$$

这样,我们就从短期总供给曲线推导出了菲利普斯曲线。菲利普斯曲线说明通货膨胀率取决于三种因素:预期的通货膨胀、失业率与自然失业率的偏离即周期性失业、供给冲击。

通过上面的推导,我们知道菲利普斯曲线与总供给曲线在本质上是相同的,这两条曲线都说明古典二分法在短期中被推翻了。根据短期总供给方程式,失业与未预期到的价格波动相关,而根据菲利普斯曲线方程式,失业与未预期到的通货膨胀波动相关,当我们研究产出与价格水平时,总供给曲线比较方便,而当我们研究失业与通货膨胀时,菲利普斯曲线比较方便。但我们应当认识到菲利普斯曲线和总供给曲线的关系就像同一枚硬币的两面。

2. 通货膨胀产生的原因

前面,我们曾经指出,货币供应量增长是产生通货膨胀的主要原因。下面我们用菲利普斯曲线进一步讨论决定通货膨胀的其他因素。首先,影响通货膨胀的一个因素是人们根据最近观察到的通货膨胀来形成通货膨胀预期。这种预期被称为适应性预期。例如:假设人们预期今年物价按与去年相同的比率上升,这样,预期通货膨胀率 π^e 等于去年的通货膨胀率 π_{-1}

$$\pi^e = \pi_{-1} \tag{6.39}$$

将(6.39)式代入(6.38)式,得:

$$\pi = \pi_{-1} - \beta(u - u^n) + \varepsilon \tag{6.40}$$

(6.40)式意味着通货膨胀具有惯性,即使失业率等于自然失业率,也不存在供给冲击,此时,价格仍会以当前的通货膨胀速度上升。这种惯性产出的原因是过去的通货膨胀影响人们对未来通货膨胀的预期,而这种预期又影响了工资和价格的制定。在 20 世纪 70 年代,经济学家索洛曾经这样描述通货膨胀惯性:"为什么我们的货币越来越不值钱了,也许就仅仅在于我们有通货膨胀。通货膨胀的产生是因为我们预期会有通货膨胀,而我们预期通货膨胀是因为我们已经有了通货膨胀。"

在总需求与总供给模型中,通货膨胀惯性表现为总供给与总需求曲线不断向上移动,对总供给曲线而言,如果价格水平迅速上升,人们预期价格水平上升,从而短期总供给曲线向上移动,此时如果总需求不变,那么失业率上升,价格水平也上升,经济处于衰退时期,政府通常会采取措施扩大总需求,总需求曲线向上移动,这就造成了通货膨胀惯性。

影响通货膨胀的第二个因素是周期性失业的大小。周期性失业是用实际失业率与自然失业率的偏离程度来表示的,如果社会总需求膨胀,周期性失业率降低,那么通货膨胀率将上升,这种通货膨胀被称为需求拉动的通货膨胀;反之,当失业率上升,则通货膨胀率将下降。参数 β 表示通货膨胀对周期性失业的敏感性。

影响通货膨胀的第三个因素是供给冲击。不利的供给冲击如 20 世纪 70 年代世界石油价格上升,意味着 ε 大于零,促使通货膨胀上升,这种通货膨胀被称为成本推动的通货膨胀。因为不利的供给冲击一般会引起生产成本的上升;反之,如果供给冲击是有利的,即 ε 为负值,则通货膨胀就会下降。

3. 短期菲利普斯曲线

前面,我们推导并分析了菲利普斯曲线,决策者在任何时候都无法控制预期通货膨胀和供给冲击,但是他可以运用货币政策和财政政策来影响总需求。决策者可以扩大总需求,从而降低失业率,但通货膨胀率会上升;他也可以抑制总需求,从而降低通货膨胀率,但失业率会上升。

图 6-30 画出了菲利普斯曲线,它反映了通货膨胀与失业之间的短期交替关系。曲线上每一点都代表了可供决策者选择的通货膨胀率与失业率的组合。

短期菲利普斯曲线的位置取决于预期通货膨胀率。当预期通货膨胀率上升,则曲线向上移动(见图 6-31)。

设想经济目前处于充分就业,通货膨胀率为 10%,如果该经济实施把通货膨胀率从 10% 降低到 2% 的政策,这些政策对失业和产出有什么影响呢?

短期菲利普斯曲线表明,在不存在有利的供给冲击时,降低通货膨胀的政策会导致经济经历衰退和失业的上升,那么,失业率会上升多少,产出又会下降多少?在决定是否实施降低通货膨胀的政策之前,决策者必须了解这

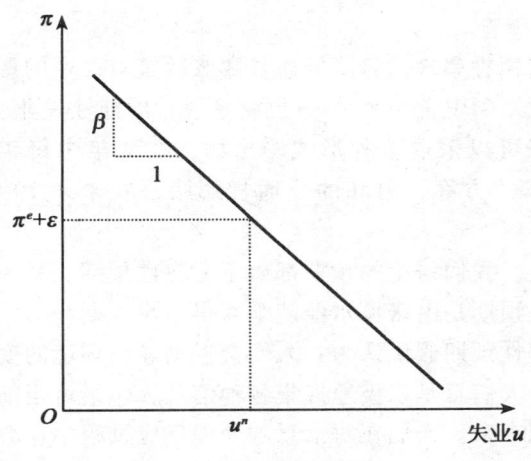

图 6-30 短期菲利普斯曲线

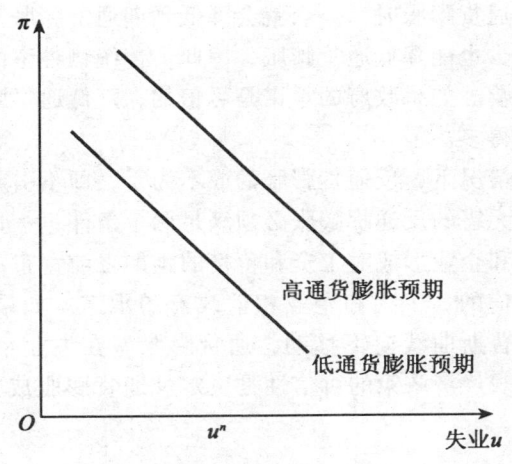

图 6-31 短期菲利普斯曲线

两个问题,从而权衡降低通货膨胀的收益和成本。

经济学家通常用牺牲率来衡量降低通货膨胀的收益和成本。牺牲率是反通货膨胀时期产量的总损失与赢得的通货膨胀的降低百分数二者的比率,也就是说,每降低1%的通货膨胀率必须降低的实际GDP的百分数。经验研究表明,降低1%的通货膨胀率牺牲的GDP约为5%,即牺牲率等于5。

利用奥肯定律可以得到牺牲率的另一种表达形式,根据奥肯定律,失业率上升1%,则实际GDP减少大约2%,因此降低1%的通货膨胀率周期性失业上升大约2.5%。

我们可以用牺牲率来估算降低通货膨胀政策对失业的影响,通货膨胀率降低8%,就要求GDP降低40%,也就是说,周期性失业必须上升20%。

反通货膨胀可以采取多种形式。比如,在两年中每年减少产出20%,这被称为"冷火鸡"方案,温和的反通货膨胀是在未来10年中每年减少产出4%。

到目前为止,我们讨论的预期都属于适应性预期。另一种主导的假说是理性预期。理性预期是由诺贝尔经济学奖得主卢卡斯和另一位经济学家萨金特所倡导的。理性预期假说认为:人们会根据经济环境的变化来不断调整自己的经济行为,人们总是积极地搜集各种信息,包括对当前政策的各类信息加以分析并预测未来。人们在对信息的处理反应过程中也会犯错误,但很容易被发现并纠正,因此人们在其预期的形成过程中不会犯系统性错误。

根据理性预期假说,财政政策、货币政策的变化会改变人们的预期。当政府承诺要降低通货膨胀时,公众就会降低预期通货膨胀率,这样,没有失业增加和产出减少也能降低通货膨胀,因此,传统牺牲率的估算不能用来评估不同政策的影响。如果政府的承诺是可信的,降低通货膨胀的成本比用牺牲率估算的要低得多。

在最极端的情况下,反通货膨胀的成本为零,即不引起产出的减少和失业的增加,这种无害的反通货膨胀必须满足两个条件:一是降低通货膨胀的计划必须在工人和企业形成对工资和价格的预期之前宣布;二是政府反通货膨胀的承诺是可信的,工人和企业相信政府的承诺。如果这两个条件都满足,则短期菲利普斯曲线向下移动,通货膨胀率在失业率不变的情况下下降,在这里,宏观经济政策的可信性是决定反通货膨胀成本的关键因素(见图6-32)。

4. 长期菲利普斯曲线

在每条短期菲利普斯曲线上,预期通货膨胀率都是固定的,预期通货膨胀率的变动会导致菲利普斯曲线的移动。如图6-32所示,在$u=u^n$左边,实际通货膨胀率高于预期通货膨胀率,因而失业率低于自然失业率,而在$u=u^n$右边,实际通货膨胀率低于预期通货膨胀率,因而失业率高于自然失业率,除了在$u=u^n$的点以外,实际通货膨胀率不等于预期通货膨胀率,但从长期来看,工人和企业会调整自己的预期,使预期通货膨胀率等于实际通货膨胀率。我们把短期菲利普斯曲线上实际和预期通货膨胀率相等的各点连接

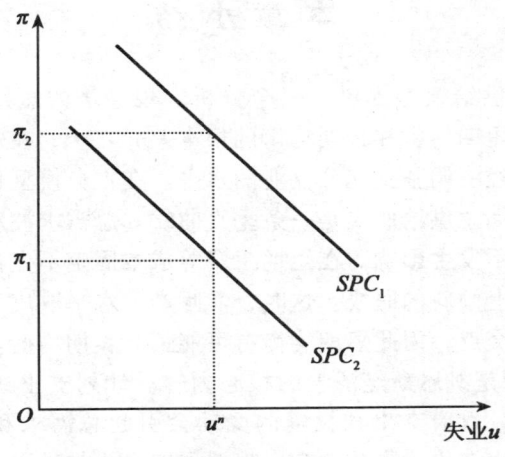

图 6-32　预期通货膨胀率上升

起来，就得到长期菲利普斯曲线(LPC)。

长期菲利普斯曲线是位于 $u=u^n$ 的一条垂直线，它表明从长期来看，古典两分法是适用的，失业率保持在自然失业率水平，产出水平不受通货膨胀的影响，短期内通货膨胀与失业之间此消彼长的关系在长期内不再成立，长期菲利普斯曲线实际上就是长期总供给曲线。

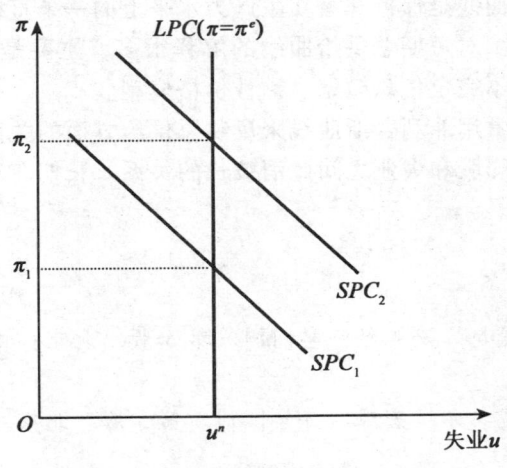

图 6-33　长期菲利普斯曲线

本 章 小 结

总需求—总供给模型提供了一个分析宏观经济的短期波动和均衡的工具。宏观经济的短期均衡和长期均衡的根本差异在于,在短期内工资、价格不能自由变动使经济调整到充分就业的水平。在古典模型价格具备充分伸缩性的条件下,长期总供给曲线是一条垂直曲线。总需求波动只会影响价格水平,对实际产出不发生影响。在短期工资等成本固定不变情况下,短期总供给曲线是一条向上倾斜的曲线。这时,实际产出水平取决于总需求曲线和短期总供给曲线的交点,因此短期均衡有可能偏离长期均衡。

IS—LM模型是凯恩斯经济学的核心内容。计划支出线是研究国民收入决定的一个工具,政府支出和投资的变动会引起总需求和总收入成倍的变动,这种放大作用被称为乘数效应。将计划支出线与投资曲线结合起来,就得到 IS 曲线。IS 曲线向下倾斜表明在产品市场上收入和利率呈反方向变动。流动性偏好假说建立了货币需求和利率之间的反方向变动关系。由货币需求和货币供给可以推导出 LM 曲线。

IS—LM 模型的均衡,决定了在短期价格水平不变的情况下,宏观短期均衡的利率和收入水平。财政政策通过变动政府开支而移动 IS 曲线,货币政策通过变动货币供应而移动 LM 曲线。当价格水平变动时,LM 曲线就会移动,由此得到向右下方倾斜的总需求曲线。

长期总供给曲线是保持在潜在生产力水平上的一条直线,而短期总供给曲线则向上倾斜。对短期总供给曲线的解释很多,主要是:黏性工资模型、工人错觉模型、不完全信息模型、黏性价格模型。

经济学家常常用菲利普斯曲线来反映总供给方面的关系。短期菲利普斯曲线反映了通货膨胀和失业之间此消彼长的关系。长期菲利普斯曲线也就是长期总供给曲线。

参考文献

[1] 格里高利·曼昆. 宏观经济学[M]. 第5版. 北京:中国人民大学出版社,2002.

[2] 多恩布什,费希尔. 宏观经济学[M]. 第5版. 北京:中国人民大学出版社,1998.

[3] 萨缪尔森. 经济学(上、下)[M]. 北京:中国发展出版社,2009.

第七章 消费理论

第一节 凯恩斯消费理论

我们首先分析凯恩斯的经典理论,消费函数是凯恩斯经济波动理论的核心,并且在宏观经济分析中起了关键作用。

凯恩斯是在 20 世纪 30 年代进行经济学研究,他既没有充分的数据,也没有分析大量数据所必需的计算机,因此,凯恩斯只能根据内省和偶然的观察提出他对消费函数的假设。

凯恩斯的最重要的假设是"边际消费倾向"在 0 与 1 之间。所谓边际消费倾向是指人们每增加 1 元钱收入将它用于消费的比例。凯恩斯认为根据基本的心理规律,人们在收入增加的时候会增加消费,但是消费增加的数量要少于收入增加的幅度,这就是说,边际消费倾向在 0 与 1 之间。我们在前面讲过,边际消费倾向假设对凯恩斯关于减少失业的政策建议是非常重要的,财政政策影响经济的力量(用财政政策乘数来表示),正是来源于收入与消费之间的反馈。

其次,凯恩斯主义认为消费与收入的比例即"平均消费倾向"随着收入增加而下降。他认为"储蓄是一种奢侈品",富人的收入中储蓄所占比例比穷人高。平均消费倾向是早期凯恩斯主义经济学的核心观点。

再次,凯恩斯认为,决定消费的主要因素是收入而不是利率。这与古典经济学家的观点相悖,古典经济学家认为,较高的利率鼓励储蓄而抑制消费,凯恩斯认为:"利率对个人既定支出的短期影响是第二位的和较不重要的。"

根据以上三个假设,凯恩斯主义消费函数可写为:

$$C = a + bY \qquad a > 0, \; 0 < b < 1 \qquad (7.1)$$

在(7.1)式中，C是消费，a，b是参数，Y是可支配收入。a称为自生消费，表示即使没有收入也会进行的消费，b是边际消费倾向，这个消费函数满足了凯恩斯的三个假设。首先b在0与1之间，其次平均消费倾向(APC)是：

$$APC = \frac{C}{Y} = \frac{a}{Y} + b \qquad (7.2)$$

随着Y增加，a/Y下降，因而平均消费倾向下降，最后，这个消费函数不包含利率(见图7-1)。

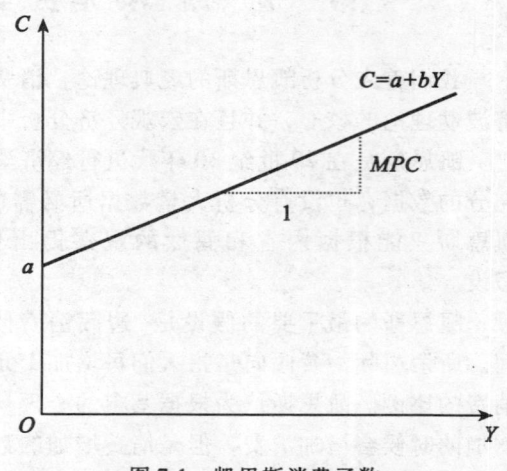

图7-1 凯恩斯消费函数

在凯恩斯提出消费函数不久，经济学家开始搜集并分析数据，以检验凯恩斯的理论，早期的研究表明，凯恩斯主义的消费函数与人们的消费行为基本符合。

一些研究者搜集了家庭有关消费和收入的数据，他们发现收入高的家庭消费也高，这证明边际消费倾向大于0，他们还发现收入高的家庭储蓄也多，这证明边际消费倾向小于1。此外，研究表明，高收入家庭把他们收入中较大的部分储蓄起来，这证明平均消费倾向随收入增加而递减。总之，这些研究证明了凯恩斯关于边际消费倾向与平均消费倾向的假说。

一些研究者搜集了两次世界大战之间消费与收入的总体数据，这些数据也支持了凯恩斯的消费函数。在收入极低的年份，比如大萧条时期，消费和储蓄都很低，这表明边际消费倾向在0与1之间。此外，在这些年份，消费占收入的比例很大，这验证了凯恩斯的第二个假设。而且，消费与收入的关系非常密切，这表明其他变量对解释消费来说不太重要，即证实了凯恩斯的第三个假设。

但此后，人们发现凯恩斯的关于平均消费倾向随收入增加而下降的假设有问题。经济学家根据凯恩斯理论预测，随着在战后人们的收入一直上升，平均消费倾向越来越低，将没有足够的投资项目来吸收储蓄，从而经济会出现衰退，然而在"二战"后，这种情况并没有出现，这就否定了凯恩斯的平均消费倾向随收入增加而下降的思想。

另外，诺贝尔经济学奖得主库茨涅兹在20世纪40年代搜集了1869年以来消费与收入的总体数据。通过分析这些数据，他发现从一个10年到另一个10年，尽管收入有了较大增长，但平均消费倾向相当稳定，也就是说，长期时间序列数据否定了凯恩斯关于平均消费倾向的假设。

那么，为什么凯恩斯消费理论在一些情况下符合实际，而在另一些情况下却不成立？也就是说，凯恩斯关于平均消费倾向随收入上升而下降的假设得到了家庭数据和短期时间序列数据的支持，但却与长期时间序列数据相矛盾。

图7-2表示了凯恩斯平均消费倾向假设之谜。对于家庭数据和短期时间序列数据，凯恩斯消费函数是符合实际的，但对于长期时间序列数据而言，平均消费倾向是不变的，与凯恩斯消费函数矛盾。图7-2中，消费与收入之间的这两种关系被称为短期与长期消费函数，我们需要解释为什么在同一个经济中存在这两种函数。

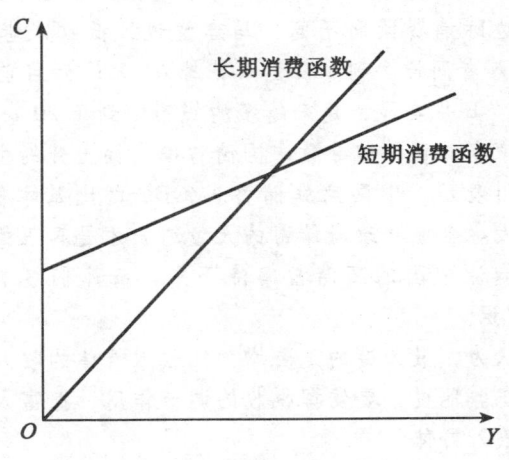

图7-2　凯恩斯平均消费倾向假设之谜

20世纪50年代,莫迪利亚尼和弗里德曼分别提出了"生命周期假说"和"永久性收入假说",从不同的角度提供了上述问题的解释。在介绍这两个理论之前,我们先分析费雪的"跨期选择理论",因为"生命周期假说"和"永久性收入假说"都是建立在"跨期选择理论"的基础上的。

【案例1】

中国储蓄率超五成——促消费应先均贫富

中国的高储蓄率全球闻名。国家统计局局长马建堂周六在此间全球智库峰会上透露,2008年中国的储蓄率为51.3%。当年,美国的储蓄率为12%。

中国的经济总量和人均可支配收入近年来大幅增长,储蓄率也不断上升。1992年为36.3%,到2008年已经超过一半,上升了15个百分点。

马建堂分析说,中国的高储蓄率与东亚地区"崇尚节俭,反对奢华"的文化传统息息相关。

另一个原因是中国人对未来预期谨慎,"不太敢花钱"。这位官员说,中国的社会保障体系虽然有很大进步,但还是不太健全。2008年,中国社会保障支出占中央政府的比重为7.5%,而德国超过五成,美国超过三成。

收入差距拉大也是造成中国消费率走低,储蓄率走高的重要原因。富人和穷人边际消费倾向不同,马建堂说,低收入者拿到100元花掉88元,高收入者同样拿到100元只花掉64元。而目前,中国收入分配的"二八效应"日益明显,越来越多的钱集中到了20%的富人手中。

不过,家庭储蓄并非导致中国储蓄率大幅上升的主要原因。中国央行行长周小川表示,中国家庭储蓄占GDP之比基本保持在两成左右,上下浮动不大。企业和政府储蓄的大量增长才是真正的推手。

如何才能让中国的高储蓄率降下来?智库们各有高见,但"均贫富"似乎是共识。

马建堂认为,最关键的是要增加低收入群体的收入,让愿意多花钱的人有钱可花。他说,要发挥税收的调节作用,把富人的税收通过财政杠杆转给低收入群体。

这一观点得到诸多与会智库人士的认同。财政部财政科学研究所所长贾康就表示,应该通过财税政策与机制创新,抑制不合理的收入悬殊以促进消费。

他特别指出,大型企业,尤其是具有垄断地位的国有大型企业,其收入近年来在国民收入分配中的比重明显提高,应当通过立法对这些企业向国库缴纳国有资产收益金做出规定。在个税方面,则应明显降低低收入阶层的税负,加大高收入阶层的实际税负。

中国国际经济交流中心执行副理事长、香港中文大学校长刘遵义认为,中国企业储蓄率过高,如果通过分红的方式,将企业利润转移给政府和民众,将对储蓄率降低大有裨益。周小川也表示,为了让民众有更多的财产性收入,"要让公众更多地分享企业的高收益"。

政府的"还富于民",在智库们看来,也是解决中国高储蓄问题的关键。政府不仅应对低收入群体进行必要的财政补贴,而且应加大对社会保障体系的投入。唯有吃穿不愁、后顾无忧,民众们才有可能松开捂紧"钱袋子"的手。

(摘自中新社记者俞岚.《中国储蓄超五成——智库称促消费"先均贫富"》. 中国新闻网,2009年7月4日)

【案例2】

中国储蓄率高的原因

谈储蓄率问题,要区分三个不同的问题,第一是中国储蓄率"提高"的原因,第二是中国储蓄率"高"的原因,第三是亚洲国家储蓄率高的原因。这三个问题是不一样的。

复旦大学经济学系教授陆铭文表示,第一个问题,从趋势来讲,如果中国储蓄率提高的话,是什么原因?首先我们区分家庭储蓄,还有企业、政府的储蓄,因为企业、政府的储蓄率是提高的,所以实际上这直接导致中国整体储蓄率提高。问题是我们国家的政府、企业储蓄没有替代家庭储蓄的功能。企业的储蓄是企业的未分配利润,所以企业储蓄高了,直接转化成了企业的投资,而没有将利润通过企业分红,转换成居民个人收入。政府也是这样的,政府的储蓄是政府可支配收入减掉消费,政府的消费有一部分是医疗卫生、保障的开支,这部分的开支比重长期以来并不高,所以,政府储蓄上升的同时,居民也会相应地增加储蓄,来应对政府在医疗保障、教育等方面支出的相对下降。

从家庭储蓄率来看,也是在上升,这里有几个原因。第一是老龄化,这里涉及一个理论问题,按道理,当老龄化带来社会上有更少的年轻人在储蓄时,应该导致储蓄率下降的,但是这里有争论,在中国谈老龄化,必须注意到中国是独生子女政策下的老龄化,而我们国家有养儿防老的机制,当老龄化出现的时候,家庭有两个相应的行为,第一是增加子女教育投资,来提高养老时的收入回报。第二,自己增加储蓄,提高未来养老收入。特别是当孩子数量受到独生子女政策的限制,父母就更需要加大对于子女教育的投资,但是这需要更多的储蓄。同时,人们就必须自己增加储蓄。在这两个机制下,就使得中国的家庭在应对老龄化时,反而可能加大储蓄。第二个,是和收入差距上升有关,收入差距扩大时,由于富人的储蓄倾向更高,所以社会平均储蓄率会上升。第三个是房子,中国有个很特殊的现象,房价上升很快,房子首付高的时候要30%。整个国家恰恰是要消费大宗商品的时候,当社会越来越多的人处在这个消费阶段时,可能有越来越多的人在大宗消费被实现前需要储蓄钱去支付首付,社会平均储蓄率就会上升。

　　文章称,如果我们承认中国储蓄率的确高,应该谈横向比较的问题。有研究发现,中国储蓄率高有这么几个原因:第一,中国人预期收入增长慢;第二,人口年龄结构,人口红利的结束还需要若干年,在那之前,储蓄率高并不奇怪。第三,前期的储蓄率,储蓄率有一个习惯性,不易改变。第四,可以谈的是经济发展的阶段。中国今天仍然处在经济发展的早期,与劳动力相比,中国仍然相对缺乏资本,这时,资本回报率比较高,于是人们的储蓄动机就高了。当然,由于中国的资本市场太没有效率,这会降低人们储蓄的动机。即使如此,人们还愿意投资于教育,这和投资于物质资本本质上是一个道理。只要在经济发展的当前阶段,有种投资能够获得高回报,人们就会愿意为之而储蓄和投资。

第二节　跨期选择理论

　　凯恩斯消费函数把当期消费和当期收入联系在一起,但是,消费者在决定消费时,会考虑将来的情况。人们现在的消费多,那么将来的消费就少,所以家庭在作出消费和储蓄的决策时,他们会预期将来的收入,也会考虑将来的消费水平。

　　费雪提出了"跨期选择"模型。所谓"跨期选择"是指在模型中包含不同时期的多个选择,这一模型说明了消费者面临的约束,他们的偏好以及他们是如何选择消费、储蓄的数量的。

一、跨期选择约束

人们总想消费更多和更好的商品与服务,之所以实际消费比他们想要的消费少或差一些,是因为他们受到支付能力的限制。也就是说,他们面临限制他们消费的约束条件,即"预算约束",消费者决定当前消费和将来不同时期的消费,他们面临的是"跨期预算约束",它衡量了可用于现在与未来消费的总资源,我们首先来考察这种约束条件。

为简单起见,我们考察一个只生活两时期的消费者的消费决策。消费者生活的第一个时期为青年时期,第二个时期为老年时期,消费者在第一个时期的消费和收入分别为 C_1、Y_1,消费者在第二个时期的消费和收入分别为 C_2、Y_2,所有这些变量都是经过价格指数调整的实际值,由于消费者既可以借贷又可以储蓄,所以他们每期的消费既可以大于该期收入,也可以小于该期收入。

我们来考察生活两期的消费者的收入是如何约束他的消费的。首先在第一个时期,消费者的储蓄等于该期收入减该期消费,就是:

$$S = Y_1 - C_1 \tag{7.3}$$

在(7.3)式中,S 表示储蓄,在第二个时期,消费者会把所有财富消费掉,因此,第二期消费等于第二期收入加上第一期储蓄的累积值(本金加利息),即:

$$C_2 = Y_2 + (1 + r)S \tag{7.4}$$

在(7.4)式中,r 表示实际利率,由于没有第三个时期,因此消费者在第二个时期不储蓄。

要注意的是,S 表示储蓄或借贷,也就是说,上述两个式子在储蓄或借贷的情况下都是成立的,如果消费者在第一个时期储蓄,则 S 大于 0,如果消费者在第一个时期进行借贷,则 S 小于零。为简单起见,我们假设储蓄和借贷的利率相等。

把上述两个方程式结合起来,就可以得到消费者的预算约束。即把(7.3)式代入(7.4)式,得:

$$C_2 = (1 + r)(Y_1 - C_1) + Y_2 \tag{7.5}$$

整理(7.5)式得:

$$(1 + r)C_1 + C_2 = (1 + r)Y_1 + Y_2 \tag{7.6}$$

(7.6)式两边同时除以 $(1 + r)$,得:

$$C_1 + \frac{C_2}{1+r} = Y_1 + \frac{Y_2}{1+r} \tag{7.7}$$

(7.7)式把两个时期的消费和两个时期的收入联系在一起,这就是消费者面临的"跨期选择约束"

根据(7.7)式,如果利率 r 为 0,则两期消费之和等于两期收入之和。利率 r 一般大于 0,未来消费、未来收入用因子 $1/(1+r)$ 贴现,消费者在第一期储蓄 1 元钱,在第二期将得到 $1+r$ 元钱,所以第二期的收入乘以 $1/(1+r)$ 即为收入的现值。另外,消费者总是偏好当前消费而不是未来消费,所以未来消费乘以 $1/(1+r)$ 即消费的现值。总之,(7.7)式表明,两期消费的现值和必须等于两期收入的现值和。

图 7-3 中的 A 点,第一期消费为 Y_1,第二期消费为 Y_2,因此,该消费者既无储蓄,也无借贷,B 点意味着第一期消费为 0,他把全部收入 Y_1 储蓄起来,这样,他的第二期消费为 $Y_1(1+r)+Y_2$。C 点意味着第二期消费为 0,他通过借贷进行消费,他的第一期消费为 $Y_1+Y_2/(1+r)$,B 点和 C 点是两种极端情况,也是预算约束线与 C_1 轴和 C_2 轴的两个交点,从 B 点到 C 点的直线上所有各点对应的消费组合 (C_1, C_2),消费者是可以实现的。

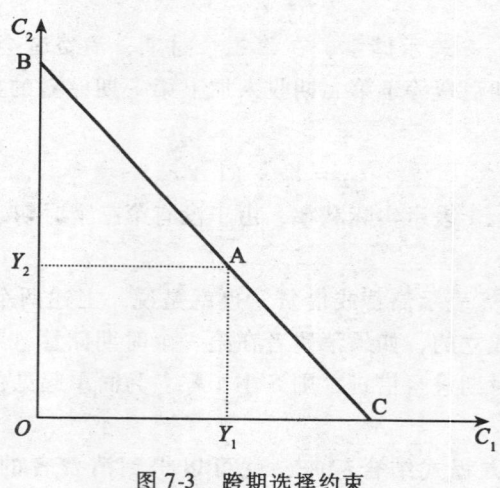

图 7-3 跨期选择约束

预算约束线的斜率是 $Y_1(1+r)+Y_2$ 除以 $Y_1+Y_2/(1+r)$ 的结果,即 $(1+r)$。r 一般大于 0,因此预算约束线斜率大于 1,也就是说,它的坡度大于 45°。

二、消费者偏好

预算约束线只告诉我们消费者可行的消费组合,如果不知道消费者的偏好,我们就无法知道消费者选择的根据和结果,因此,我们需要分析消费者对消费时期组合的偏好。

我们用"无差异曲线"来刻画消费者的偏好,无差异曲线表示所有带给消费者相同效用水平的第一期消费和第二期消费的组合。

图 7-4 中画出了两条无差异曲线 u_1 和 u_2,在 u_1 上的两点 A 点和 B 点对应的 (C_{1A}, C_{2A}) 和 (C_{1B}, C_{2B}) 对消费者是无差异的,也就是说,它们带给消费者的效用水平相同。

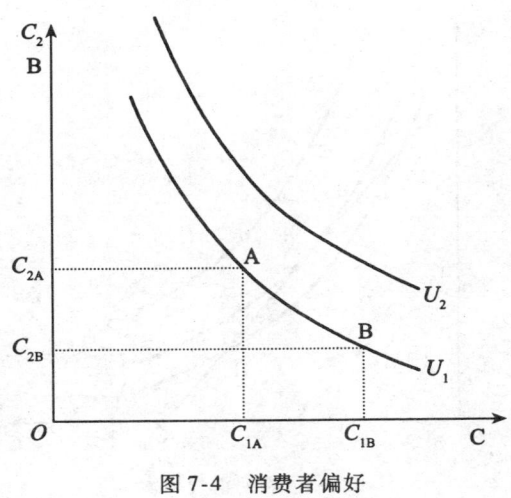

图 7-4 消费者偏好

在坐标平面上,无穷多条无差异曲线组成一族无差异曲线,由于两时期的消费同时增加,消费者的效用水平上升,因此,离原点越远的无差异曲线代表更高的效用水平,任意两条无差异曲线不能相交。

无差异曲线还表明不同时期的消费对消费者来说具有替代性,无差异曲线每一点的斜率的绝对值就是第一期消费与第二期消费的边际替代率。无差异曲线凸向原点,意味着边际替代率递减。也就是说,随着一个时期的消费增加,人们就越来越不愿意用这个时期的消费替代另一个时期的消费。

一组无差异曲线给出了一个完备的消费者偏好的排序,也就是说,对于坐标平面任意两个消费组合,消费者能判断哪个更好,或是两个一样好。

三、跨期消费均衡

将消费者的预算约束线和偏好结合起来,就可以分析消费者的跨期消费选择问题。消费者追求的是在预算约束允许的情况下,使自己的消费组合落在最高的无差异曲线上,从而实现效用最大化。

如图 7-5 所示,三条无差异曲线中 u_3 代表效用水平最高,但它超出了消费者的预算约束,而 A 点虽然在预算约束线上,但消费者没有实现效用最大化,预算约束线所能"碰"到的最高的无差异曲线是 u_2,此时,预算约束线与无差异曲线相切于 E 点。E 点是均衡点,它给出了消费者可以承担的两个时期消费的最优组合。

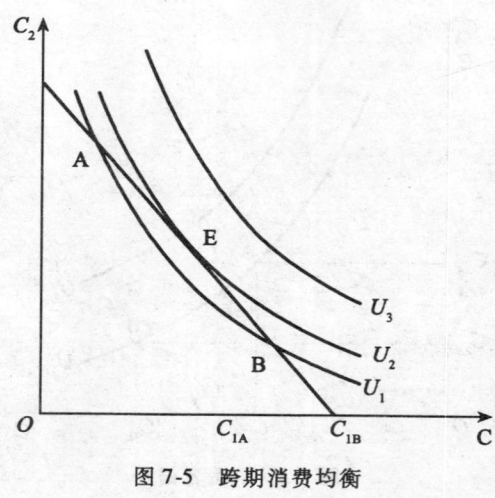

图 7-5 跨期消费均衡

无差异曲线在 E 点与预算约束线相切,说明两者的斜率相等,我们已经知道预算约束线的斜率是 $1+r$,那么在 E 点,边际替代率等于 $1+r$,即:

$$MRS = 1 + r \tag{7.8}$$

四、收入和利率变动的影响

上面的分析是在收入和利率既定的情况下,讨论消费者的跨期消费选择,但实际上,消费者的收入和利率不是一成不变的,当收入或利率发生变动时,消费者的跨期消费选择怎样变化,是我们下面要分析的问题。

我们首先考察收入变动对均衡的影响。无论 Y_1 还是 Y_2 增加,消费者的预算约束线向外平移(图 7-6 中,从 MN 移动到 $M'N'$),此时,与预算约束线相切的无差异曲线的位置更高,也就是说,消费者达到的效用水平更高。

图 7-6 中,消费者每一期的消费水平都上升了,即两个时期的消费都是"正常商品",无论收入增加发生在第一期还是第二期,消费者会将它分摊在两个时期的消费上,这种行为被称为"消费平稳化"。由于消费者可以相同的利率进行储蓄和借贷,因此除了将来的收入要贴现以外,消费者收入获得的时间对他的跨期消费选择没有什么影响。消费取决于现期与未来收入的现值,即:

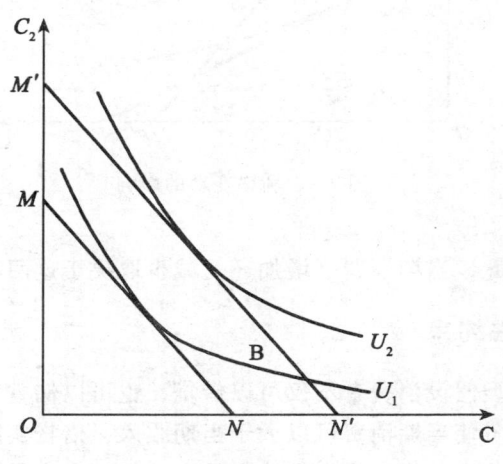

图 7-6 收入变动的影响

$$收入的现值 = Y_1 + Y_2/(1 + r) \qquad (7.9)$$

要注意的是,凯恩斯认为消费者的当期消费取决于他的当期收入。而跨期选择模型认为,消费取决于消费者一生期望收入的现值。

下面,考察利率变动对均衡的影响。

图 7-7 反映,当利率 r 上升,预算约束线围绕 D 点($C_1 = Y_1$,$C_2 = Y_2$)顺时针旋转,新的预算约束线与更高位置的无差异曲线相切,表明消费者的效用水平提高。

利率上升对消费的影响可分解为两种效应:收入效应和替代效应。由于消费者是储蓄者,利率上升有增加收入的效应,会使消费者增加两个时期的消费,这被称为"收入效应"。替代效应是指利率上升后,第二期消费变得更为便宜,消费者用相对便宜的第二期消费来替代第一期消费。

消费者的选择既取决于收入效应,又取决于替代效应。收入效应和替代效应都会提高第二期消费,而对第一个时期,收入效应提高消费,但替代效

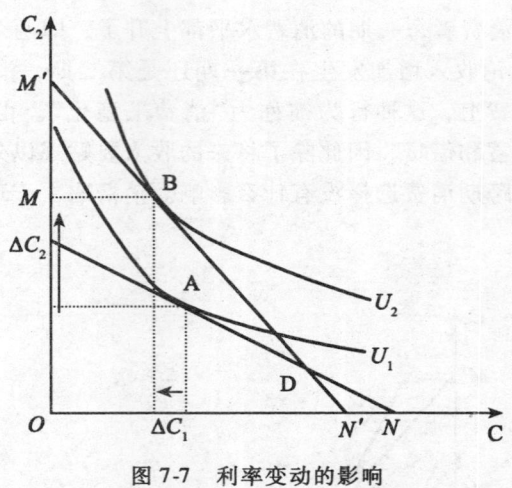

图 7-7 利率变动的影响

应减少消费,因此,当期消费是增加还是减少取决于这两种效应哪种更大。

五、流动性约束

跨期选择模型假设消费者不仅可以借贷,也可以储蓄,而且借贷和储蓄的利率相等。借贷使当期消费可以大于当期收入,借贷实际上是消费者消费了一些他未来的收入,但对许多人特别是在他们的人生早期,通过借贷来进行消费是不可能的。

不能借贷使当期消费不能超过当期收入,可以表示为:

$$C_1 \leq Y_1 \tag{7.10}$$

这个不等式通常称为流动性约束。

图 7-8 表明,消费者的选择必须既满足预算约束线,又满足流动性约束。阴影部分代表同时满足这两个约束的消费组合。

图 7-9 表示流动性约束对均衡的影响,图 7-9(a)中,消费者希望的第一期消费小于收入,流动性约束对他没有影响,从而没有影响消费。图 7-9(b)中消费者第一期想进行的消费大于收入,如果没有流动性约束,他选择的消费组合是无差异曲线与预算约束线虚线部分的切点 D。但在流动性约束下,他只能选择 E 点的消费组合 (Y_1, Y_2) 即第一期消费等于当期收入,第二期消费等于该期收入。

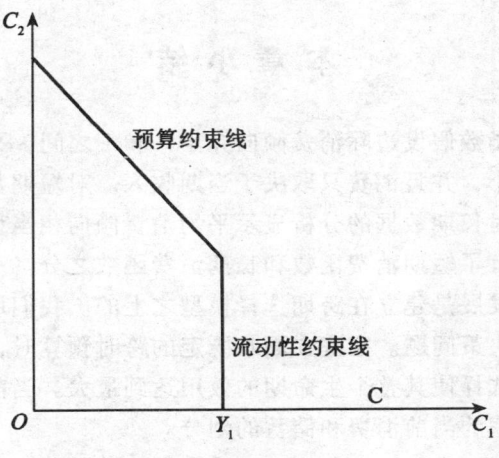

图 7-8 流动性约束

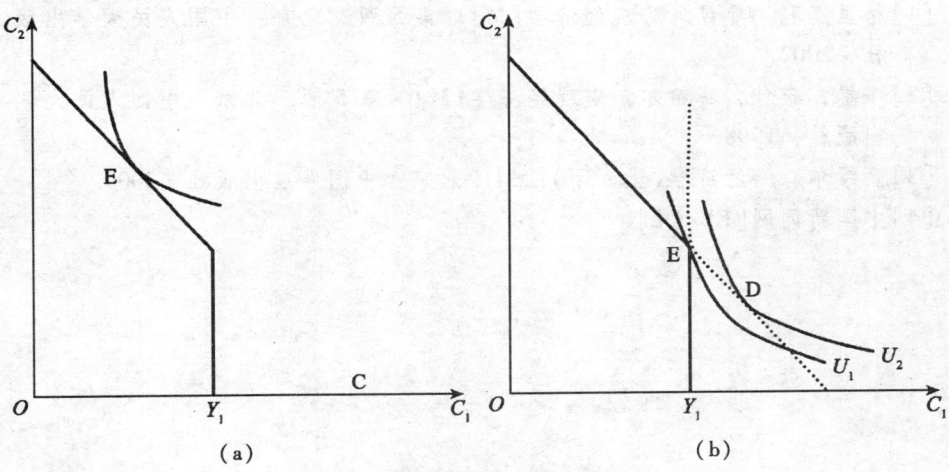

图 7-9 流动性约束对均衡的影响

从以上分析，我们可以得出两种类型的消费函数，对部分消费者来说，流动性约束不起作用，他们的消费取决于一生收入的现值，即 $Y_1+Y_2/(1+r)$，对另一些消费者来说，流动性约束是紧约束，消费函数是 $C_1=Y_1$ 和 $C_2=Y_2$，因此，对那些流动性约束是紧约束的消费者，消费只取决于当期收入。

本 章 小 结

凯恩斯消费函数假设边际消费倾向介于 0 和 1 之间，平均消费倾向随着收入的上升而减小，并且消费只取决于当期收入。对短期数据的分析符合这一消费函数，但对长期数据的分析显示平均消费倾向相当稳定，与凯恩斯的假设矛盾。从而有了短期消费函数和长期消费函数之分。

消费理论的发展是建立在跨期选择模型之上的。我们用一个两期模型来描述家庭的消费决策问题。家庭在面临既定的跨时预算时，在当前消费和将来消费之间作出选择使其整个生命期的效用达到最大。当前消费和将来消费的分割也就是家庭的当前消费和储蓄的划分。

☞参考文献

[1] 格里高利·曼昆. 宏观经济学[M]. 第5版. 北京：中国人民大学出版社，2002.
[2] 多恩，布什，费希尔. 宏观经济学[M]. 第5版. 北京：中国人民大学出版社，1998.
[3] 萨缪尔森. 经济学（上、下）[M]. 北京：中国发展出版社，2009.
[4] 中国新闻网[EB/OL].

第八章 汇率与汇率危机

前面几章学习了封闭条件下宏观经济的总供给与总需求，以及相关政策问题。本章将讨论开放经济条件下的汇率与汇率危机问题。

自20世纪90年代，世界经济进入了全球化时代。贸易及资本的跨国界流动迅速扩展到全球范围，使各国经济紧密地联系在一起，形成了全球性的商品与服务贸易市场和国际金融市场。在这一过程中，汇率不仅是联结商品与服务贸易及国际资本流动的重要媒介，与国际货币制度紧密联系在一起，而且还与一国的产出、利率、国际收支及经济政策密切相关，成为国际经济中扮演关键角色的变量。本章从四个方面对汇率问题进行学习：一是讨论名义汇率与实际汇率的联系；二是分析汇率的决定与调整；三是对不同汇率制度进行探讨；四是分析汇率危机实质及其危害。

第一节 汇率定义及作用

经济学将汇率区别为名义汇率和实际汇率。简单地讲，名义汇率是一个本国货币单位能够换取外国货币单位的数量。实际汇率是一个单位的本国商品能够换取外国商品的单位数量。

一、名义汇率

名义汇率反映的是外汇市场上两个国家货币交换的数量关系，确切地讲，是指外汇市场上一个单位的本国货币可交换的外国货币数量。换言之，是指两国间货币的相对价格。这种交换比例关系取决于贸易与国际资本流动的需要。

在国际贸易中，如果某国的公民想从他国购买商品、服务或资产，通常必须将其持有的本国货币在外汇市场兑换成该国的货币，然后再用换来的货币支付其在该国的购买。

在跨国投资活动中，如果某国公民或企业想到国外进行投资，同样必须在外汇市场上把其持有的本国货币兑换成想要去投资的那个国家的货币，然后再在该被投资国购买资本品或有价证券，从而完成投资活动。这种因国际商品或服务交换及跨国投资活动需要而引发的国与国的货币交换，就形成前面所说的名义汇率。

名义汇率，通常也简称为汇率。在外汇市场上，各国银行是货币买卖的主要中介机构。银行的参与，使外汇的市场牌价分为买入价、卖出价和中间价。其中，买入价又分为现汇买入价和现钞买入价；卖出价分为现汇卖出价和现钞卖出价。

外汇的买入价是指银行在外汇市场上购入外汇的价格。外汇的卖出价是指银行在外汇市场上卖出外汇的价格。央行外汇卖出价与买入价之间的差额形成了用于抵御外汇买卖风险的利润。卖出价和买入价的平均值，被称为外汇中间价。

在外汇买入价中，现钞买入价是银行在外汇市场上买入现钞的价格，现汇买入价是银行在外汇市场上买入现汇的价格。同样，在外汇卖出价中，现钞卖出价是银行在外汇市场上卖出现钞的价格，现汇卖出价是银行在外汇市场上卖出现汇的价格。在这里，现钞是具体的、实在的外国纸币、硬币。现汇是账面上的外汇。

在银行公布的外汇牌价中，人们常常会发现，银行在外汇市场上的现钞买入价要比现汇买入价低。原因在于：当客户向银行卖出手中持有现钞时，银行须将外币现钞运往货币的发行国才能利用。而银行买入的外国的钞票，要经过一定的时间，积累到一定数额以后，才能将其运送并存入外国银行调拨使用，在此以前买进钞票的银行要承受一定的利息损失，并且将现钞运送并存入外国银行的过程中还有运费、保险费等支出，银行的这些损失及费用开支转由卖出钞票的客户承担。

同时，还会发现，现汇的卖出价与现钞的卖出价相等。当客户向银行购入现汇时，银行只需按现汇的卖出价为客户办理转账。如果客户想从现汇账户中直接提取现钞，由于先前的现汇汇入方已承担了与运送相关的费用，因此现汇可以支取等额的现钞。

表8-1是中国央行2009年8月4日公布的人民币与主要外币的即期外汇牌价。该即期外汇牌价显示了每100元外币可兑换人民币的数量。

以人民币/美元为例，2009年8月4日，我国央行每100美元的现汇买入价是 682.74 元人民币，每 100 美元的现钞买入价是 677.27 元人民币，每 100 美元的现汇或现钞卖出价是 685.48 元人民币，每 100 美元的汇买、汇卖中间价为 684.11 元人民币。

如果中国一居民此时想要购买 10 000 美元的现汇去美国旅游，他必须按每 100 美元的现汇卖出价 685.48 元人民币向央行支付 68 548 元人民币。如果国内某一居民想将其美国账户的 10 000 美元兑换成人民币，他须按央行每 100 美元的现汇买入价 682.74 元人民币把 10 000 美元现汇卖给央行，可从央行获得 68 274 元人民币。

在弹性汇率体制下，汇率水平取决于外汇市场上的供给和需求情况，随时在发生着变化。当名义汇率上升时，以人民币为例，即 1 元人民币可兑换更多数量的外币，这种情况通常被称为人民币名义升值，或者描述为人民币变得更"强劲"。反之，如果人民币名义汇率下降，即 1 元人民币可兑换较少数量的外币，这种情况通常被描述为人民币在经历贬值。也就是说，人民币变得疲软。

但在固定汇率体制下，货币的价值或汇率水平通常是由官方设定和运行的。也就是说，央行承诺依固定汇率买进和卖出自己的货币来加以维持。当官方有意向上调高本币名义汇率时，人们常使用通货升值这一术语来描述这一现象，以便与弹性汇率体制下的名义升值加以区别。如果官方有意向下调整本币的名义汇率，人们常使用能与名义贬值相区别的术语——通货贬值来描述这一现象。

表 8-1　　　　　　　　　人民币即期外汇牌价

（单位：人民币/100 外币）

币　种	汇买、汇卖中间价	现汇买入价	现钞买入价	卖出价	发布时间
美元（USD）	684.11	682.74	677.27	685.48	17：40：11
港币（HKD）	88.20	88.02	87.32	88.38	09：09：50
日元（JPY）	6.9095	6.8819	6.6608	6.9371	09：09：50
欧元（EUR）	864.65	861.19	833.52	868.11	09：09：50
英镑（GBP）	945.51	941.73	911.47	949.29	09：09：50
瑞士法郎（CHF）	590.62	588.26	569.36	592.98	09：09：50
加拿大元（CAD）	528.03	525.92	509.02	530.14	09：09：50

续表

币种	汇买、汇卖中间价	现汇买入价	现钞买入价	卖出价	发布时间
澳大利亚元(AUD)	435.50	433.76	419.82	437.24	09:09:50
新加坡元(SGD)	441.85	440.08	425.94	443.62	09:09:50
丹麦克朗(DKK)	116.03	115.57	111.85	116.49	09:09:50
挪威克朗(NOK)	95.82	95.44	92.37	96.20	09:09:50
瑞典克朗(SEK)	74.60	74.30	71.91	74.90	09:09:50
澳门元(MOP)	85.57	85.40	84.71	85.74	09:09:50
新西兰元(NZD)	339.18	337.82	326.97	340.54	09:09:50

二、实际汇率

名义汇率并没有给出有关货币购买力的全部信息。如果你被告知人民币与日元之间的名义汇率为 1 元人民币 : 14.5 日元，假定你对日本经济根本不了解，你也许会认为到日本旅游的花费会很少。因为在你看来，1 元人民币可换 14.5 日元是一个很不错的交易。但你到日本后，会发现在日本购买的日常用品需花费大量的日元，日本的旅游没有你原先想象的那么便宜。要想解释这一现象，必须引入另一个重要变量——实际汇率。

实际汇率是指按同一种货币计量的国内商品相对于外国商品的价格，等同于一个单位的国内商品所能交换的外国商品数量。可通过下面例子来说明如何求得实际汇率。

假如你想比较运动鞋在中国与美国的价格，仅知道 2009 年 8 月 4 日人民币与美元之间的名义汇率为 684.11 元人民币 : 100 美元是不够的，还须知道每双运动鞋在美国和中国的售价。假设中国生产每双运动鞋的市场售价是 110 元人民币，美国生产同类运动鞋每双售价是 55 美元。这样，通过换算可知中国生产的运动鞋在美国市场的售价是 16.5 美元（0.15×110），而美国每双运动鞋的售价是 55 美元，中国产的运动鞋要比美国便宜。中国产运动鞋相对于美国产运动鞋的价格是 0.30，即中国产的 100 双运动鞋在美国市场上可换取 30 双美国产的运动鞋。

从这个例子，可以看出实际汇率是与名义汇率和两个国家商品价格密切相关的。假定名义汇率用 e 表示，实际汇率用 ε 表示，p_f 代表以外国货币衡量的外国商品价格，p_h代表以本国货币衡量的本国商品价格。则，实际汇率的一般公式可表述为：

$$\varepsilon = e\frac{p_h}{p_f} \tag{8.1}$$

根据这个公式，例子中人民币对美元的实际汇率：

$$实际汇率 = \frac{名义汇率 \times 本国商品价格}{外国商品价格} = \frac{0.15 \times 110}{55} = 0.30$$

在进行实际汇率定义时，为了简化理论分析，假定每个国家只生产一种产品。但在现实中，每个国家都生成成千上万种商品。因此，实际汇率必须使用价格指数(如 CPI)来衡量两国商品的价格水平p_f和p_h。在此种情况下，实际汇率不再是国家间两个特定商品间的比率，而是按同一种货币衡量的一个国家一篮子商品价格水平相对另一个国家一篮子商品价格水平的比率。

实际汇率上升时，表明本国商品相对于另一个国家的商品较昂贵，同样数量的本国商品可换取更多数量的外国商品。这种现象可称为实际升值，说明本币对外的购买力变得较强。当实际汇率下降时，表明本国商品相对外国商品较为便宜，同样数量的商品能够换取较少数量的外国商品。这种现象可称为实际贬值，说明本币对外币的购买力变得较弱。

三、汇率的购买力评价

购买力评价是指在国内和国外市场上以同种货币计量的商品或商品一篮子的价格相同。换言之，本国商品的价格应等同于以本国货币表示的外国商品价格。显然这一定义与名义汇率紧密相连，可用下面的公式表示：

$$p_h = p_f/e \tag{8.2}$$

式(8.2)隐含了实际汇率ε总是等于1的假设。当$\varepsilon = 1$时，同种商品在国内和国外两个市场进行交换时，遵循了1∶1的数量交换原则。

对式(8.2)进行变形，可得：

$$e = p_f/p_h \tag{8.3}$$

式(8.3)表明，在购买力平价的条件下，名义汇率应等于外国价格水平除以本国价格水平。

然而，在进行汇率购买力评价时，人们更为关心的是两国价格水平变化对外汇购买力的影响。为了描述这一影响，需要重新考察实际汇率的一般表达式，$\varepsilon = ep_h/p_f$。对该式进行微分，并在等式两边分别除以ε和ep_h/p_f。经变换，可得出名义汇率变化、实际汇率变化和价格水平变化之间的关系。三者之间的相互关系可用下面的等式关系描述：

$$\frac{\Delta e}{e} = \frac{\Delta \varepsilon}{\varepsilon} + \frac{\Delta p_f}{p_f} - \frac{\Delta p_h}{p_h} \qquad (8.4)$$

式(8.4)中外国价格水平变化的百分比 $\Delta p_f/p_f$ 等同于外国通货膨胀率 π_f，国内价格水平变化百分比 $\Delta p_h/p_h$ 等同于国内通过膨胀率 π_h。于是式(8.4)可改写为：

$$\frac{\Delta e}{e} = \frac{\Delta \varepsilon}{\varepsilon} + (\pi_f - \pi_h) \qquad (8.5)$$

式(8.5)表明，名义汇率的变化率等于实际汇率的变化率与国外通货膨胀率减去国内通货膨胀率差的和。因此，名义汇率的升值上升取决于两个因素，一是实际汇率的升值，二是国内通货膨胀率 π_h 低于国外通货膨胀率 π_f。

当实际汇率固定不变时，等式(8.5)可简化为：

$$\frac{\Delta e}{e} = \pi_f - \pi_h \qquad (8.6)$$

这种等式，经济学将其称为相对购买力平价关系。它表明，名义汇率的变化率等于外国通货膨胀率减去本国通货膨胀率。如果本国通化膨胀率低于外国通货膨胀率，那么本国名义汇率将升值；如果本国通货膨胀率高于外国通货膨胀率，则本国名义汇率将贬值。

通过上面的分析可以发现，在开放的经济条件下，一国的货币政策不仅会影响到通货膨胀率，而且还会通过通货膨胀率影响到名义汇率的变化。当本国实行扩张性货币政策时，由于货币供给量的增加将导致本国通货膨胀率的上升，而通货膨胀率的上涨，又会使以外币计量的本币价格的下降。

【案例】

人民币对外升值是否等同于对内升值

◎**案由**：2005年7月21日，我国进行了人民币汇率制度改革，开始实行以市场供求为基础、参考一篮子货币进行调节、有管理的浮动汇率制度。7月21日当天，美元兑人民币报收于8.11，升值2%。随后，人民币进入到了稳定升值时代。2006年5月15日，美元兑人民币中间价破"8"；2007年1月11日，人民币汇率中间价突破1:7.8，13年来首次汇价高于港币；2007年10月24日，人民币中间价突破7.5；2008年4月10日，人民币汇价破"7"，正式进入到了"6"时代。人民币汇价在2005年至2007年，按年分别升值了3%、5%、6.5%，而在2008年一季度就已经升值了4%。那么人民对外升值是否意味对内也升值？

◎分析：从理论上讲，人民币对外升值会导致我国净出口的减少，净出口的减少意味着国内总需求将下降，从而使国内市场价格下降，人民币对内升值。然而我国经济运行却出现了与理论相悖的情况，人民币对外升值与对内贬值并存。

相关经济数据显示，在人民币对外升值的同时，国内物价水平和资产价格也出现了一个较快的上升势头。2007年，我国居民消费价格（CPI）上涨4.8%，涨幅高出2006年3.3个百分点，也远超政府确定的全年3%的涨幅。进入2008年以来，受春节和雪灾等因素影响，物价水平上涨趋势被进一步强化，一月份CPI同比上涨7.1%，二月份则同比上涨8.7%，三月份上涨8.3%，一季度CPI上涨8%，上涨势头令人担忧。

人民币对外升值与对内贬值并存是我国经济发展过程中因为内部和外部失衡所导致的一个阶段性表现。其原因主要包括两个方面：

一是受我国国际收支长期不平衡和巨额外汇储备的影响。1994年以来，我国国际收支始终保持经常项目和资本项目双顺差，人民币积累了升值压力。尽管2005年以后人民币对外逐步升值，我国的贸易顺差增速从2007年一季度开始逐渐呈现下降趋势，但贸易顺差规模仍然不断扩大，外汇储备也在不断增长。外汇储备规模的扩大，一方面增加了人民币升值压力；另一方面因为外汇占款增加货币供应量而加剧了国内通货膨胀的压力。

二是受国内利率水平提高的影响。2007年以来，我国为了抑制过热的经济，实施了适度从紧的货币政策，连续六次上调存贷款基准利率，而美国、欧洲的一些国家则连续下调基准利率，从而导致内外利差进一步扩大，市场进一步强化了人民币对外升值的预期。在利差扩大和人民币对外升值的双重影响下，国际游资通过各种途径流入我国，进行资产价格投机套利活动，推动国内资产价格的上涨。而资产价格的上涨又会进一步刺激国际资本投机的欲望，强化市场对央行加息的预期，从而在短期内使我国资本项下顺差出现扩大趋势。我国资本项下顺差的扩大在增加人民币升值压力的同时，还会因短期外汇增加导致货币供应量增加而给国内通货膨胀造成更大的压力。

四、汇率的种类

依据的标准不同，外汇汇率种类的划分也是不同的。

1. 按外汇管制的松紧程度划分,可分为官定汇率和市场汇率

(1)官定汇率(法定汇率):这种汇率主要是指官方(如财政部、中央银行或经指定的外汇专业银行)所规定的汇率。在外汇管制比较严格的国家禁止外汇自由交易市场的存在,官定汇率就是实际中执行的汇率,而无市场汇率。

(2)市场汇率:这是指在自由外汇市场上买卖外汇的实际汇率。外汇管制较松的国家,官定汇率往往只是形式,有价无市,实际外汇交易均按市场汇率进行。

2. 按外汇资金性质和用途划分,可分为贸易汇率和金融汇率

(1)贸易汇率:主要指用于进出口贸易及其从属费用方面的汇率。
(2)金融汇率:主要指资金转移和旅游等方面的汇率。

3. 按汇率是否适用于不同的来源与用途划分,可分为单一外汇汇率和多种外汇汇率(也称多元汇率或复汇率)

(1)单一汇率:凡是一国对外仅有一个汇率,各种不同来源与用途的收付均按此计算,称为单一汇率。

(2)多种汇率:一国货币对某一外国货币的汇价因用途及交易种类的不同而规定有两种或两种以上汇率,称为多种汇率,也叫复汇率。多重汇率是一个国家对本国货币规定的一种以上的汇率,属于外汇管制的一种形式,主要用于奖励出口,限制进口,改善国际收支不平衡状况。

4. 按外汇交易工具划分,可分为电汇、信汇和票汇汇率

(1)电汇汇率:用电报或电传通知付款的外汇价格,叫电汇汇率。电汇汇率交收时间最快,一般银行不能占用顾客资金,因此电汇汇率最贵。在银行外汇交易中的买卖价均指电汇汇率。电汇汇率是计算其他各种汇率的基础。

(2)信汇汇率:即用信函方式通知付款的外汇汇率。由于航邮比电报或电传通知需要时间长,银行在一定时间内可以占用顾客的资金,因此信汇汇率较电汇汇率低。

(3)票汇汇率:在兑换各种外汇汇票、支票和其他票据时所采用的汇率叫票汇汇率。外币兑换也可列入此列。因票汇在期限上有即期和远期之分,故汇率又分为即期票汇汇率和远期票汇汇率,后者要在即期票汇汇率基础上扣除远期付款的利息。

值得注意的是：我国银行的做法不同于国际惯例，即人民币汇率（卖出价）对电汇、信汇、票汇都采用同一汇率，但在买入外币票汇，旅行支票时，因考虑到要垫付人民币，向资金帮办理这项外币业务的银行要收取一家的贴息，用以弥补寄出票据，收回原款期间的利息损失。

5. 按买卖对象划分，汇率可分为银行间汇率和商业汇率

（1）银行间汇率：指银行与银行外汇交易中使用的外汇汇率，也即外汇市场的汇率。

（2）商业汇率：指银行与商人买卖外汇的汇率。

6. 按外汇买卖的交割期限划分，汇率可分为即期汇率与远期汇率

所谓交割，是指买卖双方履行交易契约，进行钱货两清的授受行为。外汇买卖的交割是指购买外汇者付出本国货币、出售外汇者付出外汇的行为。由于交割日期不同，汇率就有差异。

（1）即期汇率又称现汇汇率，是买卖双方成交后，在两个营业日之内办理外汇交割时所用的汇率。

（2）远期汇率又称期汇汇率，是买卖双方事先约定的，据以在未来的一定日期进行外汇交割的汇率。

一般情况下，远期汇率的标价方法是仅标出远期的升水数或贴水数。在直接标价法的情况下，远期汇率如果是升水，就在即期汇率的基础上，加上升水数，即为远期汇率；如果是远期贴水，就在即期汇率的基础上减去贴水数，即为远期汇率。在间接标价法的情况下，正好相反，远期汇率如果是升水，就要在即期汇率的基础上减去升水数，即为远期汇率；如果是贴水，就要在即期汇率的基础上加上贴水数，即为远期汇率。

远期汇率也有买入价和卖出价，所以远期汇率的升水数或贴水数，也都有大小两个数。在直接标价法的情况下，远期汇率如果是升水，则把升水数的小数加入即期汇率的买入价，把升水数的大数加入即期汇率的卖出价。在间接标价法下，如果远期升水，则从即期汇率的卖出价减去升水数的大数，从即期汇率的买入价减去升水数的小数。在间接标价法的情况下，如果远期升贴水数是大数在前，小数在后，即说明是远期升水；如是小数在前，大数在后，即说明是远期贴水。

比如说在三个月后要将美元兑换成日元，方法有两个，一个是现在将美元兑换成日元，把日元存定期三个月；另外一个方法是现在先将美元存三个月定期，到期后再连本带息兑换成日元。这两种方法获得的日元一定是一样的，否则市场就会出现套利的机会。但是美元和日元的利率是不同的，所以两种方法所使用的汇率水平也不同，第一种方法使用了即期汇率，而第二种方法使用的是远期汇率。所以远期价格主要是即期汇率加减两种货币的利率差所形成的。如果把美元（即第一个货币或数值不变的货币）当做是 A 货币，而把日元（即第二个货币或数值变化的货币）当做是 B 货币，它们的远期计算公式（即利率评价公式）是：

远期汇率 = 即期汇率 + 即期汇率 ×（B 拆借利率 − A 拆借利率）× 远期天数 ÷ 360

五、汇率的作用

汇率是国际贸易中最重要的调节杠杆。其作用主要体现在三个方面：

1. 汇率影响一个国家产品在国际市场上的竞争力

因为一个国家生产的商品都是按本国货币来计算成本的，要拿到国际市场上竞争，其商品成本一定会与汇率相关。汇率的高低也就直接影响该商品在国际市场上的成本和价格，直接影响商品的国际竞争力。例如，一件价值 100 元人民币的商品，如果美元对人民币汇率为 8.25，则这件商品在国际市场上的价格就是 12.12 美元。如果美元汇率涨到 8.50，也就是说美元升值，人民币贬值，则该商品在国际市场上的价格就是 11.76 美元。商品的价格降低，竞争力增强，肯定好卖，从而刺激该商品的出口。反之，如果美元汇率跌到 8.00，也就是说美元贬值，人民币升值，则该商品在国际市场上的价格就是 12.50 美元。高价商品肯定不好销，必将打击该商品的出口。同样，美元升值而人民币贬值就会制约商品对中国的进口，反过来美元贬值而人民币升值却会大大刺激进口。

2. 调节一国的进出口

正如前面所分析的，汇率的变化会改变本国商品和外国商品的相对价格，从而对本国的净出口产生影响。而净出口的改变又会直接影响与进出口有关的产业和企业，从而使本国经济活动的总水平发生变化。同时，净出口的改变还是经济周期扰动和宏观经济政策变化在国际间传导的主要渠道。

在短期内，由于价格水平暂时不会发生变化，名义汇率对净出口的影响效果等同于实际汇率。当名义汇率升值时，以外币衡量的本国商品或服务的价格对外国消费者而言将变得较贵，以本币衡量的外国商品或服务的价格在本国市场上将变得便宜。在这种情况下，外国对本国出口产品或服务的需求将受到抑制，本国对外国出口产品或服务的需求将会受到刺激，从而导致本国净出口的减少。当名义汇率贬值时，情况正好相反，将导致本国净出口增加。

在长期内，由于价格水平会发生变化，名义汇率对净出口的影响不仅取决于自身的变化，而且还取决于两国价格水平的变化。在这种情况下，对净出口的影响需考察实际汇率。

当实际汇率上升时，则本国商品和服务的价格相对上升，外国商品和服务的价格相对下降。在这种情况下，本国消费者将会购买更多的外国产品和服务，而外国消费者将会减少对本国产品和服务的购买，于是本国净出口减少。

同理，如果实际汇率下降，则本国商品和服务相对于外国的价格下降，即本国的商品和服务对外国消费者而言变得便宜。这时，本国消费者对外国商品和服务的需求下降，而外国对本国商品和服务的需求上升，从而导致本国净出口增加。

由此，可得出如下一般性的结论：

无论是长期还是短期，一国的净出口与其实际汇率之间呈负相关关系。即实际汇率上升，净出口减少；实际汇率下降，净出口增加。

在短期内，一国的净出口与其名义汇率之间是负相关关系。但在长期内这种负相关关系不太明朗，需要进一步考察两国的价格水平。

汇率与净出口联结的纽带是它能够影响国内和国外市场对国内商品的需求。

3. 有利于出口结算和国际报价

若一个国家的货币不是国际货币，其出口或进口的结算货币通常是国际市场上认可的流通货币，如美元、欧元、日元。若外汇市场上存在本国货币与这些国际货币的兑换数量关系，该国出口商品便很容易确定其在国际市场上价格；同样，进口商品也很容易确定其境外的采购成本。即使在外汇市场上本国货币与某种国际货币没有直接的兑换关系，但可通过本国货币在外汇市场上与其他货币以及其他货币与该种货币的兑换关系，间接地计算出本国货币与该种国际货币的对换关系。正是由于汇率的存在，一国的商品和服务可方便地以外币进行定价，从而促进了各国商品和服务的国际交换和流通，推动世界贸易的发展。

【案例】

人民币跨境贸易结算意味着什么？

◎**案由**：2009年7月2日，央行正式下发《跨境贸易人民币结算试点管理办法》（以下简称办法）。本月起，上海等5城市的指定企业将获得以人民币进行跨境贸易结算的资格；同时，符合条件的境内商业银行可以为这些企业提供跨境贸易人民币结算服务，并在条件成熟时，向境外企业提供人民币贸易融资。这意味着，中国已正式启动跨境贸易人民币结算试点。那么，此举会对我国经济带来什么影响？

◎**分析**：此项决定是在我国有高达2万亿巨额美元外汇储备和应对目前国际金融危机的形势下做出的。开展跨境贸易人民币结算，将对中国未来经济发展产生积极而深远的影响。主要表现在：

有利于推动我国与周边国家和地区经贸关系发展，尤其是东盟的区域贸易的发展。目前东盟一些国家已开始接受人民币作为贸易结算的工具，这有利于人民币向区域流通货币发展。

有利于规避汇率风险。由于受次贷危机的重创，美国的美元开始走软，世界主要国际货币的汇率波动频率加快，波动幅度加大。采用人民币对外贸易结算，能够规避主要国际货币的汇率风险，保护出口商的利益。同时，由于出口扩大了人民币贸易结算，能够抑制我国外汇储备增长，降低国家外汇储备的风险头寸。

有利于改善贸易条件，保持对外贸易的稳定增长。由于出口是以人民币进行结算，有利于中国在国际市场上对本国出口商品定价权的掌控，从而争取更好的交易条件。同时，由于采取人民币结算，有助于减少中国对与其有贸易关系的国家的外汇出超，降低贸易摩擦的风险，从而促进对外贸易的增长。

有利于人民币国际化。从理论上讲，国际化货币必须具备结算、投资和储备的功能。从三者的关系上看，只有该种货币能够在国际经济贸易交往中被广泛使用，并同时可以在资本市场上进行各种金融交易，实现套期保值或投资盈利，该货币才能被国际社会认可，成为国际储备货币。因此，人民币的跨境结算成为人民币向国际货币发展的重要一步。

第二节 汇率的决定

一、弹性汇率体制下的汇率决定

1. 货币的供求分析

在弹性汇率体制下，汇率是随时变化的。但在固定汇率体制下，汇率在大多数时间里是稳定的。但是，应注意到这样一事实，即使在一个固定汇率体制下，大幅度的通货贬值或通货升值也很常见。什么经济力量导致了汇率的升降呢？

这里要明确的一点是，供给和需求分析考察的是名义汇率而非实际汇率。不过，从实际汇率与名义汇率的关系等式(8.1)可知，给定本国和外国价格水平，实际汇率和名义汇率以同比例变化。也就是说，在给定价格水平条件下，所有关于名义汇率的结论同样适用于实际汇率。

名义汇率 e，是一种货币与另一种交换的数量比值，如美元的价值。与其他任何资产一样，美元的价值是由外汇市场上的货币供给和需求决定的。在外汇市场，银行和货币持有者不断地用美元和其他货币交易。

图 8-1 描述了美元供给与需求的关系。横轴表示美元供给或需求的数量，而纵轴表示以其他货币度量的美元价值，也就是名义汇率 e。美元供给曲线 S 上的任意一点代表某一给定价格——名义汇率水平下人们愿意提供给美元的数量，表明美元拥有者愿意在外汇市场用美元来交换其他货币。当以其他货币表示的美元价值上升时，人们更愿意给市场供给美元，因此供给曲线向上倾斜。

类似地，美元需求曲线 D 上的任意一点代表某一给定价格——名义汇率水平下人们愿意在外汇市场上购买美元的数量。当以其他货币表示的美元变得更贵时，人们对美元的需求就会减少，所以需求曲线向下倾斜。美元供求的均衡位于两曲线交汇点 E 上，E 点所决定的美元价格为 e_1，在该水平上美元供给的数量与美元需求的数量相等。

图 8-1 有助于解释决定美元或其他货币价值的力量。不过，要深入理解，须问人们为什么需求或供给美元？与商品和服务不同，人们不是因为喜欢美元而需求美元，而是因为它具有能购买商品和服务的功能才看重美元。因此，一家外国公司在外汇市场上需求美元，可能是为了：

(1) 购买美国商品和服务，这意味美国在对外出口。

(2)购买美国不动产和金融资产,这意味美国金融资本的流入。

显然,外国公司需要美元在进行上述两种交易——即购买美国商品和资产时,美国国际收支账户的两个主要组成部分:经常账户和金融账户就会发生相应的变化。

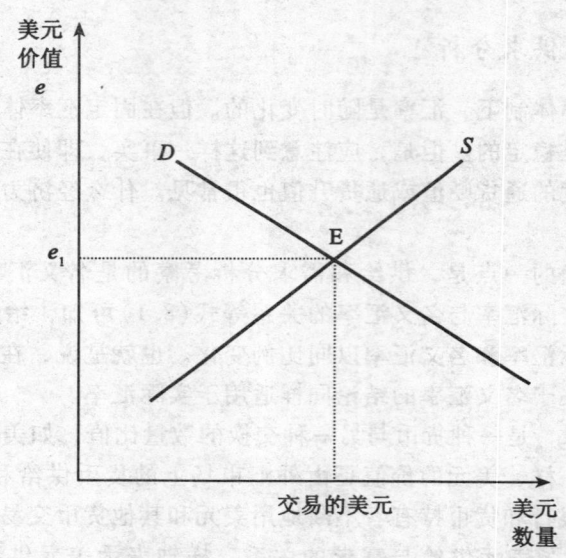

图 8-1　美元的供给与需求

类似地,美国居民在外汇市场供给美元换取外国货币,可能是为了:
(1)购买外国商品和服务,这意味美国的进口。
(2)购买外国不动产和金融资产,这意味美国金融资本的流出。

因此,促进外国居民对美国出口和资产需求增加的因素将会增加在外汇市场上对美元的需求,从而提高美元的汇率。同样,美元价值的上升将会使美国居民对外国商品和资产的需求增加,这意味在外汇市场上相对于先前购买外国商品和资产数量而供给的美元更少了。

通过上面的分析,可以发现:汇率变化表面上是由外汇市场货币供求关系决定的,但在深层次上是由对可贸易商品的需求决定的。凡是影响进出口商品需求的因素,都会被转化为对货币供求的影响,从而传导到对汇率的影响。影响进出口商品需求的因素很多,如收入、实际利率、消费偏好、产品质量、贸易模式等。若某项因素使得外国人对本国商品需求增加,如本国产品质量改善,那么对本国出口需求的增加就会转化为对本币需求的增加,从而导致本币的升值。

2. 产出与实际利率的作用

在前面的 IS—LM 分析中,强调了两个关键的宏观经济变量:实际产出(收入)Y 和实际利率 r。现在,将考虑实际产出和实际利率的变化(包括国内或国外情况)是如何与汇率和净出口联系起来。这里,继续假定本国与外国的价格水平不变,所以在此讨论的结果同样适用于名义汇率和实际汇率。

(1)产出(收入)变化的作用

试想本国产出(等同于本国收入)Y 增长了,但是其他因素(例如实际利率)保持不变。那么 Y 增长汇率和净出口产生什么影响呢?

首先,考察对净出口的作用。由于消费者的支出部分取决于他们的当前收入,当本国收入上升时,消费者将在包括进口在内的商品和服务上支出更多。于是,当本国产出(收入)上升时,在其他因素不变的情况下,净出口(出口减去进口)必定减少。

其次,考察对汇率的作用。若本国居民要多购买进口商品,那么他们必须获得外国货币。为了达到这一目的,本国居民必须给外汇市场供给更多的本国货币去交换外国货币。本国货币供给的增加导致其价值下降,也就是汇率贬值。

同样可以分析出该国贸易伙伴实际产出增加对净出口和汇率的作用。外国产出(收入)的增加将会导致外国消费者增加他们包括进口在内的所有商品和服务上的支出。因此,如果德国和中国的收入增加了,那么这些国家会增加对美国出口的需求,从而增加美国的净出口。外国对美国商品的需求的增加也会使得外国居民对美元的需求上升,推高美元的价值。注意外国收入变化的作用正好和本国收入变化的作用相反。

(2)实际利率变化的作用

若本国实际利率 r 上升,但是其他因素(包括外国实际利率)保持不变。在这种情形下,对那些为所持资金寻求最高收益的本国和外国储户来说,本国的不动产和金融资产将变得更有吸引力。由于本国货币可以被用来购买本国资产,所以本国实际利率的上升将会增加外国居民对本国货币的需求,本国居民会因实际利率上升增加储蓄意愿,从而减少对本国货币的供给。本国货币的需求增加和供给减少就会导致汇率升值。

尽管本国实际利率上升对净出口没有直接影响,但它通过影响汇率对净出口有间接作用。r 的上升推高了汇率,使得本国出口变得更昂贵,来自国外的进口变得更便宜。因此,其他因素保持不变,r 上升减少了本国净出口。

外国实际利率变化的影响与本国实际利率变化的影响正好相反。如果外国实际利率上升了，对于本国和外国储户来说，外国资产会变得更有吸引力。为获得购买外国资产所需的外国货币，本国储户将会在外汇市场供给本国货币。外国储户将需求更少的本国货币。本国货币的供给增加和需求减少将导致汇率贬值。由外国利率上升引起的汇率贬值接下来就增加了本国的净出口。

表 8-2 和表 8-3 列出了各种宏观经济因素对汇率和净出口的影响。

表 8-2　　　　　　　　　　（实际和名义）汇率的决定因素

上　升	汇率	原　因
本国产出（收入）Y	下降	本国产出增加，进口需求增加，从而增加了本国货币的供给
外国产出（收入）Y	上升	外国产出增加，对出口需求增加，增加了对本国货币的需求
本国实际利率 r	上升	实际利率上升使得本国资产更有吸引力，对本国货币需求增加
外国实际利率 r	下降	外国实际利率上升，外国资产更有吸引力，本国货币需求减少
对本国商品的世界需求	上升	对本国商品需求的上升，增加了对本国货币的需求

表 8-3　　　　　　　　　　净出口的决定因素

上　升	净出口	原　因
本国产出（收入）Y	下降	本国产出的增加，增加了对进口的需求
外国产出（收入）Y	上升	外国产出的增加，增加了外国对本国出口的需求
本国实际利率 r	下降	本国实际利率的上升使实际汇率升值，并使本国商品相对于外国商品的价格变得更昂贵
外国实际利率 r	上升	外国实际利率上升使得实际汇率贬值，并使得本国商品相对于外国商品而言变得更便宜
对本国商品的世界需求	上升	对本国商品需求的上升，直接增加净出口

二、固定汇率体制下汇率的决定

通过前面的学习可知,在弹性汇率体制下,汇率是由外汇市场上货币的供给和需求决定的。但在固定汇率体制下,其汇率的决定与弹性汇率体制下汇率的决定方式有所不同。在固定汇率体制下,名义汇率的价值是由政府官方设定的。这种设定或许咨询过其他国家,或许是与其他国家达成了协定。

固定汇率体制存在的一个潜在问题是,由政府设定的汇率价值可能与由货币的供给和需求所决定的汇率价值不相等,从而产生汇率高估或低估的现象。

1. 汇率高估

图 8-2 描述了汇率被高估的情形,其中官方汇率 e' 高于货币供求决定的汇率 e_1。这里把完全由货币市场供求决定的汇率,称为名义汇率。当官方汇率高于 e_1 时,意味汇率值被高估,称其为一个高估的汇率或高估的货币。

一国如何处理其官方汇率与名义汇率不同的情况呢?这里有几种可能的策略供选择:

第一,该国可以很简单地将其汇率的官方值进行重设,使其等于或接近于汇率的基本值。例如,在图 8-2 所示的高估例子中,该国可以将其固定汇率从 e' 降低到 e_1。尽管在固定汇率体制下,偶尔通货贬值或通货升值是有的,但如果一国政府若总是在调整它的汇率。还不如直接转为弹性汇率体制。这里,通货贬值的含义是指把固定汇率值调低。通货升值的含义是把固定汇率值调高。

第二,政府可以限制国际交易——例如通过对进口或资金的流出进行限制或征税。这些政策减少了在外汇市场上本国货币的供给,从而使得名义汇率朝其固定值方向上升靠拢。一些国家则更进一步,禁止人们在未经政府批准的情况下用本国货币和外国货币交易,如中国。一个不能与他国货币自由交易的货币被称为不可兑换货币。然而,政府对国际交易的直接干涉有着许多经济成本,包括可获得外国商品和资金的减少。

第三,政府选择充当外汇市场上本国货币的需求者或供给者,这是大多数拥有固定汇率体制的工业化国家所使用的方法。图 8-2 所示的高估例子中,在官方汇率处,外汇市场上该国货币的供给(B 点)超过对该国货币的需求(A 点)的数量为 AB。要将货币的价值维持在官方汇率的,政府可以在每个时期买回数量为 AB 本国货币。

通常情况下,这些货币购买是由本国中央银行使用官方储备来完成的。

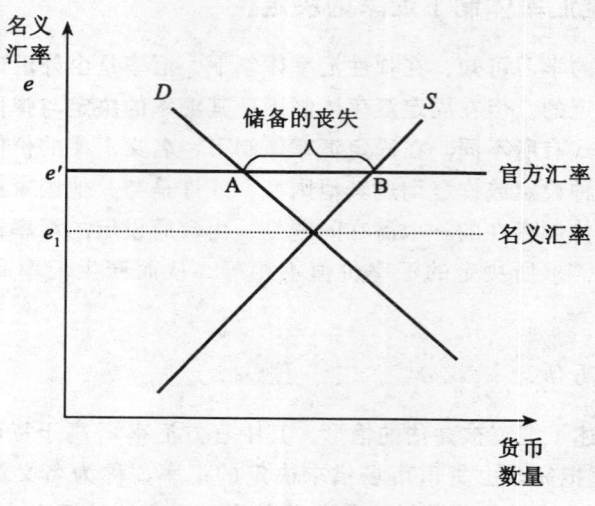

图 8-2　高估的汇率

官方储备也称为国际储备,是一国货币当局持有的,用于国际支付、平衡国际收支和维持其货币汇率的国际间可以接受的一切资产。国际储备是战后国际货币制度改革的重要问题之一,它不仅关系各国调节国际收支和稳定汇率的能力,而且会影响世界物价水平和国际贸易的发展。它包括黄金、在外国银行的存款,以及由国际机构诸如国际货币基金组织等创造的特殊资产。例如,在金本位时期黄金是官方储备资产的基本形式,而中央银行出价以固定价格用黄金来兑换它自己的货币。如果图 8-2 代表的是一个金本位的国家,那么 AB 就代表着中央银行在每个时期买回其货币所需的黄金数量,以使得其货币的供给数量和需求数量在官方汇率相等。因此,AB 这个数量衡量的是中央银行用于维持本汇率所必须使用的储备数量,这个数量是与本国国际收支赤字相对应的。

尽管中央银行可以通过出价以固定价格收购自己的货币在一段时间内维持一个高估的汇率,但它并不能永远这么做,因为它的外汇储备资产是有限的。例如,在金本位时期,中央银行不可能拥有无限数量的黄金。在一个长时期内试图支撑一个高估的货币将会耗尽中央银行有限的黄金储备,迫使该国选择通货贬值。

中央银行试图维持一个高估货币的努力可能会被剧烈的投机性挤兑所摧毁。当金融投资者开始担心一个高估货币将会很快通货贬值,那就意味着投资者以高估货币计价的资产相对于以其他货币计价的资产的持有数量将要减少，这时投机挤兑即投机性攻击就会发生了。

为避免损失，金融投资者疯狂地抛售以高估货币计价的资产。与针对高估货币的投机挤兑相联系的是恐慌地抛售本国资产，它将该国货币的供给曲线急剧地向右移动（见图8-3），从而使得该货币供求数量间的差距从 AB 扩大到 AC。这个扩大的差距加快了中央银行为保持高估汇率而必须消耗其官方储备的速度，加快了通货贬值并证实了金融投资者的预期。

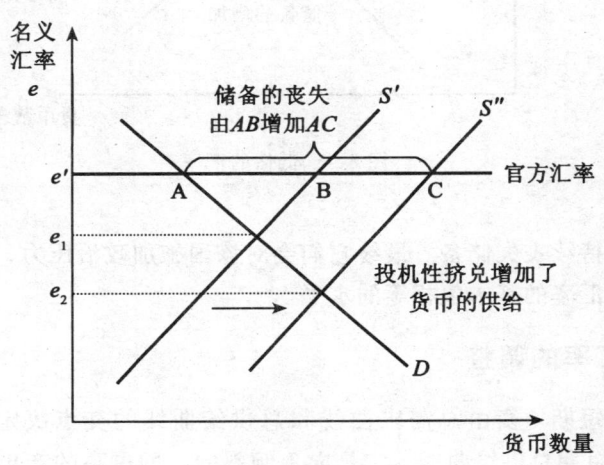

图 8-3　对高估货币的投机

显然，在缺乏对国际贸易和金融交易强有力限制（这些限制本身代价高昂）的情况下，一国的高估货币是不可能长期持续的。如果汇率被高估了，该国要么必须通货贬值，要么必须改变政策以提高该汇率的基本值。

2. 汇率低估

除了汇率高估的情形外，汇率也会存在被低估的情况。如图8-4所示，如果官方设定汇率低于在外汇市场上由供给和需求决定的汇率值，汇率低估（即货币低估）就发生了。

在这种情形下，中央银行每个时期在外汇市场上以 AB 数量卖出本国货币并积累外汇储备。在对中央银行所能累积的储备资产没有限制的情况下，一个低估的汇率明显可以无限期地维持。不过，汇率低估的一国是在其贸易伙伴因高估汇率而丧失储备情况下累积外汇储备的。由于该国的贸易伙伴不

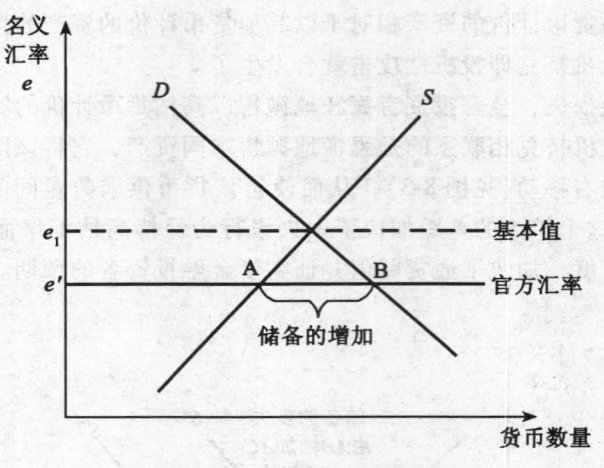

图 8-4 低估的汇率

能无限期地持续丧失储备。最终它们会对该国施加政治压力,让其将官方汇率调整到与汇率的基本值相等的水平。

三、汇率的调整

经济的短期均衡由总需求曲线和总供给曲线的交点决定,如图 8-5 所示。SAS 是短期总供给曲线,它是向上倾斜的,即更高的产出导致更高的价格水平。假定短期均衡位于 A 点,其产出低于自然水平 Y_n。经济处于衰退之中,并且价格水平高于长期均衡时的水平 B 点。如果政府决定维持汇率或者决定实施贬值,一段时间之后,事情将会怎样?

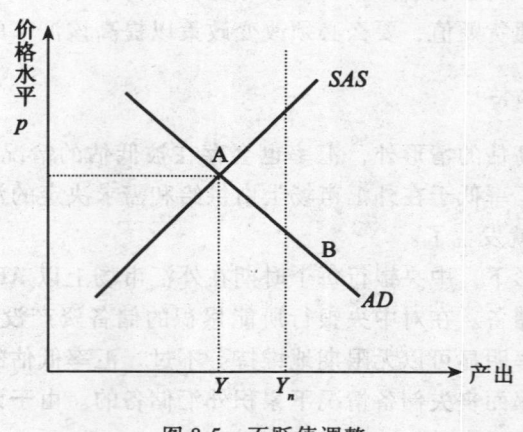

图 8-5 不贬值调整

1. 不贬值的调整

首先假定政府不实施贬值策略。一段时间之后，事情的发展将如图8-6所示。

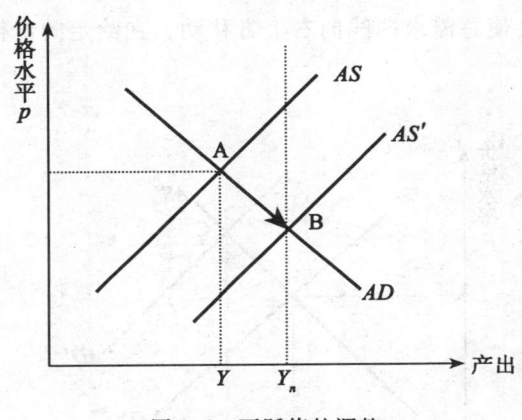

图8-6 不贬值的调整

只要产出低于其自然水平，总供给曲线就会下移。也就是说，在给定的产出水平下，价格水平都会比原来更低。如果名义汇率不发生变化，总需求曲线并不移动。因此，从A点出发，随着时间的推移，经济会沿着总需求曲线向右下方移动，直至到达B点。在B点，产出等于其自然水平，价格水平更低，也就意味着本币实际汇率更低，即本币的实际贬值。

总之，价格水平的持续下降会导致持续的外币实际升值。在名义汇率不变的条件下，本币的实际贬值意味以外币表示的本国商品和服务变得更便宜，可促进出口。这样本币的实际贬值会带来产出的提高，直至产出恢复到自然水平。

这是一个重要的结论。在中期，尽管名义汇率是固定的，但是经济仍然可以达到必要的本币实际贬值，从而使其产出恢复到其自然水平。从中可以得出：

（1）在短期，固定的名义汇率意味着固定的实际汇率，因假定价格水平在短期内是不变。

（2）在中期，固定的名义汇率可以对应着实际汇率的调整，调整是通过价格水平的变动达到的。

2. 有贬值的调整

现在假定经济不是沿着 AB 的路径调整，政府决定放弃现存的平价，实施贬值，即降低本币名义汇率水平。

降低本币名义汇率水平会导致本币的名义贬值从而导致产出的提高。换句话说，贬值会使总需求曲线向右上方移动，在给定的价格水平下，产出更高（见图 8-7）。

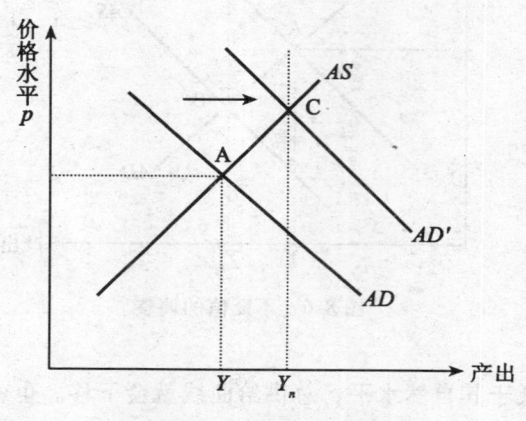

图 8-7 有贬值的调整

因此，"适度"的贬值可以使产出恰好恢复到其自然水平——而不是像在不贬值的情况下那样，需要随着时间的推移才能达到这一自然水平。而且，在实践中也确实是这样做的。但是，应注意到，通过"适度"的贬值使产出恢复到 Y_n 水平在现实世界中不那么容易达到。

现实中，实际贬值对产出的影响不是立即发生的。实际上，贬值对产出的影响在开始的时候可能与人们的预期刚好相反，尽管进口的价格提高了，但是在短期内进口和出口的量还没有来得及调整，需要经过一段时间，贬值才会对进出口产生影响。并且，根据前面介绍的简单总供给表达式，$Y = Y + \alpha(P - P_e)$，贬值很可能会对价格水平产生影响。因为进口产品的价格提高了，消费篮子的价格就会提高。这有可能导致工人要求更高的名义工资，从而迫使公司也提高其价格，即会使预期价格水平提高。预期价格水平的提高，会使产出减少，从而部分抵消了贬值促进产出增加的效果。

但是，这些并不足以影响基本的结论：允许名义汇率的调整有助于产出恢复到自然水平，即便不是马上就能恢复，也比不允许贬值的情况快得多。

总之，在名义汇率固定的条件下，一国是能够在中期通过调整价格水平来改变实际汇率，使其产出恢复到自然水平。不过这一调整过程可能会很漫长。

第三节　汇率制度

自从20世纪70年代早期美国放弃了布雷顿森林体系后，国际货币体系进入了弹性汇率体制时代。即便如此，目前仍有不少国家在使用固定汇率体制。为此，本节将探讨汇率制度如何影响一国的经济及其宏观政策，并以此来分析不同汇率制度存在的问题。

一、固定汇率制度

通常，人们会认为中央银行只是对货币供给政策进行选择，而汇率则是以外汇市场均衡所隐含的任何方式来自由调整。在大多数国家，这个假设并不现实：中央银行有隐性的或者显性的汇率目标，并且要运用货币政策来达到这些目标。目标有时候是隐性的，有时候是显性的；有时候是一个特定的值，有时候是一个区域或者一个范围。这些汇率目标有很多名字，如钉住、爬行钉住、欧洲货币体系等。

1. 固定汇率的种类

（1）钉住。有一些国家在实行固定汇率制度时，通常使他们的本国货币与某些外国货币保持固定的比例关系。历史上，一些国家选择了让本国货币钉住美元，如巴拿马、阿曼，还有中国改革开放初期；另外还有一些国家选择了让本国货币钉住法国法郎，如早先是法国殖民地的一些国家；还有一些国家钉住一揽子货币，权重为它们的贸易构成。

"固定"并不是说实行固定汇率的国家的汇率从来不变动，而是变动很少。一个极端的例子是那些钉住法国法郎的非洲国家。它们的汇率在1994年进行了调整，这是45年来的第一次调整。因为这些变化非常稀少，经济学家用特定的词汇把它们和浮动汇率下每天都发生的变化区分开来。他们把固定汇率制度下本币汇率的提高叫做人为升值，把固定汇率制度下本币汇率的降低叫做人为贬值。

下面以港元为例，来分析钉住汇率的优势与劣势。

香港港元对美元的汇率就是一种钉住美元的固定汇率制度。香港的货币政策目标是维持港元稳定。鉴于香港是一个高度外向型的经济体系，这个目标的具体含义就是维持港元对外价值的稳定,即维持1美元兑7.80港元的固定汇率。这个目标是通过联系汇率制度来实现。联系汇率制度始于1983年10月,属于货币发行局制度。在这个制度下,货币基础的流量和存量必须有充足的外汇储备支持,透过严谨和稳健的货币发行局制度得以实施。

香港并没有真正意义上的货币发行局,纸币大部分由3家发钞银行即汇丰银行、渣打银行、中国银行(香港)发行。法律规定发钞银行发钞时,需按7.80港元兑1美元的汇率向金管局提交等值美元,并记入外汇基金的账目,以购买负债证明书,作为所发钞纸币的支持。相反,回收港元纸币时,金管局会赎回负债证明书,银行则从外汇基金中收回等值美元。政府经金管局发行的纸币和硬币,由代理银行负责储存及向公众分发,金管局与代理银行之间的交易也是按7.80港元兑1美元的汇率以美元结算。

1998年正值亚洲金融危机,香港金融市场承受了巨大的投机压力,银行同业拆借利息飙升,市场上广泛流传人民币将贬值及联系汇率不保的消息。金管局于1998年9月及时推出了七项巩固货币发行局制度的技术性措施,其中两项主要的措施是:①提供总结余的弱方兑换保证,即金管局保证在港元转弱至指定水平时,可以按固定汇率把港元兑换为美元;②调整贴现窗机制,贴现窗指银行向金管局卖出证券,以借出金管局隔夜港元的机制,过程中双方协定将由银行按照协定价格及日期回购该证券。这些措施有效地抑制了利率过度波动及由此造成的不利影响。

2003年年底到2005年,由于美元疲弱,同时市场估计人民币升值及香港经济强劲复苏,大量资金流入香港。虽然在相当长的时间内港元利息均低于同期美元利息,仍无明显的资金流出。为了加强利率调节功能,金管局于2005年推出三项优化联系汇率制度运作的措施,包括:推出1美元兑换7.75港元的强方兑换保证,即金管局保证在港元转强至指定水平时,可以按固定的汇率把美元兑换为港元;将弱方兑换保证的汇率定为7.85港元;金管局可在兑换范围内(即7.75~7.85)进行符合货币发行局原则的市场操作。

联系汇率的优点是显而易见的。它减少了因投机而引起的汇率波动,减少经济活动中的不确定性,使个人、企业、政府都有稳定的预期,从而有利于降低交易成本。此外,它还可以束缚着政府,使其理财小心谨慎。在80年代中英谈判前后和90年代香港回归过程中,联系汇率制度就起了积极的稳定作用。

但联系汇率制度也有对香港的不利影响。首先,在联系汇率制度下,货币管理当局不能推行独立的货币政策,运用汇率变化对经济进行调节,与实施自由浮动汇率制度的情况比较,香港在面临竞争对手货币大幅度贬值或自身出口市场衰退等情况时,香港的产品面临竞争力下降的局面;香港要跟随美国的货币政策,但由于香港与美国的经济周期不一致,港元利率会短暂偏离美元利率,产生利率差,而利率差波动有时可能会影响货币稳定,甚至被投机者操控以图利;港元在货币上继续与美元挂钩,同时香港经济和金融市场却受内地经济的影响越来越大,香港现行货币政策愈加与经济发展需求不协调,像热钱涌入,息口差距扩大正是这种不协调性的集中表现。

(2)爬行钉住。它是根据通货膨胀情况,允许货币逐渐升值或贬值的一种汇率制度。在此制度下,平时汇率是固定不变的,但视通货膨胀的程度而定,必要时可每隔一段时间做微小的调整。这种汇率制度是介于固定与浮动之间的一种汇率政策。例如,通常一些执行爬行钉住汇率制度的国家,其通货膨胀率往往超过美国的通货膨胀率。如果它们让本国的名义汇率钉住美元,那么由于它们本国的价格水平的增长快于美国,因而会导致持续的本币实际汇率的上升,使它们的产品很快就失去了竞争力。要避免这种影响,这些国家选择了一个事先确定的对美元的贬值(速)率。它们选择相对于美元"爬行",即缓慢地移动。

(3)欧洲货币体系(EMS)。一些国家团体内部成员通过协定将彼此之间的双边汇率(每两个国家之间的汇率)维持在一定的范围之内。最著名的例子就是欧洲货币体系(EMS)——从1978年到1992年欧盟内部的汇率变动都是这样决定的。在这一汇率机制的规则下,成员国都允诺把它们对该体系内其他国家的汇率维持在一个很小的限度之内,即围绕一个中间平价的带状范围。有时,也会发生中间平价的变动以及特定货币的贬值和升值的情况,但这种情况必须得到其他成员国的普遍同意。

2. 汇率钉住和货币控制

若一个国家决定把汇率钉住在一个选定的值上,这个值记为 $\bar{E}$。那么,在现实中如何做到这一点?它不能只是宣布汇率的值,然后就站在那儿什么也不做。相反,必须进行监测和考评,使得选定的汇率能够被市场接受。下面就来分析钉住的含义和机制。

不管钉住还是不钉住,在资本完全流动的假设下,名义利率都必须满足利率平价条件:

$$i_t = i_t^* + \frac{E^e_{t+1} - E_t}{E_t} \tag{8.7}$$

式中，E_t 为现在汇率，E^e_{t+1} 为预期远期汇率，i^*_t 为外国名义利率，i_t 为本国名义利率。

现在设想国家将汇率钉住在 $\overline{E}$，那么当前汇率 $E_t = \overline{E}$。如果金融和外汇市场的投资者相信未来的汇率仍然会钉住在这个值上，那么它们对未来汇率的预期 E^e_{t+1} 也等于 $\overline{E}$，利率平价条件变成：

$$i_t = i^*_t + \frac{E^e_{t+1} - E_t}{E_t} = i^*_t \tag{8.8}$$

总之，如果金融投资者预期汇率会保持不变，它们就会在两个国家要求同样的名义利率。在固定汇率和资本完全流动的条件下，国内利率一定要等于国外利率。

这个条件还有一个更重要的含义。由于 $i = i^*$，那么货币供给等于货币需求的均衡条件，可改写成：

$$\frac{M}{P} = L(i^*, Y) \tag{8.9}$$

设想，国内产出的提高使得货币需求增加。在封闭经济中，中央银行可以保持货币存量不变，导致均衡利率提高。在开放经济和浮动汇率制度下，中央银行仍然能够这么做：结果将是利率的提高和本国货币的升值，但是在固定汇率制度下，中央银行无法保持货币存量不变。如果要这么做的话，国内利率就会提高，并且超过国外利率，导致本国货币的升值；要维持汇率，就必须增加货币供给。使之适应货币需求的增长，从而均衡利率不变。给定价格水平 P，名义货币存量 M 必须调整，以保证（8.7）式成立。

总之，在固定汇率下，央行放弃了货币政策这个工具。固定汇率意味着国内利率等于国外利率，必须调整货币的供给以维持这个利率。

3. 固定汇率成本有限

在固定汇率体制下，汇率基本不能发挥调节国际收支的经济杠杆作用。并且央行为维护固定汇率制将破坏内部经济平衡。比如一国国际收支逆差时，本币汇率将下跌，成为软币，为不使本币贬值，就需要采取紧缩性货币政策或财政政策，但这种会使国内经济增长受到抑制，失业增加。同时容易受国际游资的投机攻击，引起国际汇率制度的动荡和混乱。如东南亚货币金融危机就是一例。

尽管如此，固定汇率机制的成本可能比前面的讨论中所见的要小。现实中，实施固定汇率机制的各国被限制在相同的利率上，但是这种限制的成本如何呢？

如果它们面临的是近乎相同的宏观经济问题和冲击，它们很可能是选择类似的政策。因此，让它们采取相同的货币政策可能不会是什么太难的事情。

这种观点是由罗伯特·蒙代尔提出的，他考察了能使一些国家愿意实行固定汇率制度，甚至是使用共同货币的条件。蒙代尔认为，要组成最优货币区域，必须满足以下两个条件中的一个。

一个是，它们必须经历类似的冲击。如果受到同样的冲击，那么它们就会选择大致相同的政策。

另一个是，如果它们所受到的冲击不同，但它们之间就必须有很高的要素流动性。例如，如果工人愿意从不景气的国家迁移到经济状况较好的国家，要素流动性优先于宏观经济政策，就使得各国能够调整其所受的冲击。因此，汇率也就变得不那么重要了。

大多数经济学家认为，根据蒙代尔的分析，由美国的 50 个州组成的共同货币区域接近最优货币区域。事实上，第一个条件并不满足：各个州受到的冲击不同。加利福尼亚州更多地受到来自亚洲的需求变动的影响，而不是美国其他州的影响；得克萨斯州更多地受到油价的影响等。但是第二个条件很大程度上是满足的，美国的各个州之间有相当大的劳动流动性。当一个州经济不景气的时候，工人就会离开这个州。如果一个州经济状况良好，工人就会来这个州。州失业率迅速地恢复正常，并不是一个州的宏观经济政策的功劳，而是因为劳动流动性。

4. 固定汇率的优点

现在，讨论固定汇率体制潜在的好处。事实上，实施固定汇率有很多益处：

（1）有利于公司经营的简单化，不用考虑如何避免汇率波动的风险

公司可以考虑在任何地点建立工厂，销售其产品，而不用担心潜在的大幅度汇率波动。如果国家决定的不仅仅是固定其双边汇率，而且还自始至终实施共同货币的话，这种优越性就更加明显。在美国的所有州使用共同货币对公司和消费者的好处是一目了然的；如果你每次穿越州界线都要兑换货币，生活将是多么复杂。

这一点对新的共同货币区域——欧元区也是一样的。欧洲委员会的一份报告估计，欧元的实行结束了欧元区内的外汇交易，其节约额将达到这些国家 GDP 总和的 0.5%。欧元在提高效率方面的优越性不仅仅只体现在降低了交易费用，还体现在它能够促进企业竞争和节省消费者时间上。如果用同样

的货币报价，购买者就能更容易地比较价格，公司间竞争增强，消费者受益。已经有证据表明，这种优越性已经在欧洲有所体现。例如，在购买汽车时，欧洲的顾客可在整个欧元区寻找最低价格。这已经导致了一些国家的汽车厂商降价。

(2) 有利于一国增加财政赤字的约束

在某些情况下，一个国家可能希望限制自己使用货币政策的能力。这时选用固定汇率体制会有所帮助。如果一个国家最近一段时间有非常高的通货膨胀率，则很可能是该国已经无法为其财政赤字融资，只得通过货币创造来解决。其结果造成了高货币增长和高通货膨胀。假定这个国家决定降低货币增长和通货膨胀，要使金融市场投资者相信该国确实是想要降低货币增长，一个可行的办法是固定其汇率。利用货币供给维持汇率平价的需要就可以对货币当局形成限制。在金融市场投资者相信平价会被保持的情况下，它们就不会再担心当局用货币增长来弥补财政赤字。

这里要注意的是，在金融市场上投资者相信平价会被保持的这一条件，意味固定汇率并不是一个神奇办法。也就是说，国家必须通过各种信息渠道使金融市场的参与者相信，汇率不仅现在是固定的，而且将来会保持固定下去。相信平价会被保持，有两个含义：

一是固定汇率必须作为一个更一般的宏观经济政策组合的一部分。如果使汇率固定，但是继续保持巨大的财政赤字，只会使金融市场相信货币增长会再度开始，贬值很快就会发生。

二是不管从象征意义上还是从技术上，都要使人相信平价是难以改变的。要达到这个目标，一些国家采用了一种货币制度，称为货币局制度。在这种制度下，中央银行随时准备以官方汇率买入或者卖出外国货币，并且还不能够参与公开市场业务，即不能买卖政府债券。在20世纪90年代，货币局制度非常流行。例如，阿根廷从1991年开始实行货币局制度，制定了高度象征性的平价———美元兑一个阿根廷比索。放弃货币局制度和改变汇率平价，将被视为任何一个政府的重大失败，这就使得政府企图贬值的可能性更小。

二、浮动汇率制度

1. 存在的问题

利率和汇率之间有一个简单的关系：利率越高，汇率越高。这就意味着一个国家要想维持一个稳定的汇率只要保持其利率接近国外利率即可。一个国家想要达到一个给定的贬值,只需要将其利率降低一个合适的量。

在现实世界中,利率和汇率之间的关系并不这么简单。即使利率不变动,汇率也会经常波动。一定数量的利率降低对汇率的影响程度往往难以预测,这就使得货币政策要想达到其预定目标会更加困难。要了解其原因,须再回到利率平价条件(8.7)式:

$$i_t = i_t^* + \frac{E^e{}_{t+1} - E_t}{E_t}$$

改写为:

$$E_t = \frac{1 + i_t^*}{1 + i_t} E^e{}_{t+1} \tag{8.10}$$

考虑的期间设为1年。今年的汇率依赖于国内利率、国外利率、明年的预期汇率。假定明年的预期汇率($E^e{}_{t+1}$)是不变的,但这只是一种简化。事实上,一年后的预期汇率并不是不变的。利用(8.10)式,若把明年当作当期,显然一年后的汇率将依赖于一年后预期的国内利率和国外利率,以及两年后的预期汇率,依此类推。因此,对当前和未来国内利率与国外利率预期的任何变化,以及对多年以后预期汇率的变化,都会影响当前的汇率。但是有两个基本结论是简单易见的:

一是除了当前国内利率变动外,还有很多原因会使得汇率发生变动。

二是当前国内利率变动对汇率的影响要在很大程度上依赖于这种利率变动对预期未来利率的影响。

总之,在浮动汇率制度下。有很多因素会引起汇率波动,造成实际汇率的巨大变化和产出的大幅度波动。要维持汇率的稳定可能会要求利率的大幅度变动,这些大幅度的利率波动本身可能会导致产出的大幅度波动。

2. 浮动汇率的优点

浮动汇率制能够取代固定汇率制,是因为它有一些长处:

第一,它具有自发调节国际收支的功能。如一国出现国际收支逆差,其货币会对外贬值,这种汇率变动有助于该国恢复国际收支平衡。

第二,它有助于遏制大规模的外汇投机风潮。因为它使汇率不断调整,汇率扭曲的程度较小,即留给外汇投机者牟利的余地较少。

第三,它使各国政府摆脱了固定汇率制对经济政策自主权的约束。在固定汇率制下有着严格的货币纪律,使政府很难针对本国的需要采取相应的政策。

第四,它有更强的适应世界经济环境的生命力。如固定汇率制要求国际收支平衡，而它自身又不具备自动调节国际收支功能，所以，浮动汇率制取代了固定汇率制。

第五，它有助于提高资源配置效率。因为它有调节国际收支功能，从而减轻政府对各种直接管理措施的依赖，这有助于市场价格信号更有效地发挥资源配置功能。

三、货币同盟——欧元

固定汇率的一个替代方式是一些有着共同利益诉求的国家结成一个货币同盟，在其中，它们同意使用一个共同货币。货币同盟的成员国一般在经济上和政治上进行合作。历史上，货币同盟的一个早期例子，签订第一部《美国宪法》的13个州所达成的关于放弃自己货币并创造一个单一货币的协议。

一个有效的货币同盟要求的不仅仅是各国中央银行的合作。要使货币同盟起作用，必须由一个单一机构来控制共同的货币政策。因为各国一般不愿意放弃它们自己的货币和金融政策，货币同盟在现实中不那么普遍。

货币同盟与固定汇率相比至少有两个优势：首先，使用单一货币在各国间进行商品和资产贸易的成本要比使用固定汇率低。其次，如果由于选择了共同货币的缘故而消除了各国货币，那么对各国货币的投机性攻击明显不会再发生。

不过，货币同盟有着和固定汇率体制相同的一个主要劣势：它要求所有成员国都追求一个共同的货币政策。因此，如果货币同盟的一个成员国处于经济衰退，而另一个则在担忧通货膨胀，共同的货币政策并不能同时解决两个国家的问题。相反，在弹性汇率下，每个国家都能独立地设定自己的货币政策。

货币同盟在现实中的另一个实例是欧元。1991年欧洲国家对马斯特里赫特条约举行全民公决。该条约制定了加入欧元区的三个主要的条件，即：通货膨胀率不能超过三个最佳成员国上年通货膨胀率的1.5%、预算赤字控制在GDP的3%以下，国债占GDP的比低于60%。到1998年5月，有11个国家成功达到欧元区的标准。从1999年1月开始，这11个国家的货币和欧元之间的平价被永久地固定下来。

第四节 汇率危机

汇率危机也叫货币危机，其概念有狭义、广义之分。狭义的汇率危机与特定的汇率制度（通常是固定汇率制）相对应，其含义是，实行固定汇率制的国家,在非常被动的情况下(如在经济基本面恶化的情况下,或者在遭遇强大的投机攻击情况下),对本国的汇率制度进行调整,转而实行浮动汇率制,而由市场决定的汇率(本币汇率)水平远远低于原先所刻意维护的水平(即官方汇率),这种汇率变动的影响难以控制、难以容忍,这一现象就是汇率或货币危机。广义的货币危机泛指汇率的变动幅度超出了一国可承受的范围这一现象。当发生汇率危机时,投资者都追逐强势货币进行避险。下面,我们先介绍强势货币的演变,然后再学习与汇率危机有关的知识和理论。

一、汇率历史及强势货币的演变

汇率的历史及强势货币的演变总是伴随着国际货币制度的变迁。

1. "一战"前英镑及以英镑为核心的国际货币体系

18世纪60年代前后,英国爆发了以蒸汽机的发明和应用为主要标志的产业革命,在欧洲率先完成了从工场手工业向机器大工业的过渡,确立了英国在全球范围内的工业主导地位。这一时期,英国大力推行殖民经济与贸易,把殖民地经济纳入其工业生产循环体系。在推行全球殖民经济过程中,英镑成为当时的国际货币,并建立了以英镑为中心的国际金本位体系。这个国际金本位体系具有"三自由"特征:金币自由铸造、自由兑换和黄金自由输出输入。各国货币是规定含金量,汇率表现为货币的含金量加上黄金输入点或减去黄金输出点。

这一时期国际货币制度具有既统一又松散的特点。统一性表现为黄金是最主要的国际储备,其国际间支付原则、结算制度是统一的,各国货币都有各自的含金量,因此都必然是固定汇率制。松散性表现为没有一个公共的国际组织的领导与监督,各国自行规定其货币在国际范围内发挥世界货币职能的办法。

英镑强势国际货币地位一直保持到第一次世界大战前。"一战"以后,英镑的国际地位受到了美元的挑战。

2. "一战"后以英镑和美元为双雄的国际货币体系格局

20世纪初建立的以英镑为中心的国际金本位制度,在第一次世界大战中崩溃,各国停止银行券兑换黄金,禁止黄金自由输出,交战国政府普遍滥发纸币以弥补巨额军费支出,从而引发了严重的通货膨胀。"一战"以后,各国都陷于严重的财政赤字和通货膨胀中。第一次世界大战后一段时间内,各国通货膨胀变本加厉,持续严重的通货膨胀使货币购买力和外汇行市急剧下跌,给各国经济的恢复带来非常不利的影响,也造成国际金融关系和国际贸易的混乱。20年代,西方各主要国家先后进行了货币制度改革,虽然稳定了通货,但除美国继续保持金本位制外,绝大多数国家仅能恢复到不稳固金块本位制或金汇兑本位制。这就削弱了金本位制,显示了国际货币制度进入了新的不稳定时期。

金块本位制和金汇兑本位制。金本位制的特点是:政府停止铸造金币;不许金币流通,代替金币流通的是中央银行发行的银行券;银行券不能兑换金币,只能兑换金块,并且有兑现的最低限额(因规定兑换限额大,非一般人所能及,故称"富人本位制");黄金仍可自由输出输入。

金汇兑本位制的特点是,其他货币在国内不能兑换黄金,而只能兑换与黄金有联系的外汇(英镑,美元),外汇在国外(伦敦,纽约)可以兑换黄金。这实际上是把黄金存于国外,国内中央银行以外汇作为准备金发行纸币流通。但一般人难以直接到国外用外汇去兑换黄金,故称"虚金本位制"。这时的汇率制度仍然是固定汇率制,国际储备除黄金外,外汇(主要是英镑和美元)占有一定比重。黄金仍是最后的支付手段。

3. 1929年经济大危机与强势货币集团对抗

1929—1933年大危机期间,各国先后发生了深刻的货币信用危机。在各国货币信用危机的传递和交互影响之下,国际信用规模大为缩小,国际结算中用以支付的黄金缺乏,国际收支严重恶化。在这种背景下,迫使各国纷纷放弃金本位制,导致金本位制度的全线崩溃。同时也宣告了以金本位为基础的国际货币体系的最终瓦解。英镑和美元的国际地位受到了严重挑战,强势货币面临重新洗牌。

国际货币体系的瓦解,使国际金融领域逐渐分裂为若干个相互对抗的货币集团。1931年9月英国在放弃金本位制和汇价下跌后,以英国为核心,联合与其经济关系密切的国家,包括大英帝国成员国及其他一些国家组成了所谓的"英镑集团",集团内各国的货币同英镑保持相对固定的比价,各国以英镑作为主要的外汇储备,在国际结算中以英镑作为清算手段。

在英镑集团的影响下,为保卫自身货币金融利益,并与英镑集团相对抗,又相继出现了"美元集团"和"法郎集团"。这些货币集团虽然是一种松散的非正式组织,但其参加者在与其他集团的斗争中有着共同利益诉求。此外,军国主义化的德国和日本,也以自身为核心组成了"马克集团"和"日元集团"。这两个集团实质上是在武力威胁下强制形成的封闭式货币集团。

20 世纪 30 年代国际金融领域的无序状态，使世界贸易和国际投资受到了更多的阻碍和困扰。主要资本主义大国，从切身利益出发，企图恢复国际货币金融秩序，曾于 1933 年 6 月在伦敦召开过有 66 个国家参加的"世界通货经济会议"，讨论大危机后稳定各国币值、降低关税、取消外汇和贸易限制等问题。但由于各参加国之间矛盾重重，尤其在稳定美元、英镑、法郎等主要货币汇率上无法取得一致，最终不欢而散，此后货币集团林立，它们之间相互对抗愈演愈烈，货币战、汇率战此起彼伏，一直持续到第二次世界大战期间。

4. "二战"后布雷顿森林体系及美元国际货币地位的确立

在第二次世界大战结束前，将要取胜的同盟国即开始拟定战后的经济体系重建计划。该计划主要由美英两国推动，其主要目标是通过国际合作以谋求国际货币金融关系的稳定，避免战前出现的货币集团的货币战和 1929 年大危机后的国际金融体系崩溃的事件发生，重整国际金融秩序。于是，1944 年 7 月在美国新罕布会尔州的布雷顿森林市召开了有 44 个同盟国 300 多名代表参加的"联合和联盟国家货币金融会议"（简称布雷顿森林协定）

布雷顿森林体系实质是一种美元与黄金挂钩、各国货币与美元挂钩，并建立固定比价关系的、以美元为中心的国际金汇兑本位制。"二战"后这一新的货币体系，确立了美元的强势国际货币地位。在黄金作为货币平价基础上，各国的货币与美元保持一定的兑换比例关系。

然而，由于布雷顿森林体系存在不可解脱的内在矛盾——"特里芬难题"：如果美国国际收支保持顺差，则国际储备资产不敷国际贸易发展的需要，形成"美元荒"；如美国国际收支逆差，则易引起美元贬值，发生美元危机，形成"美元灾"。事实上，美国从 1950 年起国际收支出现逆差，国际市场上美元大量过剩，从 20 世纪 60 年代到 70 年代曾发生多次美元危机，从而为布雷顿森林体系的崩溃埋下伏笔。

5. 牙买加协议及以美元为主要储备货币的国际货币体系

1971 年，美国对外贸易发生了自 1893 年以来的第一次巨额逆差，由此导致国际收支逆差进一步扩大。面对巨额的国际收支逆差和各国中央银行要求兑换黄金的压力，尼克松政府被迫于当年 8 月 15 日宣布实行"新经济政策"，即对外停止履行美元兑换黄金的义务和对内冻结工资与物价。它宣告了美元与黄金的官价兑换的终止和历时 25 年之久(1947—1971 年)的布雷顿森林体系的解体。

布雷顿森林体系瓦解以后,关于建立新的国际货币制度的努力一直没有停止过。1976年1月,国际货币基金组织"国际货币制度临时委员会"在牙买加首都金斯敦召开会议(即"牙买加会议"),就若干重大的国际金融问题达成协议,即"牙买加协议"。

牙买加体系的主要内容是废除货币平价的黄金基础,允许各国可根据自己的情况进行汇率安排选择,储备货币可多元化,从而进入了浮动汇率安排的国际货币体系。在这一体系中,尽管一些国家由于经济实力的增强,它们的货币成为国际储备可选择的货币,但在实际中由于美国强大的科技竞争力和经济金融实力,以及美国对石油美元的掌控,美元却成为各国货币的平价基础。美元的国际货币地位并没有削弱,反而得到加强。一个没有黄金作为保证和约束的美元,必然会导致全球美元的过剩,并会最终引爆美国自身的经济危机。

二、汇率危机的实质

考虑一个执行固定汇率的国家,设想金融市场的参与者开始认为不久后将会有汇率的调整——贬值,或者向浮动汇率制度转变并且伴随着贬值。为什么会出现这种情况呢?

国内货币可能被高估了,要求实际贬值。虽然不通过贬值也能解决问题,但是金融投资者会认为政府将采取最迅捷的办法,就是贬值。这种估价过高现象通常发生在实行固定名义汇率国家的通货膨胀率比它们所钉住的国家要高的时候。相对通货膨胀率越高,意味着本国产品相对于外国产品的价格会不断提高,也就是实际汇率持续上升。这种状况会使得贸易状况不断恶化。一段时间之后,市场上汇率调整需求会增加,金融投资者就会越来越紧张。

国内环境可能会要求降低国内利率,但国内利率的降低是无法在固定汇率下达到。因为降低国内利率会导致国内资本向国外逃逸,对已是贸易赤字的国家而言,其没有多余的外汇储备来满足金融投资者用本币兑换外汇的需求。但是如果国家愿意转变成浮动汇率体制就可以了。如果国家让汇率浮动,同时降低国内利率,这将引起本币名义汇率的降低——名义贬值。

不管原因是什么,假定金融市场相信贬值即将来临。中央银行要维持汇率,就要提高而且通常呈大幅度地提高国内利率。要理解这一点,需要再回过头观察利率平价条件:

$$i_t = i_t^* + \frac{E^e_{t+1} - E_t}{E_t}$$

这个等式解释为一年期国内和国外名义利率之间的关系,因此也是当前汇率与一年后的预期汇率之间的关系。但是,选择一年作为期限是任意的。对于一天、一周或者一个月而言,这个关系也是成立的。如果金融市场预期一个月后的汇率会提高2%,那么一个月期的国内利率须比国外利率高2%。换算成年利率,国内利率超出国外利率$2\% \times 12\% = 14\%$。这样,它们才会持有国内债券。

在固定汇率制度下,若当前汇率E_t固定在某个水平上,设为$\overline{E}$。如果市场预期未来汇率平价会在一段时间内保持,那么$E^e_{t+1} = \overline{E}$,利率平价关系可以简单地表述成国内利率必须等于国外利率。但是,假设金融市场的参与者开始预期会有贬值——本币汇率降低。假定它们认为在未来的一个月中,保持平价的可能性会有50%,贬值10%的可能性会有50%。因此,利率平价关系式中$(E^e_{t+1} - E_t)/E_t$这一项,原来我们假定等于零的,现在加权平均后等于5%,即$0.5 = 0.5 \times 0\% + 0.5 \times 10\%$。

这就意味着如果中央银行想保持当前的平价,现在就必须使得月利率提高5%,换算成年利率,就是年利率提高60%($12 \times 5\%$)。60%是使得投资者考虑到贬值的风险以后仍持有国内债券所必要的利率差。

那么,政府和中央银行所面临的选择是怎样的呢?

第一步,政府和中央银行可以让市场相信它们并没有贬值的意图。通常,这第一道防线采取的做法是:发布通告,总理在电视上重申它们对维持当前汇率平价的绝对义务。但应注意到,说话是不需要成本的,它们很少能取信于金融市场,关键是要看行动。

第二步,中央银行可以提高利率,但是会比利率评价所要求的幅度小一些。在前面的例子中,就是小于60%。虽然国内利率很高,但是并不足以完全补偿可以预见到的贬值风险。这一举措往往会导致大规模的资本外逃,因为金融投资者仍然发现国外债券更有利可图。

为了保持平价,中央银行必须在外汇市场上买入本国货币,卖出国外货币。这样做往往会损失大部分的外汇储备。

最后,几个小时或者几个月后——中央银行的选择就只能是把利率提高到足以满足利率平价所需的水平,或者实施贬值,从而证实了市场的预期。

短期内制定一个较高的国内利率会对需求和产出产生灾难性的影响。这种措施只会在以下两种情况下使用:①近期贬值的可能性比较小,所以利率不必太高;②政府认为市场很快就会相信并不会发生贬值,使得国内利率可以降下来。否则的话,唯一的选择就是贬值。

总之，预期将会发生贬值会引发汇率危机。面对这样的预期，政府有两种选择：①让步，实施贬值。②斗争，维持汇率平价，但是要以非常高的利率和潜在的衰退为代价。不过斗争可能会没有用，衰退会迫使政府随后改变政策，或者迫使政府下台。

这里一个有趣的扭曲现象是，即使相信贬值即将到来的想法最初是毫无根据的，贬值也可能会真的发生。即使政府最初并没有打算贬值的意图，如果金融市场相信会有贬值发生，那么最终政府也会被迫贬值。因为维持平价的成本将是长时间的高利率和衰退，所以政府宁愿选择贬值。一些经济学家认为1997年袭击了许多亚洲国家的汇率危机就有这样的自我实现的因素。因此，在金融市场上，政府如何应对可能引发恐慌的谣言，应是政府在调节市场预期方面要注意的一个问题。

三、汇率危机的主要原因

在全球化时代，由于国民经济与国际经济的联系越来越密切，而汇率是这一联系的"纽带"。随着市场经济的发展与全球化的加速，经济增长的停滞已不再是导致汇率或货币危机的主要原因。经济学家的大量研究表明：定值过高的汇率、经常项目巨额赤字、出口下降和经济活动放缓等都是发生汇率或货币危机的先兆。就实际运行来看，汇率或货币危机通常由泡沫经济破灭、银行呆坏账增多、国际收支严重失衡、外债过于庞大、财政危机、政治动荡、对政府的不信任等引发，从而导致金融市场相信会有贬值预期的产生。

1. 汇率政策不当

众多经济学家普遍认同这样一个结论：固定汇率制在国际资本大规模、快速流动的条件下是不可行的。固定汇率制名义上可以降低汇率波动的不确定性，但是自20世纪90年代以来，货币危机常常发生在那些实行固定汇率的国家。正因如此，近年来越来越多的国家放弃了曾经实施的固定汇率制，比如巴西、哥伦比亚、韩国、俄罗斯、泰国和土耳其等。然而，这些国家大多数是由于金融危机的爆发而被迫放弃固定汇率，汇率的调整往往伴随着自信心的丧失、金融系统的恶化、经济增长的放慢以及政局的动荡。也有一些国家从固定汇率制成功转轨到浮动汇率制，如波兰、以色列、智利和新加坡等。

2. 外汇储备不足

研究表明，发展中国家保持的理想外汇储备额是"足以抵付三个月进口"。由于汇率政策不当，长期锁定某一主要货币将导致本币币值高估，竞争力降低。货币危机发生前夕，往往出现经常项目顺差持续减少，甚至出现巨额逆差。当国外投资者意识到投资国"资不抵债"（外汇储备不足以偿还所欠外债）时，清偿危机会随之出现。在其他众多不稳定因素诱导下，极易引发撤资行为，从而导致货币危机。拉美等地发生的货币危机主要是由于经常项目逆差导致外汇储备减少而无法偿还对外债务造成的。如阿根廷公共债务总额占国内生产总值的比重2001年年底为54%，受阿比索贬值的影响，2002年年底已上升到123%。2003年阿根廷需要偿还债务本息达296.14亿美元，相当于中央银行持有的外汇储备的2.9倍。

3. 银行系统脆弱

在大部分新兴市场国家，包括东欧国家，货币危机的一个可靠先兆是银行危机，银行业的弱点不是引起便是加剧货币危机的发生。在许多发展中国家，银行收入过分集中于债贷收益，但又缺乏对风险的预测能力。资本不足而又没有受到严格监管的银行向国外大肆借取贷款，再贷给国内有问题的项目，由于币种不相配（银行借的往往是美元，贷出去的通常是本币）和期限不相配（银行借的通常是短期资金，贷出往往是历时数年的建设项目），因此累积的呆坏账越来越多。如东亚金融危机爆发前5~10年，马来西亚、印度尼西亚、菲律宾和泰国信贷市场的年增长率均在20%~30%，远远超过了工商业的增长速度，也超过了储蓄的增长，从而迫使许多银行向国外举债。由此形成的经济泡沫越来越大，银行系统也就越发脆弱。

4. 金融市场开放过快

许多研究材料表明：一些拉美、东亚、东欧等新兴市场国家过快开放金融市场，尤其是过早取消对资本的控制，是导致货币危机发生的主要原因。金融市场开放会引发大规模资本流入，在固定汇率制下导致实际汇率升值，极易扭曲国内经济；而当国际或国内经济出现风吹草动时，则会在短期内引起大规模资本外逃，导致货币急剧贬值，由此不可避免地爆发货币危机。在转型经济国家中，捷克本是一个较为成功的范例。1992年年底，捷克经济出现复苏迹象，物价稳定，财政盈余，外国直接投资增加，国际收支状况良好。然而，为加入经合组织，捷克加快了资本项目开放的步伐。1995年10

月生效的新《外汇法》规定了在经济项目下的完全可兑换和在资本项目下的部分可兑换,接受了国际货币基金组织第八条款义务。由于银行体系脆弱和有效监管缺乏,1997年年底大量短期外资外流,最终引爆了货币与金融危机。据统计,在还没有做好充分准备就匆匆开放金融市场的国家已有3/5发生过金融危机,墨西哥、泰国都是比较经典的例子。

5. 外债负担沉重

泰国、阿根廷以及俄罗斯的货币危机,就与所欠外债规模巨大且结构不合理紧密相关。如俄罗斯从1991—1997年共吸入外资237.5亿美元,但在外资总额中,直接投资只占30%左右,短期资本投资约70%。由于俄罗斯金融市场的建构和发展一直是以债市为中心,债市的主体又是自1993年后由财政部发行的期限在1年以内的短期国债(80%是3～4个月),这种投资的短期性和高度的对外开放性,使俄罗斯债市的稳定性弱,因而每每成为市场动荡的起源。在危机爆发的1997年10月,外资已掌握了股市交易的60%～70%,国债交易的30%～40%。1998年7月中旬以后,最终使俄罗斯财政部发布"8.17联合声明",宣布"停止1999年年底前到期国债的交易和偿付",债市的实际崩溃,迅即掀起股市的抛售狂潮,从债市、股市撤离的资金纷纷涌向汇市,造成外汇供求关系的严重失衡,直接引发卢布危机。

6. 财政赤字严重

在发生货币危机的国家中,或多或少都存在财政赤字问题,赤字越庞大,发生货币危机的可能性也就越大。财政危机直接引发债市崩溃,进而导致货币危机。

7. 政府信任危机

民众及投资者对政府的信任是金融稳定的前提,同时赢得民众及投资者的支持,是政府有效防范、应对金融危机的基础。墨西哥比索危机很大一部分归咎于其政治上的脆弱性,1994年总统候选人被暗杀和恰帕斯州的动乱,使墨西哥社会经济处于动荡之中。新政府上台后在经济政策上的犹豫不决,使外国投资者认为墨西哥可能不会认真对待其政府开支与国际收支问题,这样信任危机引起金融危机。加剧东南亚国家金融危机的一个重要原因是政治腐败,"裙带资本主义"不断滋生"内部交易"。这种现象长此以往,造成外国投资者和民众对政府产生严重的信任危机。1998年5—6月的俄罗斯金融危机的主要诱因也是国内"信任危机"。

8. 经济基础薄弱

强大的制造业、合理的产业结构是防止金融动荡的坚实基础。产业结构的严重缺陷是造成许多国家经济危机的原因之一。如阿根廷一直存在着严重的结构性问题。20世纪90年代虽实行了新自由主义改革,但产业结构调整滞后,农牧产品的出口占总出口的60%,而制造业出口只占10%左右。在国际市场初级产品价格走低及一些国家增加对阿根廷农产品壁垒之后,阿根廷丧失了竞争优势,出口受挫。再如,东南亚金融危机前夕,泰国、印度尼西亚等国产业长期停留在劳动密集的加工制造业,在中国大陆与东欧转型国家的竞争下,逐渐失去原有的价格优势,出口不断下降,外汇收入持续减少。俄罗斯危机也是因为产业结构存在严重问题,经济复苏与出口创汇过多依赖石油生产与外销,国际油价下跌,外汇收入减少,还债能力被大大削弱。

9. 危机跨国传播

由于贸易自由化、区域一体化,特别是资本跨国流动的便利化,一国发生货币风潮极易引起邻近国家的金融市场发生动荡,这在新兴市场尤为明显。泰国处于东亚,俄罗斯处于东欧,墨西哥、巴西处于拉美等反复印证了这一"多米诺骨牌效应"。尽管危机通常只在一个新兴市场出现,但是惊惶而失去理智的投资者往往将资金从所有新兴市场撤出。这是因为:一方面,投资者担心其他投资者会抛售证券,如果不捷足先登必将最终殃及自己,因此投资者作出抛售决定是理智的选择;另一方面,如果投资者在一国资产(如俄罗斯债券)上出现亏空,它们会通过在其他新兴市场出售类似的资产(比如说巴西债券)弥补整个资产的亏损。这对于单个投资者来说是完全正常的。然而,从整体上看,众多投资者撤资会造成了一种不理智的结果,势必将相关国家置于金融危机的险境。

10. 基金组织政策不当

国际货币基金组织(IMF)的存在造成或者至少是加剧了金融危机。20世纪80—90年代,IMF等国际金融机构依据与美国财政部达成的"华盛顿共识",向要求遭受危机、等待救援的国家硬性推出"财政紧缩、私有化、自由市场和自由贸易"三大政策建议。原世界银行的首席经济学家、诺贝尔经济学奖获得者约瑟夫·斯蒂格利茨,著名经济学家、"休克疗法"的创始人、哈佛大学教授杰弗里·萨克斯等,猛烈抨击IMF的"华盛顿共识"。他们认为，IMF造成的问题比解决的多，该组织迫使受危机打击的国家提高利率，从而加深了衰退，使情况变得更加严重，由此导致一些国家的经济崩溃和社会动荡。"华盛顿共识"倡导的是一个"各国政府被跨国公司和金融集团的决定压倒"的经济全球化进程。对IMF更深刻的批评涉及IMF的救援行动会引起道德风险，即对陷入危机国家的救助，会引起投资者和一些国家不理智的行为，因为他们相信在遇到麻烦时总会得到国际救助。

综上所述，20世纪90年代国际金融危机频频发生，先后肆虐于西欧（1992—1993年）、墨西哥（1994—1995年）、东亚（1997—1998年）、俄罗斯（1998年）、巴西（1999年）、土耳其（2001年）、阿根廷（2001—2002年）等国家或地区。大多数遭受危机侵袭的国家几乎走过了同样的道路，最后尝到了同样的苦果。这一历程可概括为：固定汇率—快速增长—币值高估—财政赤字不断增加—国际收支持续恶化—货币贬值—金融危机—经济直至社会危机—全面衰退—被迫作休克性调整，最后接踵而至的是一个十分痛苦而漫长的恢复期。

四、汇率危机风险的防范

就历史经验来看，货币危机的爆发，通常都经过相当长一段时间的能量积蓄，最后由某一个或几个因素引爆。综合国外的经验教训，应对汇率危机的防范措施主要有以下几种：

1. 适时调整汇率

建立与本国经济发展状况相适应的汇率制度。经济学家们越来越倾向：发展中国家应确立起相对稳定、适时调整的汇率制度。相对稳定便于贸易与投资，减少相关汇率风险。适时调整是要避免币值高估或低估，以免给货币投机留下可乘之机。有条件的经济大国应当使汇率更加灵活，以减少国际金融市场的动荡对国内金融市场与当局货币政策的影响。问题的关键是，在实施某一种汇率制度的过程中，必须采取相应配套措施，以便使该汇率制度在适宜的环境中运行。欧洲货币体系在1979—1983年，每7个月调整一次。1983—1987年，每18个月调整一次。而在1987—1992年这段时期，没有作过任何汇率调整，实际已变为一种固定机制，事实证明这种机制使欧洲无法应对德国统一带来的利率上升的冲击。一般来说，货币贬值在短期内可以带来好处，但会延缓产业结构的升级，因此从长期来看，不利于一国竞争力的提高。新加坡根据市场供求，通过有步骤地推进货币升值政策，不断实现产业升级，从而增强长期竞争力。

2. 适度储备规模

就货币危机国家（地区）来看，货币危机的最终生成与当局外汇储备不足紧密相关，而新加坡、中国香港等国家和地区能成功击退投机者的攻击，最后主要依靠的是雄厚的外汇储备。但是，外汇储备并非越多越好。外汇储备迅速增加，会改变该国基础货币的投放结构，削弱央行对货币供应量的控制，增大本币的升值压力；同时，在国际储备货币币值剧烈变动之下，随着外汇储备的增加，维护外汇储备安全的成本就越来越大。因此，应根据一国的进口、外债以及干预市场等支付需要，确定适度的外汇储备规模。

3. 健全金融体制

健全的金融体制要依靠：企业具备充分的财务管理能力，良好的财务结构，使资产与负债的比率保持合理的水平；具有足够的风险管理能力和竞争能力的金融机构；符合国际标准的会计制度、信息公开制度；建立在市场竞争机制基础上的银企关系；有效监督机构尤其是独立的中央银行，以避免因为政治需要而影响央行的正确决策。金融体系是构筑在信用基础之上的，信用的丧失会动摇金融稳定的基础。为降低东南亚金融危机的冲击，新加坡迅速采取的对策是提高对金融体系的信任，增加金融机构经营的透明度，积极放宽对金融市场限制，下调最低准备金比率等，提高银行部门竞争力。

4. 谨慎开放市场

根据国际经验，实现资本项目可兑换，需要较长的准备时间，即便如法国、意大利、日本等发达国家，也是在实现经常项目可兑换的20多年之后，才完全取消资本项目的管制。放宽对资本账户的限制应当有序实施，首先放宽对长期资本流入的限制，然后随着银行和其他金融机构管理能力的增强，再逐步放宽对短期资本流入的限制。墨西哥与泰国的教训表明，急于求成将导致灾难性的货币危机，发展中国家全面开放金融市场时，至少应具备以下条件：比较成熟的国内市场；比较完善的法规制度；熟练的专业技术人员；比较丰富的管理经验；有效的政府管理机构和灵活机动的应变机制；与金融开放相适应的市场经济体制和发展规划；一定的经济实力，包括适宜的增长速度，足够的国际储备，充分的支付能力，有效的融通手段和能力等。

5. 有效控制利用外资

这是有效控制短期资本流入的措施之一。在新兴市场中，智利对控制短期资本流入堪称典范，主要措施有：外资的投资期限不得少于一年；对数额超过 10 万美元的投资，要求缴存 10% 的无偿准备金（实际类似于"托宾税"）；外资在智利的投资，需将引入资金的 30% 存入央行一年，且不计利息；对国内公司在海外发行债券，要求平均期限不得短于 4 年；国内银行的外汇敞口不大于银行资本与准备金的 20% 等。智利的上述措施较好地控制了通过资本账户流入境内的资金净额与流入结构，特别是短期投机资金的流入，使流入资金中直接投资占较大比重，因此多次成功抵御金融危机的"传染效应"。对于引进的外资，应导向生产而不是消费领域，形成多样化的、有效的出口生产能力。

6. 控制举借外债

在全球化时代，积极地举借外债已成为发展中国家决策者的一个明智选择。然而，过度依赖外资是引发新兴市场货币危机的重要原因。因此，外资在国内总投资所占比重要适度，利用外资要与国家的对外支付手段和融资能力相适应。

7. 稳健财政体制

阿根廷、俄罗斯等国的货币危机表明，庞大的财政赤字同样具有极大的危害性，这是因为：其一，由于央行缺乏独立性，政府通过行政力量直接向银行举债，这不仅影响了银行的稳健经营，而且易于引发通货膨胀；其二，由于政府的巨额资金需求，导致市场利率上扬，私人部门筹措资金的成本居高不下；其三，政府为增加财政收入而向企业征收五花八门的税收，增加企业负担。严重财政赤字的危害被越来越多的国家所重视，最突出的要算不断扩展与深化的欧洲货币联盟，欧盟的《稳定与增长公约》规定，凡是准备或业已加入欧元的国家，其年度财政赤字不得超过其 GDP 的 3%。欧盟的这一硬性标准被经济学家们普遍用来衡量一国经济与金融安全的警戒线。

8. 保持区域金融稳定

全球化下金融危机爆发的一个重要特征是区域性，一国发生货币危机，邻近国家非常容易遭受池鱼之殃。欧洲货币危机、东南亚金融危机以及新近的"南方共同市场"发生的危机等都是如此。相反，欧洲货币危机、墨西哥比索危机之所以能够很快得以平息，是因为德国与美国这两大经济强国起着重要的稳定作用。

9. 建立风险转移机制

其一，建立存款保险制度。西方国家普遍建立的存款保险制度，为稳定金融体系提供了一道安全屏障。经济泡沫破灭后本是十分虚弱的日本金融机构，经过东南亚金融危机的冲击已是岌岌可危。日本政府通过向存款保险公司提供特别融资，有效遏制了危机在国内的蔓延和肆虐，避免了对社会和经济造成更大的冲击。其二，建立不良债权的担保抵押机构，降低金融机构坏账。为应对20世纪80年代发生的金融危机，美国建立不良债权担保抵押机构，实现应收账款债券化。储蓄贷款协会通过将应收账款以适当的贴现率兑付给应收账款购买机构，或者以此为抵押发行定期可流通债券，进而置换出资金，转移了风险。其三，加强政府监管。为降低俄罗斯金融危机的冲击，匈牙利政府做出决定：通过立法迫使银行解决坏账问题，将国有银行出售给外国战略投资商，以此吸引国家所需要的资本和专业技能。波兰政府则设法让银行建立起负责尽可能收回坏账的特殊部门。

10. 夯实经济政治基础

货币是一个国家综合国力的象征，无严重政党纷争、廉洁高效的政府、完善的社会保障体系等政治与社会稳定因素是实现经济稳定、持续增长的基本条件，是实现货币稳定的重要前提。其一，优化产业结构，使出口多元化，并不断提高劳动生产率，提高企业及其产品在国际市场上的竞争力。其二，促进和扩大内需。发展中国家政府不能过分依赖国外（主要是西方）消费需求的旺盛来拉动本国经济，应更多地依靠国内需求来促进经济的增长，为此要适当抑制超额储蓄，鼓励居民扩大消费，要不断增加基础设施和其他公共开支项目，健全金融体制，使居民储蓄有效转化为国内投资，促进经济增长。与此同时，要防止持续大规模投资引起经济过热，产生经济泡沫。其三，确保政治与社会稳定。

五、汇率危机爆发后的应对

由于各国国情以及政治、经济以及外部环境不同，应对危机的方法与手段则有较大差异。但是，经济全球化下货币危机的爆发有着明显的共性，突出的表现就是"传染性"，因此一些有效的应对危机的措施对他国有着重要的借鉴意义。

1. 控制资本外流

在出现急速、大规模资本外流时,通常可采取两种措施控制资本外流:一是由政府单方面宣布控制资本外流。发达的金融大国日本,通过立法规定,当出现非常情况(包括国际收支平衡难以维持、日元汇率急剧波动、资本移动对金融或资本市场带来不良影响)时,有关部门可对资本交易实施管制的权力。虽然相关法律几经修改,但是"非常情况"的总原则依旧保留。经济学术界对马来西亚危机期间决定对资本外流施加控制表示支持,但是认为,控制资本外流的措施造成的长期不利后果大于带来的短期好处,因为这会鼓励国内逃税和资本外逃,打击外国投资者的积极性。二是由 IMF 等国际组织出面斡旋,宣布"冻结债务",防止发生债权人(国际银行、投资家)单方面撤资,同时建立一种能够以适当方式使债权人与债务人分担损失的机制。

2. 实行本币管制

例如,为阻止国际炒家攻击马来西亚货币林吉特,马来西亚政府于 1998 年 9 月 1 日宣布对外汇实行管制:外国人兑换林吉特及对外账户间的资金调动须经中央银行的准许;所有金融资产买卖只能通过授权储蓄机构进行;外资基金在股市投资需持股一年后才能将股票变现汇出国境。由于林吉特不能在国外交易,投机炒家无法积累巨额林吉特伺机炒作,马来西亚因此免受投机狙击。货币管制措施不仅遏制了林吉特外流,还使流失在外的资金在短期内大量回流,阻止了外在金融风暴波及本国经济,稳定了林吉特的兑换率和国内的消费价格,创造出一个有利于经济复苏的环境。

3. 迅速金融调整与强力金融监管

1999 年巴西政府为平息金融动荡,首先调高银行利率,防止资金大量外流,稳定金融市场。当市场相对稳定后,又及时分期下调利率,减轻对企业的冲击。对金融动荡中参与股市炒作、有违规行为的金融机构和企业进行调查,对查出有违规的金融机构和企业给予经济制裁。央行还公布了一系列措施以加强金融市场管理,规定任何银行和企业不得联手进行投资基金的操作和交易,任何银行不得为自己管理的基金进行担保,任何金融机构不得用自己发行的债券对自己的业务进行担保,所有银行和金融机构必须按季向央行报告对上述规定的执行情况。加强对外汇交易的监管,使交易透明化,对外汇交易在时间和数量上进行限制。这些措施的实施有力地打击了金融机构的不法行为，对稳定金融市场起到了很大的作用。

4. 及时的、一步到位的币值调整

从迄今发生的货币危机来看，在与市场投机的较量中，货币当局很少有大获全胜的。即便是为数极少的胜利（如东南亚金融危机中的香港地区），也付出了惨重代价。因此，一旦货币危机爆发后，理智的选择是：及时的、一步到位的币值调整。东南亚金融危机使相关国家（地区）货币在 3 个月内贬值 15%～30%。这表明：第一，即使有充足的储备（墨西哥 1994 年有 300 亿美元的储备），试图在不贬值货币的情况下稳定金融市场是徒劳的；第二，必须马上进行一步到位的贬值，而不是逐步贬值，避免白白耗费外汇储备。

5. 防止商业银行连锁倒闭

为防止银行出现连锁倒闭的恶性危机，墨西哥先后采取了以下对策：政府要求商业银行提高坏账准备金率，增强银行自身的"抗灾"能力。由中央银行向商业银行提供一定数量的外汇和本币，以保障其最低限度的支付能力，特别是维持其偿还外债的能力，以防止因某一银行一时无力按时偿付外债而引发更大的金融危机，造成更大规模的资金外逃；投入资金，支持企业重新安排债务，主主要是欠银行的债务，以免因倒账引发银行危机；及时干预即将倒闭的商业银行，必要时由财政部和央行直接接管，并禁止储户提前结清挤兑；建立与完善银行储蓄保护基金，这是一个向商业银行提供风险保护的半官方机构；限制商业银行向中央银行透支，鼓励商业银行扩大国内储蓄，减少对外资的依赖，减轻对外风险。

6. 采取一揽子稳健财政政策

为了严格控制政府的开支和降低财政赤字，在货币危机发生后，巴西政府宣布削减联邦政府开支，暂停招聘并裁减公职人员，暂停所有国家公务员的晋级和提升，暂停增加公务员的工资和发放其他资金；对公共部门的采购进行严格的控制。调整税收增加收入，社会福利开支过大是造成巴西中央财政赤字的主因，国会通过了改革福利制度、增加税收的议案，提高对在职和退休公职人员征收福利税的税率；对军人开征福利税，以减少政府用于社会福利的开支。与此同时，中央银行还决定调低对外资征收的金融经营税税率，以吸引外资。

7. 争取国内民众的理解与支持

货币危机通常集中反映的是国外投资者与国内民众的信心危机,稳定国外投资者的信心,尤其是争取国内民众对反危机政策的理解和支持,对有效缓解和战胜危机非常必要。如东南亚金融危机蔓延到韩国后,韩国上下万众一心,官员与民众踊跃向国家捐献金银珠宝和外汇,献计献策,这对韩国迅速稳定经济局势、摆脱危机、恢复经济起到了极其重要的作用。

8. 必要的行政管制

行政管制肯定不是最好的选择,但是在危机恶化的紧要关头,行政管制的必要性毋庸置疑。通货膨胀是货币危机的一个重要结果和表现,稳定人心、稳定政局,必须稳定物价。为此,政府应在恰当时机控制物价和工资上涨,打击囤积居奇,对直接影响居民生活的商品与服务规定价格的上涨幅度,并拿出一部分外汇平抑物价,采取严厉手段打击干扰市场秩序包括金融市场秩序的恶意投机行为。尽管行政管制通常能够迅速稳定社会秩序,但是会损伤市场运行机制。

9. 区域合作机制的快速启动

为有效应对货币危机的发生和蔓延,有关地区性、双边合作协调机制应迅速启动。欧洲经济与货币联盟、北美自由贸易区等已经从正反两方面充分表明,区域合作能及时获得金融支持能力以防止信任程度下降,平抑市场动荡,比国际合作或接受 IMF 的救援更加有效。经历金融危机的惨痛教训之后,东南亚国家之间正日益密切彼此的经济与金融合作,包括加强央行之间的磋商、货币互换协议等,这将显著增强未来该地区防范与应对货币危机的能力。

六、汇率危机理论解释

20 世纪 70 年代以来,汇率危机理论一直是理论界的焦点之一,有关汇率危机的理论和实证文献数量急剧增加。这些理论主要有:

1. 理性冲击模型

该理论假定政府为解决赤字问题会不顾外汇储备无限制地发行纸币,央行为维持固定汇率制会无限制抛出外汇直至消耗殆尽。该理论的基础在于当经济的内部均衡与外部均衡发生冲突时,政府为维持内部均衡而采取的特定政策必然会导致外部均衡丧失,这一丧失的累积将持续消耗政府外汇,在临界点时,投机者的冲击将导致货币危机,即汇率危机。

该理论认为,一国的经济基本面决定了货币对外价值稳定与否,决定了货币危机是否爆发、何时爆发。当一国的外汇储备不足以支撑其固定汇率长期稳定时,该国储备是可耗尽的,政府在内部均衡与外部均衡发生冲突时,政府为维持内部均衡而干预外汇市场的必然结果是外汇影子汇率与目标汇率发生持续的偏差,而这为外汇投机者提供了牟取暴利的机会。第一代货币危机理论认为一国内部均衡与外部均衡的矛盾,即一国固定汇率制面临的问题源于为弥补政府不断扩大的财政赤字而过度扩张的国内信贷。公共部门的赤字持续"货币化",利息平价条件会诱使资本流出,导致本国外汇储备不断减少。在储备减少到某一个临界点时,投资者出于规避资本损失(或是获得资本收益)的考虑,会向该国货币发起投机冲击。由于一国的外汇储备是可耗尽的,政府所剩余的外汇储备在极短的一段时间内将被投机者全部购入,政府被迫放弃固定汇率制,货币危机就此爆发。事实上,由于投机者的冲击,政府被迫放弃固定汇率制的时间将早于政府主动放弃的时间,因此,社会成本会更大。

理论表明,投机冲击和汇率崩溃是微观投资者在经济基本面和汇率制度间存在矛盾下的理性选择的结果,并非所谓的非道德行为。

从该理论的模型分析中可以得出一些政策主张。例如,通过监测一国宏观经济的运行状况可以对货币危机进行预测,并在此基础上及时调整经济运行,避免货币危机的爆发或减轻其冲击强度。避免货币危机的有效方法是实施恰当的财政、货币政策,保持经济基本面健康运行,从而维持民众对固定汇率制的信心。否则,投机活动将迫使政府放弃固定汇率制,调整政策,市场借此起到"惩罚"先前错误决策的作用。从这个角度看,资本管制将扭曲市场信号,应予以放弃。

2. "自我实现式"危机模型

该理论从经济基本面没有出现持续恶化这一角度解释危机,认为政府出于一定的原因需要保卫固定汇率制,也会因某种原因放弃固定汇率制。当公众预期或怀疑政府将放弃固定汇率制时,保卫固定汇率制的成本将大大增加。强调央行和市场投资者的收益函数相互包合,双方均根据对方的行为或有关对方的信息不断修正自己的行为选择,而自身的这种修正又将影响对方的行为,因此经济可能存在一个循环过程,出现"多重均衡"。其特点在于自我实现的危机存在的可能性,即一国经济基本面可能比较好,但是其中某些经济变量并不是很理想,由于种种原因,公众发生观点、理念、信心上的偏差,公众信心不足通过市场机制扩散,导致市场共振,危机自动实现。所以,这类理论模型也被称为"自我实现式"危机模型。

因此,当公众产生不利于政府的预期时,投机者的行为将导致公众丧失信心从而使政府对固定汇率制的保卫失败,危机将提前到来。该理论认为,从这一角度而言,投机者的行为是不公正的,特别是对东道国的公众来说,是不公正的和不道德的。该理论认为仅仅依靠稳健的国内经济政策是不足以抵御货币危机的,固定汇率制的先天不足使其易受投机冲击,选择固定汇率制,必须配之以资本管制或限制资本市场交易。

3."金融过度危机"模型

1997年下半年爆发的东南亚货币危机引起了学术界的关注。以克鲁格曼为首的一些学者则认为这次货币危机在传染的广度与深度、转移及国际收支平衡等方面与以往的货币危机均有显著的区别,原有的货币理论解释力不足,应有所突破。于是金融过度危机模型理论产生。

克鲁格曼认为,这次货币危机对于远在千里之外、彼此联系很少的经济都造成影响,因此多重均衡是存在的,某些经济对于公众的信心的敏感度很高,这些经济的货币危机可能由外部的与自己关联并不大的经济中发生的货币危机所带来的公众信心问题而诱发。东南亚经济经常账户逆转的原因主要在于危机中货币大幅度贬值和严重的经济衰退所带来的进口大量减少,因此,存在一个转移问题,这是为以往的货币危机理论所忽略的。在以往的货币危机理论中,模型的构造者将注意力放在投资行为而非实际经济上,单商品的假定中忽视了贸易和实际汇率变动的影响。因此,货币理论模型的中心应该讨论由于实际贬值或者是经济衰退所带来的经常账户逆转以及与之相对应的资本流动逆转的需求问题。他认为,这场货币危机的关键问题并不是银行,而在于企业,本币贬值、高利率以及销售的下降恶化了企业的资产负债表,削弱了企业财务状况,这一问题并非银行本身的问题。即使银行重组对金融状况大大恶化了的公司来说也是于事无补的。克鲁格曼在单商品的假定之下,建立了一个开放的小国经济模型,在这一模型中,克鲁格曼增加了商品对进口商品的不完全替代性,分析了贸易及实际汇率变动的影响与效应。总的说来,克鲁格曼在他的第三代货币危机理论中强调以下几个方面。

(1)克鲁格曼在东南亚金融危机发生以后发表的一系列文章中,提出了金融过度的概念(financial excess)。这一概念主要是针对金融中介机构而言的。在金融机构无法进入国际市场时,过度的投资需求并不导致大规模的过度投资，而是市场利率的升高。当金融机构可以自由进出国际金融市场，金融中介机构的道德冒险会转化成为证券金融资产和房地产的过度积累，这就是金融过度。金融过度加剧了一国金融体系的脆弱性，当外部条件合适时，将导致泡沫破裂，发生危机。

（2）亲缘政治的存在增加了金融过度的程度。这些国家表面上健康的财政状况实际上有大量的隐性赤字存在：政府对与政客们有裙带关系的银行、企业提供各种隐性担保，增加了金融中介机构和企业道德冒险的可能性，它们的不良资产就反映政府的隐性财政赤字。东南亚国家持续了几十年的亲缘政治使国家经济在20世纪90年代大规模的对外借款中处于一种金融崩溃的风险之中，这种风险来自于它们采用的准固定汇率贬值的可能性。

（3）自我实现的现象。类似于东南亚的货币危机其关键在于企业，由于销售疲软、利息升高和本币贬值，企业的资产负债表出现财务困难，这种困难限制了企业的投资行为。企业的资产负债表出现的财务困难还包括了由前期资本流入所带来的实际汇率变化的影响。这一分析表面看是论述货币贬值对企业乃至整个实体经济的影响，实际上，在危机爆发前投资者的行为函数里可能已经包含了对这种变化的预期，这就加强了它们抛售本币的决心，这也是一种自我实现的现象。

（4）本国回报率等于外国回报率的低水平均衡。克鲁格曼理论模型表明存在三个均衡，中间均衡是不稳定的，可以不用考虑。另外两个均衡是本国回报率等于外国回报率的高水平均衡及低水平均衡。在这种低水平均衡上，贷款者不相信本国企业有任何担保，对它们不提供贷款，这一行为意味着汇率将可能贬值，汇率的不利影响意味着企业的破产，而这又从实际中对先前的悲观态度作出了佐证，形成一种恶性循环。因此，克鲁格曼认为，金融体系在货币危机中发生崩溃并非是由于先前投资行为失误，而是由于金融体系的脆弱性。导致金融体系可能发生崩溃的因素有：高债务因素，低边际进口倾向和相对出口而言大规模的外币债务。

（5）保持汇率的稳定实际上是一个两难的选择。因为保持汇率的稳定是在关闭一条潜在的引发金融崩溃的渠道的同时打开了另外一个。如果债务较大，杠杆效应较明显，维持汇率稳定的成本就是产出的下降，而且这种下降是自我加强的。这对企业而言，仍然会带来相同的不良后果。

（6）克鲁格曼的理论模型分析所蕴涵的政策建议有三部分：

①预防措施。克鲁格曼认为银行的道德冒险并不足以解释危机，一个谨慎的银行体系并不足以保持开放经济不受自我加强式金融崩溃的风险的威胁。而当一国的资本项目可自由兑换时，对短期债务加以限制的作用是不大

的，因为短期债务只是众多的资本外逃方式下的一种。即使外债全是长期的，如果公众预期将发生货币危机，国内的短期债务的债权人拒绝将信贷延期也会导致汇率贬值，带来企业破产。因此，最好的方式是企业不持有任何期限的外币债务，因为对于金融体系不完善的国家来说，国际融资存在着外部经济，它会放大汇率变动的负面冲击影响，从而导致经济衰退。

②对付危机。克鲁格曼认为存在两种可能性，一种是紧急贷款条款，紧急贷款的额度必须要足够大，以加强投资者的信心；另一种是实施紧急资本管制，因为这样可以有效地、最大限度地避免资本外逃。

③危机后重建经济。克鲁格曼认为关键在于恢复企业和企业家的投资能力。可以在私人部门实施一定的计划，以帮助本国的企业家或者培养新的企业家，或者两者同时实施。培养新的企业家有一个迅速有效的办法，这就是通过 FDI 引进企业家。

七、美元危机

1. 美元危机的重要特征

美元危机是指国际金融市场上人们大量抛售美元，引起黄金价格上涨、美元汇率急剧下跌的现象。大幅贬值空间来源于高度汇率失调，即美元汇率与实际均衡汇率的大幅度偏离。其具有如下特征：

危机前美元有大幅贬值的空间。

危机中美元汇率急速下跌。

有制度性变化作为底蕴。即每次危机都会伴随国际货币制度上的一些调整。

2. "二战"后美元的历次危机

在历次较大规模的美元危机爆发时，美国及各主要工业国都采取了一系列拯救的措施，但最终仍无法阻挡布雷顿森林体系的崩溃。

(1) 第一次美元危机与十国集团和黄金总库

1960 年 10 月，爆发了第一次美元危机，在国际金融市场上人们纷纷抛售美元抢购黄金，引起黄金价格的上升，金价涨到 1 盎司 41.5 美元。导致美元第一次危机的直接原因，是当时美国的黄金储备(178 亿美元)已低于其对外短期负债(210 亿美元)，引起人们对美元能否按 35 美元兑换 1 盎司黄金的信心发生了动摇。为了维持外汇市场和金价的稳定，保持美元的可兑换和固定汇率制，其他西方国家在国际货币基金组织的合作，采取一系列措施稳定国际金融市场。

(2) 第二次美元危机

美元对内不断贬值,美元与黄金的固定比价又一次受到严重怀疑。由于美国和其他西方主要工业国已无力维持美元与黄金的固定比价,于是在1968年3月,美国不得不实行"黄金双价制"。"黄金双价制"是指黄金官价用于各国中央银行用美元向美国兑换黄金,市场金价则由供求关系所决定。

为了摆脱美元危机的困境,国际货币基金组织于1969年通过了设立特别提款权的决议。特别提款权(Special Drawing Right,SDR)被称为"纸黄金",成员国可用它履行原先必须以黄金才能履行的义务,可用它充当国际储备,也可用它代替美元清算国际收支差额。

"黄金双价制"的出现,实际上说明了美元已变相贬值,意味着布雷顿森林体系的根基已发生了动摇。

(3) 第三次美元危机与史密森协议

1971年夏,爆发了战后第三次的美元危机,国际金融市场又一次掀起抛售美元、抢购黄金和西德马克等西欧货币的浪潮,法国政府也带头以美元向美国兑换黄金。美元第三次危机形成的主要原因在于,1971年美国出现了自1893年以来未曾有过的全面贸易收支逆差,黄金储备已不及其对外短期负债的1/5。面对各国中央银行挤兑黄金的压力,美国尼克松政府被迫于当年8月15日宣布实行"新经济政策"。"新经济政策"的主要内容除对内采取冻结物价和工资,削减政府开支外,对外采取了两大措施:停止美元兑换黄金和征收10%的进口附加税。

在国际金融市场极度混乱的情况下,西方"十国集团"于12月达成"史密森协议",其主要内容是:美元对黄金贬值7.89%,即38美元等于一盎司黄金;一些国家的货币对美元升值,比如日元、西德马克等;扩大汇率波动界限,由不超过平价上下1%扩大到上下2.25%;美国取消10%的进口附加税。尽管"史密森协议"勉强维持了布雷顿森林体系的固定汇率制,但美元与黄金可兑换性的终止,等于抽去了其支柱,布雷顿森林体系的核心已经瓦解。

(4) 第四次美元危机与牙买加协定

1972年下半年开始,美国国际收支状况继续恶化,人们对美元的信用彻底地失去了信心,国际金融市场上再次爆发了美元危机。美国政府于1973年2月被迫宣布战后美元第二次贬值,美元对黄金贬值10%,即黄金官价由每盎司38美元再提高到42.22美元。但美元的再度贬值仍未能制止美元危机,伦敦黄金价格一度涨到每盎司96美元,西德和日本的外汇市场被迫关闭，达17天之久。在这种情况下，西方国家经过磋商达成协议：取消本币对美元的固定比价，宣布实行浮动汇率制。至此，以黄金为基础、以美元为中心的可调整的固定汇率制彻底解体，布雷顿森林体系完全崩溃。

1976年1月，国际货币基金组织在牙买加召开会议，达成"牙买加协定"，标志着布雷顿森林体系的最后终结。

（5）第五次美元危机与广场协议

1980年第二次石油冲击对美国经济产生了深远影响，而"冷冻鸡疗法"让美元汇率在1984年内达到峰值，美元指数在5年间上涨近六成使潜在汇率失调加剧，给后来汇率急跌留下了空间。而1985年9月G5财长会议达成了广场协议，五国政府决定联合干预外汇市场，使美元对主要货币有秩序地下调，这给美元危机提供了制度要素。

3. 美元危机的成因

美元危机之所以引起全球人们的关注，原因在于美元是当全球各国货币平价的基础，是重要的国际货币。从历次美元危机来看，美元危机是一种历史必然现象，尽管每次危机的诱因可能不同，但一次危机过后，又意味新的危机在开始酝酿。因此，美元危机总是不断。

人们不禁要问，问题的根源是什么？众多经济学家一致认为，症结在于以美元为基础的国际货币体系。美元在全球经济中处于关键货币地位，因而，不断增长的全球经济、全球贸易以及世界其他国家不断增长的对国际储备资产的需求，客观上都需要美元及美元定值资产的供应不断增加；而美元供应的不断增加，唯一的只能依赖美国不断出现贸易赤字才能实现。在这个意义上，美国持续地产生贸易逆差，成为全球经济正常发展的必要条件之一。

这种国际金融秩序当然存在着内在的不稳定性。国际货币体系的稳定取决于美元的稳定，美元的稳定取决于美国的国际收支平衡，但全球清偿力供应又依赖于美国的国际收支逆差，美国的"铸币税特权"又推动美国的经常账户逆差不断扩大，从而形成了所谓的"新特里芬悖论"。这是一个根本性的矛盾。不难看出，如今被作为新问题提出的所谓全球经济失衡问题的真正症结，就在于"美元本位"这种"无政府规制的高度垄断性市场"的重新确立。

但是，深入分析便不难得出这样一个无可奈何的推论：如果这个世界一时还找不到一种能够替代美元的国际货币和国际储备资产，我们恐怕还得容忍，在一定程度上还必须维护这种美元本位制度。

自1945年开始，在美元体系下，整个世界可以被刻画为"中心"（美国）和"外围"（美国之外的其他国家和地区）结构。在经过20世纪七八十年代的混沌（日本和德国的崛起一度使得中心的概念有些模糊），世界似乎又回到了原点，美元本位又进一步得以确立，当今的欧洲和日本其实与中国和其他东亚经济体一样，都是在不同层次为美国提供商品和服务的外围国。

这样一种格局意味着这些外围国的货币要保持稳定就必须寻求一个"名义锚"（anchor）。在这个意义上，包括中国在内的整个亚洲各经济体的货币坚持钉住美元的汇率制度成为一种现实而无奈的选择。

此外，所有对美贸易出超国都不希望看到美国经济或美元遭受重创，谁也不敢贸然行动，各国都在进行心理博弈，一旦美元大幅贬值，拥有巨额外汇储备的经济体就会面临着外汇资产严重缩水等问题，随之而来的可能是出口暴跌，失业率显著上升，经济增长速度下降，必然将引发全球经济的巨大震荡。因此，这种"刀刃上的平衡"很可能还会维系下去，虽然风险会越来越大。

【案例】

次贷危机与美元危机的可能性

◎**案由**：受2007年次贷危机加深的影响。美联储将联邦基金利率降低到零至0.25%以后，已无法通过操纵货币价格影响市场信贷，只好通过数量操作希望提升市场信贷意愿。于是2009年3月18日，美联储宣布计划买入2年期至10年期，最多3 000亿美元的美国国债；同时加大抵押债券的买进力度，购买房屋抵押贷款融资机构发行的债券（房贷担保证券）注资7 500亿美元，将央行资产负债表扩大至最高1.15万亿美元。学术界称为量化宽松货币政策。即采用"数量化"而非"价格化"的干预手法，去干预证券市场。"数量化"措施能影响中央银行的资产负债表，"价格化"措施（减息）即调整联邦基金利率。

受这一政策影响，美国当日，追踪美元兑欧元、日元、英镑、加拿大元、瑞士法郎和瑞典克朗表现的美元加权贸易指数重挫2.7%至84.595，创下1971年来最大单日跌幅。截止2009年3月19日，美元指数继续下探，跌至82.788。3月18日美元兑欧元盘中一度重挫3.52%，创下自2000年9月以来最大盘中跌幅。3月19日美元兑欧元为0.7292。而美元兑日元跌至近三周的低点，至93.71日元。美元贬值已成定局，不过美元信用是否发生危机还要视美国的经济状况而定。

关于美元危机问题，《货币战争》作者、宏源证券投资银行结构融资部总经理宋鸿兵曾给出肯定的预测，认为下一波是美元危机。2008

年年初,已是66岁的全球著名投资人——罗杰斯在接受记者采访时说:"伯南克(美联储主席)和他的伙计们开始来援救了,这可能会把问题掩盖一段时间,当然我不知道他们能掩盖多久,然后灾难就会继续。他们能掩盖六天还是六周?我不知道,我倒是希望我能够知道,但我真不知道。""在过去的200年里,美国的民选政治家和流氓们总共让美国背上了5万亿美元的负债,但是在过去的几周里,某些官僚又让美国背上了5万亿美元的负债。"

他说,"回顾历史会发现,所有那些陷入衰退的国家在失败之前都尝试过直接的经济干预,美国早已开始了直接经济干预,例如,我们不让中国人买我们的石油公司,我们不让迪拜企业买我们的码头,诸如此类。"

如果一切都超出了政府的控制能力,那么这可以看做是一个危机信号。从投资人表现出的过度悲观情绪看,新的美元危机会爆发吗?你是怎么看的?

◎需补充的知识:这里要注意,量化宽松政策在实施上有点类似债券回购,却也有本质区别。因债券回购是有"附买回"(美国叫"附买回",中国惯称为正回购和逆回购)协议的,且有一定期限,而量化宽松理论上也能在未来赎回并注销央行资产和负债,但其约束却是软的,是"随心而动"的。换言之,前者有一些信誉,后者全取决于其"自律"。

◎分析:在世界各国携手救市的努力下,2009年第二季度,美国宣布因次贷危机导致的经济衰退已触底反弹,经济走出通缩通道出现复苏。同时,欧元区国家和亚洲的日本经济下滑趋势放缓,经济有出现好转的迹象。中国经济正处于复苏中,尽管目前全球经济复苏的形势不容乐观,但全球经济发展并没有像宋鸿兵所预测的那样进行演绎,而是在信用违约危机的第二阶段危机的传导链被斩断。美元危机的潘多拉魔盒在次贷危机打开之际旋即又被合上。

进入2009年8月以来,伴随着夏季的持续高温,美国经济似乎正从严冬中喘过气来。诺贝尔经济学奖得主克鲁格曼断言:"全球经济已经避免了再次出现大萧条,局面正在稳定。"金融大鳄索罗斯认为:"美国经济已经触底,并将于第三季度恢复正增长。"奥巴马也乐观地表示:"市场正在复苏,金融体系已经远离崩溃边缘,美国经济衰退已经开始步入尾声。"

全球市调机构 MarkitEconomics 公布欧元区 2009 年 7 月制造业 PMI 指

数，从 6 月的 42.6% 升到 46.3%，创 11 个月以来新高，也是有此记录以来单月第二大增幅。有专家指出，这虽然表明欧元区制造业活动萎缩程度大幅放缓，但欧元区经济复苏之路仍很漫长。

国际货币基金组织（IMF）30 日发布报告预测，欧元区经济将从明年上半年开始"温和复苏"。报告说："这一复苏很可能是缓慢的，并可能面临重大风险。在 2009 年剩余时间里，（欧元区）经济活动的下滑速度将有所放缓，2010 年上半年将开始温和复苏。"报告同时指出，尽管欧洲中央银行认为欧元区通货膨胀前景保持平衡，但国际货币基金组织认为，欧元区面临"较低程度的持续性通货紧缩风险"。

人们不禁要问，是什么力量使即将打开的美元危机潘多拉魔盒又关上了呢？新的美元危机是否真的得到消除呢？

此次美元危机没有爆发，主要得益于两种力量：

一种是全球对美国经济复苏保持信心。相比其他国家，美国还有一项别人无法企及的优势：美国经济对这个世界来说太重要了，人们不能消极地接受美元崩溃。这就是很多国家之所以推高美元的理由。尽管国际市场的日渐宽广深邃和纷繁复杂，曾是美联储主席格林斯潘对美国不至于发生危机的信心所在。他曾于 2003 年 11 月表示，当今国际金融系统的灵活性前所未有，这就意味着全球性失衡可以很容易就被纠正过来，而全球经济发展的脚步不至于中断。但问题在于，现在没有危机，并不等于永远不会发生危机。实际上，过去 10 年当中屡屡发生的货币市场失衡也在某种程度上使得国际货币体系更加有序。上一次发生迫使美国及其盟国携手认真应对的美元大幅贬值已经是 10 年前的事了。那一年，美国货币当局入市干预了几次，但此后再也没有干预过。克林顿和布什当政期间，美联储很少使用干预手段。然而，作为上次汇市干预的参与者，美联储前高官、国际经济研究所学者泰德·杜鲁门预言，5 年之内美国政府必定会再度入市干预，不管是因为汇市秩序遭到破坏，还是因为美国再也无法承受伙伴国对其政策的批评。他还说，格林斯潘强调的市场之深邃和灵活，可能会降低汇市动荡的几率，不过危机一旦来临，就可能一发不可收拾。

不过他的预言是正确的。当次贷危机爆发时，如果再片面地强调市场深邃和灵活，就完全可能使危机一发不可收拾，从而演化美元危机。而事实却相反，在此次次贷危机爆发时，美国不是放任市场的灵活，而是积极干预，采取各种工具，如扩大贴现窗口、把利率降低零区间，量化宽松的货币政策，对关键金融机构国有化等，向金融系统注入流动性。不仅如此，世界其他国家的行为也都表现得与美国惊人的一致，积极投入救市中，尽管他们的救市形式和力度与美国有所不同。

在救市中,为了协调各国的救市政策,督促各国为全球复苏承担共同的义务,2009年4月1日,伦敦召开了G20国家领导人峰会。会议上,各国领导人对加强银行监管达成了共识,并最终就1.1万亿美元的全球经济刺激计划达成一致。其中,20国集团最终同意向国际货币基金组织提供5 000亿美元的额外资金;提供2 500亿美元的贸易融资;2 500亿美元的新增特别提款权;向多边发展银行提供1 000亿美元资金,帮助其向贫穷国家贷款;并将通过国际货币基金组织向最贫穷国家的贷款提高至60亿美元。

可见,在这次次贷危机引发的全球危机中,全球主要国家都共同采取了救市行动,愿意在一定程度上配合美国为全球经济复苏承担一些义务,甚至愿意承受部分损失。如中国、欧盟和日本都是美国债券外汇储备的主要持有国,其中中国持有的美元债券储备最多,这些国家并没有在美国因实行货币扩张的经济刺激政策导致美元贬值的情况下,抛售美元债券,从而稳定了全球投资者对美元市场的信心。同时,美国政府也承诺,保证他国美元外汇储备资产的安全。

另一种力量是游戏规则改变了。全球信用违约危机没有被引爆,关键是美国对全球最大的商业保险巨头——美国国际集团(AIG)进行了国有化。美国这种行为等于向全球的资金出借人发出一种信号,只要你的债权由AIG担保,你的损失政府会给你补上。这一举措虽然是用纳税人的钱为金融机构的贪婪或投资者的失误买单,但却对金融机构和投资者的资产安全提供了保障。不仅如此,美国联邦储备委员会还实施了量化宽松货币政策,通过扩大其资产负债表,发行美元购买金融机构的次级债券和国债,从而稳定了房地产抵押贷款的债券市场和国债市场。

尽管目前美元危机没有爆发,但美元危机的根源并没有消除,未来发生危机的风险仍然存在。

美国当前仍有足够回旋余地来避免美元危机的发生,但美国及世界经济前所未有的高度失衡状况表明,发生危机的可能性越来越大。从某种程度上说,一个国家本币的贬值堪称福音,但一旦贬值超过了适当的限度,福音也就变成了诅咒。次贷危机前,由于美国实行美元的膨胀政策,导致2005—2007年美元对一系列主要贸易伙伴国货币的平均汇率下跌了16%。次贷危机后,美国宽松量化的货币政策和接近于零基准利率,又会使美元对主要货币的汇率进一步下跌。从理论上讲,这应当使美国产品拥有比外国产品更强的竞争力,进而推动美国经济增长和改善就业。但美国目前的贸易和财政赤字若是日益扩大,得不到遏制,最终将会引发一场危机,导致美元价格加速下跌,从而不断推高利率,极大压制经济增长。

目前,美国财政与贸易赤字越来越多地由短期外债支撑。这一问题若是放在普通的新兴市场国家上,早就被如此大规模的赤字拖垮了。美国能够幸免,是因为美国仍然能够用美元而非外币举债。也就是说,如果美元贬值,承担损失的是别人,而不是美国。与此相反,发展中国家因为想利用美国的低利率,常常举借美元外债,可一旦它们的货币不能和美元保持同步,就会面临沉重的偿债负担。尽管美国政府有一定的信用,但无论如何,过度依赖短期外债,只会使美元的风险在加大。

对比发生于20世纪70年代末的上一次美元危机,美国人既感到欣慰,同时也感到后怕。在1977年9月至1978年10月这1年多的时间里,受油价不断上涨的影响,加之经济的增长乏力,美国对外贸易由顺差滑入逆差境地,美元对主要货币汇率出现了高达16%的大幅下跌。美元疲软导致进口价格大幅攀升,通货膨胀率一下子从原来的6%跃升到了8%以上,到1979年底,通胀率更是进一步升到了10%的水平。1979年夏,卡特总统采取了一项后来被证明是更具实质性的行动,那就是让当时的美联储纽约分行行长保罗·沃克出任联储局主席。结果证明,这一任命实是遏制高通胀的必要之举。当年的10月6日,美联储开始实行非传统的新货币政策来消除通胀,即严格控制货币供应量的增长,哪怕导致利率水平大幅上升也在所不惜。沃克的新策略的确起到了降低通胀水平的作用,并且最终也使美元汇率得到了巩固,然而其代价也是巨大的:美国经济因此而经历了大萧条以来最严重的一次衰退。

那么,这种情况会在次贷危机后的美国重演吗?在2009年8月11—12日的货币会议上,关于通货膨胀的前景,美联储认为,能源和其他商品的价格最近有所上升,但通货膨胀在一段时期内仍将保持低位。不过,一段时间以来,许多经济学家担忧,危机过后,美国经济可能出现严重的通货膨胀,这种情况在历史上也被多次证明。但近期美元市场的走势和美联储淡出宽松的货币政策,似乎在打消人们的疑虑。

受经济好转刺激,近期美元指数出现走强。路透社纽约2009年8月10日电——美元指数周一连涨第三天。上周五的数据显示,美国7月非农就业人口减少24.7万人,好于预期。6月修正为减少44.3万,美国7月失业率为9.4%,低于预期。6月修正为9.5%。该数据显示就业可能在经历几个月的极度疲弱后正出现转机。非农就业数据公布后,美元全线走强。这表明投资者对美国经济的前景是看好的。业内分析师指出,如果美国经济复苏快过其他主要经济体,美元计价资产就可能更具吸引力。

同样，受经济好转影响，美国联邦储备委员会在2009年8月12日召开了货币政策决策例会，对美国经济形势做出了相对乐观的判断，在保持联邦基金利率处于低位不变的同时，对货币政策略作调整，显示其对经济前景的信心增强。

美联储12日宣布保持利率在0%~0.25%的低位不变，以便为经济稳定复苏创造宽松的利率环境。在紧急救助计划，也就是定量宽松政策方面，美联储做出微调。美联储决定放慢购买总额3 000亿美元国债的步伐，预计在2009年10月底前全部完成。这比原先的计划推迟了一个月。截至目前，美联储已经购买了2 530亿美元国债。分析人士认为，尽管这项计划仅推迟了一个月，但是它发出的信号显示美联储正在谨慎淡出定量宽松的货币政策。而这是基于对经济形势趋好的判断做出的决策。穆迪氏经济网的首席经济学家马克赞迪说，两年来，美联储首次采取了结束大规模刺激计划的一小步举措。对于其他旨在降低抵押贷款利率的举措，美联储没有做出调整，而将如以前所宣布的那样，在年底以前完成购买1.25万亿美元的机构抵押贷款支持证券和2 000亿美元的机构债券。目前美联储购买的由"两房"（房地美和房利美）发行的住房抵押贷款证券总额已经达到5 428亿美元。

美联储这一政策微调行为，说明它不会放任其资产负债表内资产项目的扩大。市场上有观点认为美联储通过扩大国债收购项目扩大流动性、增加对经济刺激程度。但美联储官员针对这种预期，通过数个媒体渠道向市场发出信息，美联储不会扩大该项目。美联储在12日的会议声明中，也选择了不增加国债收购。同时，美国政府决定今后要压缩政府开支，削减政府预算赤字。

可见，在经济好转情况下，美国政府上述政策的变化调整，有助于稳定投资者对美元的信心。

总之，只要美国经济继续保持复苏的势头，并适当采取微调措施抑制财政和贸易赤字的势头，全球投资者仍会对美元抱有信心，美元今后进一步贬值风险是可以得到控制的。也就是说，目前美元危机的风险仍然存在，但尚在可控制之中。

八、欧洲货币体系危机

在20世纪90年代初，欧洲货币体系看起来运转正常，这个汇率体系始于1979年，基于有浮动范围的固定平价：每个成员国（其中包括法国、德国、意大利和英国）必须使得它们对所有其他国家的汇率保持在一个很小的变动范围之内。开始的几年是动荡的，有很多次的再调整——成员之间平价的调整。但是，从 1987 年到 1992 年，仅发生了两次再调整。进一步缩小变动范围的呼声很高，甚至是进入下一个阶段——使用共同货币。

但是，在 1992 年，金融市场日渐相信不久后将会发生更多的再调整。原因就是德国的再统一。因为再统一带来的需求压力，德意志联邦银行实施了高利率，以避免德国产出过度的增长和通货膨胀程度的提高。虽然德国的贸易伙伴国需要低利率来解决日益增加的失业问题，但是它们必须配合德国的利率，以维持它们的 EMS 平价。在金融市场看来，德国的贸易伙伴的境况是越来越难以支持。在德国之外的国家降低利率，以及由此引起的许多货币兑德国马克的贬值，看起来越来越有可能发生。

在 1992 年，可以预见到的贬值的可能性使得一些德国的贸易伙伴不得不保持一个比德国更高的名义利率，直到第一次大危机于 1992 年 9 月爆发。全球宏观栏目"一次危机的剖析：1992 年 9 月的 EMS 危机"讲述了这次危机每一天的进展情况。9 月初，认为许多国家很快就要实施贬值的信念导致了对一些货币投机性的攻击，即金融投资者预期该货币即将发生贬值，于是出售该货币。为了防止情况进一步恶化，政府首先发布了正式的通告，但是没有明显的效果。然后利率提高，瑞典的隔夜利率（隔夜借款和贷款的利率）高达 500%（用年利率表示）。但是这样的提高还不能足以阻止资本外逃和重压之下中央银行巨额外汇储备损失。随后，各个国家采取了不同的措施：西班牙实施了贬值，意大利和英国退出了 EMS，法国决定通过高利率捍卫汇率，直到这场风暴结束。

【案例】

一次危机的剖析：1992 年 9 月的 EMS 危机

9 月 5 日至 6 日。欧盟各国财政部长在英国的巴斯举行会议。会后的官方宣言重申它们有义务在欧洲货币体系（EMS）的汇率机制（ERM）内维持当前的利率平价。

9 月 8 日：第一次攻击。攻击不是针对 EMS 中的某一种货币，而是指向了北欧国家的货币，它们也是钉住德国马克的。芬兰政府作出了让步，决定让它们的货币（芬兰马克）浮动——也就是说，由外汇市场决定，中央银行不再干预。芬兰马克兑德国马克贬值了 13%。瑞典决定维持汇率，并且把隔夜利率提高到 24%（年利率）。两天后，进一步提高到 75%。

9 月 10—11 日：第二次攻击。意大利银行大规模干预市场，以维持里拉的平价，这导致银行承受了巨大的外汇储备损失。但是到9月19日，里拉兑德国马克贬值7%。

9月16—17日：第三次和最主要的一次攻击。投机开始针对英镑，导致英格兰银行储备遭受巨大损失。英格兰银行把隔夜利率从10%提高到15%。但是，投机继续针对英镑和里拉（虽然已经有贬值）。英国和意大利都宣布暂时退出ERM。在随后的几周里，这两种货币兑德国马克贬值了大约15%。

9月16—17日：英镑和里拉退出了ERM，攻击者转向他国货币。为了维持平价，瑞典将隔夜利率提高到500%，爱尔兰把隔夜利率提高到300%。西班牙决定留在ERM中，但是贬值5%。

9月20日：通过公民复决，法国投票勉强批准了马斯特里赫特条约（该条约制定了转入使用共同货币阶段的时间表）。该条约一旦遭到否决，危机肯定会扩大，但是勉强同意的表决结果被视为最糟糕的时期就要结束的标志，该条约将最终被所有欧盟国家接受。

9月23—28日：投机者攻占法国法郎，迫使法国银行将短期利率提高了2.5%。为了保卫汇率平价而不至有过高的短期利率，爱尔兰和西班牙都重新建立了资本管制。

9月末，危机结束。两个国家，英国和意大利退出了ERM，其货币实施贬值。西班牙留在ERM中，但是也实施了贬值。其他国家维持了汇率平价，但是其中的一些国家是以巨大的储备损失为代价。

九、东南亚货币金融危机

20世纪90年代下半叶，东南亚经济势头强劲，是世界经济的主要发动机之一。泰国经济高速发展，大量的企业、酒店、旅游设施项目上马需要大量的资金，与此相配的就诞生了大量的金融机构、融资平台。当时泰国政府许诺泰铢对美元的汇率保持不变，所以各银行、证券等机构纷纷从国际资本市场上借入大量美元然后再贷给国内的各企业。因此，大量的国际资本投入了泰国市场。然而，后来人们发现泰国的经济形势并不像人们想象的那样好，很多投资都达不到预期的收益。有些投资就开始撤离泰国市场，这就引发了多米诺骨牌效应。

泰国经济一下子陷入混乱，泰铢对美元的汇率瞬间下降了30%，这也就是说那些借款美元的企业一下子就要多还好多钱。大量企业根本没有财力偿还银行贷款，纷纷宣布破产。各金融机构也无法收回资金，资本流通陷入停滞，这种效应很快波及了整个东南亚国家，国际资本市场也大受牵连。

由于经济陷入低迷，国际油价大跌，这对于当时的俄罗斯经济来说可谓是影响相当大的。因为，俄罗斯经济刚刚起步，资金需求量非常巨大，由于油价下跌，国际资本市场对俄罗斯经济的支持力度明显减弱（当时俄罗斯靠大量的石油作为抵押来吸引国际资本的）。而且，俄罗斯经济是明显粗放型的，生产的产品价值很低，很多都是"负价值"，生产的拖拉机是废铁一块，最后的卖价尚不及原材料+劳动报酬的成本，这些产品根本无法给政府创造税收。政府只好发行回报率很高的国债，后来这些国债根本无法兑现，大量的国际资本被套牢了，银行陷入了亏空，大量的储户纷纷要求提现。

然后，南美洲国家如阿根廷、巴西一时间出现了大量储户要求从银行提款，银行根本拿不出钱来支付用户，出现了大规模的游行，物价飞涨，然后就是全球范围内的经济停滞，国际资本市场陷入了瘫痪。至此，东南亚金融危机波及了全世界。

本 章 小 结

名义汇率反映的是外汇市场上两个国家货币交换的数量关系，确切地讲，是指外汇市场上一个单位的本国货币可交换的外国货币数量。换言之，是指两国间货币的相对价格。这种交换比例关系取决于贸易与国际资本流动的需要。

实际汇率是指按同一种货币计量的国内商品相对于外国商品的价格，等同于一个单位的国内商品所能交换的外国商品数量。

实际汇率上升时，表明本国商品相对于另一个国家的商品较昂贵，同样数量的本国商品可换取更多数量的外国商品。这种现象可称为实际升值，说明本币对外的购买力变得较强。当实际汇率下降时，表明本国商品相对外国商品较为便宜，同样数量的商品能够换取较少数量的外国商品。我们把这种现象称为实际贬值，说明本币对外的购买力变得较弱。

在开放的经济条件下，本国的货币政策不仅会影响到通货膨胀率，而且还会通过通货膨胀率影响到名义汇率的变化。当一国实行扩张性货币政策时，由于货币供给量的增加将导致本国通货膨胀率的上升，而通货膨胀率的上涨，又会使以外币计量的本币价格的下降。

在固定汇率体制下，汇率基本不能发挥调节国际收支的经济杠杆作用。并且央行为维护固定汇率制将破坏内部经济平衡。比如一国国际收支逆差时，本币汇率将下跌，成为软币，为不使本币贬值，就需要采取紧缩性货币政策或财政政策，但这种会使国内经济增长受到抑制、失业增加。同时容易受国际游资的投机攻击，引起国际汇率制度的动荡和混乱。

在浮动汇率制度下。有很多因素会引起汇率波动，造成汇率的巨大变化和产出的大幅度波动。要维持汇率的稳定可能会要求利率的大幅度变动，这些大幅度的利率波动本身可能会导致产出的大幅度波动。

预期将会发生贬值会引发汇率危机。面对这样的预期，政府要么让步，实施贬值；要么斗争，维持汇率平价，但是要以非常高的利率和潜在的衰退为代价。不过斗争可能会没有用，衰退会迫使政府随后改变政策，或者迫使政府下台。

本章思考题

1. 解释名义汇率与实际汇率，并说明两者有如何联系？
2. 给定实际汇率不变，若本国的通货膨胀率比另一个国家上升4%，那么本国货币名义汇率如何变化？变化多少？
3. 给定实际利率，本国收入增加如何影响该国的净出口？外国收入增加，又会对本国净出口有哪些影响？本国实际利率上升如何影响实际汇率？
4. 为什么外国人会在外汇市场上需求美元？为什么美国居民在外汇市场上供给美元？给出在外汇市场上两个导致美元需求增加变化的例子，以及两个导致美元供给增加变化的例子。
5. 比较弹性汇率、固定汇率及货币同盟的相对优势。
6. 解释汇率危机的定义。

☞ 参考文献

[1] 朱箴元. 国际金融[M]. 第2版. 北京：中国财政经济出版社，2005：50-80.
[2] 程实. 美元危机，什么危机？[J]. 西部论丛，2008：4.
[3] 宋鸿兵. 下一波是美元危机[EB/OL]. [2008-09-18]. http://www.sina.com.cn.
[4] [美]邓肯. 美元危机成因、后果与决策[M]. 王靖国，等译. 哈尔滨：东北财经大学出版社，2007：2-357.
[5] 郎晓龙. 货币危机与资本管制[M]. 北京：中国经济出版社，2007.

第九章　开放经济中的均衡与经济周期传导

在一个具有高度依赖性的世界经济体系中，世界经济的相互依赖主要体现在两个方面。

第一，商品和服务贸易使各国生产和消费紧密地联系在一起。贸易数量自第二次世界大战以来稳步增长。现在，许多公司在生产商品和服务时都会将外国和本国市场一起考虑在内，生产所需原材料来自世界各地。国际贸易的扩大使得各国经济都能专门生产最适于其自然和人力资源优势的商品和服务，从而提高了各国的生产率。然而，贸易的扩大也使得一国经济更依赖于其他国家经济的好坏。例如，日本是一个以出口为主的国家，其生产的产品主要出口到欧美，所以欧美的经济衰退或宏观政策的改变也会影响到日本经济。

第二，世界范围内金融市场的一体化，使得借款人更容易在世界任何地方借到资金，储户可以寻找更好的出借机会。不管储户和投资者实际居住在什么地方，世界金融市场的一体化都可以让储蓄资金配置到收益最高的用途上，从而提高了世界范围内的生产率。与世界贸易体系的一体化所起的作用一样，金融市场的纽带也增加了单个经济体对外部发展的敏感性。例如，由于金融市场间的密切联系，一国改变实际利率的宏观经济政策可能会影响到其他国家的经济活动。

在本章，重点学习开放经济条件下产品和金融市场的均衡，把封闭经济条件下的 IS—LM 模型扩展到开放经济中，即蒙代尔·费莱明模型(Mundell-Fleming model)，并在此基础上讨论经济开放如何影响财政和货币政策，以及宏观经济政策变化如何影响其贸易伙伴的经济。

第一节 开放经济的均衡

开放经济同封闭经济一样,也存在两种市场,即产品市场和金融市场。下面着重分析开放经济条件下,这两个市场是如何实现均衡的。

一、产品市场的均衡

开放经济条件下,产品市场的均衡条件与原先的封闭条件下有所不同。这种不同主要体现在所考察的经济变量上,也就是说,在考虑封闭条件下的经济变量的同时,还应考虑进口与出口变量。为了较全面描述开放经济的产品市场均衡状况,在确定投资和进出口的影响因素时,还增加了产出这一影响因子。于是可得下面的均衡条件:

$$Y = C(Y-T) + I(Y, r) + G - \varepsilon Q(Y, \varepsilon) + X(Y^*, \varepsilon) \qquad (9.1)$$

式中:Q 为进口,ε 为实际汇率,X 为出口,Y^* 为外国收入,r 为实际利率,Y 为本国收入,C 为本国消费,T 为税收,G 为政府采购支出。

产品市场处于均衡时,等式左边的产出必须等于等式右边对国内产品的需求。等式右边的需求等于消费+投资+政府支出-进口+出口。消费与收入正相关。投资与产出正相关,与实际利率负相关。政府支出是给定的,出口与外国产出正相关,与本币的实际汇率负相关。进口与本国产出正相关,与本币实际汇率正相关。

把最后两项合并,用"净出口"表示,其定义为出口减去进口 $(X - \varepsilon Q)$,则:

$$NX(Y, Y^*, \varepsilon) = X(Y^*, \varepsilon) - \varepsilon Q(Y, \varepsilon) \qquad (9.2)$$

根据对进口和出口的假定,(9.2)式显示净出口依赖于国内产出、国外产出和实际汇率。国内产出的提高会使得进口增加,从而净出口减少。实际汇率提高会使得净出口减少。

根据净出口的定义,可以把均衡条件改写成:

$$Y = C(Y-T) + I(Y, r) + G + NX(Y, Y^*, \varepsilon) \qquad (9.3)$$

(9.3)式的基本含义是,均衡时的需求或产出既取决于实际利率,也取决于实际汇率和外国产出。

实际利率的提高会带来投资支出的下降,从而对国内产品的需求下降。通过乘数作用,这将导致产出的下降。

本币实际汇率的下降会使得外国需求向本国产品移动,因而净出口增加或净进口减少。净出口的增加,相当于本国从国外进口需求,使需求和产出都提高了。

(9.3)式反映了长期内产品市场的均衡条件,若关注的是短期,可从两个方面对(9.3)式进行简化。

假定本国和外国的价格水平是给定的,从而实际汇率($\varepsilon = e p_h / p_f$)与名义汇率($e$)同步变动。名义贬值会带来同等程度的实际贬值。为此可用名义汇率 e 代替(9.3)式中的实际汇率 ε。

因为假定价格水平既定,那么实际的和预期的通货膨胀都不存在。同时,由于名义利率与实际利率的关系是 $i = r + \pi_e$,因此名义利率和实际利率是一样的,可以用名义利率 i 替换(9.3)式中的实际利率 r。

经过上述两个方面的置换,(9.3)式可转换为短期均衡条件:
$$Y = C(Y - T) + I(Y, i) + G + NX(Y, Y^*, e) \qquad (9.4)$$
产出同时依赖于名义利率和名义汇率和外国产出。

二、金融市场的均衡

在封闭的 IS—LM 模型中,当考察金融市场的时候,假定居民只在货币和债券这两种金融资产间进行选择。由于考察的是一个金融开放的经济,居民还会有第二种选择,即在国内债券和国外债券之间的选择。下面,依次来考察这两种选择。

1. 货币和债券

前面,在考察封闭条件下 IS—LM 模型中利率决定的问题时,曾把货币供给等于货币需求的条件写成:
$$\frac{M}{P} = L(Y, i) \qquad (9.5)$$

(9.5)式的左边表示货币的实际供给,右边表示货币的实际需求。假定货币的实际需求依赖于经济中的交易水平-实际产出 Y,以及持有货币机会成本。这里持有货币的机会成本是所放弃的债券收益,这个收益的大小取决于债券的名义利率 i。

在开放经济中,本国货币仍是本国居民所需求的。也就是说,本国居民没有太多的理由去持有外国货币,比如说美元。这是因为美元不能在国内流通,用于购买支付或结算支付,如在中国。因此,本国居民持有货币的意愿除了要满足交易需要外,还取决于其所放弃的债券收益的大小。这样影响本国居民货币需求的因素仍然和原来一样:交易水平以及持有货币的机会成本。交易水平用实际产出来代替,货币的机会成本用债券的名义利率来表示。所不同的是,持有货币的机会成本需要用所放弃的国内债券和国外债券收益中最大的那个收益来衡量。

因此,仍然可以用(9.5)式来考察开放经济中名义利率的决定。利率必须使得货币的供给和需求相等。货币供给的增加会导致利率的下降。货币需求的增加,比如产出提高导致货币需求的增加,会导致利率的提高。

2. 国内债券和国外债券

居民在国内债券和国外债券之间进行选择时,假定无论是国内还是国外的金融投资者都追求最高的预期回报率。这表明,在均衡状态下,国内债券和国外债券必须确保同样的预期回报率。若两者的报酬率不一致,那么居民就只会购买其中的一种债券,而不是两种债券都有可能去购买,从而导致外汇市场的失衡。

以中国居民对人民币债券和美元债券选择为例,若中国居民投资美元债券的收益高于投资人民币债券的收益,那么在利益的驱使下,中国居民就会不断地用人民币购买美元去投资美元债券,这种逐利行为就会使外汇市场上人民币对美元的供求关系失衡。这一失衡现象只有在两国债券收益回报相同时才会消失。

因此,上面的这一假定意味着下面的套利关系-利率平价条件必须成立。即:

$$i_t = i_t^* + \frac{E^e_{t+1} - E_t}{E_t} \qquad (9.6)$$

(9.6)式显示:国内利率 i_t 必须等于国外利率 i_t^*,加上国内货币的预期贬值率 $(E^e_{t+1} - E_t)/E_t$。注意,这里的汇率用的直接标价法,即用本币直接度量外国货币的价值,如在中国,1 美元可兑换 6.5 元人民币。

现在,假设预期远期汇率是给定的,记作 $\overline{E}^e$。在这个假定下,去掉时间脚标,利率平价条件成为:

$$i = i^* + \frac{\overline{E}^e - E}{E} \qquad (9.7)$$

两边同乘以 E,把含有 E 项移到左边,然后两边同除以 $(1 + i - i^*)$,就得出了即期汇率表达式,如(9.8)式所示。该式表明即期汇率是预期远期汇率以及国内和国外利率的函数。

$$E = \frac{\overline{E}^e}{1 + i - i^*} \qquad (9.8)$$

从(9.8)式可以看出,给定预期远期汇率和国外利率,国内利率的提高会导致外币即期汇率的下降——等价于导致国内货币即期汇率上升。国内利率的下降会导致外币即期汇率的提高——即本币即期汇率的下降。

汇率和国内利率之间的这种关系在现实世界中有重要意义。为进一步理解它,假设美国利率提高,超出了中国利率,这会在金融市场和外汇市场上引发相应的事件。

设想开始的时候美国和中国的利率是相等的,所以 $i = i^*$。这就意味着,根据(9.8)式,即期人民币/美元的汇率等于预期远期汇率,即 $E = \overline{E}^e$。

设想美国货币紧缩导致其利率的提高。在汇率不变的条件下,美国债券变得更有吸引力,所以金融投资者想从中国债券撤资,转而投资美国债券。要想这么做,它们必须出售人民币债券换取人民币,然后卖出人民币兑美元,再用美元购买美国债券。因为投资者卖出人民币去购买美元的行为,会导致美元升值。

美国利率提高会带来美元升值,是人们直觉上能感觉得到的,即对美元的需求增加使得美元价格提高。然而不容易直接感受到的是美元应升值多少。如果金融投资者没有改变它们对远期汇率的预期,那么现在美元升值得越多,投资者预期它在未来的贬值就会越大,因为它们预期汇率会在未来恢复到原定预期同样的水平。在其他条件不变的情况下,这种预期使得中国债券更有吸引力。这是因为,如果预期美元会贬值,用人民币表示的给定回报率,再用美元表示时会有更高的回报率。

从中可以看出,最初的美元升值一定会带来预期未来的贬值,从而抵消了美国利率提高带来的好处。如果这种情况发生,投资者就不会作出改变,均衡得以继续保持。

现举一个数字性的例子加以说明。假定美国和中国的一年期利率都等于6%,美国是外国,中国是本国。设想美国利率现在提高到8%。那么一年后,人民币/美元的汇率是上升还是下降,投资美元债券或人民币债券的收益率会是多少(以美元计)。

根据(9.8)式,可以知道,美国利率上调2个百分点,在投资者预期远期汇率不变的条件下,美元即期汇率在未来会贬值2%。

$$i = i^* + \frac{\overline{E}^e - E}{E}$$

$$i - i^* = \frac{\overline{E}^e - E}{E}$$

$$6\% - 8\% = -2\%$$

由于投资者没有改变它们对一年后远期汇率的预期，那么一年后美元贬值2%，就意味美元现在升值2%。美元相对于人民币一年后贬值2%，相当于人民币兑美元一年后升值2%。因此，持有人民币债券一年后到期的美元收益率等于人民币债券收益率6%，加上一年后人民币升值2%，即8%。这样，一年后，持有美国债券或者持有人民币债券都能得到用美元计算的8%收益率。

图9-1显示了(9.8)式所包含的国内利率和汇率之间的关系——利率平价关系。图中预期远期汇率 $\overline{E}^e$ 和国外利率 i^* 是给定的。根据(9.7)式，利率越低，外币即期汇率越高，因而这种关系画出来是一条向下倾斜的曲线。(9.8)式也意味着，当国内利率等于国外利率的时候，汇率等于预期远期汇率，如图9-1用A点所示。

图9-1显示：国内利率越低，外币的即期汇率更高，从而意味国内货币贬值。相反，国内利率越高，外币的即期汇率越低，从而导致国内货币升值。

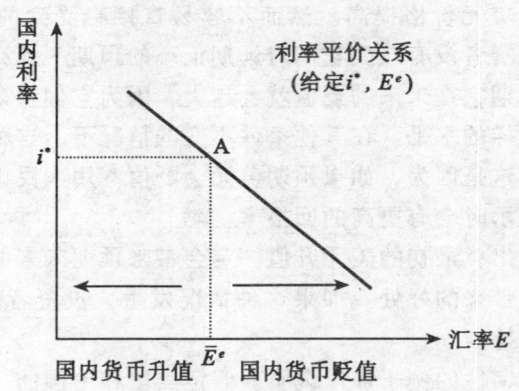

图9-1 利率平价关系所包含的利率和汇率间关系

第二节 开放经济的 IS—LM 模型

前面曾经分析过封闭经济条件的 IS—LM 模型，本节重点分析开放经济条件下 IS—LM 的表达式。

一、开放经济中的 *IS* 曲线和 *LM* 曲线

前面，介绍了有关产出、利率和汇率的变动的基础性知识。在产品市场

均衡中,短期内产出依赖于利率、汇率和其他的一些因素:

$$Y = C(Y - T) + I(Y, i) + G + NX(Y, Y^*, e) \tag{9.9}$$

在金融市场均衡中,可知利率是由货币供给和货币需求量决定:

$$\frac{M}{P} = L(Y, i) \tag{9.10}$$

利率平价条件意味着国内利率和汇率之间呈反向关系:

$$E = \frac{\overline{E^e}}{1 + i - i^*} \tag{9.11}$$

把它们结合在一起,这三个关系决定了产出、利率和汇率。解出这三个关系并不容易,但是可以利用利率平价关系消去产品市场均衡关系中的汇率,从而很容易地把方程数减少到两个。这样,就得到了下面两个方程,即开放条件下的 IS 模型和 LM 模型:

$$IS: Y = C(Y - T) + I(Y, i) + G + NX\left(Y, Y^*, \frac{\overline{E^e}}{1 + i - i^*}\right) \tag{9.12}$$

$$LM: \frac{M}{P} = L(Y, i) \tag{9.13}$$

先看 IS 关系,考虑利率提高对产出的影响。利率的提高现在有两个影响:

首先是对投资的直接影响,这和在封闭经济中一样:更高的利率使得投资减少,从而导致对国内产品的需求减少,产出减少。

其次是通过汇率的影响,它仅在开放经济中存在。国内利率的提高使得本国货币升值,升值使得本国产品相对于外国产品来说更加昂贵,导致净出口减少。因而对国内产品的需求减少,进而产出减少。

两种影响起作用的方向是相同的:利率的提高直接地以及通过本币升值间接地减少了需求,使产出下降。注意其乘数比封闭经济中的乘数要小。这是因为需求下降部分地由国外产品来承受,而不是全部都落在国内产品上。

利率和产出之间的 IS 关系如图 9-2 所示。图中假设所有其他变量 (T, G, Y^*, i^* 和 $\overline{E^e}$) 不变。IS 曲线向下倾斜,即利率的提高带来产出的下降。看起来和封闭经济非常类似,但是其中隐含了一个比以前更加复杂的关系:利率不仅仅是直接影响产出,而且通过汇率间接影响产出。

LM 关系和封闭经济中完全一样,LM 曲线向上倾斜,即给定实际货币存量的值 (M/P),产出的提高使得对货币的需求提高,从而均衡利率也随着提高。

产品市场和金融市场的均衡在图 9-2(a) 中的 A 点同时达到,均衡时的

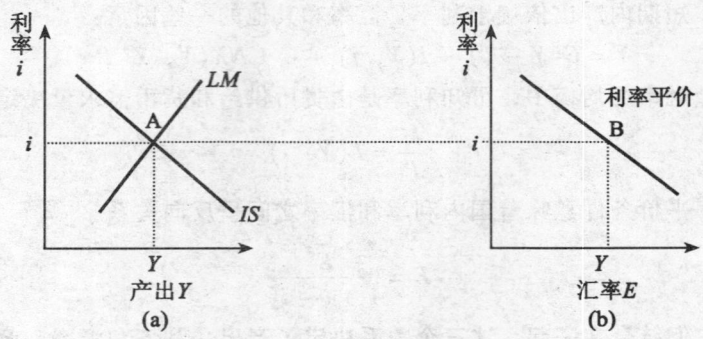

图 9-2　开放经济中的 IS—LM 模型

产出为 Y，利率为 i。汇率的均衡值无法从图 9-2(a) 中直接得到，但是可以很容易地从图 9-2(b) 中得到。图 9-2(b) 给出既定利率下的汇率，即均衡利率 i 对应的汇率等于 E。

总之，得到了开放经济中 IS 和 LM 关系。IS 曲线向上倾斜：利率的提高直接地，同时通过汇率间接地导致产出下降。LM 曲线向上倾斜：收入或产出的提高使得对货币的需求增加，从而导致均衡利率的提高。均衡产出和均衡利率由 IS 曲线和 LM 曲线的交点决定。给定国外利率和预期远期汇率，则均衡利率决定了均衡汇率。

二、IS 曲线移动的影响因素

在开放经济条件下，产品市场的均衡或出清的条件可以写为：

$$Y = C + I + G + NX \tag{9.14}$$

对此式进行如下形式转换：

$$Y - C - G - I = NX \tag{9.15}$$

等式中，$Y - C - G$ 是国民意愿储蓄 S，于是产品市场出清的条件可改写为：

$$S - I = NX \tag{9.16}$$

该等式表明，在开放条件下，一国产品市场要出清，其对外净出口必须等于该国国民对外净投资。这是因为 S 代表国内居民的总储蓄额，I 是国内的投资额（含国内居民和外国居民的投资），$S - I$ 代表本国居民对外的净债权，即对外净投资。

当实际利率 r 上升时，在维持产出固定的条件下，实际利率的上升增加了国民意愿储蓄，减少了意愿投资，进而使得该国向外国出借的数额增加。

因此，在 r 与净出口或对外净投资组成的坐标空间内，$S-I$ 是向上倾斜的曲线。

对净出口 NX 而言，实际利率 r 上升使得汇率升值，从而减少净出口。因此，在 r 与净出口或对外净投资组成的坐标空间内，NX 是向下倾斜的曲线。

换言之，产品市场出清的条件，可由 $S-I$ 曲线与 NX 曲线的交点来决定，如图 9-3 所示。

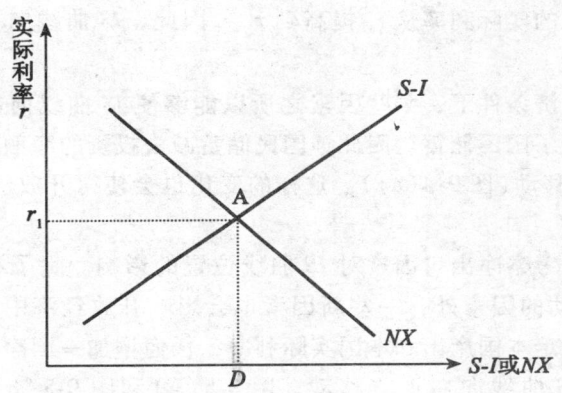

图 9-3　开放经济中的产品市场均衡

图 9-3 显示，产品市场在 A 点实现均衡，均衡点处所决定的利率为 r_1，所决定的对外净投资额与净出口相等。

从图 9-3，还可以发现，在假定均衡实际利率 r 值给定的情况下，任何使 $S-I$ 曲线与 NX 曲线移动的因素，都会使 IS 曲线发生移动。为了搞清有哪些因素，还必须重新考察产品市场均衡条件表达式(9.1)：

$$Y = C(Y - T) + I(Y, r) + G - \varepsilon Q(Y, \varepsilon) + X(Y^*, \varepsilon)$$

式中，若 r 不变，则实际汇率 ε 也不会变化。这是因为若 r 增加，将会引起本国居民投资需求下降，意愿储蓄增加。在长期内，投资需求的减少，将通过其乘数效应，使产出或收入进一步下降。收入或产出的进一步下降，会减少本国对外国的进口，在外国对本国出口需求不变的情况下，国内商品的价格水平将上升，导致本币实际汇率上升。

可见，在给定 r 不变的情况下，能最终使产出 Y 增加的因素是 T、G 和 Y^*。其中 T 和 G 与财政政策有关，Y^* 与出口需求有关，前者会使 $S-I$ 曲线移动，后者会使 NX 曲线移动。下面将从财政政策和净出口两个方面，来进一步说明上述因素是如何使 IS 曲线移动的。

首先,考察财政政策对 IS 曲线移动的影响。图 9-4 对此作了解释。图 9-4 表现了临时性政府采购的增加对开放经济的 IS 曲线的影响。当产出固定为 Y_1 时,初始均衡位于 E 点,在该点实际利率是 r_1。在每一产出水平和实际利率下,临时性政府采购的增加降低了国民储蓄。因此,S-I 曲线向左移动,从 $(S-I)^1$ 移动到 $(S-I)^2$,如图 9-4(a)所示。新的产品市场均衡位于 F 点,在该点实际利率是 r_2。

图 9-4(b)展现了对 IS 曲线的作用。就产出 Y_1 而言,政府采购的增加将出清产品市场的实际利率从 r_1 提高到 r_2。因此,IS 曲线向右上方移动,从 IS^1 移到 IS^2。

在封闭经济条件下,某些因素之所以能够使 IS 曲线向右上方移动,是因为它们减少了国民储蓄。因此,国民储蓄减去投资的净额减少了,从而使 S-I 曲线向左移动(图 9-4(a))。这样的变化也会使得开放经济的 IS 曲线向右上方移动。

然后,在考察净出口因素对 IS 曲线位置的影响。除了在封闭经济中影响 IS 曲线移动的因素外,一些新因素也会影响开放经济中 IS 曲线的位置。具体说来,给定本国产出和本国实际利率,任何增加一国净出口的因素将使开放经济的 IS 曲线向右上方移动。图 9-5(a)和图 9-5(b)可解释其影响过程。

图 9-5(a)和图 9-5(b)中的初始均衡点都位于 E 点,在该点本国产出为 Y_1,本国实际利率为 r_1。现在假设发生了某种变化,即在给定本国产出和实际利率的情况下,该国的净出口增加了。净出口的增加表现为图 9-5(a)中的 NX 曲线从 NX^1 向右平移到 NX^2。产品市场在 F 点实现新的均衡点,在该点实际利率上升到了 r_2。因为就固定的产出水平而言,市场出清的实际利率上升了,所以 IS 曲线向右上方平移,从 IS^1 移到 IS^2,如图 9-5(b)所示。

在给定本国产出和实际利率的条件下,什么因素引起本国净出口增加?有三种可能:一是外国收入增加会增加对本国出口产品的需求;二是外国实际利率的上升,使本国货币贬值,本国商品对外国居民变得更便宜;三是受偏好影响外国对本国商品的需求增加了。前两种可能性,包含在产品市场均衡表达式(9.1)中。下面解释第三种可能性。

第三种情况对本国净出口的影响是显而易见的。若本国产品性能改进,售后服务水平提高,或外国居民喜爱本国的文化,都增加外国居民对本国产品的偏好,从而增加对本国产品的需求,导致本国净出口的增加。此外,本国对进口施加限制,也会增加外国对本国产品的需求。

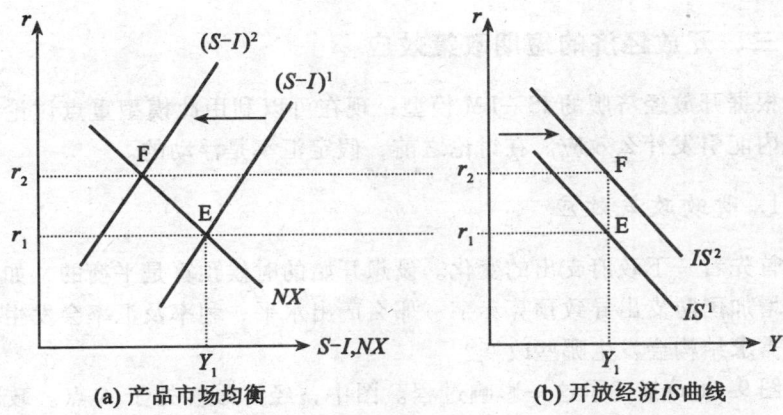

图 9-4 政府采购的增加对开放经济 IS 曲线的作用

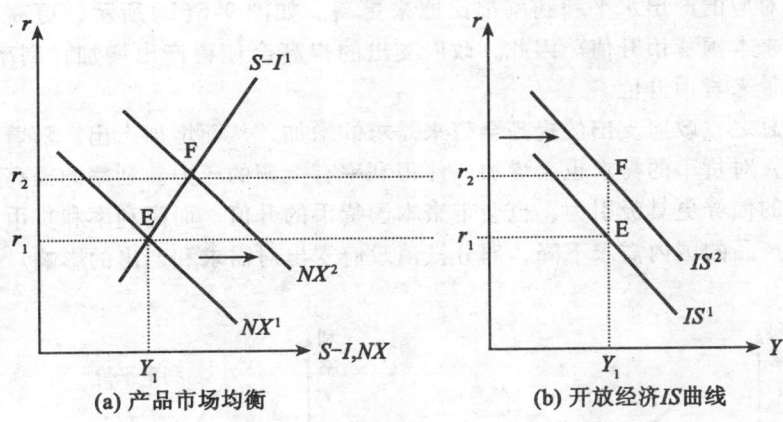

图 9-5 净出口增加对开放经济 IS 曲线的作用

通过上面的分析，可以得出如下结论：

外国产出 Y^* 增加使得外国人购买的本国商品增多，直接增加了本国的净出口。并使得 IS 曲线向右上方移动。

外国实际利率 r^* 的上升使外国资产对本国储户而言变得更有吸引力，增加了本国货币的供给，导致汇率贬值。汇率降低刺激了净出口，使得本国 IS 曲线向右上方移动。

世界上对本国商品需求的增加，与本国商品质量提高一样，增加了净出口，并将 IS 曲线向右上方移动。另一个例子是，如果本国施加了限制进口的贸易壁垒（由此增加了净出口），类似的作用也会发生。

三、开放经济的短期政策效应

根据开放经济版的 IS—LM 模型,现在可以利用此模型重点讨论政策在短期内能引发什么效应。在讨论之前,假定汇率是浮动的。

1. 财政政策效应

首先看一下政府支出的变化。设想开始的时候预算是平衡的,如果政府决定增加国防支出导致预算赤字,那么产出水平、利率及汇率会发生什么变化?需求结构会发生哪些改变?

图 9-6(a)描述了这一影响过程。图中,经济最初处于 A 点。政府支出从 G 提高到 G'。在给定的利率下会提高产出,IS 曲线向右上方移动,从 IS 移动到 IS'。因为政府支出不涉及 LM,LM 曲线没有移动。新的均衡点在 A' 点,对应的产出水平和利率都比原来更高。如图 9-6(b)所示,更高的利率会带来本国货币升值。因此,政府支出的提高会使得产出增加,利率升高,同时带来货币升值。

总之,政府支出的提高会带来需求的增加,从而增加产出。随着产出的增加,对货币的需求也会增加,使得利率有上调的压力。利率的提高会使得国内的债券更具吸引力,也会带来本国货币的升值。而高利率和货币升值使得对产品的国内需求下降,部分抵消政府支出对需求和产出的影响。

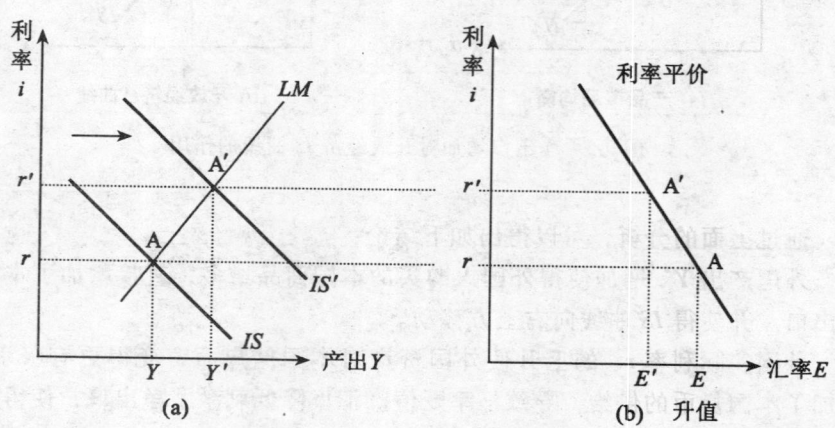

图 9-6 政府支出增加的效应

下面,来分析政府支出增加对需求各个部分的影响:

显然消费和政府支出都增加：消费增加是因为收入的提高，政府支出的增加是前面的假设。

投资的变化不确定。投资依赖于产出和利率，即 $I = I(Y, i)$。一方面，产出提高，使得投资增加。但是另一方面，利率也提高，使得投资减少。根据这两种效应的程度不同，投资可能上升或者下降。

净出口取决于国内产出、国外产出和汇率，即 $NX = NX(Y, Y^*, E)$。因此，货币升值和产出的提高都会使得净出口减少：升值减少了出口，增加了进口，产出的提高又进一步增加了进口。预算赤字会导致贸易余额的恶化。如果开始的时候贸易是平衡的，那么预算赤字就会带来贸易赤字。

2. 货币政策效应

另一个常提及的政策实验是货币紧缩的效应，如图 9-7 所示。

在给定的产出水平下，货币存量从 M/P 减少到 M'/P，会导致利率的提高。因此图 9-7(a)中的 LM 曲线向左上方移动，从 LM 到 LM'。因为货币不会直接涉及 IS 曲线，所以 IS 曲线没有移动。均衡点从 A 点移动到 A'点。利率的提高会导致本国货币的升值(图 9-7(b))。

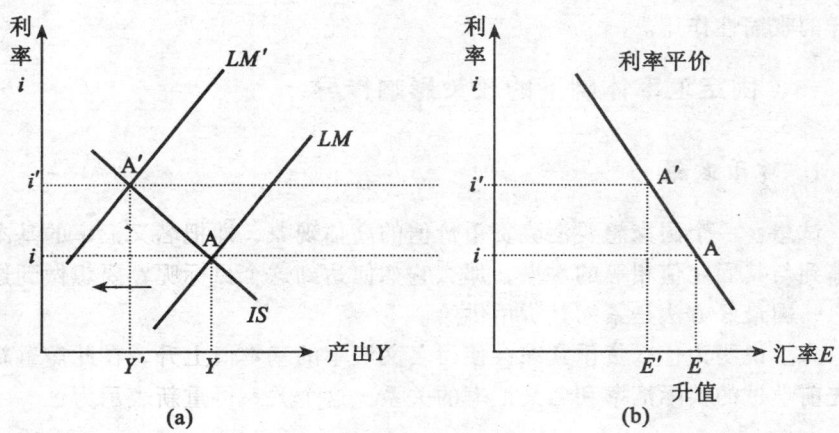

图 9-7 货币紧缩效应

因此，货币紧缩会使得产出减少，利率提高和本币升值。货币紧缩会带来利率的提高，使得本国债券更具吸引力，从而引起本币升值。更高的利率和本币升值都会使需求和产出减少。同时，产出的减少又会使得货币需求减少，导致利率有所下降，部分抵消了开始时利率提高、本币升值的影响。

第三节 经济周期的传导

在本章的引论部分,曾简单地提到国家的贸易和金融往来是如何使周期性波动在国与国之间传导的。下面的分析将展现一国的经济政策是如何通过进出口渠道向外国经济传导的。

众所周知,美国是当今世界经济发展的引擎。2005年的下半年,美国政府由于实行紧缩性货币政策防止本国经济的泡沫,结果把泡沫刺破,引发次贷危机,导致本国消费和产出下降,其进口需求大幅度下降。试想,中国这样一个以美国为其主要出口市场的经济体,会受到什么样的影响呢?在IS—LM模型中,美国消费和产出的下降降低了对中国净出口商品的需求,使得中国的 IS 曲线会向左下方移动。在凯恩斯版本的IS—LM模型中,IS 曲线向左下方移动会使中国经济陷入经济衰退,出现失业。若中国政府不采取任何行动,这种状况只有到价格充分调整时才会有所改善,使其恢复到充分就业水平。

同样,一国的经济也会对外国消费者对各种商品的需求偏好变化感到敏感。例如,日本对中国农产品需求的下降(可能由日本本身对进口商品的贸易限制引起),将会使中国的 IS 曲线向左下方移动,这和美国产出下降有着同样的收缩性作用。

一、固定汇率体制下的政策影响传导

1. 货币政策

试想,一个国家想要消除货币价值的高估现象,即把名义汇率的基本值提高到与其固定值相等的水平,那么它如何达到这个目标呢?要想做到这一点,一国最好方法是紧缩其货币供给。

为了说明为什么货币紧缩会使得名义汇率的基本值上升,在此需重新温习先前学过的实际汇率和名义汇率的关系。这个关系可重新表示为:

$$e = \varepsilon p_f / p_h \tag{9.17}$$

(9.17)等式表明在外国价格水平 p_f 给定的条件下,名义汇率与实际汇率成正比关系,与本国价格水平 p_h 成反比关系。

这里,名义汇率的基本值是指外汇市场上的货币供给和需求所决定的名义汇率数值。之所以使用这一概念,是要把名义汇率与其固定值做一区分。当一国实行紧缩型货币政策,意味外汇市场上本币供应量的减少,则会使本币名义汇率的基本值提高;若实行扩张的货币政策,意味外汇市场上本币供

应量的增加,则会使本币名义汇率的基本值降低。

图 9-8 描述采取固定汇率体制的国家其名义汇率与货币供给的关系。向下倾斜的曲线 FV 代表货币供给与名义汇率基本值之间的关系。该曲线向下倾斜,意味在其他因素不变时,货币供给的增加会降低名义汇率的基本值。

图 9-8 中的水平线 GV 代表的是官方决定的汇率;在横轴上的 M_1 点是使得汇率的基本值与其官方汇率相等的货币供给量。如果货币供给大于 M_1,表明该国汇率有高估的问题,即汇率的基本值低于官方确定的汇率值;如果货币供给小于 M_1,表明该国存在汇率低估的问题,即汇率基本值高于官方确定的汇率值。

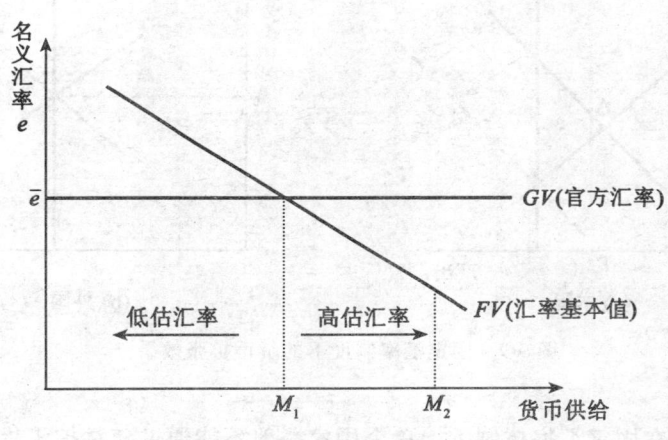

图 9-8 在固定汇率下的货币供给

如果某一国家想要扩大货币供给以对抗经济衰退,把货币供给增加到图 9-8 中所示的 M_2 位置。那么在固定汇率体制下,其结果只能是造成汇率高估问题。在外汇市场上,该国央行为了维护高估的本币币值,必须向外汇市场抛出外汇,等量回收其在本国多投放的货币($M_2 - M_1$),导致该国的货币数量没有发生变化。该国央行在外汇市场的反向操作,同时抵消了其货币政策扩张的效果,其结果是经济状态没有发生变化。

图 9-9 展示了固定汇率制度下该国货币扩张对本国经济的影响过程。该国试图把货币供给增加到 M_2,以使经济恢复到充分就业水平上。于是,央行向市场多投放了 ($M_2 - M_1$) 的本国货币,结果使 LM 曲线向右下方移动。本币供给增加会使本币名义汇率下降,偏离了名义汇率的固定值。这时,央行为了使名义汇率保持在其固定值水平上,就必须在外汇市场上投放外汇以

回购其在国内多投放的本币($M_2 - M_1$),其结果是减少了本国的货币供给数量,使 LM 曲线往回移动。最终结果是该国所有的实际变量都没有发生变化,即产出、实际利率和实际汇率都没有变化。产出、实际利率和实际汇率没有改变,相应净出口数量也没有发生变化,从而不能对外经济产生影响。也就是说,在固定汇率体制下,一国货币政策,无论是扩张还是收缩,对本国经济和外国经济都不构成任何影响,即货币政策是无效的。

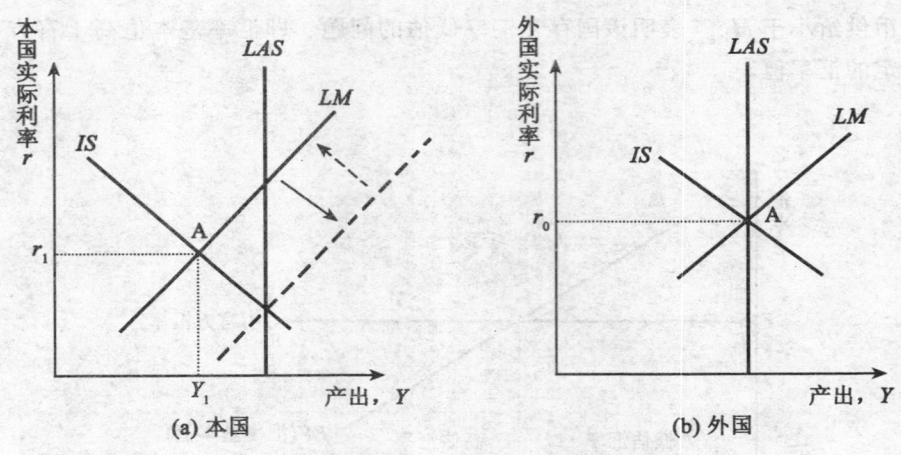

图 9-9　固定汇率制度下的货币扩张效果

这表明在固定汇率体制下,单个国家一般不能通过随意扩张货币供给来增加产出和就业;相反,货币供给政策只能是使汇率的基本值与官方确定值保持一致。

如果该国想避免汇率高估,使货币政策有效果。唯一可行的做法是调整汇率的固定值,使其贬值。这时,央行不再去刻意维持高估的汇率,而是根据该国货币供给增加的数量向下调整名义汇率的固定值。

当央行根据需要下调名义汇率的固定值时,其货币供给的增加,将会使 LM 曲线向右下方移动,短期内使产出增加,如图 9-10 所示。产出的增加,将会增加本国居民对外国商品的需求,从而使该国名义汇率下降。根据贸易 J 曲线效应,汇率变化对进出口影响存在滞后效应,即汇率的改变在短期内不会对进出口数量产生影响。因此,短期内该国产出的增加会导致其净进口的增加或净出口的减少。该国净进口的增加或净出口的减少,意味外国净出口的增加或净进口的减少,从而使外国的 IS 曲线向右上方移动,短期内外国的产出会有所增加。

但从长期看，该国名义汇率固定值的向下调整，其对出口的影响要大于收入对进口的影响，会导致该国净出口的增加。在该国净出口增加的影响下，该国的 IS 曲线向右上方移动，从而该国的产出恢复到充分就业水平。外国的 IS 曲线将向左下方移动，从而引发外国经济的衰退。在这样的情况下，外国不会甘心遭受衰退的损失，也会下调其名义汇率的固定值，从而引发各国的汇率战。

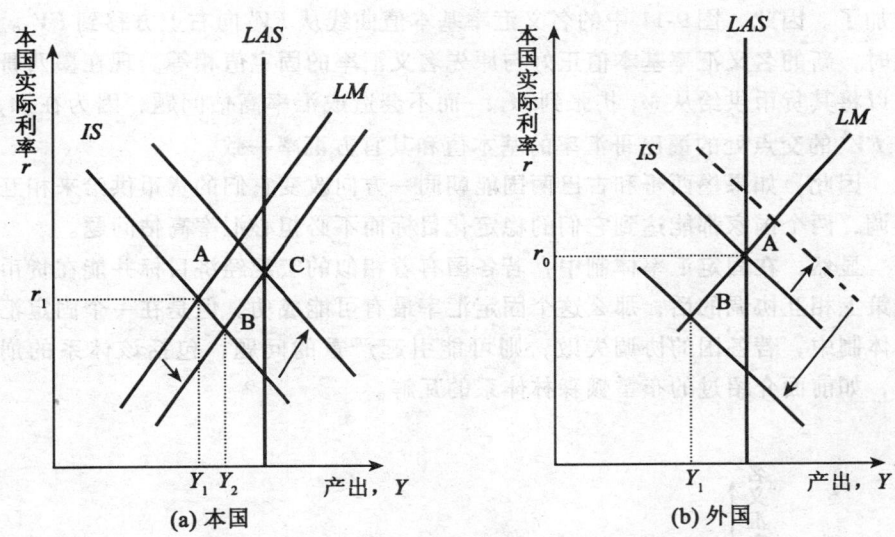

图 9-10 名义汇率固定值下调的货币扩张效果

因此，在固定汇率下，中央银行不能使用货币政策来追求稳定宏观经济的目标。若要使其货币政策有效，一个可行的方法是调整固定汇率的水平，但这又会引起国家之间的汇率战。

尽管在实行固定汇率体制的一组国家中，任何的一个成员不能随意使用货币政策，但如果各成员国能够协调它们的政策，这组国家作为一个整体也是可以这么做。

例如，假设墨西哥和古巴两国的货币有一固定的汇率，并且两国都发生了经济衰退。为了避免衰退，它们都想扩大货币供给。如果墨西哥采取货币扩张政策，如图 9-11 中从 M_1 移动到 M_2，它的汇率将变得高估（它在 M_2 和 FV^1 的交点处的基本值会低于官方汇率）。在这种情况下，墨西哥央行若维持这一高估的汇率，就会有充足的外汇储备，否则其储备会被耗竭，最终迫使央行放弃它的扩张尝试。

但是，现在古巴政府也采取货币供给扩张政策。如果墨西哥央行货币供给增加后其数量保持不变，古巴央行通过增加本国货币供给来影响两国货币市场的供求关系，提高墨西哥货币的名义汇率基本值，并使其与汇率高估的数值相等，如图 9-11 所示。

由于两国都增加了货币供给，从而使两国货币供求关系恢复到货币政策没有变化时的水平，但不同的是，此时外汇外汇市场上两国的货币供应数量增加了。因此，图 9-11 中的名义汇率基本值曲线从 FV^1 向右上方移到 FV^2。此时，新的名义汇率基本值正好与原先名义汇率的固定值相等。现在墨西哥可以将其货币供给从 M_1 扩张到 M_2，而不会造成汇率高估问题，因为在 M_2 和 FV^2 的交点处的墨巴哥汇率的基本值和其官方汇率一致。

因此，如果墨西哥和古巴两国能朝同一方向改变它们的货币供给来相互协调，两个国家都能达到它们的稳定化目标而不必担心汇率高估问题。

显然，在固定汇率体制中，若各国有着相似的宏观经济目标并能在货币政策上相互协调的话，那么这个固定汇率最有可能成功。但是在一个固定汇率体制中，若各国的协调失败，则可能引起严重的问题，包括该体系的崩溃，如前面介绍过的布雷顿森林体系的瓦解。

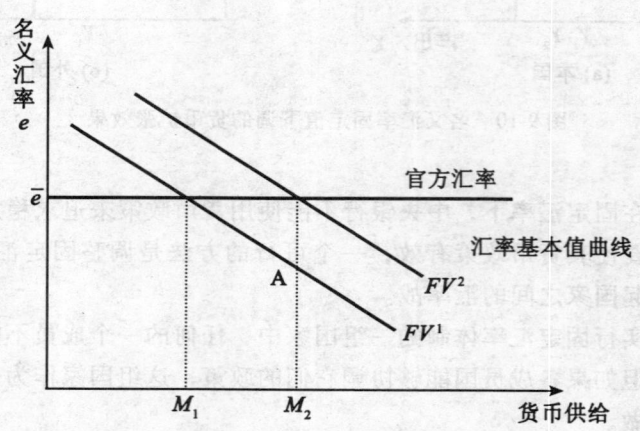

图 9-11 在固定汇率体制下协调的货币供给

2. 财政政策

如果在固定汇率体制下，无法再使用货币政策，那么财政政策又怎样呢？要回答这个问题，需使用图 9-12 来进行解释。

图 9-12 显示，财政扩张使得 IS 曲线从 IS 向右移动到 IS′。在货币存量保持不变的前提下，使得均衡点从 A 移动到 B 点，均衡产出从 Y_A 移动到 Y_B，利率提高，本币名义汇率上升，即本国货币升值。

但是，在固定汇率制度下，中央银行不允许货币升值。因为产出的提高导致了对货币需求的增加，中央银行必须通过提高货币供给以满足增加的货币需求。以图 9-12 来说明，IS 曲线向右移动时，中央银行必须使得 LM 曲线向右下移动，从而使得利率不变，也就意味着汇率不变。因此，均衡点从 A 移动到 C，达到更高的产出 Y_c，利率和汇率不变。这样，财政政策在固定汇率下比在浮动汇率下更有力，这是因为财政政策触发了货币政策的响应。

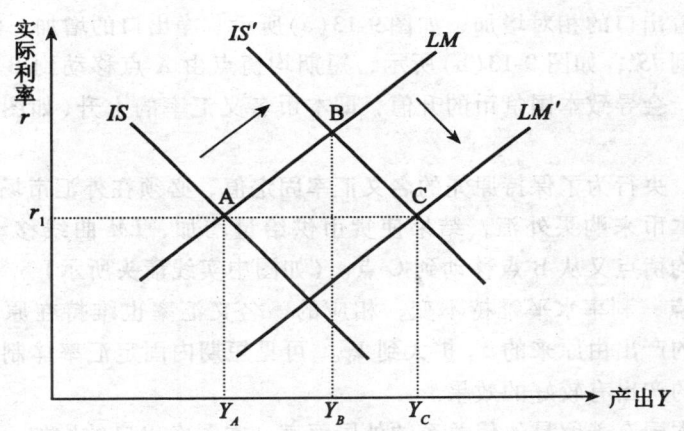

图 9-12　固定汇率体制制度下的财政扩张效应

本国产出因财政扩张而增加，必然要增加进口的需求，从而带动与之有贸易伙伴关系的外国增加出口，从而使外国产出增加。

通过上面的分析，还会发现：

把汇率固定下来，一个国家就得放弃调整贸易余额和改变经济活动水平的一个强有力的政策工具——货币政策。

承诺一个特定的汇率，会使国家失去对利率的控制。不仅如此，还必须使其经济活动适应国外利率，而这可能会对其经济活动产生不必要的影响，有一定风险。

虽然国家保持了对财政政策的控制，但是一个政策工具是远远不够的。财政扩张能够帮助经济摆脱衰退，但是代价将是巨额的贸易赤字。而且在固定汇率下，一个国家要想降低财政赤字，也无法用货币政策来抵消其财政政策对产出收缩的影响。因为货币供给的增加会加剧本币的贬值，使固定汇率无法持续下去。

3. 贸易政策

在固定汇率体制下，一国的贸易政策会对一国和他国的产出产生什么影响呢？假设一国通过提高关税、加强进口审查或进口配额等措施限制进口，保护本国与进口相竞争的相关产业，这种措施将对本国的进口和产出及他国的出口和产出产生较大的影响。

无论名义汇率还是实际汇率，其与净出口的关系都是负相关的，但在短期内两者对净出口的影响是等价的。在名义汇率固定值不变的前提下，限制进口意味着出口的相对增加，如图 9-13(a) 所示。净出口的增加，使 IS 曲线向右移动到 IS'，如图 9-13(b) 所示，短期均衡点由 A 点移动到 B 点，实际利率上升，会导致本国货币的升值，即本币名义汇率的上升（如图中实线箭头所示）。

这时，央行为了保持原先的名义汇率固定值，必须在外汇市场上投放相应数量的本币来购买外汇，结果使货币供给量增加，LM 曲线移动到 LM'。这时短期均衡点又从 B 点移动到 C 点。（如图中实线箭头所示）

在 C 点，利率水平维持不变，相应的，名义汇率也维持在原定的水平上，本国的产出由原来的 Y_A 扩大到 Y_c。可见短期内固定汇率体制的贸易保护对本国的产出有较好的效果。

对与本国有着贸易伙伴关系的外国而言，本国净出口的增加，意味外国净进口的增加或净出口的减少，如图 9-13(c) 所示。外国净进口的增加或净出口的减少，使外国 IS 曲线向左下方移动到 IS'，外国实际利率下降，如图 9-13(d) 所示，则名义汇率也要下降。这时外国央行为了维持原定的汇率水平，必须向市场投放相应数量的外汇购买本币。本币供应量的减少，使 LM 曲线移动到 LM'，见图 9-13(d)，汇率和利率水平得以维持不变，外国产出减少。结果，短期内本国净出口的增加，导致外国产出由 Y_A 缩减至 Y_c。即外国产出下降（如图中实线箭头所示）。

但从长期看，在固定汇率体制下，本国的贸易保护所引发的净出口和货币供给的增加，会导致社会总需求的增加。根据前面学过的总供给和总需求知识，这会导致产品价格的上涨。国内产品价格的上涨，提高了本国货币的实际汇率，最终导致进口的增加。同时，本国产出的增加，也意味本国居民将增加对国外的购买。这两者将会使本币名义汇率下降。这时央行为了稳定

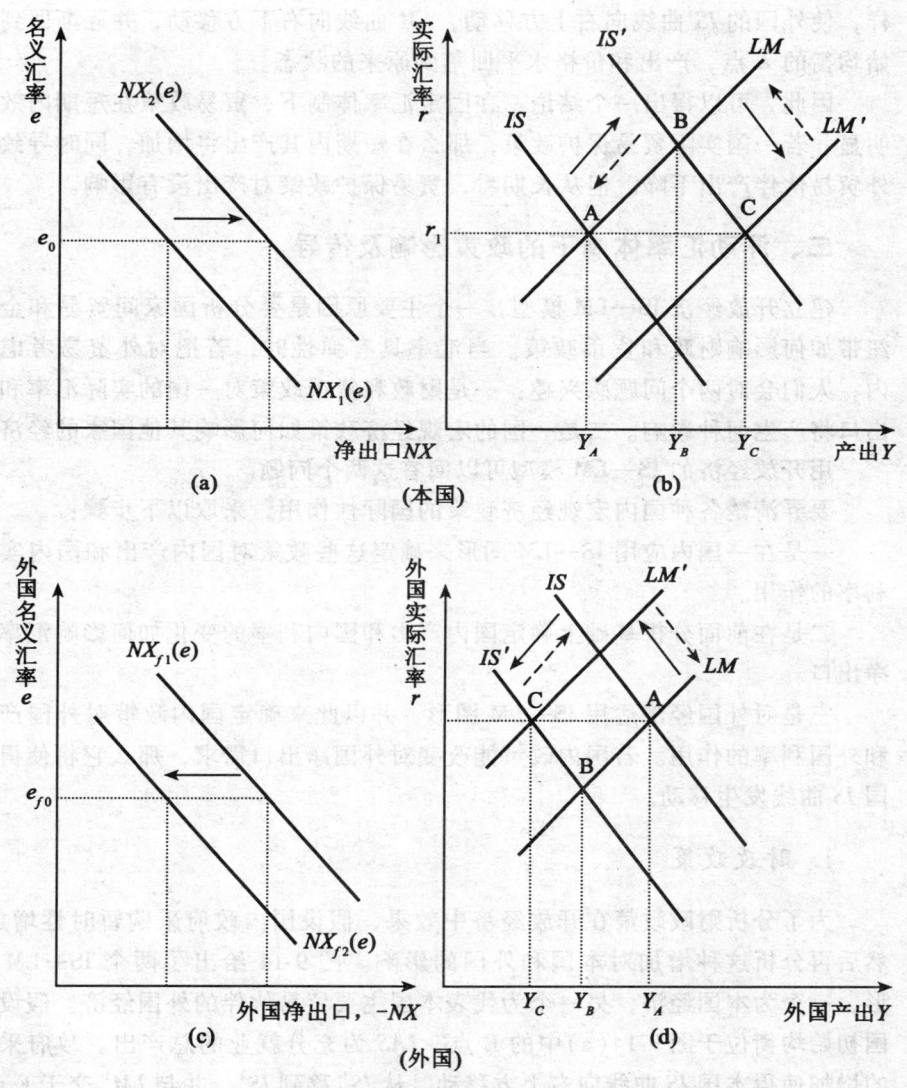

图 9-13 固定汇率体制下贸易保护效果

名义汇率，会采取减少本币在外汇市场的投放量。结果，使 IS' 曲线向左下方移动，LM' 曲线向左上方移动，并逐渐回到初始均衡的 A 点，产出和价格水平回落到原来的状态。如图 9-13 中的虚线箭头所示。

同时，外国的净出口因本国实际汇率的上升和产出提高而增加。净出口的增加意味着外国货币名义汇率将上升，外国央行将增加其货币的供给。这样,使外国的 IS' 曲线向右上方移动,LM' 曲线向右下方移动,并逐渐回到初始均衡的 A 点,产出和价格水平回落到原来的状态。

因此,可以得出一个结论:在固定汇率体制下,贸易政策在短期内效果明显。若一国实际贸易保护政策,那么在短期内其产出将增加,同时导致国外贸易伙伴产出下降。但从长期看,贸易保护政策对产出没有影响。

二、浮动汇率体制下的政策影响及传导

建立开放经济 IS—LM 模型,一个主要原因是要分析国家间贸易和金融纽带如何影响财政和货币政策。当汇率具有弹性时,若把对外贸易考虑在内,人们会对两个问题感兴趣:一是财政和货币政策对一国的实际汇率和净出口将产生何种影响。二是一国的宏观经济政策如何影响其他国家的经济。

用开放经济的 IS—LM 模型可以回答这两个问题。

要弄清楚各种国内宏观经济政策的国际性作用,采取以下步骤:

一是在一国内应用 IS—LM 图形来确定这些政策对国内产出和国内实际利率的作用。

二是在前面分析基础上确定国内产出和国内利率的变化如何影响汇率和净出口。

三是对外国经济适用 IS—LM 图形,并以此来确定国内政策对外国产出和外国利率的作用。若国内政策能改变对外国净出口需求,那么它将使得外国 IS 曲线发生移动。

1. 财政政策

为了分析财政政策在开放经济中效果,假设国内政府采购暂时性增加,然后再分析这种增加对本国和外国的影响。图 9-14 给出了两个 IS—LM 图形,一个为本国经济,另一个为代表本国主要贸易伙伴的外国经济。假设本国初始均衡位于图 9-14(a)中的 E 点,LAS 为充分就业的总产出。政府采购的增加使得本国 IS 曲线向右上方移动,从 IS^1 移到 IS^2,并与 LM^1 交于 F 点。IS 曲线向右上方移动,意味总需求的增加。根据前面学习过的总供给和总需求知识,总需求的增加,终将会使总需求曲线沿着短期总供给曲线向右上方移动,并使国内价格水平抬高。

本国价格水平上升,将本国 LM 曲线向左上方移动,从 LM^1 移到 LM^2,再次与 IS^2 交于长期总供给曲线 LAS 上的 G 点。将 G 点和 F 点相比较,可以看出短期内政府采购的增加使得本国的产出和实际利率都上升了。财政扩张增加了产出和提高了实际利率,这是从凯恩斯模型中得到的结果。

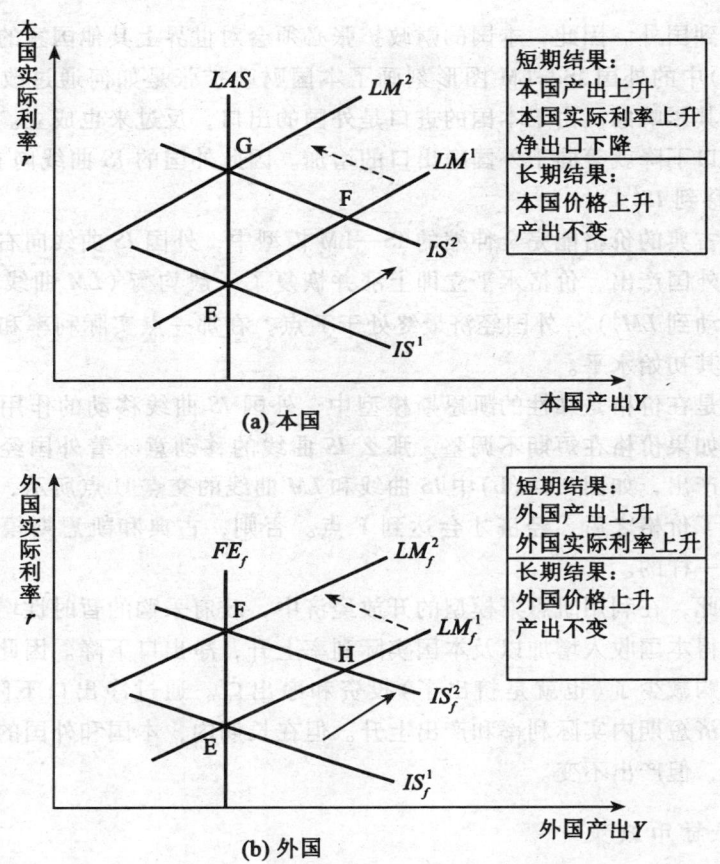

图 9-14 本国政府增加采购的影响及传导

要分析国际贸易的作用,首先考虑本国产出增加和本国实际利率上升对汇率的作用。产出 Y 的增加导致了本国居民需求更多的进口,从而在外汇市场供给更多的本国货币来换取外币,以用于进口。因此本国产出的增加使得名义汇率下降。然而,本国利率的上升使本国资产变得更有吸引力,导致外国居民需求更多的本国货币,使得名义汇率上升。尽管无法搞清政府采购增加对名义汇率会产生什么样的总作用。但是财政扩张对一国的净出口的作用还是明确的。前面提到,本国产出的增加,会增加本国居民对进口的需求,实际利率的上升使名义汇率上调,都导致净出口下降。因此财政扩张的总作用很清楚,是使该国的贸易余额向赤字方向移动。

在相互关联的世界里,一国宏观经济政策的影响并不仅局限于该国,也会影响到国外。因此，本国的财政扩张必须会对世界上其他国家的影响，图9-14(b)中的外国 IS—LM 图形刻画了本国财政扩张是如何通过改变净出口来传导其影响的。由于本国的进口是外国的出口，反过来也成立。那么本国的净出口下降就等同于外国净出口的增加。因此外国的 IS 曲线向右上移动，从 IS_f^1 移到 IS_f^2。

在古典的价格能完全伸缩的 IS—LM 模型中，外国 IS 曲线向右上移动并不影响外国产出，价格水平立即上涨并恢复了一般均衡（LM 曲线从 LM_f^1 向左上移动到 LM_f^2）。外国经济最终处于 F 点，在那一点实际利率和价格水平都高于其初始水平。

但是在价格是黏性的凯恩斯模型中，外国 IS 曲线移动的作用将会稍有区别。如果价格在短期不调整，那么 IS 曲线的移动意味着外国经济会暂时地增加产出，如图 9-14(b) 中 IS 曲线和 LM 曲线的交点 H 点所示，只有当公司调整了价格之后，经济才会达到 F 点。否则，古典和凯恩斯模型的结果将会是一样的。

因此，在利用凯恩斯模型的开放经济中，政府采购的暂时性增加在短期内会使得本国收入增加以及本国实际利率上升，净出口下降。因此，新增的政府采购减少了（也就是挤出了）投资和净出口。通过净出口下降的传导，外国经济短期内实际利率和产出上升。但在长期内，本国和外国的价格水平都上升，但产出不变。

2. 货币政策

继续应用开放经济的 IS—LM 模型来研究当汇率具有弹性时货币政策的效果。为了把长期和短期效果区别开来，利用凯恩斯版本的 IS—LM 模型，在该框架下分析货币供给的下降在短期和长期的作用。

(1) 对本国和外国经济的短期作用。货币紧缩的作用如图 9-15 所示，图中给出了对应本国和外国的 IS—LM 图形。假设 E 点代表初始均衡，而货币供给的减少将使本国 LM 曲线沿着 IS 曲线向左上方移动，从 LM^1 移到 LM^2，如图 9-15(a) 中实线箭头所示。在凯恩斯模型中，价格水平在短期是刚性的，即价格是不变的，所以短期均衡位于 IS 曲线和 LM^2 曲线交点 F 上。比较 F 点和 E 点，可以看出，货币紧缩会在短期内使本国产出下降，本国实际利率会上升。这个结果和封闭经济的情形一样。

在货币紧缩后，名义汇率会由于两个原因在短期上升。首先，本国收入的下降减少了本国对进口商品的需求，进口商品需求的减少又导致本国消费者减少了用来购买进口商品的外国货币的需求；其次，本国实际利率的上升使得本国资产对外国居民变得更有吸引力，增加了外国居民对本国货币的需求。

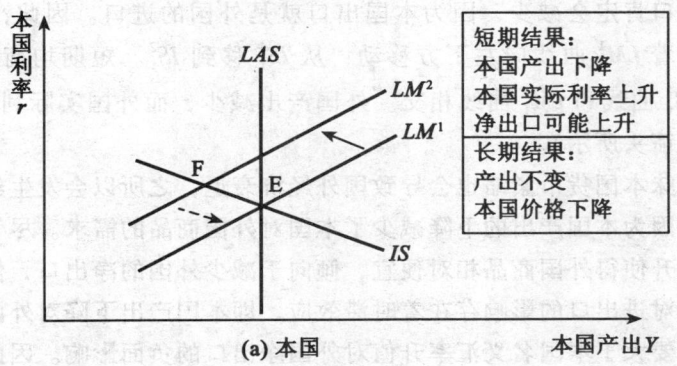

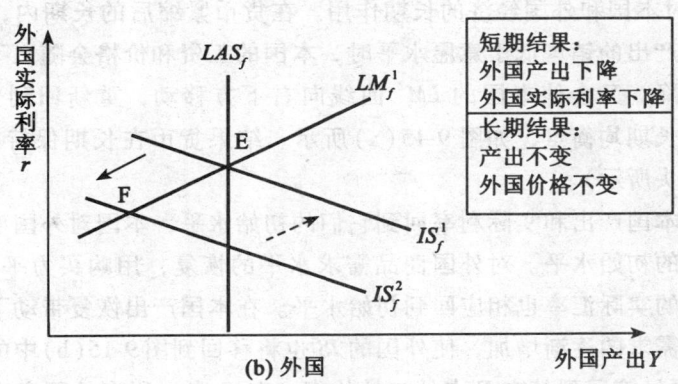

图 9-15　本国货币供给减少的影响及传导

该国的净出口有何变化呢？这里有两个互相冲突的作用：一是由货币紧缩造成的本国收入下降减少了本国对外国商品的需求，从而倾向于增加该国的净出口。二是实际利率上升导致名义汇率的上升，则倾向于减少净出口。理论并没有明确地指出净出口将朝哪个方向变化。

不过在贸易实践中，名义汇率变化对进出口的影响存在着时滞效应，也就是说，名义汇率的变化在短期内不会立即引起进出口数量的变化，需要经过一段时间后才会对进出口产生影响。原因在于短期内消费和生产行为存在"黏性作用"，即惯性。这种现象在贸易中称为 J 曲线效应。根据这一 J 曲线效应，在短期内收入变化对进出口的影响要大于名义汇率变化的影响。因此，短期内该国的净出口会上升。

那么本国货币紧缩如何影响其贸易伙伴的经济？图9-15(b)描述了该政策对一个外国经济的作用。如果本国的净出口由于货币紧缩增加了，那么外国的净出口肯定会减少，因为本国出口就是外国的进口。因此，外国的 IS 曲线将沿着 LM_f^1 曲线向左下方移动，从 IS_f^1 移到 IS_f^2。短期均衡位于 F 点。在该点 IS_f^2 曲线和 LM_f^1 曲线相交。外国产出减少，而外国实际利率下降（如图中实线箭头所示）。

这意味本国货币紧缩也会导致国外经济衰退，之所以会发生经济衰退的传导，是因为本国产出的下降减少了本国对外国商品的需求。尽管本国名义汇率的上升使得外国商品相对便宜，倾向于减少外国的净出口，但在短期内汇率变化对进出口的影响存在着时滞效应，即本国产出下降对外国净出口的正面影响要大于本国名义汇率升值对外国净出口的负面影响。因此，本国的货币紧缩导致了在外国和本国都将发生经济衰退。

（2）对本国和外国经济的长期作用。在货币紧缩后的长期内，当各公司发现自己产出的销售低于意愿水平时，本国的工资和价格会随之下降。价格水平的下降，又会使本国的 LM^2 曲线向右下方移动，重新回到 LM^1 位置，经济回到长期均衡点，如图9-15(a)所示。结果货币在长期保持中性（如图中虚线箭头所示）。

随着本国产出和实际利率回到它们的初始水平，本国对外国商品需求也回到它们的初始水平。对外国商品需求水平的恢复，用购买力平价来判断，意味本国的实际汇率也相应回到初始水平。在本国产出恢复带动下，本国对外国进口需求的逐渐增加，使外国的 IS 也将移回到图9-15(b)中的初始位置 IS_f^1，外国经济回到其在 E 点的初始均衡。在 E 点，所有外国宏观经济变量（包括价格水平）都处于它们的初始水平。因此长期来说，本国货币供给的变化不会影响本国或外国的实际利率和净出口。

尽管货币中性的结论在凯恩斯模型中只是在长期才成立，但它在价格自由伸缩的古典基本模型中却是即时成立的。所以，在古典基本模型中，货币政策的变化对实际利率或贸易流量是没有作用的。

尽管货币在长期内不能影响实际汇率，但它确实能通过改变本国价格水平来影响名义汇率。这是由于实际汇率和名义汇率对宏观经济条件变化有不同反应而形成的。货币的长期中性隐含着名义货币供给若下降5%，则本国价格水平也将下降5%。那么，名义汇率又如何变化呢？

名义汇率 $e = \varepsilon p_f / p_h$，这里 ε 为实际汇率，p_f 为外国价格水平，p_h 为本国价格水平。它们之间的增量关系可用前面学过的汇率购买力平价公式来表述：

$$\frac{\Delta e}{e} = \frac{\Delta \varepsilon}{\varepsilon} + \frac{\Delta p_f}{p_f} - \frac{\Delta p_h}{p_h} \tag{9.19}$$

由于实际汇率 ε 和外国价格水平 p_f 在长期不因本国货币紧缩而变化。所以本国价格水平 p_h 下降 5% 使得名义汇率 e 也（大约）上升了 5%。因此货币紧缩使得本国价格水平下降以及名义汇率升值的比例与货币供给下降的比例相同。

3. 贸易政策

在汇率浮动的情况下，贸易政策又是如何影响一国和他国的经济呢？其政策效果如何？

假设本国实行贸易保护政策，通过提高关税和进口配额或其他限制性措施限制进口数量，从而减少本国居民因购买进口商品对外国货币的需求。因此，对进口的限制意味净出口的相对增加，即在任意一名义汇率下本国净出口都会增加，如图 9-16(a) 所示。根据产品市场均衡的原理，净出口的增加，IS 曲线向右上方移动到 IS′，短期均衡点由初始点 A 移到 B 点，实际利率由 r_1 上升到 r_2，产出由 Y_A 扩大到 Y_B，如图 9-16(b) 所示。与固定汇率体制下的贸易保护政策相比，浮动汇率体制下的贸易保护对产出的影响要小，但政策对限制进口在短期内仍是有效的。

对与本国有贸易伙伴关系的外国而言，本国净出口的增加，意味外国净出口的减少或净进口的增加，即在任意名义汇率下，外国的净出口都会减少，如图 9-16(c) 所示。外国净出口的减少或净进口的增加，会使外国的 IS 曲线向左下方移动到 IS′，短期均衡点由初始点 A 移到 B 点，实际利率由 r_{f1} 下降到 r_{f2}，产出由 Y_A 缩减至 Y_B，如图 9-16(d) 所示。但与固定汇率体制相比，本国贸易保护引发外国产出减少的幅度要小。

从长期看，本国均衡点不会停留在 B 点，见图 9-17(b) 所示。净出口的增加，会导致本国总需求也相应增加。根据前面学习的总供给和总需求知识，总需求曲线将沿短期总供给曲线向右上方移动，使国内的价格水平提高。国内价格水平的提高，意味货币供给的减少，又会使 LM 曲线向左上方移动到 LM′，直到使本国产出在更高的利率水平上与原有产出保持一致为止，如图 9-17(b) 所示。然而在这一移动过程中，实际利率是逐渐上升的，本国资产对外国居民更具有吸引力，外国居民倾向于增加对本国货币的需求，从而导致名义汇率跟着上调，结果导致进口增加。当名义汇率上调至 e_1 时，本国的净出口恢复到原先的水平，如图 9-17(a) 所示。也就是说，长期内本国的贸易保护政策对产出不会产生影响，但本币的名义汇率上升了，国内价格水平也上升了。

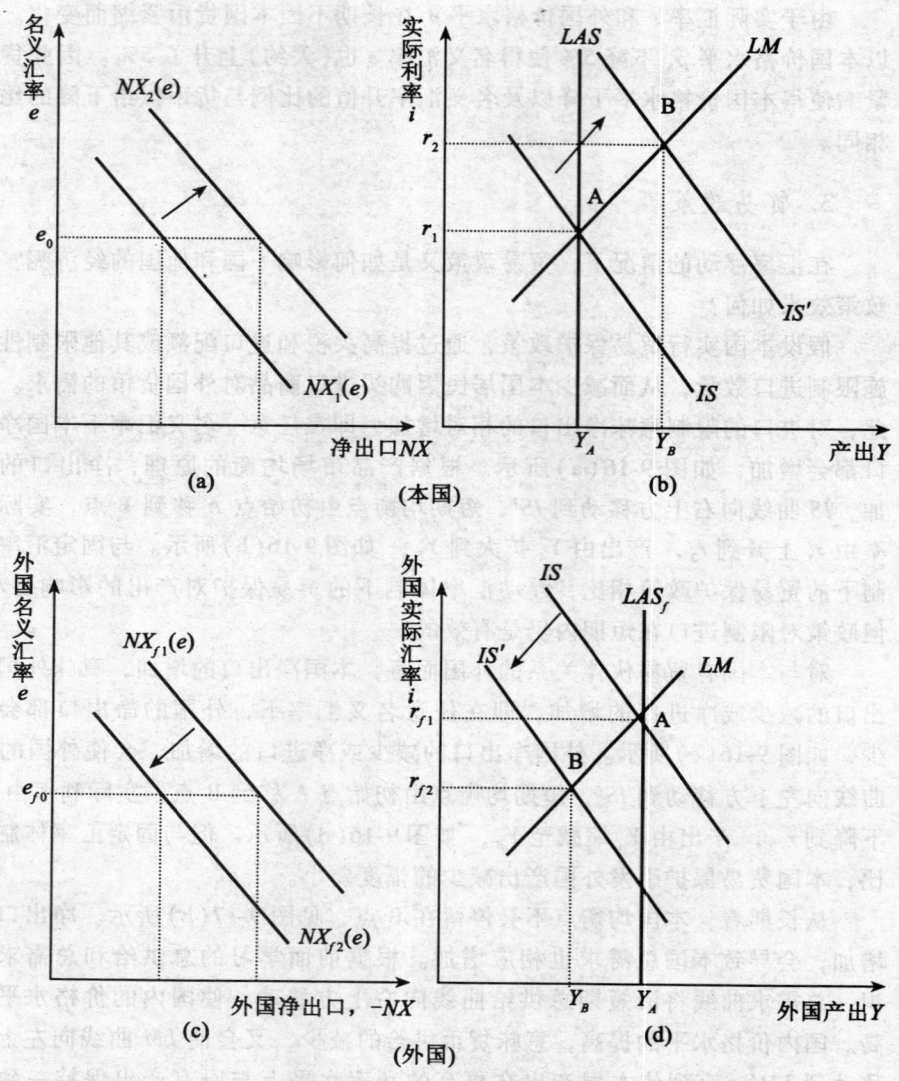

图 9-16 浮动汇率体制下贸易保护的短期效果

同样，外国的均衡点也不会停留在 B 点，见图 9-17(d)所示。外国净出口的减少，意味外国总需求相应地减少。根据前面学习的总供给与总需求知识，总需求曲线将沿着总供给曲线向左下方移动，使外国国内价格水平下降。外国国内价格水平的下降，意味外国货币供给增加，结果使 LM 曲线向右下方移动到 LM'，直到外国产出在更低的利率水平上与原有产出保持一致，如图 9-17(d) 所示。在这一过程中，利率是逐渐下降的，则外国的名义汇率也会跟着下调，当下调至 e_{f1} 时，外国的净出口恢复到原先水平，如图 9-17(c) 所示。可见，从长期看，本国的贸易保护政策对外国的产出没有影响，但外国的名义汇率和价格水平都下降。

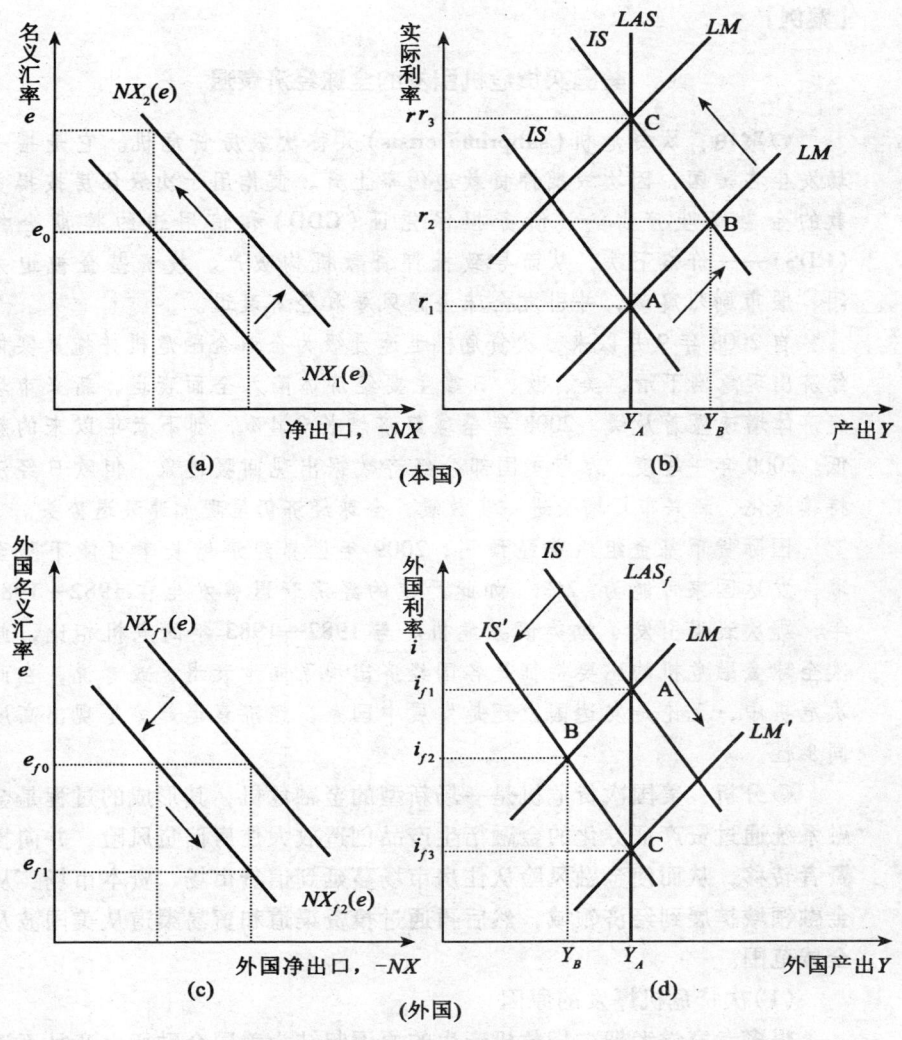

图 9-17　浮动汇率体制下贸易保护的长期效果

通过上面分析，可得出如下结论：在短期内，由于汇率是浮动的，本国的贸易保护政策将会增加本国的产出，外国的产出将会减少，但相对于固定汇率而言，其政策对产出的影响效果要小。在长期内，由于汇率是浮动的，本国的贸易保护政策对本国和外国的产出没有影响，但本国的国内价格水平和实际利率将上升，外国的国内价格水平和实际利率将下降。

【案例】

美国次贷危机引发的全球经济衰退

◎案由：次贷危机(subprime crisis)又称次级房贷危机。它是指一场发生在美国，因次级抵押贷款违约率上升，使作用于次级住房按揭贷款的金融衍生产品——债务担保凭证(CDO)和信用违约掉期合约(CDS)——价格下跌，从而导致抵押贷款机构破产、投资基金被迫关闭、股市剧烈震荡，并引发全球金融风暴和经济衰退。

自2008年9月以来，次贷危机迅速升级为全球金融危机并拖累实体经济出现急剧下滑，美、欧、日等主要经济体陷入全面衰退，新兴市场经济体增速显著放缓。2008年全球经济增长3.4%，创下六年以来的新低。2009年一季度，尽管美国部分经济数据出现回暖迹象，但欧日经济持续恶化、新兴市场增长进一步放缓，全球经济仍呈现加速衰退势头。

国际货币基金组织曾经预测，2009年世界经济增长率可能下降至零，发达国家可能为-2%。如此严重的经济衰退曾发生在1982—1983年，那次衰退引发了拉美债务危机。与1982—1983年的危机相比，此次全球金融危机的主要特征是各国经济出现了同步衰退，或者说，在此次危机中，无论是发达国家还是发展中国家，经济衰退趋势呈现出高度同步性。

◎分析：美国次贷危机是一场新型的金融危机，其形成的过程是金融系统通过资产证券化的金融衍生产品创造放大住房信贷风险，并向投资者转移，从而使金融风险从住房市场蔓延到信贷市场、资本市场，从金融领域扩展到经济领域，然后再通过投资渠道和贸易渠道从美国波及全球范围。

(1)次贷危机爆发的原因

很多专家学者把次贷危机产生的原因归结为美国金融衍生产品不透明、信息不对称和政府缺乏必要的监管以及金融资本的贪婪上。这固然是一个很重要的体制上的因素,但从深层次上分析,这场危机背后真正推手是美国政策。可以说,美国的货币政策造就了美国的经济发展泡沫,同样又是美国的货币政策刺破了这一经济泡沫,导演了这场危机。

受美联储执行过度宽松的货币政策刺激,房价的上升速度明显快于收入上升速度和租金上升速度,2005 年房价收入比上升到 4.7。针对房价企高等经济过热表现,美联储从 2005 年 6 月起连续 17 次加息,基准利率从 1% 上调到 5.25%。基准利率的上调,使得住房按揭贷款的利率进行重定,购房者利息负担加重,于是 2005 年后美国房地产市场出现了房屋销售价格与销售量背离的现象,预示房地产市场将开始降温。伴随着美国利率的不断提升,政策的累积效应逐步积累沉淀,使得信用等级较差的客户开始出现无法承受贷款负担的状况。为避免坏账进一步增加,贷款机构收紧银根,从而使贷款客户的资金状况更加恶化,被激化的坏账通过证券化链条传导给全球金融市场和投资者,最终引发次贷危机突然大规模爆发。

(2)危机的传导

首先,次贷危机到全球金融危机。

美国次贷危机是从 2006 年春季开始逐步显现的。2007 年 8 月开始席卷美国、欧盟和日本等世界主要金融市场,使全球主要金融市场出现流动性不足危机,银行由于经营亏损开始裁员,部分银行深陷债务危机而倒闭。

2008 年 9 月 15 日,深受次贷危机拖累的美国第四大投资银行雷曼兄弟被迫宣布申请破产保护,引发全球金融海啸,成为一系列重大金融灾难的导火索。而雷曼的倒闭也成为华尔街的重要转折点。在雷曼倒闭的前一天,美国第三大投资银行美林证券即与美国银行紧急达成并购协议,避免了雷曼式悲剧。9 月 21 日,美联储批准摩根士丹利和高盛集团从投行转型为传统的银行控股公司。至此,贝尔斯登、美林被收购,雷曼倒闭,高盛和大摩转型,由五大投资银行开创的华尔街神话宣告破灭。

受美国次级房贷有毒资产的影响,欧洲银行业普遍陷于流动性短缺危机。2009 年 2 月份,欧元区银行对非金融类企业的信贷增速已降至 2.6%,比危机爆发前下降 12 个百分点。2/3 的企业表示,近期获得融资的难度明显增大。欧洲央行 3 月 26 日公布的数据显示,欧元区 2 月份私营领域贷款年度增幅从 1 月份的 5% 降至 4.2%;广义货币供应量 M3 较上年同期增幅降至 5.9%,大于经济学家预计的 5.5%。

亚洲的日本和韩国的金融业也同样遭到美国次级房贷的重创。2007

年8月13日，日本第二大银行瑞穗银行的母公司瑞穗集团宣布与美国次贷相关损失为6亿日元。日、韩银行也因美国次级房贷风暴产生损失。据瑞银证券日本公司的估计，日本九大银行持有美国次级房贷担保证券已超过一万亿日元。此外，包括Woori在内的五家韩国银行总计投资5.65亿美元的担保债权凭证（CDO）。

在银行业因次贷危机遭受损失而陷于资金严重短缺困境时，各大金融机构为了补充现金流，纷纷采取去杠杆化措施，即出售资产，从而进一步加剧全球各大股市和债市的暴跌。至此，美国的次级房贷危机已扩展到世界主要发达国家，从而引发了全球性的金融危机。受金融危机影响，2008年年底，全球金融业已裁员15万人。

其次，金融危机引发全球性经济衰退。

正如人们所预料的那样，金融危机并没有停留在虚拟经济领域，而是向实体经济蔓延。在银行业信用紧缩、消费者因个人财富缩水而消费意愿下降的双重打压下，企业陷于贷款难、产品销售下滑和资产缩水的困境。企业被迫调整生产结构，压缩规模，进行裁员，以度过危机，从而导致失业率持续升，经济陷于衰退中。

美国劳工部2009年6月5日公布的数据显示，美国2009年5月份的失业率升至9.4%，为26年来最高水平。如果将放弃寻找新就业岗位以及做临时工作的失业者计算在内，5月份失业率将高达16.4%，触及1994年以来的最高点。统计显示，自美国经济2007年底陷入衰退以来，全美失业人数已经达到630万，仅次于20世纪30年代大萧条时期的纪录。

欧洲失业人口在近几个月也出现激增。欧盟统计局2009年6月2日公布的数据显示，2009年4月欧元区16国的失业率达9.2%，为10年来最高水平，欧盟27国的失业率也高达8.6%。

欧美国家的经济衰退和消费水平的下降，进一步波及日本、韩国、中国和俄罗斯等国，使这些国家陷于衰退中。

受出口影响，以失业率为代表的日本经济数据继续呈现恶化趋势。2009年2月27日，日本厚生劳动省发布调查结果显示，因以制造业为中心的企业纷纷裁员，日本全国自去年10月至今年3月，已经或将要失去工作的非正式员工人数已达15.7806万人。这一数字较1月的调查上升了26.4%。7月31日，日本总务省公布的经季节调整后6月的失业率为5.4%，比5月上升0.2个百分点。至此，日本失业率已连续五个月上升，并迫近2003年4月创下的历史最高纪录5.5%。

中国受欧美进口需求减少的影响，经济也出现增长下滑、部分中小企业关闭的现象。进出口贸易受到严重拖累。2009年1月10日，海关公布的数据显示：2008年我国进出口形势在11月时急转直下，月度进出口总值自2001年10月份以来首次出现负增长，月度进、出口增速则为1998年10月来首次同时呈现下降走势。其中，11月出口1149.9亿美元，由上月增长19.1%逆转为下降2.2%；进口749亿美元，由上月增长15.5%逆转为下降17.9%。2月11日，海关总署发布数字显示，1月份我国外贸进出口总值同比下降29%，降幅比上月加深17.9个百分点。中小企业在危机中遭到重创。据中国社科院中小企业研究中心主任陈乃醒在2009年6月24日的"2009年《UPS亚洲商业监察》"公布会上介绍，中国有40%的中小企业已经在此次金融危机中倒闭，40%的企业目前正在生死线上徘徊，只有20%的企业没有受到此次金融危机的影响。"沿海地区的倒闭比例要大于内陆，而中西部的倒闭比例是最小的。受出口下滑和企业裁员或倒闭的影响，2008年年底全国有近2 000万农民工从沿海返乡待业。中国社科院2008年12月15日发布的《2009年中国社会形势分析与预测——社会蓝皮书》（下称《社会蓝皮书》）称，2009年中国的就业压力将进一步加大，实际失业率可能接近10%。

受欧美国家经济衰退影响，俄罗斯经济也陷于不景气的困局。据俄罗斯联邦统计局2009年5月22日发表的报告称，因全国经济形势不景气，4月份失业人数增加了20万，到5月1日，全国失业人数达到了770万，相当于劳动人口的10.2%。

本 章 小 结

开放经济条件下，产品市场均衡条件为：

$$Y = C(Y-T) + I(Y, r) + G - \varepsilon Q(Y, \varepsilon) + X(Y^*, \varepsilon)$$

其中，消费与产出相关。投资与产出正相关，与实际利率负相关。政府支出是给定的，出口与外国产出正相关，与本币的实际汇率负相关。进口与本国产出正相关，与本币实际汇率正相关。

在开放经济条件下，金融市场的均衡条件为：$\frac{M}{P} = L(Y, i)$ 货币的实际供给取决于货币政策名义货币供应量和产品价格水平。给定名义货币供应量，价格水平越高，货币实际供给量下降；给定价格水平，名义货币供应量增加，实际货币供应量增加。货币的需求取决于产出和利率水平。产出越高,对货币的交易需求就越高;利率增加,会增加居民的储蓄意愿,减少货币的需求。

利率平价条件意味着国内利率和汇率之间呈反向关系:

$$E = \frac{\overline{E}^e}{1+i-i^*}$$

开放条件下的 IS 模型和 LM 模型:

$$IS: Y = C(Y-T) + I(Y, i) + G + NX\left(Y, Y^*, \frac{\overline{E}^e}{1+i-i^*}\right)$$

$$LM: \frac{M}{P} = L(Y, i)$$

在开放经济中,影响 IS 曲线的因素有:外国产出 Y^* 增加使得外国人购买本国商品增多,直接增加了本国的净出口,并使得 IS 曲线向右上方移动。外国实际利率 r^* 的上升使外国资产对本国储户而言变得更有吸引力,增加了本国货币的供给,导致汇率贬值,汇率降低刺激了净出口,使得本国 IS 曲线向右上方移动。世界上对本国商品需求的增加,与本国商品质量提高一样,增加了净出口,并将 IS 曲线向右上方移动。另一个例子是,如果本国施加了限制进口的贸易壁垒(由此增加了净出口),类似的作用也会发生。

短期内,若汇率是浮动的,政府支出的提高会带来需求的增加,从而增加产出。随着产出的增加,对货币的需求也会增加,使得利率有上调的压力。利率的提高会使得国内的债券更具吸引力,也会带来本国货币的升值。而高利率和货币升值使得对产品的国内需求下降,部分抵消政府支出对需求和产出的影响。

短期内,若汇率是浮动的,货币紧缩会使得产出减少,利率提高和本币升值。货币紧缩会带来利率的提高,使得本国债券更具吸引力,从而引起本币升值。更高的利率和本币升值都会使需求和产出减少。同时,产出的减少又会使得货币需求减少,导致利率有所下降,部分抵消了开始时利率提高、本币升值的影响。

在开放经济中,一国的经济政策将会对他国经济产生影响。这种影响的传导是通过金融和贸易的纽带展开。

本章思考题

1. 假定 10 年期的债券名义利率在国内是 10%,在国外是 6%。进一步假定预期通货膨胀率，国内是6%，国外是3%。

（1）利率平价对应给定预期远期汇率，未来本币汇率实际贬值是多少？

（2）利率平价对应给定预期远期汇率，未来本币汇率名义贬值是多少？

2. 若汇率是浮动的，一国为了治理经济过热采取紧缩的财政政策时，短期内 IS 曲线位置会发生怎样的变化？产出和利率水平如何改变？对进出口有何影响？

3. 在固定汇率体制下，一国实行紧缩的货币政策应对国内的经济过热问题，请分析这种政策的效果。

4. 在浮动汇率体制下，一国采取积极的货币政策应对国内的衰退。问：这种货币政策在长期内对该国和与其有贸易关系的伙伴国有什么影响，为什么？

5. 若一国实行积极的财政政策应对国内的经济通缩，试比较短期内这种政策在固定汇率体制下与浮动汇率体制下的国内及国外经济效果。

☞参考文献

[1] 陈雨露,庞红,蒲延杰. 美国次贷危机对全球经济的影响[EB/OL]. [2008-04-05]. http://news.xinhuanet.com/fortune/2008-04/05/content_7921585.htm.

[2] 沈桂龙. 美国量化宽松货币政策带来的风险[EB/OL]. [2009-04-01]. http://pinglun.eastday.com/p/20090401/u1a4282015.html.

[3] 美国次贷危机[EB/OL]. http://baike.baidu.com/view/1256938.htm.

[4] 奥利维尔·布兰德. 宏观经济学[M]. 第2版. 钟笑寒,等译. 北京:清华大学出版社,2008:461-470,471-475,486-499.

[5] 安德鲁·B. 亚伯本·S. 伯南克. 宏观经济学[M]. 第5版. 陈岱孙,等译. 北京:中国人民大学出版社,2007:27-54,531-559,521-529.

[6] 罗伯特·E. 霍尔,戴维·H. 帕佩尔. 宏观经济学[M]. 第6版. 陈岱孙,等译. 北京:中国人民大学出版社,2008:316-325.

[7] N. 格里高利·曼昆. 宏观经济学[M]. 第4版. 梁小民,译. 北京:中国人民大学出版社 1996:15-34.

第十章　经济学的主要流派

　　经济学是一门研究如何将稀缺的资源配置到相互竞争的用途上以达到最大效用或效益的学问，也即是研究在预算约束下，如何实现效用或利润最大。自亚当·斯密《国民财富的性质和原因的研究》(1776)发表至今，经济学已走过了230多年的路程，道路并非一帆风顺，但是经过无数先辈锲而不舍的奋斗，经济学成为一门家喻户晓的学问，并设置了诺贝尔经济学奖项，也留下了诸多宝贵的知识财富。

　　牛顿说，"如果我看得更远那是因为站在巨人的肩上"。越是成功的科学家，越是懂得这个道理：没有旧知识的积累，就不会有新知识的拓展，经济学的发展同样也是如此，需要一代代人的积累。著名华人经济学家杨小凯在"文革"坐牢期间，自己推导出了"戈森第二定律"、层级理论、纳什议价模型以及劳动分工理论。当时以为这些都是自己的伟大发现，但当能看到更多书时，才发现这些思想早就被西方经济学家发展成了数学模型。

　　在信息技术如此发达的今天，在学习和科学研究的道路上闭门造车，将前人的成就置于一边，一切从头开始，完全没有必要，也是有害的。学习经济学，熟悉前人的研究成果，了解一下经济学的发展脉络是非常必要的。

第一节　古典经济学的诞生与发展

一、重商主义

　　重商主义是人类历史上一种极其重要的经济思想，是近代经济学的起点，也是国家干预主义的前驱，它萌芽于14—15世纪，兴盛于16—17世纪，衰落于18世纪，它在西欧各国基本上出现过,这个时期也是西欧封建制度开始解体,资本主义生产方式产生,传统社会开始向现代社会跨越的一个重要时期,而重商主义对这一跨越起了助推作用。它大致分为早、晚两个时期。

早期重商主义大约从 15 世纪到 16 世纪中叶。其主要代表人物是约翰·海尔斯(? —1571)、威廉·斯塔福德(1554—1612)、安徒安德·孟克列钦(1575—1612)。其特点是:主张禁止货币输出,增加货币输入,强调在对外贸易中要多卖少买或者只卖不买,因此被称为"货币差额论"或"拜金主义"。

晚期重商主义大约从 16 世纪下半叶到 17 世纪中叶。其主要代表人物是托马斯·孟(1571—1641)和让·巴蒂斯特·柯尔培尔(1619—1683)等。其特点是:主张发展工业,扩大对外贸易的出超,保证大量货币的输入,强调对外贸易中的多卖。只要出口货物总值大于进口货物总值,就不限制本国金银的输出。所以它被称为"贸易差额论"。

1. 重商主义的理论要点

(1)重视货币,发展商业。重商主义者一般都反对古代社会和中世纪思想家维护自然经济,鄙视货币财富的观点,他们把货币即金银的多寡看做是衡量一国富裕程度的重要标志,提倡尽可能多地增加货币。法国重商主义代表柯尔培尔就认为金银是国家重要财富,英国早期重商主义代表约翰·海尔斯在他的著作《英吉利王国公共福利对话集》中就详细论述了保持和增加英国货币,积累货币财富的措施和主张。另外,他们看到商业地位的重要性,明确商业是国家活动的基础,主张国家应该保护商人的地位,发展商品经济。

(2)重视对外贸易,谋求贸易顺差。重商主义者普遍认为,一国国内贸易虽然重要,但它不能增加一国财富,而国际贸易才是一国财富最主要的来源。托马斯·孟就极力主张对外贸易,认为对外贸易的好坏才是检验一个国家贫与富的标准。另外,由于货币的灵活偏好性和抗风险能力,西欧重商主义各国普遍要求在对外贸易上,必须做到出超,即达到贸易顺差。意大利晚期重商主义有名代表塞拉就认为,国家要增加货币,就要遵循贸易差额原则,在对外贸易上,必须保持出超。而要达到出超,必须遵循的原则就是多卖少买,多收入少支出。

(3)重视发展本国制造业,培育和保护本国幼稚产业。与农产品和家庭手工业品相比,制造业具有资本密集,劳动生产率高,产品附加值高的特点。因此,重商主义者普遍看到,一国要增加货币,达到贸易顺差,一方面必须反对资金外流，重视利用本国资源，发展本国制造业，培育和保护本国幼稚产业；另一方面出口本国制造品，进口外国原材料，利用制成品和原材料的价格差获利。另外，还由于制造业具有分工细，劳动密集，技术密集的特性，所以重商主义者又奖励增加人口，保护本国人口充分就业，反对人才外流，特别是鼓励有熟练手艺和有科学技术的人才移入本国。

2. 重商主义的政策主张

新航路开辟之后的时代是西欧各国急剧变革的时代，重商主义的理论观点正好反映了当时人们的普遍愿望：扩大生产，发展贸易，追逐黄金，增加财富。这必然导致国与国、人与人之间发生矛盾冲突。因此，为了达到重商主义的目的，谋求与王权的结合，希望得到政府的保护，是重商主义者的普遍政策主张。

(1) 主张建立一个强有力的国家，借助国家力量保证对外贸易通畅。新航路开辟后，当时的对外贸易普遍存在两种对西欧各国不利的情况：一种是海盗盛行，商人经常遭到海盗的侵袭与掠夺，使得许多商船不得不携带大量枪支弹药，这大大抑制了对外贸易的发展；另一种是西欧商人经常与亚洲、非洲、拉丁美洲和澳洲当地居民发生武装冲突，同样限制了商品的销售。这两种情况远非个别商人所能解决，必须依靠国家的力量。因此，西欧重商主义者极力主张加强，中央集权，壮大国家陆、海军武装力量，发展本国的制造业、航海业，甚至不惜以武力为贸易开道。法国重商主义的典型代表柯尔培尔曾说，贸易就是常年战争，并认为一个国家的海军永远同贸易成正比。

(2) 主张借助国家力量(包括使用关税手段，汇率手段，配额手段，行政管理手段)保护和发展本国制造业，防止外来产品竞争。

二、重农主义

"重农学派"是兴起于18世纪50年代至70年代法国的一个经济流派，其开山鼻祖是宫廷医官魁奈(Francois Quesnay, 1694—1774)，该学派另一位泰斗级人物是财政大臣杜尔阁(Anne-Robert-Jacques Turgot, 1727—1781)。该派直接继承法国启蒙运动"自然秩序"的哲学观念，并在这种观念的指导下提出了基于大力发展农业的自由主义经济政策。

重农主义思想的产生有一定的社会政治和经济背景。法国是农业大国，18世纪的法国，国民经济以小农经济为主，农奴制依然存在，封建农业生产方式广泛存在于一个小农经济为主体，农民为国家主要国民的国家。国王路易十四时期贪图享乐，大肆挥霍，修建凡尔赛宫，对农业征收大量间接税，造成农产品产量下降，价格压低，农民负担过重，再加上连年征战，迫害异教徒，人口数量锐减，农业劳动力不足，产量进一步下降，单个农民税收负担加重。到路易十五时期，继续推行柯尔培尔牺牲农业的重商主义政策，全力发展工商业对外贸易，大举兴办皇家工场手工业，工商业虽获一定发展，但落后的封建农业仍居支配地位，社会矛盾重重，经济每况愈下，为了挽救经济，主政者竟然推行金融证券投机致富的经济制度，最后也以惨败告终，使经济更加陷入僵局。大片的土地被占，农民拥有的土地不够养活自己，大批青壮年从农村流入城市，乡村荒芜，土地租金减少，价格下降，影响土地所有者的收入，社会财富日益集中在少数人手中，皇宫富丽堂皇，沉重的赋税落到农民头上，农民收入下降。此情此景，无论从广大农民，还是从统治者的角度来说，都有了变革的需要。

另外，启蒙运动中"平等、理性、民主"的观念深入民心，这就为重农主义思想的哲学基础——"自然秩序"的早期唯物主义世界观的确立奠定了基础，正是因为平等、民主的启蒙思想，人民才迫切需要一种社会变革来打击宗教神权，推翻封建制度，重农主义哲学也就应运而生了。

1. 重农主义的经济思想

（1）经济思想——"自然秩序"

魁奈的"自然秩序"并不等同于启蒙思想家所认为的人的理性就是自然秩序的"秩序说"，从某种程度上讲，他所解释的"自然秩序"更符合唯物主义世界观。他认为"自然秩序"包括三个层次：首先是自然权利，指的是出于平等，规律赋予个人享受自己的劳动所得的自然权利，条件是这种享受要与他人的利益相协调；其次是自然法则，或称为自然规律，经济活动同自然界一样，受客观规律支配，这种规律不以人的意志为转移；最后是自然秩序，它是自然法则在社会经济生活中的表现，受自然法则的支配。

（2）思想核心——"纯产品"学说

在重农学派看来，国富民强的关键在于能否创造出更多的"纯产品"所谓的"纯产品"，他们的定义为每年收获产品中除去种子、肥料、人力、农具、商力等成本之后的余额，这样一来，农业就是制造"纯产品"的唯一部门，成了财富的源泉。他们认为，农业实现了财富的"增加"，而手工业和商业只是财富的"相加"。重农学派将社会各行各业分为生产部门和非生产部门，认为只有农业才是生产部门，并将社会阶级也划分为生产阶级和非生产阶级，只有从事农业生产的农民和从事土地租赁经营的农业资本家才是生产阶级。为了研究社会资本的再生产和流通理论，即农业生产和农产品流通，魁奈绘制了经济表，这标志着重农主义体系的形成。

2. 重农主义的政策主张

（1）发展资本主义的大市场。他们认为只有农业才生产剩余产品，聚敛财富的途径是发展农业，为了能获得更多的农业剩余产品，小农经营不可取，而需要发展资本主义的大农场。所谓"大农场"，既由大农场主使用马拉犁进行生产，这种经营的固定资本和可流动资本充足，农业生产率高，具有规模效应。

（2）扩大农业自由贸易。要求政府除了保证最低、绝对必需的基本保障如保护生命和产权、维持合同的自由平等之外，不要对经济生活施加任何干预。因此，重农学派几乎反对一切封建主义、重商主义和各种政府管制，倾向于农业自由贸易。

（3）整顿税制，对土地所有者单一课税。重农学派认为应该只对土地所有者课税，并且土地所有者以地租的形式获得了这些剩余。课征于其他人的税收最终将被通过某种形式转嫁给土地所有者，间接税将随着他们被转嫁而有所提高。因此，土地所有者的直接税优于各种间接税。

三、古典主义

古典经济学又称古典政治经济学、资产阶级古典政治经济学，是以亚当·斯密（Adam Smith）的代表作《国民财富的性质和原因的研究》出版（1776）为标志的。在亚当·斯密之后，推动古典政治经济学发展和作出主要贡献的是大卫·李嘉图（David Ricardo）和詹姆斯·穆勒（James Mill）等。

古典经济学着重经济总量研究，涉及经济增长、国际贸易、货币经济和财政问题等方面。这与1870年以后盛行的研究个人利益最大化的经济学是有所不同的。古典经济学关心的是国家经济问题，虽然那时候的学者也非常强调个人利益必须尊重，但他们更强调的是如何使个人利益与社会利益保持协调。

古典经济学的理论核心是经济增长产生于资本积累和劳动分工相互作用的思想，即资本积累进一步推动了生产专业化和劳动分工的发展，而劳动分工反过来通过提高总产出使得社会可生产更多的资本积累，让资本流向最有效率的生产领域，就会形成这种发展的良性循环。古典经济学似乎是想告诉人们，顺从市场对资源的配置，保持资本积累的良性循环，会更好地促进经济增长。但他们又看到劳动分工是受条件约束的，资本的积累会使现有的劳动分工以更大的规模出现，并表现出工资的随之上涨，而劳动分工的发展却不易实现,这将使资本积累受到劳动分工发展跟不上的影响。

关于废除《谷物法》的争论是古典经济学争取自由贸易主张的一部分。一些经济学家由此提出了自由贸易理论,其中著名的有李嘉图的比较成本理论。该理论指出,一个国家能够从进口甚至那些以具有竞争优势的商品中获益,只要它在生产其他商品上具有更大的竞争优势。所以,按照这一理论,一个国家应该将其生产能力更多地集中在比较起来优势更大的产业上。休谟研究的国际收支问题的成果为这方面理论研究的发展打下了基础。他认为,国际收支逆差将通过黄金地流出来减少货币供给,从而也降低物价水平,使得出口具有竞争力而进口的吸引力减少,这一均衡机制将持续地发生作用,直到黄金外流暂停,收支进入平衡为止。而李嘉图等人的看法是,当黄金外流时,作为货币供应的一部分纸币发行必须收缩,因为黄金外流是物价水平太高的一种征兆。

后来创立的马克思主义政治经济学产生于对古典经济学的批判。马克思曾这样概括地评价:古典政治经济学是属于阶级斗争不发展的时期的。它的最后伟大的代表李嘉图,终于有意识地把阶级利益的对立、工资和利润的对立、利润和地租的对立当做他的研究的出发点,因为他天真地把这种对立看作社会的自然规律。这样,资产阶级的经济科学也就达到了它不可逾越的界限。但正是由于存在着这种理论的批判关系,古典经济学也就成为了马克思主义政治经济学的重要来源。

四、边际效用学派与边际革命

从19世纪晚期到20世纪初期的半个世纪是西方庸俗经济学发展的一个重要时期,即西方经济学说史家所谓的边际革命时期。在这一时期,西方经济学以萨伊、西尼尔和约翰．穆勒的庸俗经济学理论为基础,吸收了当时心理学和数学发展的某些成果,将心理分析和增量分析引进经济学研究领域,从而奠定了当代西方经济学特别是微观经济学的理论基础。

边际主义经济学的基本理论有三点:即边际效用分析、边际生产力分析、一般均衡理论。

1. 边际效用分析

边际主义经济学的边际效用分析理论包括:商品效用的本质、度量和比较,效用函数,均等利益法则和资源最优配置,效用最大法则。

(1)效用的本质、度量和比较。边际经济学家们一般将商品效用视为商品的一种主观属性,亦即消费者基于商品消费所得的满足感而赋予商品的一种心理学意义上的属性。

（2）效用函数理论。效用函数研究消费者所获得的总效用的决定因素，或影响消费者总效用的各种因素。商品效用量决定于所消费的商品的数量，消费者从所消费的各种商品中获得的总效用等于各种商品的效用量的总和。

（3）资源最优配置和均等利益原理。资源最优配置是边际主义经济学研究的中心课题之一，它不仅是生产领域中的课题而且也是消费领域中的课题。所谓资源最优配置就是如何合理地配置现有的有限的资源，以获得最大限度的经济效益。消费领域中的最优资源配置理论是研究怎样合理地配置有限的收入，以期获得最大的消费者效用。

均等利益原理是资源最优配置的理论基础。均等利益原理的基本内容是：当各种用途的资源配置效率相等，亦即投放在任何一种用途上的最后一个单位的资源所提供的经济效益数量都相等时，经济效益为最大。均等利益原理在边际主义经济学中应用很广，这是因为边际主义经济学所研究的各个具体经济领域都以经济效益最大化为中心课题。

（4）效用最大化原理。关于效用最大化条件，边际主义经济学家所持的理论与第二戈森法则基本上一致，即认为拥有一有限收入的消费者花费在任何种类的商品上的边际货币单位所获得的边际效用都相等时，消费者的总效用达到最大。

边际主义经济学家关于市场交换均衡条件的理论承袭了孔迪拉克的交换互利原理，认为商品交换的基础是交换双方从买进的商品中所获得的效用大于卖出商品对他所具有的效用。如果二者相等，则交换停止进行，市场交换达到均衡状态。

2. 边际生产力分析

边际主义经济学的边际生产力理论主要有两个内容：一是报酬递减法则，二是生产要素最佳使用法则。

报酬递减法则是边际生产力论的理论基础，这一法则的基本内容是：假定在生产过程中同时使用的几种生产要素中某一种生产要素的使用量固定不变，增加其他生产要素的使用量，由此造成的产量的变化通常分为三个阶段。在第一阶段，产量按递增的比率增加；在第二阶段，产量按递减的比率增加；在第三阶段，产量的增长率为负数，即生产要素使用量超过某一限度，则随着生产要素使用量的增加，产量反而趋于减少。换句话说，在某一生产过程所使用的生产要素组合若不是依比例同时增加各生产要素的使用量，则所增加的生产要素的边际产量由递增转为递减，最后为零或负数。

生产要素最佳使用法则是从生产要素报酬递减法推演出来的，这一法则的基本内容是：当使用某一生产要素所得的边际产量的价格与该要素的价格相等时，生产要素的使用量达到最佳点，即：

生产要素价格 = 产品价格 × 该要素的边际产量

对于任一生产过程所使用的包含多种生产要素的生产要素组合来说，生产要素的最佳使用法则的一般公式是：

$$MP_a/P_a = MPP_b/P_b = MPP_c/P_c \cdots = MPP_n/P_n$$

式中的 MP 表示边际产品，P 表示价格，a、b、$c\cdots n$ 表示生产要素的种类。上式的意思是对于使用一个生产要素组合的生产过程来说，生产要素的最佳使用条件是各生产要素的边际实物产量与该生产要素的价格的比率都相等。

3. 一般均衡理论

瓦尔拉斯一般均衡理论的特点，一是运用数学方法，二是研究国民经济各部分的相互依存关系。瓦尔拉斯将这两方面结合起来，以边际效用价值论为理论基础，建立起西方经济学说史上第一个一般均衡经济模型。

（1）一般均衡分析和部分均衡分析。在西方经济学中，一般均衡分析是与部分均衡分析相对而言的。一般均衡分析着眼于研究经济体系各个部分之间的相互关系，着眼于全局。一般均衡分析也做出种种抽象和假定，但只研究最终产品市场和生产要素市场之间的经济关系，而将政府部门和对外经济关系加以舍弃，不研究企业与企业之间的经济往来，并假定居民的偏好和企业的生产技术水平不变，整个经济处于完全竞争和充分就业状态。

（2）瓦尔拉斯一般均衡理论的基本内容。瓦尔拉斯一般均衡论的基本内容包括两个方面，一是对最终产品市场和生产要素市场二者的关系的阐述，二是两个市场的均衡条件的确定。瓦尔拉斯认为，两个市场之间的关系在于：在最终产品市场，居民（地主、工人、资本家）是需求者，企业是供给者；在生产要素市场，居民是供给者，企业是需求者。居民用以购买最终产品的收入来于生产要素的出售，而企业用以购买生产要素的收入来自最终产品的出售。瓦尔拉斯认为，两个市场达到均衡状态的条件有二，一是最终产品市场和生产要素市场的每一种产品和每一种生产要素的需求和供给都相等，二是居民的收入和支出相等并实现消费效用的最大化，企业的产品价格和产品成本相等并实现利润的最大化。

五、经济学的第一次综合

19世纪末20世纪初,自由资本主义向垄断资本主义过渡。英国开始经历经济上的萧条和困难境地,它在国际上的经济地位也发生了变化,英国国内矛盾日益加深,阶级斗争日益尖锐;后起的美国、德国迅速赶了上来,到19世纪80年代已成为英国的有力竞争对手;这一时期,西方经济理论虽然在"边际革命"之后又有了一定的进展,但马克思主义也得到了广泛传播,英国工人运动不断发展。为了维护资本主义制度,英国资产阶级要求有新的经济理论来安抚工人运动,平息革命斗争,同时说明自由资本主义的优越性。在这样的国际和国内形势下,马歇尔的经济理论和经济学说走上了历史舞台。

马歇尔是西方经济学史上一个划时代的经济学家,从某种意义上讲,现在的微观经济学,都是对他所建立的经济学体系和理论的修修补补。同时,正是在他的努力下,经济学才成为一个独立学科。马歇尔几乎将整个经济学大厦中的各个经济理论都加以整理和精炼,并把它们综合起来构成自己的体系。他提出了自己的很多新见解,最终构建了微观经济学博大精深的体系。

马歇尔的主要贡献:

第一,创造了供给和需求分析工具来研究个体市场,用曲线表明了供给法则和需求法则。他认为,竞争将促使实际价格回归均衡价格,需求关系的变化和需求曲线的变动源于财富的变化、人口的变动、消费偏好以及其他商品价格或未来预期价格的变化。

第二,摸索出了一套精确衡量经济关系的弹性大小的数学方法。

第三,长期和短期的划分。马歇尔认为,在短期内,需求是价格的较重要的决定因素;但如果有足够时间(长期),决定价格的就是供给或生产成本。

马歇尔在英国传统经济学的基础上,吸收和综合了新旧各派经济理论,把自由竞争时代的经济学做了一个总结。对于西方经济学来说,即便在20世纪30年代凯恩斯的"新经济学"出现以后,马歇尔的经济理论也仍然是十分重要的,它在当代资产阶级经济学中,仍然有着十分巨大的影响。

第二节 凯恩斯经济学与宏观经济学的产生

从20世纪30年代以来,经济学说史发生了史无前例的、内容极为丰富的变革和发展。这一变革始于"凯恩斯革命",由此而形成的凯恩斯经济学和凯恩斯主义在第二次世界大战后成为整个西方经济学的新主流,其理论观点和政策主张对资本主义国家经济的影响,远远超过这一时期的其他经济学流派。

凯恩斯是现代经济学说史上最有影响力的经济学家之一。他的《就业、利息和货币通论》(以下简称《通论》)建立了现代宏观经济学的系统理论,是现代宏观经济学产生的标志。以凯恩斯经济学为代表的现代西方宏观经济学与20世纪30年代以前的西方宏观经济学有着显著的不同,它不是研究国民经济总量的变动,而是主要研究国民收入的变动与就业、经济周期波动、通货膨胀等之间的关系。不仅如此,它还通过对以上关系的分析得出资本主义经济不可能自动调节以实现充分就业的均衡,只有政府干预经济才能弥补经济自发调节的不足的结论。

一、凯恩斯的经济理论

凯恩斯的经济理论内容主要包括:就业理论与"有效需求"原理、三个基本心理"规律"、乘数理论和经济周期理论等。

1. 就业理论

在凯恩斯看来,充分就业状态是指没有非自愿失业的状态,也就是说,只要消除了"非自愿失业",即使存在着"摩擦性失业"和"自愿性失业",也就算实现了充分就业。

2. "有效需求"原理

在凯恩斯看来,失业的原因在于支付能力的需求不足,或"有效需求不足"。为此,凯恩斯提出了"有效需求"原理(The Principle of Effective Demand)。有效需求原理是凯恩斯整个理论的核心,被西方经济学者称为经济学上的"凯恩斯革命"。

凯恩斯断言,资本主义社会之所以存在大量失业(非自愿失业)。原因就在于"有效需求"不足。在没有国家干预经济的条件下,社会对劳动力的需求,一般不足以实现"充分就业",相反地,在国家干预经济的条件下,只要国家设法刺激"有效需求",并以实现"充分就业"为目的,就能够实现"充分就业"。

3. 三个基本心理"规律"

根据凯恩斯的理论,失业的产生是出于"有效需求"不足。那么,决定有效需求水平的又是一些什么因素呢？在他看来，有效需求不足是因消费需求和投资需求不足造成的，而消费需求和投资需求不足又是由三个基本心理"规律"——边际消费倾向规律、资本边际效率规律和流动性偏好规律所决定的。

(1) 边际消费倾向规律

消费需求取决于收入的大小与收入用于消费的多少。现实表明，在任何一国的收入水平下，一般人的消费水平是比较稳定的。凯恩斯关于消费倾向在短时期内比较稳定的假设，是来自现实经验而加以肯定推广的。由于国民收入水平是变化的，消费量也就发生变化，结果，总收入和总消费的比率也因此发生变化，消费的绝对量随收入的增加而增加，随收入的减少而减少。表示随收入水平的变化而变化的消费量的一张表，被称为消费倾向表，简称为消费倾向。

在凯恩斯看来，随着收入的增加，消费也增加，但在增加的收入中，用来消费的部分所占的比例越来越小，用来储蓄的部分所占的比例越来越大。

凯恩斯认为，决定实际消费倾向的，是社会的通常习惯、收入分配情况、税收制度和其他各种因素。若消费倾向高，则对就业有利，因为可使在各种就业水平下的收入与消费之间的空隙不会太大。若消费倾向较低，则收入与消费之间的空隙大，为了保持高度的就业水平，就必须有更多的投资来填补。若消费倾向为百分之百，没有投资，充分就业就可实现，因为全部收入都用在消费上，结果供给为自己创造了需求。

(2) 资本边际效率规律

凯恩斯认为，在资本主义社会，不消费，需求不足，而且导致投资需求也越来越不足。而投资需求的不足，又是由资本边际效率"规律"和流动偏好"规律"的作用所造成的。凯恩斯说："从一种资本资产之未来收益与其供给价格之关系，可得该类资本之边际效率，说得更精确些，资本边际效率等于贴现率。"

在凯恩斯看来，资本边际效率的波动就是经济循环的根本原因。如果投资者对未来所作的预期是乐观的，则资本产业的活动必然趋于狂热；反之，不可避免地趋于衰落与崩溃。

凯恩斯的资本边际效率规律的基本内容是：在其他条件不变的情况下，投资越多，生产越多，资本家或企业家预期的利润率就低，资本边际效率将逐渐下降。资本边际效率之所以下降，一方面是出于投资物产量增加时，生产设备所受的压力加大，因而成本会提高。但从长期看，更重要的原因是，当投资物的供给增加时，资本家预计将来各个时期从它得到的收益将会下降，这是因为当企业家对工厂设备进行新的投资时，他不只考虑设备的现时数量，而更多地要考虑将来各个时期的技术变化、有效需求、竞争情况、政治形势等对收益发生影响的因素；由于企业家对未来的估计缺乏信心，而希望又往往落空，所以他们预期的资本边际效率常常调低，价格不稳定。这样，私人投资的诱惑越来越弱，从而影响到投资需求的减弱，这就是所谓资本边际效率"规律"对生产和就业产生的不利影响。

（3）流动性偏好规律

凯恩斯认为，货币最大的特点是具有使用上的灵活性，它是流动性最强的资产。人们总喜欢保留一定数量的货币在手边，以便应付日常开支、意外开支和进行投机动机的需要，灵活偏好就是指人们愿意以货币形式保留一部分财富的心理动机。利息率则是人们在一定时期内放弃这种流动偏好的报酬。利息率的高低取决于货币的需求和供给、对货币的需求由灵活偏好决定，货币的供给则是由中央银行控制的。货币供给量的增加在一定程度上虽然可以降低利息率，但由于人们对货币的流动偏见，即人们总是要求取得一定的利息才肯贷出货币，否则他宁可保存货币的流动性。因此，不管中央银行如何增加货币量，利息率总有一个最低限度。而资本的边际效率却有下降的趋势，这样，当资本边际效率降低到利息率以下时，资本家就会减少投资。这就引起投资需求的不足。

凯恩斯认为，正是由于边际消费倾向递减、资本边际效率递减和心理上的流动偏好规律的作用，造成了资本主义社会经常存在着消费需求和投资需求的不足，这就不可避免地要出现危机和失业。凯恩斯正是从有效需求不足和市场机制无法使经济达到充分就业均衡的论断，推导出只有依靠国家干预才能使资本主义经济实现充分就业的政策性结论。

4. 乘数原理

凯恩斯认为，消费倾向在短期内是比较稳定的。因此，要增加总需求，就只能依靠投资需求的增加而增加。凯恩斯利用乘数概念来研究投资变动对总收入的倍数作用。现在，乘数原理已经成为分析宏观经济波动的一种工具，它因其应用领域不同，而有投资乘数、预算乘数、对外贸易乘数、货币创造乘数等。凯恩斯在《通论》中所研究的主要是就业量，但他为了表现上的方便，仍用投资乘数来进行分析。所谓投资乘数，就是指在一定的消费倾向下，增加的投资可以引起收入和就业增加若干倍。他借助于乘数方程式，用数学来说明投资数量同就业和收入之间的依赖关系。

5. 经济周期理论

凯恩斯认为经济周期是非常复杂的现象，要对经济周期做出完全的解释，他的《通论》中每一因素都是需要的，特别是消费倾向的波动、流动偏好状态的波动以及资本边际效率的波动，全都发生作用。但是，他认为，经济周期的主要原因是资本边际效率的波动。

凯恩斯从繁荣后期危机突然发生说起。他认为，在繁荣后期，人们对资本品的未来收益作乐观的预期。这时，资本品不断增多，生产成本不断上升，利率或许也已提高。但是，这一切都被乐观预期所抵消。在有组织的投资市场上，投机者更为关心的并不是对资本资产的未来收益作有理性的估计，而是对市场的近期变动进行预测。当过度乐观、过度购买的市场幻想破灭时，与资本边际效率伴随而来的是对未来的沮丧和不确定性，这自然使流动偏好急剧增强，从而使利率上升。因此，资本边际效率崩溃常常连带着利率上升这一事实，使投资的下降更为严重。不过，凯恩斯并不同意着重用利率上升来解释危机的传统观点，而主张用资本边际效率的崩溃来解释危机；他说，危机主要不是出于利率的上升，而是由于资本边际效率的突然崩溃。只是在资本边际效率崩溃之后，流动偏好者会增加。凯恩斯把资本边际高利率崩溃看作是从扩张进入紧缩的转折点。

6. 总量分析方法代替个量分析方法

凯恩斯以整个社会的经济运行为分析对象，因此，凯恩斯采取了一种新的分析方法，即宏观分析或国民经济总量分析的方法。

凯恩斯认为，国民经济的均衡，亦即社会总供给与社会总需求的均衡，有两种情形：一种情形是国民收入全部转变为社会需求，从而在充分就业的高水平状态下实现均衡；另一种情形是国民收入发生了漏出，没有全部转变为社会需求，这样就只能在低于充分就业水平的状态下实现均衡。凯恩斯认为在资本主义社会，充分就业的高水平的均衡只是一个特例，大量存在的是低于充分就业的均衡。形成这种状况的原因，在于资本主义长期存在着"有效需求不足"。也就是，在凯恩斯看来，资本主义之所以存在着生产过剩和大量失业，问题出在需求方面，在于国民收入未能转变为足够的有效需求。

二、凯恩斯的政策主张

凯恩斯经济学说包括紧密相连的两部分内容，一是以有效需求原理为核心的理论；二是以国家干预经济为核心的一整套政策主张。

1. 政策主张的出发点——国家干预经济

凯恩斯认为,现代资本主义社会心理规律的作用,单纯依靠私营经济的市场自动调节,不能保证社会资源的使用达到充分就业的水平。而必须依靠国家干预经济来提高社会的消费倾向和加强投资引诱,以扩大社会有效需求,否则就不能摆脱经济危机和失业的困境;他明确指出,为了扩大社会有效需求,最聪明的办法便是双管齐下,一方面设法由社会来统治投资量,让资本的边际效率逐渐下降,同时用各种政策来增加消费倾向;在目前消费倾向之下,无论用什么方法来操纵投资,恐怕充分就业还是很难维持,因此两种政策可以同时并用:增加投资,同时提高消费。可见,凯恩斯的经济政策观点最本质之点就是主张国家调节经济,干预经济生活,也就是主张发展和加强国家垄断资本主义。

2. 政策主张的重心——财政政策

凯恩斯的政策主张是以实行财政政策为重心。所谓财政政策就是资本主义国家的政府有意识、有目的地通过国家财政收入和支出活动来影响有效需求。货币政策则是由资本主义国家的中央银行有意识地变动货币数量和利息率,以影响经济活动的政策,又称金融政策。

凯恩斯认为,可以通过中央银行调节货币供应量,以影响利率的变动来间接影响社会总需求。因为,货币的总供给增加后,可以使一般为满足投机所需的货币增加,结果利率即可因此下跌。利率下跌可以刺激投资,投资增加的乘数效应使收入加倍增加。随着收入的增加交易动机和谨慎动机所需货币也增加,于是,增加的货币量就会有一适当的比例分配于交易动机和投机动机之间。但是,这种货币刺激的办法究竟能收到多大效果,就要看利率因货币供给增加下降的程度、利率下降后投资增加的程度,以及投资增加后收入增加的程度,才能确定。

3. 对外经济政策

凯恩斯认为,扩大对外商品输出和资本输出,都可以扩大有效需求,为国内滞销商品和"过剩"资本找到出路,从而带来较多的就业机会和较多的国民收入。并且认为,增加顺差是政府可以增加国外投资的唯一直接办法。同时,他还认为,贸易若为顺差,不仅可以增加国外投资,而且由于输入黄金,可以降低利率,从而间接增加国内的投资引诱力。基于此,他主张政府干预,扩大出口,限制进口的政策。

第三节　现代经济学的发展

一、新古典主义

从20世纪60年代后期开始，新古典主义在一片批判"传统发展经济学"的浪潮中兴起，新古典经济学集中而充分地反映了现代西方主流经济学过去100年间的研究成果和发展特征，它在研究方法上更注重证伪主义的普遍化、假定条件的多样化、分析工具的数理化、研究领域的非经济化、案例使用的经典化、学科交叉的边缘化。

新古典主义经济发展理论的中心论点，可以概括为经济不发达的结果，来自于错误的价格政策，以及第三世界政府过度活动引起的太多的国家干预所导致的资源配置不当。因此，对政府、市场各自在经济发展中的作用，应进行重新评价，并应利用市场力量解决发展问题。

新古典主义发展理论具有两个理论基础，即渐进、和谐、乐观的发展过程论与市场均衡论。新古典主义认为：经济的发展是以边际调节来实现的，均衡状态是稳定的，价格机制是一切调节的原动力，从而也是经济发展的重要机制。总之，它们十分强调市场对经济发展的作用，并认为经济发展完全可以通过市场这只"无形之手"，实现均衡发展。

新古典主义认为，价格是经济发展的核心问题，但发展中国家的价格扭曲现象，成为经济发展的最大制约。价格扭曲的关键，是政府政策的误导和政策体系的冲突，因而又提出与其矫正价格不如矫正政策的主张。

新古典主义经济发展理论的政策主张，有三个基本观点：一是主张保护个人利益、强调私有化的重要性；二是反对国家干预，主张自由竞争、自由放任；三是主张经济自由化，包括贸易自由化和金融自由化。

新古典主义学派发展理论的特点是：强调外向发展和对外贸易、强调经济的私有化、重视农业发展和人力资本投资。该学派具有代表性的理论有收入再分配论、自由贸易论、市场机制论、农业发展论、人力资本论。

新古典主义发展理论的代表人物有：西奥多·舒尔茨(T. Schultze)、P. 鲍尔(P. Batler)、西蒙·史密斯·库兹涅茨(Simon Smith Kuznets)、加里·贝克尔(Gary S. Becker)等人。

二、新凯恩斯经济学

传统凯恩斯主义在20世纪60年代的新古典综合之后便开始走下坡路。

从现实方面来看，它没有为解决当时西方国家所面临的"滞胀"问题提供有效的政策；从理论方面来看，它把非自愿失业和经济波动归因于名义的工资和价格刚性，但却没有对这种刚性本身给予合理的解释。新古典宏观经济学家们批评说：仅仅假定价格和工资的刚性，而不进一步去解释为什么价格和工资会具有这样的刚性，是不能令人满意的。新古典经济学的冲击使得凯恩斯主义者们从满意地接受固定价格和工资的凯恩斯主义模型中回过神来，引发了一场对凯恩斯主义理论和政策基础的再认识。结果在20世纪80年代发展出了另外一种以新古典经济学风格出现，但具有凯恩斯主义结论的凯恩斯主义模型，即"新凯恩斯主义"。新凯恩斯主义的"新颖"之处在于：它不像其他凯恩斯主义学派那样只是假定名义工资价格刚性，而是试图对这种刚性进行合理的解释，特别是从"微观"的角度——在单个经济单位具有"理性"预期并追求最大化（效用最大化和利润最大化）行为的基础上来进行解释。因此，工资价格刚性问题是新凯恩斯主义的中心问题。

1. 名义刚性理论

名义工资价格刚性直接与一般非均衡凯恩斯主义经济学相联系，是对后者的直接发展。它与一般非均衡理论一样，也是把经济的波动归因于工资和价格的不易变动。

（1）菜单成本论。厂商调整价格要花费一定的成本，例如，印制价目表、通知销售人员新的价格，等等。一般说来，这些成本都非常小，如同打印一份新菜单一样。这些微小的"菜单成本"能否导致价格刚性，从而使得名义总需求的变化对实际经济活动产生重大的影响呢？

（2）菜单成本-实际刚性相互作用论。阻碍价格调整的微小摩擦本身只能产生较小的名义刚性，而不能产生重大的名义刚性，从而不能说明名义刚性冲击为什么会造成大规模的产量和就业量的变化。因此，菜单成本理论没有能够成功地为凯恩斯主义的名义刚性假定提供牢固的微观基础。

鲍尔和罗默试图把菜单成本之类的价格调整小摩擦和实际刚性结合起来说明名义刚性。菜单成本本身不足以说明重大的名义刚性，实际刚性本身也不足以说明重大的名义刚性，但是，菜单成本和实际刚性二者结合起来却可以对名义刚性给予很好的解释。一方面，在不存在实际刚性时，小的菜单成本只能产生小的名义刚性，除非将参数订得很不合理，例如，让劳动供给具有很高的弹性等；另一方面，在给定菜单成本实际刚性的条件下，小的菜单成本只能产生小的名义刚性，名义刚性的程度将随实际刚性程度的增加而增加。因此，即使菜单成本很小，如果实际刚性很大，也会造成重大的名义刚性。

(3) 交错价格调整论

许多凯恩斯主义模型均假定，企业是在不同的时间中改变价格的。这就是所谓"交错的"价格调整。这种交错价格调整的后果是，即使单个价格调整很频繁，它也会造成总的价格水平的刚性。总价格水平的刚性又造成名义总需求等的波动，产生重大持久的实际效应。

(4) 交错契约论

在新凯恩斯主义经济学中，还有所谓名义工资刚性理论。其中，最有影响的是费雪和泰勒的"交错契约理论"。根据费雪和泰勒的理论，无论产品市场的情况如何，无论产品价格是刚性的还是弹性的，只要存在长期的劳动契约，则即使预期是理性的，货币政策的变化能够充分地估计到，货币政策也仍然具有实际的产出效应，会影响短期的产量行为。在这里，长期契约被定义为：经济主体的契约期限定得比货币当局针对经济环境的变化采取的措施所花费的时间更长。货币政策可以发挥作用而并不需要愚弄任何人。只有当契约为短期的，或者当长期契约被以某种方式指数化，从而变得与短期契约实际上一样时，货币政策才会失去作用。

2. 实际刚性理论

实际工资刚性解释非自愿失业问题上的重要性是显而易见的。可以说，无论产品市场发生什么情况，无论产品市场是均衡的还是不均衡的，无论总需求（或总供给）冲击如何变化，无论这种变化引起劳动需求（或劳动供给）的曲线怎样移动，只要实际工资是弹性的，则实际工资的调整总能使劳动市场恢复均衡。因此，为了能够解释非自愿失业，就必须具备某种程度的实际工资刚性的理论。

3. 新凯恩斯主义学派的政策主张

新凯恩斯主义学派同凯恩斯学派的政策主张基本点是一致的，都认为存在市场失灵问题，政府稳定经济的政策具有积极作用。但是，新凯恩斯主义学派不主张"微调"可以有效地防止和医治失业和通货膨胀，他们倾向于"粗调"，用一种较为温和的说法，即没有紧缩政策，通货膨胀会更加严重；没有扩张政策，失业会更加严重。这种说法在美国较易为人们所接受。新凯恩斯主义学派通过数字模型推导出许多公式化的经济政策，但是没有把这些政策具体化，缺乏可操作性。

从价格政策来看，主旨是抑制价格黏性，使价格富有弹性，以修复失灵的市场机制，但是建议过于原则化，没有具体的政策措施。

从就业政策来看，新凯恩斯主义学派着眼于增加工资弹性，减少失业，强调政府就业政策应向长期失业者倾斜，主张政府干预工资合同，但是总的来看，就业政策具有较强的理想色彩，具体实施起来难度比较大。

从货币政策来看，他们不同于理性预期学派，认为即使货币政策在已为公众所知的情况下，货币政策虽然对产出和就业的影响大为减弱，但是仍然在稳定物价方面发挥积极作用。

从信贷政策来看，信贷配给论提出的政策建议既简明，又比较具体，还具有一定可行性，其具体措施是政府应从社会福利最大化的角度出发干预信贷市场，利用贷款补贴或者提供贷款担保等手段，使那些具有社会效益的项目能够得到贷款。这种以利益为导向、兼顾各方利益的信贷政策符合市场导向，又具有较强的可操作性。

三、新古典综合派

新古典综合派或后凯恩斯主流经济学派，在当代诸多的西方经济学流派中占有举足轻重的地位。20 世纪 50 年代以来，这个学派在资产阶级经济学界一直居于重要地位，成为绝大部分当代西方经济学家信奉的教义。

1. 新古典综合派的形成过程

2009 年以 94 岁高龄去世的美国经济学家萨缪尔森在 1948 年出版了教科书《经济学》，可以说标志着该学派正统地位的萌芽。

所谓新古典综合，是指把凯恩斯的宏观经济管理理论与他以前的马歇尔或瓦尔拉斯的微观经济理论即所谓的新古典学派融合为一体形成一种既有宏观又有微观的"现代经济学"体系。

萨缪尔森等人认为，当代资本主义经济是一种"混合经济"，那么经济理论应当不仅有反映政府干预经济的宏观经济学，而且有反映市场经济的微观经济学。因此，新古典综合派既研究市场竞争机制，也研究政府在宏观上对整个经济的干预和调节。此外，凯恩斯在《通论》中的某些观点和提法，也为萨缪尔森等人的理论"综合"提供了依据。在新古典综合派经济学家看来，传统的经济理论和凯恩斯主义不仅不矛盾，而且是相辅相成，完全可以结合起来的。

2. 新古典综合派的主要观点

（1）对通货膨胀和失业并发症的解释

自 20 世纪 60 年代后期以来，通货膨胀与失业的并发使得菲利浦斯曲线不可能再成为资本主义各国实行"需求管理"的依据了，而且这种并发症也动摇了标准凯恩斯主义的调节总需求的理论，因为通货膨胀不是在达到充分就业之后出现过度需求时产生的，而是在失业甚至是大量失业存在的条件下出现的；至于失业，也不是通过刺激需求就能减少的。事实证明，政府一再刺激需求也无法把大量失业减除。

按照凯恩斯理论，过度需求产生通货膨胀，有效需求不足以产生失业，既然过度需求与有效需求不足不可能同时出现，所以通货膨胀和失业是不会同时并发的。因此面对"滞胀"，凯恩斯的有效需求原理已无法自圆其说。

新古典综合派必须对这种"滞胀"离奇病症在理论上作出解释，并在政策上筹谋救治，这就构成它的"滞胀"理论。其主要特点是：大量采用微观经济分析，着重从供给方面来研究通货膨胀与失业并发症问题，以弥补宏观经济分析之不足。

(2) 经济增长理论

经济增长是新古典综合派当前关心的另一个重要问题。新古典综合派的经济增长理论，是由索洛于 1956 年根据凯恩斯的经济理论和凯恩斯以前的经济理论提出的。它与以标准凯恩斯理论为依据的哈罗德经济增长理论是不同的，既有凯恩斯主义经济学的成分，又有新古典学派的理论成分。它被认为是新古典综合派理论特征"综合"的典型例证。

新古典综合派的经济学家分析国民经济稳定、均衡增长的途径同哈罗德一样，也是以凯恩斯的投资等于储蓄的假定为前提和基础。但索洛认为，哈罗德等人在分析中错误地假定生产技术水平不变，从而错误地认为资本-产量比率也不变。但在实际经济生活中，这些都是可变的。他们认为，通过市场机制的调节就可以实现这种改变，使国民经济稳定、均衡增长。还认为，为了达到经济增长的目标，有资本优势的国家应发展资本密集型产业，而有劳工优势的国家，应当发展劳动密集型产业。

新古典综合派认为，要实现保证经济增长而又不至于导致通货膨胀的目标，不能单靠 20 世纪 60 年代以前所使用的那一套传统的经济增长的方法。他们建议采取多种经济政策来解决。在多种经济政策中，仍然包括 60 年代前期使用的通过减税、扩大政府开支和增加货币供应量来刺激投资的政策，也包括一些对财政政策和货币政策的补充措施，像收入政策、人力政策、浮动汇率政策、对外贸易管制和外汇管制政策、消费指导政策等。

四、新剑桥学派

新剑桥学派是现代凯恩斯主义的另一个重要分支，是在与新古典综合派进行激烈论战中逐渐形成的。由于这一学派的主要代表人物都在剑桥大学任教，而又背离了以马歇尔为代表的剑桥学派，因此得名。他们主张回到李嘉图的传统中去，建立一个以客观价值理论为基础、以分配理论为中心的理论体系，主张通过改变现存的分配制度来拯救资本主义。

1. 新剑桥学派的学说渊源

与新古典综合派相似，新剑桥学派也以凯恩斯的《就业、利息和货币通论》作为自己论证的出发点。所不同的是，新古典综合派认为标准凯恩斯理论的核心是所谓的"收入-支出"模型；而新剑桥学派则认为，《通论》的最主要之点在于对资本主义收入分配问题的论证，即论证资本主义社会财富和收入分配的不均，并进而推论资本主义必然走向没有食利阶层的文明生活新阶段。他们认为对收入分配问题的这种论证，才是凯恩斯经济分析落脚点和归宿，而新古典综合派恰是抛弃、背离了凯恩斯的这一重要经济思想。

新剑桥学派和新古典综合派相对立，竭力使凯恩斯的理论与新古典学派的传统理论进一步决裂。他们认为，资本主义经济增长必然带来"富裕中的贫困"，其"症结"在于收入分配失调，而要消除资本主义社会的种种弊端，就应把改革收入分配制度放在首位。它和新古典综合派虽然同是现代凯恩斯主义的派别，但它们之间的争执之激烈，不亚于凯恩斯主义与非凯恩斯主义之间的争执。

2. 新剑桥学派的主要理论观点

（1）收入分配理论

新剑桥学派认为，价值应当具有"客观的"、"物质的"基础，而不能像边际效用学派那样把价值视为"主观的"概念。价值的"客观性"和"物质性"，应当从李嘉图的劳动价值论传统中去探讨。

新剑桥学派是从对价值理论的探讨来研究分配理论的，琼·罗宾逊认为，斯拉法在1960年出版的《用商品生产商品》一书，对李嘉图-马克思的价值理论作出了重大发展，解决了决定利息率的难题，并据此确立了工资和利润之间的分配关系。斯拉法在《用商品生产商品》一书中，为满足作为"不变的价值尺度"的必需条件而建立的一种"标准合成商品生产体系"，被认为有助于利润率的确定；而以"标准商品"来充当"不变的价值尺度"，来计算利润率,利润与工资的相对份额。新剑桥学派认为,尽管斯拉法本人并未打算直接探讨资本主义经济中的分配格局究竟是如何决定的,但他所建立的不变价值尺度,特别是由此得出的标准体系中工资与利润率的关系却为说明分配问题提出了一个理论基础。

(2)经济增长理论

新剑桥学派的经济增长理论的根本特点在于:把经济增长与收入分配结合起来,论述如何通过收入分配的改变来实现稳定的经济增长,在经济增长中,收入分配又是如何变化的。

3. 新剑桥学派的政策主张

新剑桥学派认为,既然当代资本主义的病根在于社会收入分配的不均和不合理,而失业、通货膨胀、环境污染、资源枯竭、生产畸形发展、经济军事化等一切弊端,又是由利润收入者不断地追逐高额利润引发出来的;既然经济的增长同贫困的减轻并不是与时俱增的,"富裕中的贫困"依然存在,并且日益加重,那么,必须把收入分配的合理化、均等化作为国家政策的全盘基础。在收入分配的政策方面,他们提出的政策措施主要有:

(1)通过税收制度,如实行高额累进所得税、财产税、产税,以改变现行的收入分配不公平、不合理状态。

(2)要大力增加社会福利开支,给低收入家庭以补助,以改变他们的贫困状态。同时,要提高劳动者的文化技术水平,使他们能更好地适应各种就业的要求,并能从事收入较高的技术性工作。

(3)要削减庞大的财政赤字和军事开支,制定适应经济增长的财政政策,将省下的资金去兴办各种民用服务事业。并根据经济增长率制定预定的实际工资增长率的政策。

(4)要保护环境,开发新材料,新能源,以造福于社会。

(5)要实行严格的进口管制,扶持出口事业,以便为国内提供更多的就业机会,缓和通货膨胀,改善国际收支状况。

(6)政府要用预算中的盈余去购买公司股份,把公司股份的所有权从个人手中转移到国家手中。

除上述政策外新剑桥学派还主张进行制度和社会结构方面的调整,使国家对经济的管理有利于工资收入者阶层,使收入和财富的分配进一步均等化。

五、货币主义

货币主义(Monetarism),或称货币学派,是 20 世纪 50 年代后期在美国芝加哥大学兴起的一个重要经济学流派,创始人是米尔顿·弗里德曼(M. Friedman)。

货币主义是一个松散的经济学派,其成员之间在许多理论和政策方面也观点各异。但是他们都强调货币需求因数是稳定的,货币供给量是引起名义国民收入发生变化的主要因素。他们认为通货膨胀是一种货币现象,货币数量被看做决定通货膨胀的基本因素,因而主张实行稳定不变的货币增长政策。其次,货币主义认为凯恩斯主义的财政政策是无效的,权衡使用的货币政策也是有害的。总之,他们反对国家干预,主张经济自由,认为只要让市场充分发挥其调节经济的功能,资本主义经济能够稳定发展。

1. 货币主义的理论基础

新货币数量论和自然率假说是货币主义的理论基础。

(1) 新货币数量论

新货币数量论是由弗里德曼提出的,其内容主要体现在他 1956 年发表的《货币数量论:一个重新的表述》一文中。弗里德曼在凯恩斯灵活偏好理论的基础上,阐释了他的货币数量论。在他看来,凯恩斯的货币需求函数由于注意到利率和收入对货币需求的影响,因而比传统货币需求函数的分析有所深入。但仍然存在不足,这主要表现在,凯恩斯在家庭资产选择构成的分析方面还比较简单,只考虑到货币和债券两种形式,不能反映资产选择的实际构成,应予扩展。

(2) 自然率假说

自然率假说,是 1967 年弗里德曼在美国经济学会第 80 届年会上所作的主席演讲:《货币政策的作用》中提出来的。

弗里德曼把使价格长期稳定的失业率称为自然失业率。它是在没有货币因素干扰的条件下,由劳动市场和商品市场自动调节确定的失业率,即充分就业时的摩擦失业率和自愿失业率之和。如果自然失业率为 4.5%,那么自然就业率就为 95.5%。弗里德曼认为,自然就业率的高低取决于实际经济社会因素,如技术水平、市场结构、资源数量、风俗习惯等。除非受到外界因素干扰,就业量处于自然率水平时,既不会产生通货膨胀,也不会出现通货紧缩。当受到外界因素,比如,扩张性货币政策干扰后,资本主义经济暂时会偏离自然率状态,但最终必将自动趋于自然率水平;若要使失业率处于自然失业率之下，就必须以通货膨胀为代价。

凯恩斯主义者认为，除了摩擦性失业、自愿性失业外，还存在着非自愿性失业，他们一般不承认自然失业率的存在。因此，他们认为依靠财政政策和货币政策可以减少失业，实现充分就业（即消灭非自愿性失业）。货币主义依据自然率假说，认为财政政策根本改变不了实际失业率。因为财政政策的变化最终是通过改变货币流通速度来实现的，如果会对增加就业产生效果的话，也只是暂时的。

如果经济运行中存在着由价格与工资刚性所引起的失业，资源还存在着闲置，这时货币供给数量的增加，在短期内会通过价格上涨降低实际工资率和实际利息率，就业和产量将上升。但是一旦人们对通货膨胀有了足够的预期，就会在签订工资合同和信贷合同时，把通货膨胀率作为增加工资和提高利率的因素考虑进去，实际工资率和实际利息率会上升，就业和产量仍然回到原来的数值，所以货币政策在增加就业和产量方面的作用只是暂时的。

2. 货币主义的主要观点

从上述货币主义的理论基础来看，货币主义的主要理论观点可以概括为以下三个方面：

首先，货币供给是外生变量，取决于货币当局的决策和银行制度，货币供给的变化决定名义国民收入和价格的变化，从货币需求函数来看，影响货币需求的因素与货币供给无关。货币供给量 M 便成为影响名义国民收入的关键因素。

其次，货币供给量可以在短期内影响就业量和实际国民收入，而在长期中，货币数量的作用不影响就业量和实际国民收入，而主要影响一些用货币表示的变量，如价格、货币工资等。在长期中，货币流通速度是一个常数，货币数量不能影响实际变量，只能影响价格及其他用货币表示的变量。货币主义据此认为，通货膨胀归根结底是流通中的货币数量太多造成的。按照自然率假说，如前所述，就业量是由非货币因素决定的。但是在短期内，扩张性货币政策所导致的通货膨胀，可以通过降低实际工资率和实际利息率增加就业和实际国民收入。

最后，货币主义反对国家对经济的干预，认为政府的经济政策只会加剧经济的失衡。他们确信市场经济具有其内在的稳定性，市场机制在资源配置方面具有不可替代的作用，是最有效的工具。如果政府的经济政策干扰了市场机制的作用，反而会破坏经济运行的稳定性，让市场机制自由发挥作用，经济运行在长期中会趋于均衡。

3. 货币主义的政策建议

(1) 反对凯恩斯主义的经济政策

货币主义依据其新货币数量论、自然率假说和对经验数据的实证分析，否定了凯恩斯主义的经济政策。

首先，货币主义认为凯恩斯主义的财政政策是无效的。因为旨在刺激总需求的扩张性和财政政策难以适度把握，一旦扩张度太大，其后果是严重的通货膨胀，在人们对通货膨胀尚未能准确预期时，它可能在短期内对增加就业产生影响，一旦人们调整预期，货币工资和利息率的上升，不但使失业率恢复到自然率水平，而且会加剧通货膨胀。长期推行扩张性财政政策，会产生"挤出效应"，即政府支出的扩大导致私人支出的减少。而且私人支出多用于生产性投资，而政府支出往往用于非生产性项目，政府支出的扩张和私人投资的下降必然削弱经济增长实力，充分就业的目标更难以达成。

其次，权衡使用的货币政策由于其时间的滞后性也难以实现政策目标。弗里德曼认为，有时货币政策可能有助于抵消经济体系内其他原因引起的干扰，但要达到这个目的是不容易的。因为从发现经济运行中存在的问题，制定相应的政策，到政策实施产生效果的整个过程都需要时间。往往是待政策制定出来，或实施以后产生效果，已经时过境迁，经济运行早已发生新的变化，政策因而失去针对性。譬如，针对经济萧条而制定的扩张性经济政策，在发挥作用时可能已是经济繁荣阶段了。政策的实施加剧了经济"过热"，从而引发通货膨胀问题，起不到平稳经济波动的作用。

(2) 推崇"单一规则"的货币政策

所谓单一规则的货币政策，是指在相当长的时期内，货币供给量以一个固定比率增长的货币政策。其特点是排除了其他货币政策手段，如利息率、法定准备率等，而把控制货币供给量作为货币政策的唯一手段。根据弗里德曼的主张，货币供给量的增长率按平均国民收入的增长率来确定。与凯恩斯主义的货币政策相比较，货币主义的货币政策不是对宏观经济进行积极的干预，而是为宏观经济运行创造一个稳定的货币环境，经济运行本身还是由市场来调节。单一规则的货币政策的着眼点在于，运用这一手段防止货币本身成为扰乱经济秩序的因素。而凯恩斯主义的货币政策却是政府干预经济，调节经济运行状态的工具，货币主义主张的单一规则却是尽力避免国家干预。

六、供给学派

供给学派是20世纪70年代在美国兴起的一个经济学流派。该学派强调经济的供给方面，认为需求会自动适应供给的变化，因而得名。

供给学派认为，生产的增长决定于劳动力和资本等生产要素的供给和有效利用。个人和企业提供生产要素和从事经营活动是为了谋取报酬，对报酬的刺激能够影响人们的经济行为。自由市场会自动调节生产要素的供给和利用，应当消除阻碍市场调节的因素。供给学派的主要代表人物之一拉弗把供给经济学解释为："提供一套基于个人和企业刺激的分析结构。人们随着刺激而改变行为，为积极性刺激所吸引，见消极性刺激就回避。政府在这一结构中的任务在于使用其职能去改变刺激以影响社会行为。"

1. 供给学派的兴起

第二次世界大战后，凯恩斯主义占据了资产阶级经济学的统治地位，西方国家普遍依据凯恩斯的理论制定政策，对经济进行需求管理，并取得了一定的效果。于是凯恩斯主义盛行一时。但是，凯恩斯主义人为地扩大需求，最后导致 20 世纪 70 年代西方经济出现生产呆滞、失业严重，同时物价持续上涨的"滞胀"局面。于是西方经济学界纷纷向凯恩斯主义提出挑战，并研究替代的理论和政策。

供给学派就是在这样的背景下兴起的。该学派的先驱者是美国哥伦比亚大学的罗伯特·蒙代尔教授。20 世纪 70 年代初，他多次批评美国政府的经济政策，提出同凯恩斯主义相反的论点和主张。1974 年他反对福特政府征收附加所得税控制物价的计划，主张降低税率、鼓励生产，同时恢复金本位、稳定美元价值来抑制通货膨胀。

蒙代尔的论点引起拉弗和万尼斯基的注意和赞赏，拉弗进一步研究并发展了蒙代尔的论点。70 年代后半期，拉弗、万尼斯基等利用《华尔街日报》广泛宣传他们的论点。肯普也在国会内外竭力鼓吹减税能够促进经济增长。1977 年，肯普与参议员罗斯联名提出三年内降低个人所得税 30% 的提案。这个提案虽然未经国会通过，但在社会上产生了很大影响。

2. 供给学派的观点和主张

供给学派认为，1929—1933 年世界经济危机并不是由于有效需求不足，而是当时西方各国政府实行一系列错误政策造成的。萨伊定律完全正确，凯恩斯定律却是错误的。

吉尔德坚持说，就全部经济看，购买力永远等于生产力；经济具有足够的能力购买它的全部产品，不可能由于需求不足而发生产品过剩。拉弗极力强调萨伊定律的重大意义，他指出萨伊定律不仅概括了古典学派的理论，而且确认供给是实际需求得以维持的唯一源泉。供给学派认为政府不应当刺激需求，而应当刺激供给。

供给学派重新肯定萨伊定律以后，进而确认生产的增长决定于劳动力和资本等生产要素的供给和有效利用，在生产要素中资本至关重要。资本积累决定着生产增长速度，应当鼓励储蓄和投资。

供给学派认为，在市场经济条件下，个人和企业提供生产要素和从事经营活动都是为了谋取报酬或利润。因此，对报酬或利润的刺激会影响经济主体的行为。对实际工资的刺激将影响劳动力的供给；对储蓄和投资报酬的刺激会影响资本的供给和利用。充分发挥市场机制，能够使生产要素供需达到均衡和有效利用。应当消除不利于生产要素供给和利用的因素。

供给学派指出，政府的经济政策是经济主体经营活动的刺激因素，其中财政政策最为重要。在分析经济政策对行为的影响时，供给学派反对凯恩斯主义只注重政策对经济主体收入和支出的效果，而是强调政策对生产活动的作用。

供给学派着重分析税制对生产要素供给和利用的效果。他们指出，经济主体从事经营活动所关心的并不是获得的报酬或利润总额，而是减去各种纳税后的报酬或利润净额。在累进税制条件下，边际税率又是关键因素。因为经济主体是否多做工作，或增加储蓄和投资，要看按边际税率纳税后增加的净报酬是否合算。他们认为税率影响经济主体行为是通过相对价格变化实现的，税率提高，纳税后净报酬减少。就劳动力看，这意味着休闲对做工的价格下降，人们就会选择休闲而不去做工，劳动力供给就会减少。就资本看，这意味着消费对储蓄和投资的价格下降，人们就乐意把收入用作消费而不用作储蓄和投资，资本供给就会减少。此外，经济主体为了逃避高税率，还把经济活动从市场转入地下。这些都会使生产要素供给减少、利用效率降低，使生产下降。

供给学派进而分析税率与税收的关系。因为税收是税率与税收基础的乘积，税率变动既然影响生产，就必然影响税收。拉弗首次把税率与税收的关系制成模型，画在直角坐标图上，这就是以拉弗命名的拉弗曲线。

减税，特别是降低边际税率能促进生产增长，并可抑制通货膨胀。拉弗、万尼斯基、肯普等宣扬正是高税率挫伤了人们的劳动热情，阻碍了个人和企业储蓄与投资。这就必然导致生产率增长缓慢、生产呆滞，出现商品供给不足、物价上涨。这时再加上人为地扩大需求，通货膨胀势必加剧。通货膨胀又使储蓄和投资进一步萎缩，生产更加呆滞；还使纳税人升入高税率等级，而实际收入并未增加，纳税负担因而更重。因此，供给学派竭力主张大幅度减税，特别鼓吹降低边际税率的作用。他们认为减税能刺激人们多作工作，更能刺激个人储蓄和企业投资，从而大大促进经济增长，并可抑制通货膨胀。减税后政府税收不会减少，还会增多。即使出现财政赤字，对经济也无关紧要。经济增长后，赤字自然缩小和消失。

供给学派认为，政府支出不论是公共支出还是转移支付，都或多或少起着阻碍生产的作用。公共支出中有些是浪费资源，有些虽然对经济有益，但效率很低。因此，他们主张大量削减社会支出，停办不必需的社会保险和福利计划，降低津贴和补助金额，严格限制领受条件。

七、理性预期学派

理性预期学派是20世纪70年代初在美国形成的一个经济学流派。理性预期（rational expectation）的思想实际上在20世纪50年代初已经出现，20世纪70年代以后，随着凯恩斯主义影响的下降，理性预期的理论观点开始逐渐受到关注，形成一个独立的学派。

理性预期学派的代表人物有卢卡斯等。有人把理性预期对凯恩斯主义的批评与当年凯恩斯对传统经济学的批评相提并论，称之为"理性预期革命"，与当年的"凯恩斯革命"不同的是，后者否定萨伊定律，力主国家对经济的主动积极干预。而前者却主张恢复到以萨伊定律为基础的传统经济学上去，反对任何形式的政府干预政策，崇尚自由放任。

1. 预期、适应性预期和理性预期

在现实经济生活中，未来充满了不确定性，因而，人们不得不通过预期来调整自己的行为，以避免风险损失。预期（expectation）是指经济活动行为人对价格、利润率、利息率等经济变量在今后的变动趋势和变动幅度的事先估计。显然，分析预期对经济活动和经济活动当事人的影响对于把握经济运行趋势、正确制定决策是十分重要的。经济分析中的预期，又有不同的含义，它是指经济决策者对与其当前决策有关的不确定的经济变量的未来变动值的预测。

到20世纪60年代初，西方经济学并没有对预期进行深入系统的研究。因为传统经济学的分析是建立在"经济人"的理性行为和市场连续出清两个基本理论假定的基础上。对未来的不确定性问题并未重视，这样，60年代以前经济分析中的预期，实际上是假定经济行为主体对未来的预测总是完全符合未来实际发生的情况，也就是说人们完全可以预见未来。

批评理性预期假说的人认为，由于理性预期要求人们不仅要掌握经济模

型的结构参数,而且还要处理和分析所了解的全部信息,这是非常困难的,所以形成理性预期是难以做到的。理性预期学派则认为,理性预期仍遵循了个人是追求效用最大化的"经济人"这个基本假定,只是强调为了这个目标,人们必然要充分有效地利用他们能够获得的各种信息,并把收集和处理信息的成本与由此可能带来的收益进行对比,理性预期是这种对比分析的最佳答案。

2. 理性预期学派的政策主张

理性预期学派认为,经济如果不反复遭受政府的冲击,就会基本上是稳定的。凯恩斯主义所主张的干预经济征税的财政政策和货币政策(所谓"积极行动主义的宏观经济政策")能够生效的前提是:政府可以出其不意地实行某种政策以影响经济生活,即政府总是比公众高明。

理性预期学派在批判凯恩斯主义的"积极行动主义的宏观经济政策"时,主要提出了三点看法:

第一,凯恩斯主义经济政策在抵消产量、就业或其经济总量的波动方面是不会取得任何成效的,在某些场合它们也许能在一定程度上影响经济生活,但它们不可能克服经济周期。

第二,凯恩斯主义经济政策的结果大部分是不确定的,而任何一种经济理论都明确地告诫人们,政策的结果确定性越小,实施政策就越要小心谨慎,因为任何一项错误的政策都会将事情弄得很糟。同时,政策的制定更加需要从容不迫,步子更要谨慎,决不能用那些曾经使用过的大规模的措施去刺激经济增长。

第三,对于许多凯恩斯主义经济政策,即使知道它将会产生的结果,我们仍然无法判断这种结果是不是符合公众的意愿。根据凯恩斯主义的方法来制定政策的人无法让经济中的个人去选择自认为有良好结果的政策,他们是被迫选择这些政策的。其结果是:除非人们的偏好恰好与政策制定者的规定相配合,否则这些经济政策很可能使人们的处境普遍地变得更糟糕。

理性预期学派提出的政府干预只能引起经济的混乱。为保持经济稳定,唯一有效的办法就是尽量减少政府对经济的干预,充分发挥市场的调节作用,因为市场比任何模型都聪明。

政府的任务只是在于为私人经济活动提供一个稳定的可以使人们充分了解的环境,为了做到这一点,需要的是稳定的政策,而不是积极行动主义政策。

八、发展经济学

发展经济学是第二次世界大战后形成的一门新兴经济学科。作为一门独立的经济学科首先出现在西方,并且成为西方经济学体系的一个重要分支,后来逐步扩展到发展中国家和社会主义国家。

1. 发展经济学的产生

发展经济学是第二次世界大战结束后产生的。战后,一大批发展中国家先后独立,一些发达资本主义国家通过各种途径,企图保持同独立的发展中国家原有的经济联系,这就推动了一些学者对发展中国家经济的研究。同时,新独立的国家经济落后,需要资金、技术、管理和有关的经济理论指导来发展本国经济,这就进一步促进了西方学者对发展经济学的研究。发展经济学的主要代表有张培刚、刘易斯、舒尔茨等。

2. 发展经济学的演变及基本观点

发展经济学从第二次世界大战后产生到现在,大体经历了三个发展阶段:

20世纪40年代末至60年代初为第一阶段。这一阶段的经济发展理论是以西方发达国家现代化的历史经验为出发点,基本观点是主张通过经济增长,主要是国民生产总值的增长来实现现代化。因此,它强调资本积累、工业化和计划化的重要性。这些思想被称为早期的发展经济学。

20世纪60年代中期至80年代中后期为第二阶段。50年代发展中国家经济增长比较迅速,国民生产总值年平均增长率高于同期发达国家。但是发展中国家的经济状况都是令人失望的。工业化虽然带来了产值和收入的增长,但是由于人口增长速度快于经济增长速度,因而普遍存在大规模的失业;由于片面强调工业,结果农业受到损害,使经济和社会生存的基础发生动摇;计划化使许多发展中国家不注重市场调节和对外开放,经济日益困难;经济增长的成果只使城市中的少数人受益,大部分城市贫民和农村居民的经济条件并没有得到改善。与此同时,发展中国家与发达国家之间的贫富差距进一步扩大,前者对后者在资本、技术、经营管理、市场等方面的依赖在不断加深。总之,大多数发展中国家的经济发展目标——独立自主与消除贫困并没有实现。

20世纪80年代后期至今是第三阶段。这一阶段,发展经济学家们认为,发展中国家普遍面临两大难题:一是实际国民生产总值的增长率难以维持稳定的速度。二是生产过程难以用低投入高产出的方式来实现。而这两个问题都与制度结构有关。因而，80年代后期以来他们开始注重用制度分析的方法和技术及人力资本的内生的经济增长去研究经济发展理论和发展中国家的实际发展问题，更加重视文化、体制、法制和立宪在经济发展中的作用，使发展经济学更加完善。

第四节 近三十年诺贝尔经济学奖获得者的理论成果简介

经过无数辈人的努力和时间的洗礼，经济学发展成为一门家喻户晓的学问，有了自己的体系，并日臻完善。但是，由于现实世界的复杂性、变化多端和人本身的复杂性，致使经济学解释现实世界的能力远未达到人们期望之境，针对同一个现象，经济学家从不同的方向、甚至同一个方向给出迥然不同的解释，也形成了不同的理论流派，由于本书篇幅所限不可能将多如繁星的经济学流派穷尽列出，只能择其一部分叙述。

我们可以从诺贝尔经济学奖获得者的情况来窥视经济学的演进状态，列出近三十年诺贝尔经济学奖的获奖成果。

一、1979年诺贝尔经济学奖获得者——威廉·阿瑟·刘易斯和西奥多·舒尔茨

威廉·阿瑟·刘易斯和西奥多·舒尔茨，由于在经济发展方面做出了开创性研究，深入研究了发展中国家在发展经济中应特别考虑的问题，而获诺贝尔经济学奖。

刘易斯（1915—1991）美国经济学家，是研究发展中国家经济问题的领导者和先驱。刘易斯从20世纪50年代中期就开始了对发展中国家贫困及经济发展速度缓慢的内在原因的研究，他所提出的著名的"二元经济"模型理论为他赢得了极大的声誉并引起了广泛的科学辩论，由此形成了对刘易斯原来的前提的一系列发展和补充，该模型亦被运用于实际以验证其应用性。刘易斯的简单模型分析不只表明了发展中国家贫困的根本原因，也有助于对第三世界各国的历史和统计发展模式做多方面的透视。

代表作：《经济成长理论》(1955)、《国际经济秩序之演化》(1978)、《发展中国家与汇率和稳定》、《增长动力的衰退》等。

舒尔茨（1902—1998），美国经济学家，长期专注于农业经济和以农业为基础的经济发展问题的研究，对于农业经济学的发展和发展经济学的进步做出了突出贡献。他没有孤立地去研究农业经济，而是将农业经济作为经济

体的一部分。关注的是农业发展的滞后、贫穷与工业的高生产率、高收入水平之间的反差。他是第一个系统分析教育投资如何影响农业生产率以及经济发展的学者。还基于非均衡方法对农业的发展潜力展开了分析。

代表作:《世界粮食》(1945)、《不稳定经济下的农业》(1945)、《改造传统农业》(1964)、《经济增长和农业》(1968)等。

二、1980年诺贝尔经济学奖获得者——劳伦斯·罗·克莱因

劳伦斯·罗·克莱因(1920—)美籍犹太人,以经济学说为基础,根据现实经济中实有数据所作的经验性估计,建立起经济体制的数学模型,是计量经济模型的创建人。克莱因通过他所发表的论著和对各国研究团体的大量指导,促进了有关计量经济模型的研究和使用这些模型对经济政策的实际效果进行分析的可行性的研究。由于克莱因的贡献,计量经济模型的构想已经获得了即使不普遍也是广泛地应用了。计量经济模型现在可能在世界各地,不仅在科学研究机构,而且在政府部门、政治组织和大型企业都可以找到。

代表作有:《凯恩斯革命》(1947)、《计量经济学教程》(1953)、《经济理论与计量经济学》(1985)等。

三、1981年诺贝尔经济学奖获得者——詹姆斯·托宾

詹姆斯·托宾(1918—2002)美国经济学家。他对诸如经济计量方法,严格数学化的风险理论,家庭和企业行为理论,一般宏观理论,经济政策应用分析,投资决策,生产、就业和物价关系理论等均做出了突出贡献。

托宾的最主要贡献建立在以描写各个家庭和企业怎样确定他们的资产构成的理论基础之上。这种理论被称为资产组合选择理论,他是极其重要的创始人之一。托宾把这些思想发展为一种金融和实物资产的一般均衡理论,并且分析了金融和实物市场之间的相互作用。这种分析的一个重要组成部分是研究把金融市场上的变化传递到家庭和企业的支出决策的传递机制。

代表作:《新经济学的过去十年》(1972)、《增长过时了吗》(1972)、《经济学论文集:消费和经济计量学》(1975)等。

四、1982年诺贝尔经济学奖获得者——乔治·斯蒂格勒

乔治·斯蒂格勒(1911—1991),美国经济学家,长期从事有着鲜明经验主义导向的研究工作,涉及的范围非常广泛,其中尤以在市场活动研究和产业结构分析中所做的贡献最为重要。他的研究工作之一是调查经济立法如何影响市场。他对经济立法效力的研究使得管制立法的产生,并为经济学研

究开创了一个全新的领域。斯蒂格勒的成就确立了他在市场及产业结构应用研究中的领导地位。由于斯蒂格勒研究的突出特色，他还被公认为是"信息经济学"和"管制经济学"的创始人。

代表作：《价格理论》(1946)、《产出和就业的趋势》(1947)、《制造业的资本和报酬率》(1963)等。

五、1983年诺贝尔经济学奖获得者——罗拉尔·德布鲁

罗拉尔·德布鲁(1921—   )，美籍法国经济学家，概括了帕累托最优理论，创立了相关商品的经济与社会均衡的存在定理。德布鲁是数理分析法的改进者，其工作改写了现代数理经济学。

代表作：《价值理论：对经济均衡的公理分析》(1959)、《竞争性经济的均衡存在》(1954)、《有限均衡的经济》(1970)等。

六、1984年诺贝尔经济学奖获得者——理查德·约翰·斯通

理查德·约翰·斯通(1913—1991)，著名的英国经济学家，国民经济统计之父，在国民账户体系的发展中做出了奠基性贡献，极大地改进了经济实践分析的基础。

代表作：《国民收入和支出》(与米德合写，1944)、《计量方法在经济学中的应用》(1951)、《国民经济核算中的物量和价格指数》(1956)、《投入产出和国民经济核算》(1961)等。

七、1985年诺贝尔经济学奖获得者——弗兰科·莫迪利安尼

弗兰科·莫迪利安尼(1918—   )，意大利籍美国人，莫迪利安尼对经济学理论作出了两个重要贡献：

一是与美国经济学家布伦伯格和艾伯特·安多共同提出了消费函数理论中的生命周期假说，这一假说以消费者行为理论为基础，提出人的消费是为了一生的效用最大化。

二是与美国经济学家默顿·米勒共同提出了公司资本成本定理，即"莫迪利阿尼—米勒定理"。这一定理提出了在不确定条件下分析资本结构和资本成本之间关系的新见解，并在此基础上发展了投资决策理论。

这两方面的贡献是密切的相互联系的，两者都说明家庭财富管理的必要性。

代表作：《国民收入和国际贸易》(1953)，《计划生产、存货和劳动力》(合作，1960)等。

八、1986 年诺贝尔经济学奖获得者——詹姆斯·麦吉尔·布坎南

詹姆斯·麦吉尔·布坎南(1919—),美国经济学家,新政治经济学的奠基者,因对经济和政治决策的契约与法制基础的开拓性研究而获奖。传统经济理论主要是关于消费者和企业家如何做出关于商品购买、工作选择、生产及投资决策的,而布坎南则相应地创建了公共部门的决策理论,被称作"新政治经济学"或"公共选择"理论。布坎南的主要贡献在于,他将经济学个人间相互交换的概念移植到了政治决策的领域中。于是,政治过程便成为一种旨在达到互利的合作手段。但政治秩序的形成要求人们接受一套规则、一种宪法。这反过来又强调了规则形成的极端重要性和宪法改革的可能性。布坎南认为,劝导政治家或试图影响特定问题的结局常常是徒劳的,事情结局在很大程度上是由规则体系决定的。

代表作:《价格、收入与公共政策》(与艾伦·克拉克·李等人合著,1954)、《公债的公共原则》(1958)、《公共选择理论:经济学在政治方面的应用》(与 R. 托尼逊合著,1972)等。

九、1987 年诺贝尔经济学奖获得者——罗伯特·索洛

罗伯特·索洛(1924—),美国经济学家,对经济增长理论做出了贡献,提出长期的经济增长主要依靠技术进步,而不是依靠资本和劳动力的投入,创立了一种论述经济增长背后的因素的理论结构。这种理论可以用来衡量各种生产因素对经济增长所作出的贡献。根据索洛的计算,技术进步对经济增长具有决定性作用。索洛的理论使工业国家愿意把更多的资源投入大学和科学研究事业。

代表作:《对经济增长理论的一个贡献》(1956)、《技术变化与总生产函数》(1957)、《增长理论:一个说明》(1969)等。

十、1988 年诺贝尔经济学奖获得者——莫里斯·阿莱斯

莫里斯·阿莱斯(1911—),法国经济学家。因为在市场理论和最大效率理论方面对经济学所作出的贡献而获奖。他提出了"多市场经济模型",重新系统地阐述了一般均衡理论和最大效益理论。他提出假定导向均衡的交换以不同的价格连续发生,并且在任何给定时点上,不同经营者作用的价格不必是同一的,在"可分配剩余"的驱动下,每一次交易都趋近均衡。阿莱斯的"多市场经济模型"蕴含了存在竞争和不存在竞争的所有可能的市场

形态。

代表作：《市场规律研究》(1947)、《经济与利息》(1947)、《资本税与货币改革》(1977)、《市场经济的货币条件》(1987)等。

十一、1989年诺贝尔经济学奖获得者——特里夫·哈维默

特里夫·哈维默(1911—   )，挪威经济学家。对经济计量学的最重要贡献是在经济计量学中引入了概率方法。他特别重视经济分析中常被忽略的随机因素，他首次把统计学引入经济预测，得出从随机抽样的调查中推演经济理论的方法以及如何利用统计数字来验证经济理论并进行经济预测的方法。哈维默把随机模型看做是经济计量学的基础，这对经济计量学的建立和发展具有重大影响，使经济学理论更加符合科学性。

代表作：《经济计量学的概率方法》(1944)、《经济增长理论研究》(1960)等。

十二、1990年诺贝尔经济学奖获得者——威廉·夏普、默顿·米勒、哈里·马科维茨

这三位美国经济学家对现代金融经济学理论进行了开创性研究，为投资者、股东及金融专家们提供了衡量不同的金融资产投资的风险和收益的工具，以估计预测股票、债券等证券的价格，他们的理论阐释了下述问题：在一个给定的证券投资总量中，如何使各种资产的风险与收益达到均衡；如何以这种风险和收益的均衡来决定证券的价格；以及税率变动或企业破产等因素又怎样影响证券的价格。

威廉·夏普(1934—   )美国经济学家，夏普对经济学的主要贡献是在有价证券理论方面对不确定条件下金融决策的规范分析，以及资本市场理论方面关于以不确定性为特征的金融市场的实证性均衡理论。

代表作：《资产组合选择理论和资本市场》(1970)、《资产配置工具》(1985)、《投资学基础》(1989)、《资产组合分析的简化模型》(1963)等。

默顿·米勒(1923—2000)美国经济学家，现代公司财务理论的创建者之一，与美国经济学家弗兰科·莫迪利安尼一起，创立了现代公司理财理论，提出了在不确定条件下如何分析资本结构和资本成本之间关系的新见解。

代表作：《金融理论》(合作，1972)、《与风险相关的收益率：最新发现的再考察》(1972)等。

哈里·马科维茨(1927—   )美国经济学家，提出了一个概念明确的可

操作的在不确定条件下选择投资组合理论,他的研究在今天被认为是金融经济学理论前驱工作,被誉为"华尔街的第一次革命"。

代表作:《资产选择:投资的有效分散化》(1970)、《资产选择与资本市场中的均值——方差分析》(1987)等。

十三、1991年诺贝尔经济学奖获得者——罗纳德·哈里·科斯

罗纳德·哈里·科斯(1910—),英国经济学家,发现和澄清了交易费用和产权对经济制度结构和运行的意义。科斯的主要学术贡献,一是他提出了交易费用概念的雏形,并把交易费用引入经济学的分析框架之中;二是强调了交易费用,产权与经济效益的关系,构筑了产权理论的框架;三是以"科斯定理"为核心开创性地将经济理论应用到法学问题上,形成了一门新的经济学分支——法律经济学。

代表作:《企业的性质》(1937)、《社会成本问题》(1962)。

十四、1992年诺贝尔经济学奖获得者——加里·S. 贝克尔

加里·S. 贝克尔(1930—),美国经济学家,是现代西方经济学方面最富有独创思维的人之一,把经济理论运用于对人类行为的研究,把经济理论运用到过去同市场力量没有联系的领域,如社会学、政治学、人口统计学、犯罪学和生物学等。他在研究人类行为时,总是力图用经济学的方法和观点去揭示其经济动因,在分析影响人类行为的各种因素时,始终把经济因素放在重要地位。

代表作:《歧视经济学》(1957)、《人力资本》(1964)、《人类行为的经济学分析》(1976)和《家庭论》(1981)等。

十五、1993年诺贝尔经济学奖获得者——道格拉斯·诺斯、罗伯特·福格尔

道格拉斯·诺斯(1920—)美国经济学家,对经济学的贡献主要包括三个方面。一是用制度经济学的方法来解释历史上的经济增长;二是作为新制度经济学的开创者之一,诺斯重新论证了包括产权制度在内的制度的作用;三是作为经济学家的诺斯将新古典经济学中所没有涉及的内容——制度,作为内生变量运用到经济研究中去。特别是将产权制度、意识形态、国家、伦理道德等作为经济演进和经济发展的变量,极大地发展了制度变迁理论。

代表作:《1790—1860年的美国经济增长》(1961);《美国过去的增长

与福利：新经济史》(1966)；《制度变化与美国的经济增长》(与戴维斯合著，1971)；《西方世界的兴起：新经济史》(与托马斯合著，1973)等。

罗伯特·福格尔(1926—　)美国经济学家。对北美死亡率的经济解释，营养、劳动福利、劳动生产力的长期变化等进行了深入研究；对美国经济增长进行长期观察，对两代人不同的家庭行为数据的分析。通过运用经济学理论及数量的方法来解释经济发展和制度变迁。

代表作：《联邦太平洋铁路》(1960)、《铁路与美国的经济增长：计量史文集》(1964)、《美国经济史的重新解释》(与恩格尔曼等合著，1971)、《不公正时代：美国黑奴经济学》(与恩格尔曼等合著，1974)、《"科学"史学与传统史学》(与埃尔顿合著，1974)等。

十六、1994年诺贝尔经济学奖获得者——约翰·福布斯·纳什、约翰·海萨尼、莱因哈德·泽尔腾

这三位数学家在非合作博弈的均衡分析理论方面做出了开创性的贡献，对博弈论和经济学产生了重大影响。

约翰·福布斯·纳什(1928—　)美国经济学家。在非合作博弈论和经济分析的研究中做出了杰出贡献，他规定了非合作博弈的形式，并定义了著名的"纳什均衡点"，"纳什均衡"至今仍是博弈论研究的核心思想。

约翰·海萨尼(1920—　)美国经济学家。对不完全信息博弈进行了研究，提出了一种如何将一个具有不完全信息的博弈转换成一个具有完全(但不完美)信息博弈的方法，即"海萨尼转换"。使得博弈理论在分析不完全信息博弈时的困难得到了解决，将不完全信息博弈纳入到博弈理论的分析框架之中，极大地拓展了博弈理论的分析范围和应用范围。

代表作：《博弈和社会中的理性行为与讨价还价均衡》(1977)、《关于伦理学与社会行为及其科学解释的论文》(1976)、《博弈均衡选择的一般理论》(与泽尔腾合著，1988)等。

莱因哈德·泽尔腾(1930—　)德国经济学家。他是子博弈精炼纳什均衡的创立者，主要学术研究领域为博弈论及其应用、实验经济学等。

代表作：《价格制定者厂商的一般均衡》(1974)、《博弈均衡选择的一般理论》(与海萨尼合著，1988)、《博弈论、数学规划及运筹学研究》(1988)等。

十七、1995年诺贝尔经济学奖获得者——罗伯特·卢卡斯

罗伯特·卢卡斯(1937—　)美国经济学家。他倡导和发展了理性预期

与宏观经济学研究的运用理论，深化了人们对经济政策的理解，并对经济周期理论提出了独到的见解，他还为新增长理论的发展做出了突出贡献，被公认为新增长理论的主要创始人之一。

代表作：《理性预期与经济计量实践》（合作，1981）、《经济周期理论研究》（1981）等。

十八、1996年诺贝尔经济学奖获得者——詹姆斯·莫里斯、威廉·维克瑞

詹姆斯·莫里斯(1936—)英国经济学家。在信息经济学理论领域做出了重大贡献，尤其是关于不对称信息条件下的经济激励理论的论述，奠定了委托—代理的基本的模型框架。

代表作：《关于福利经济学、信息和不确定性的笔记》（1974）、《道德风险理论与不可观测行为》（1975）、《组织内激励和权威的最优结构》（1976）。

威廉·维克瑞(1914—1996)，美国经济学家。对激励经济理论进行了开创性研究，推动了信息经济学、激励理论、博弈论等领域的发展。

代表作：《累进税制议程》（1947）、《突变论和宏观经济学》（1964）、《公共经济学》（1994）。

十九、1997年诺贝尔经济学奖获得者——迈伦·斯科尔斯、罗伯特·默顿

迈伦·斯科尔斯(1941—)，加拿大籍美国经济学家。提出了著名的布莱克-斯科尔斯期权定价公式，该法则已成为金融机构涉及金融新产品的思想方法。

代表作：《期权定价和公司债务》（与费西尔·布莱克合写，1973）。

罗伯特·默顿(1944—)，美国经济学家。提出并推广了"布莱克-斯科尔斯"公式，对期权定价理论作出了杰出贡献。

代表作：《使效用最大化的完整的认股权定价模型》（与萨缪尔森合写，1969）、《连续模型中的最优消费与证券组合原则》（1969）、《公司债的定价：利率的风险结构》（1974）等。

二十、1998年诺贝尔经济学奖获得者——阿马蒂亚·森

阿马蒂亚·森(1933—)，印度籍美国经济学家。他对福利经济学几个重大问题做出了贡献，包括社会选择理论、对福利和贫穷标准的定义、对匮乏的研究等作出精辟论述。阿马蒂亚·森对公共选择理论的四项主要贡献

是，解决了名为"投票悖论"的问题、引入了个人选择的概念、挑战"阿罗不可能定理"、提出了如何比较人际间的满足水平的方法。

代表作：《集体选择与社会福利》(1970)、《论经济不公平》(1973)、《贫穷和饥荒》(1981)等。

二十一、1999 年诺贝尔经济学奖获得者——罗伯特·蒙代尔

罗伯特·蒙代尔(1932—)，加拿大籍美国经济学家。新供应学派的代表人物、"欧元之父"，他系统地描述了什么是标准的国际宏观经济学模型，改写了通货膨胀和利息理论。

代表作：《国际货币制度：冲突和改革》(1965)、《货币理论：世界经济中的利息、通货膨胀和增长》(1971)、《新国际货币制度》(合作，1977)等。

二十二、2000 年诺贝尔经济学奖获得者——詹姆斯·赫克曼、丹尼尔·麦克法登

詹姆斯·赫克曼(1944—)，美国经济学家。发现了用适宜的方式处理样本选择问题的统计方法。对于研究人员难以观察到的个体差异的相关问题，提出了解决的工具。

代表作：《评估福利状况》(与史密斯合著，1998)、《相关性随机系数模型的具变量方法》(1998)；《社会项目的计量评估》(2002)等。

丹尼尔·麦克法登(1937—)，美国经济学家。他致力于对涉及生产·关系、不确定状态下的决策、发展计划、福利经济以及城市交通系统等领域大范围的经济调查。发展了已被广泛用来对个人和家庭行为进行统计分析的理论和方法。

代表作：《生产经济学：对理论与应用的双重探讨》(1978)、《利用经济计量学对离散数据进行分析》(1981)等。

二十三、2001 年诺贝尔经济学奖获得者——乔治·阿克洛夫、迈克尔·斯彭塞、约瑟夫·斯蒂格利茨

乔治·阿克洛夫(1940—)，美国经济学家。他是新凯恩斯主义的主要代表，在次品市场模型中对信息不对称现象及其结果的分析已经成为现代微观经济学的经典理论。他提出了信息经济学中的一个著名模型是"柠檬市场"，并对"劣势选择"现象进行了深入分析。

代表作：《"柠檬"市场：质量的不确定性与市场机制》(1970)。

迈克尔·斯彭塞(1943—)，美国经济学家。他最重要的研究成果是

市场中具有信息优势的个体为了避免与逆向选择相关的一些问题发生,如何能够将其信息"信号"可信地传递给在信息上具有劣势的个体。信号要求经济主体采取观察得到且具有价值的措施以使其他经济主体相信他们的能力,或更为一般地,相信他们产品的价值或质量。

代表作:《劳动市场信号》(1973)。

约瑟夫·斯蒂格利茨(1943—),美国经济学家。他提出了现代经济学最优理论的非均衡量,运用信息经济学的理论分析了传统经济理论的缺陷。他指出,标准新古典模型中有关信息的假设是一个严重的失误。斯蒂格利茨将不完全信息和不完备市场引入,进而批评了以新古典模型为基础的兰格-勒纳-泰勒定理在描述市场社会主义特征方面的种种错误理解和误导。

代表作:《信息与竞争价格制度》(1976)、《商品价格稳定理论》(1981)、《现代经济增长理论选读》(1969)。

二十四、2002 年诺贝尔经济学奖获得者——丹尼尔·卡尼曼、弗农·史密斯

丹尼尔·卡尼曼(1934—),以色列经济学家。把心理学研究和经济学研究结合在一起,特别是与在不确定状况下的决策制定有关的研究。

代表作:《预测的心理学》(与特维斯基合著,1973)、《前景理论:风险条件下的决策分析》(与特维斯基合著,1979)、《不确定条件下的判断:直观推断和偏误》(与特维斯基等合著,1982)、《公平和经济学的假设》(与塞勒等合著,1986)、《谨慎选择以及大胆预测:风险的认知前景》(1993)等。

弗农·史密斯(1927—),美国经济学家。为实验经济学奠定了基础,他发展了一整套实验研究方法,并设定了经济学研究实验的可靠标准。利用实验展示了选择性市场机制的重要性,他还率先采用了"风洞测试"的新方法研究选择性市场设计,他的研究激励了新一代经济学研究人员运用认知心理学的洞察力来研究经济学,使经济学的理论更加丰富。

代表作:《竞争市场行为的实验研究》(1962)、《社会选择中的一致性、自愿性同意原理》(1977)、《作为一门实验科学的微观经济学体系》(1982)、《论述、崩溃和实验性现货资产市场的外生预期》(1988)、《偏好、财产权和讨价还价博弈中的匿名问题》(1994)等。

二十五、2003 年诺贝尔经济学奖获得者——罗伯特·恩格尔、克莱夫·格兰杰

罗伯特·恩格尔(1942—),美国经济学家。他建立了描述经济时间序列数据时变波动性的关键概念——自回归条件异方差(ARCH),并发展了一系列波动性模型及统计分析方法。他不仅为研究员们提供了不可或缺的工具,还为分析家们在资产定价、资产配置和风险评估方面找到了捷径。

代表作:《协整、因果关系和预测》(合编,1999)、《计量经济学手册》(合编,1994)等。

克莱夫·格兰杰(1934—),英国经济学家。他在利用数学模型分析时间序列数据方面的实证研究,给全世界打开了一扇窥探经济运行规律,特别是金融市场运行规律的大门,应用他的研究成果可以对股市和汇市浩如烟海的数据进行分析整理,并预测今后的走势。

代表作:《经济时间序列谱分析》(合著,1964)、《股价的可预测性》(合著,1970)、《商品价格的投机、套利和预测》(合著,1970)、《双线性时间序列模型导论》(合著,1978)等。

二十六、2004 年诺贝尔经济学奖获得者——芬恩·基德兰德、爱德华·普雷斯科特

挪威经济学家芬恩·基德兰德(1943—)和美国经济学家爱德华·普雷斯科特(1940—)1977 年和 1982 年合作发表的两篇学术论文,一是通过对宏观经济政策运用中"时间一致性难题"的分析研究,为经济政策特别是货币政策的实际有效运用提供了思路;二是在对商业周期的研究中,通过对引起商业周期波动的各种因素和各因素间相互关系的分析,使人们对于这一现象的认识更加深入。同时,他们的分析方法也为后来者开展更广泛的研究提供了基础。

基德兰德代表作:《跨时偏好与劳动力供给》(1988)、《国际实际经济周期》(1992)、《作为规划的金本位》(1995)、《内生货币供给与经济周期》(1999)、《货币总量与产出》(2000)等。

普雷斯科特代表作:《致富的障碍》(2000)、《跨时期贸易的契约安排》(合编,1987)、《风险溢价难题》(合著,1985)等。

二十七、2005 年诺贝尔经济学奖获得者——罗伯特·奥曼、托马斯·谢林

以色列经济学家奥曼(1930—)和美国经济学家谢林(1921—)进一步发展了非合作博弈理论,并开始涉及社会学领域中的一些主要问题,他们分别从两个不同的角度——奥曼从数学的角度、谢林从经济学的角度,都感到从博弈论入手有可能重新塑造关于人类交互作用的分析范式。谢林发现许多人们所熟知的社会交互作用可以从非合作博弈的角度来加以理解;奥曼发现一些长期的社会交互作用可以利用正式的非合作博弈理论来进行深入分析。

奥曼的代表作:《博弈论》(合著,1981)、《博弈论演说集》(合著,1989)、《重复博弈与不完全信息》(合著,1995)等。

托马斯·谢林的代表作:《冲突的战略》(1960)、《微观动机与宏观行为》(1978)等。

二十八、2006 年诺贝尔经济学奖获得者——埃德蒙·费尔普斯

费尔普斯(1933—),美国经济学家。他继罗伯特·索洛之后,对经济增长的动态最优化路径进行了分析,提出了著名的"经济增长黄金律",从而正式确立了经济增长理论。他在 20 世纪 60 年代后期对当时盛行的"菲利普斯曲线"理论提出了挑战,他认为通货膨胀不仅与失业有关,也与企业和雇员对价格和工资增长的预期有关。他的研究对经济学理论和宏观经济政策都产生了重要影响。

代表作:《经济增长的黄金律》(1966)、《菲利普斯曲线、通货膨胀预期和跨期最优失业》(1967)、《动态货币工资与劳动力市场均衡》(1968)、《理性预期条件下货币政策的稳定性力量》(1977)等。

二十九、2007 年诺贝尔经济学奖获得者——莱昂尼德·赫维奇、埃里克·马斯金、罗杰·迈尔森

莱昂尼德·赫维奇(1917—),美籍俄罗斯经济学家。
埃里克·马斯金(1950—),美国经济学家。
罗杰·迈尔森(1951—),美国经济学家。

他们三人的主要经济学贡献是在创立和发展"机制设计理论"方面所作的贡献。"机制设计理论"最早由赫维奇提出,马斯金和迈尔森则进一步发展了这一理论。这一理论有助于经济学家、各国政府和企业识别在哪些情况

下市场机制有效,哪些情况下市场机制无效。此外,借助"机制设计理论",人们还可以确定最佳和最有效的资源分配方式;"机制设计理论"的一个重要目标就是要解释何种制度或分配机制能够最大限度地减少经济损失。

赫维奇代表作:《资源配置中的最优化与信息效率》(1960)、《资源分配的机制设计理论》(1973)等。

马斯金代表作:《纳什均衡和福利最优化》(1977)等。

迈尔森代表作:《博弈论:矛盾冲突分析》(1991)等。

三十、2008年诺贝尔经济学奖获得者——保罗·克鲁格曼

保罗·克鲁格曼(1953—),美国经济学家。他整合了此前经济学界在国际贸易和地理经济学方面的研究,在自由贸易、全球化以及推动世界范围内城市化进程的动因方面形成了一套理论,他在产业内贸易理论有关基本假设和结论的基础上,通过建立各种模型深入阐述了规模经济、不完全竞争市场结构与国际贸易的关系,成功地解释了战后国际贸易的新格局。保罗·克鲁格曼的新贸易理论以成熟的垄断竞争模型来分析规模经济以及产业内贸易。

代表作:《期望减少的年代》(1988)。

三十一、2009年诺贝尔经济学奖获得者——埃莉诺·奥斯特罗姆、奥利弗·威廉姆森

奥利弗·威廉姆森(1932—),美国经济学家。"新制度经济学"的命名者,被誉为重新发现"科斯定理"的人,由于他的宣传使高斯的交易费用学说成为现代经济学中异军突起的一派,并汇聚了包括组织理论、法学、经济学在内的大量学科交叉和学术创新,逐步发展成当代经济学的一个新的分支。

代表作:《自由裁量行为的经济学》(1964)、《公司控制与企业行为》(1970)、《市场与等级制》(1975)、《资本主义经济制度》(1985)、《治理机制》(1996)等。

埃莉诺·奥斯特罗姆(1933—),美国经济学家。她对"公地选择悲剧"、"囚徒理论"和"集体行动逻辑"等理论模型进行分析和探讨,同时从小规模公共资源问题入手,开发了自主组织和治理公共事务的创新制度理论,为面临"公地选择悲剧"的人们开辟了新的途径,为避免公共事务退化、保护公共事务、可持续利用公共事务从而增进人类的集体福利提供了自主治理的制度基础。

代表作：《公共事务的治理之道》(1990)。

☞参考文献

[1] 董鹂馥. 重商主义[J]. 中国民营经济与科技，2008(7)：81.

[2] 张晶. 重农主义经济思想述评[J]. 现代商贸工业，2008(8)：33-34.

[3] 张卓元. 政治经济学大词典[M]. 北京：经济科学出版社，1998：638-639.

[4] 杨培雷主编. 当代西方经济学[M]. 上海：上海财经大学出版社，2003：63-68.

[5] 文青. 简述新凯恩斯主义学[J]. 商业文化(学术版)，2009(4)：71-72.

[6] 杨舜娥. "新古典综合派"简介[J]. 中国财政，1992(10)：64-65.

[7] 张世晴，耿作石编著. 现代西方经济学主要流派[M]. 天津：南开大学出版社，2003：49-61.

[8] 谭崇台，伍海华主编. 现代西方经济学[M]. 第2版. 青岛：青岛出版社，1998：61-75.

[9] 赵红梅，李景霞. 现代西方经济学主要流派[M]. 北京：中国财经出版社，2002：168-176.

[10] 丁冰. 试析西方经济学中的理性预期学派[J]. 高校理论战线，1996(9)：38-43.

图书在版编目(CIP)数据

宏观经济学/何伟军,曾宇平主编.—武汉:武汉大学出版社,2011.12
高等学校应用型经济学核心课程教材
 ISBN 978-7-307-08660-9

Ⅰ.宏…　Ⅱ.①何…　②曾…　Ⅲ.宏观经济学　Ⅳ.F015

中国版本图书馆 CIP 数据核字(2011)第 059454 号

责任编辑:詹　蜜　　　责任校对:刘　欣　　　版式设计:马　佳

出版发行:武汉大学出版社　(430072　武昌　珞珈山)
　　　　　(电子邮件:cbs22@whu.edu.cn　网址:www.wdp.com.cn)
印刷:湖北金海印务有限公司
开本:720×1000　1/16　　印张:23.75　　字数:424 千字　　插页:1
版次:2011 年 12 月第 1 版　　2013 年 1 月第 2 次印刷
ISBN 978-7-307-08660-9/F・1497　　　　定价:38.00 元

版权所有,不得翻印;凡购我社的图书,如有质量问题,请与当地图书销售部门联系调换。